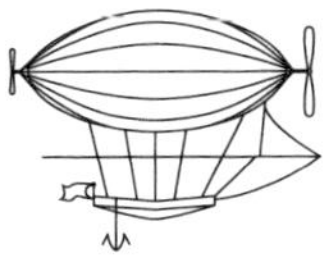

Hortensia von Salis

Ein Lebensbild aus dem 17. Jahrhundert

Maya Widmer
Kaspar von Greyerz

HIER UND JETZT

Vorwort

Hortensia von Salis, verwitwete Gugelberg von Moos, lebte in einer Zeit der Kriege, die vor allem Ludwig XIV. von Frankreich immer wieder neu vom Zaun riss. Sie betrafen die Bündnerin sehr, einerseits weil sie als «Hauptmännin» Soldaten für die Soldkompanie ihres Ehemanns Rudolf Gugelberg von Moos zu rekrutieren hatte, andererseits – und vor allem – weil ihr Gatte im Sommer 1692 in einer Schlacht in Flandern umkam. Sie blieb nach dem abrupten Ende ihrer zehnjährigen Ehe Witwe bis zu ihrem Lebensende 1715. Als solche engagierte sie sich in den konfessionellen Auseinandersetzungen ihrer Zeit, nicht nur als entschieden reformierte Autorin der «Glaubens-Rechenschafft», die 1695 im Druck erschien – als eine der ersten Publikationen einer Frau in der deutschsprachigen Schweiz –, sondern auch in ihren Briefen. Gleichzeitig war sie mit Hingabe als Heilkundige tätig und für Patientinnen und Patienten aus allen sozialen Schichten unter anderem in Maienfeld, Malans, Chur und Glarus unterwegs. Dafür wird sie heute am ehesten erinnert, während sie zu Lebzeiten zum Beispiel in Zürich auch für ihre reformierte Glaubensfestigkeit und ihre stupenden Bibelkenntnisse gelobt wurde. Im ersten Jahrzehnt des 18. Jahrhunderts lebte sie in Chiavenna und Soglio, davor und danach in Maienfeld.

Im 20. Jahrhundert hat sich die Erinnerung an sie in einer Reihe von Publikationen immer wieder aus denselben Wissensbeständen genährt. Kaum jemand hat sich die Mühe gemacht, neue Zugänge zur Lebensgeschichte Hortensia von Salis' zu erschliessen. Aus dieser Sackgasse will unser Buch herausführen. Wir nennen es «ein Lebensbild», weil die Quellenlage nicht erlaubt, eine eigentliche Biografie von der Geburt bis zum Tod zu verfassen. Wir gehen deswegen thematisch vor, indem wir in den einzelnen Kapiteln von spezifischen Themen ausgehen, die für dieses Lebensbild zentral sind. Neu daran ist, dass wir die bisher bekannte Quellenlage durch Recherchen in zahlreichen schweizerischen Archiven und Bibliotheken substanziell erweitert haben. Wir versuchen damit, die Forschungen zu der in ihrer Zeit berühmten Bündnerin auf eine neue faktische Basis zu stellen. Die Wiedergabe sämtlicher heute noch auffindbaren Briefe der Maienfelderin im Anhang soll darüber hinaus die Grundlage für weitere Forschungen schaffen.

Drei technische Vorbemerkungen: Sämtliche Archivalien, Quellen und Sekundärliteratur sind vollständig in der Bibliografie im Anhang verzeichnet. Diese Angaben ergänzen die in den meisten Anmerkungen verwendeten Kurzverweise.

An einzelnen Textstellen werden Angehörige der Familie von Salis – insbesondere jedoch im Teil «Die Familie» – mit Nummern identifiziert, z. B. [14/62]. Diese Zahlen beziehen sich auf Anton von Sprechers «Stammbaum der Familie von Salis» (1941), das Referenzwerk zur komplexen Genealogie der weitverzweigten Familie.

Zum besseren Verständnis haben wir in Zitaten gelegentlich Erklärungen in eckigen Klammern […] eingefügt. Sie stammen durchwegs von uns und sind nicht Teil des originalen Textes.

Einleitung

Auftakt
Schon wieder ein Werk über Hortensia von Salis? Das mögen sachkundige, kritische Leserinnen und Leser halb erfreut, halb kritisch fragen. In den letzten dreissig Jahren sind zahlreiche Beiträge zu Leben und Werk der berühmten Maienfelderin erschienen. In diesen Werken überwiegt die Namensnennung «von Salis» deutlich gegenüber «Gugelberg von Moos, geb. von Salis». In Übereinstimmung mit der heute dominierenden Namensnennung sprechen wir im Folgenden in der Regel von Hortensia von Salis, da wir in den Quellen festgestellt haben, dass die Bündnerin nur wenige Jahre nach dem Tod ihres Ehemanns Rudolf Gugelberg von Moos (1692) ihre Briefe mehrheitlich mit «Hortensia von Salis, verwitibte Gugelberg von Moos» unterzeichnete.

Mag sein, dass die kritisch eingestellte Leserschaft sich fragt, ob ein neues Werk das in den letzten Jahrzehnten Gesagte zu übertreffen vermag. Die Frage ist nicht unberechtigt, denn in den letzten zwanzig Jahren hat sich niemand wirklich die Mühe gemacht, aufgrund archivalischer Studien die Lücken im überlieferten Bild der Hortensia von Salis zu füllen. Die entsprechenden Forschungen steckten in einer Sackgasse. Um daraus auszubrechen, hat die Literaturwissenschaftlerin Sabine Koloch bereits vor 15 Jahren zu Recht vorgeschlagen: «Für weiterführende Forschungen ist die Kenntnis der Kontaktkreise, in die S[alis] eingebunden war, unabdingbar.»[1] Genau dies (und mehr) versuchen wir in vorliegendem Werk.

Vollständig neu an unserer Studie ist somit das Bestreben, konsequent dem Netzwerk der Hortensia von Salis, verwitwete Gugelberg von Moos, zu folgen und insbesondere über die Analyse der entsprechenden Korrespondenz zu neuen Einsichten zu gelangen. So viel zunächst zu unserer Herangehensweise. Was ist neben dieser Konsequenz in der angewendeten Methode ausserdem neu an unserer Studie? Dazu seien hier insbesondere zwei innovative Aspekte erwähnt. Unsere Arbeit ermöglicht – erstens – den Blick auf ein durchwegs archivalisch fundiertes und damit auch möglichst faktentreues Bild von Hortensia von Salis, abgestützt durch Recherchen in neun schweizerischen Archiven und Bibliotheken. Dabei geraten – zweitens – neue, bisher vernachlässigte, wenn nicht gar vollständig unbekannte Aspekte in den Blick, zum Beispiel hinsichtlich der St. Galler Freundschaften unserer Protagonistin mit Cleophea

Schobinger, geborene Zollikoferin (1639–1692), und deren Tochter «Camilla» beziehungsweise Cleophea Barbara Schlumpf, geborene Schobinger (1664–1709), oder auch hinsichtlich des Engagements der Bündnerin im sogenannten Wartauerhandel Mitte der 1690er-Jahre oder ihrer Verbindungen zur englischen Society for Promoting Christian Knowledge. An dritter Stelle sei erwähnt, dass wir konsequent versuchen, die Biografie Hortensia von Salis' von den zeitgenössischen Lebensbedingungen her zu verstehen, das heisst aufgrund der in ihrer Zeit diskutierten literarischen Vorbilder, der damals gängigen Theorie und Praxis der Medizin oder auch im Lichte der schweizerischen und europäischen konfessionellen Dynamik der Zeit um 1700.

Der heutigen Leserschaft ist der zuletzt genannte Kontext – die damalige Glaubenswelt – zweifelsohne am schwierigsten zu vermitteln, denn es geht darum, einzutauchen in eine Phase der schweizerischen und europäischen Geschichte, in der noch kaum jemand den Alleingültigkeitsanspruch seiner eigenen Religion und Konfession infrage zu stellen wagte,[2] in einer Zeit, in der zur Aufrechterhaltung des exklusiven Geltungsanspruchs der eigenen Konfession Kriege zwischen Katholiken und Protestanten geführt wurden. Als Beispiele seien hier der von König Ludwig XIV. von Frankreich in den ersten Jahren des 18. Jahrhunderts gegen die reformierten Camisarden in den südfranzösischen Cevennen geführte Krieg und die militärische Kampagne des Herzogtums Savoyen gegen die protestantische Minderheit der Waldenser in den letzten Jahrzehnten des 17. Jahrhunderts genannt. Nicht zuletzt ist hier schliesslich der Angriff der reformierten Orte der Eidgenossenschaft auf ihre katholischen Gegner (und umgekehrt) im Zweiten Villmerger Krieg von 1712 zu erwähnen. In der durch die Reformation des 16. Jahrhunderts hinterlassenen plurikonfessionellen Welt führte der konfessionelle Alleingültigkeitsanspruch zwangsläufig immer wieder zu Konflikten. Zu betonen gilt, dass für die meisten Menschen um 1700 Religion, Glaube und Frömmigkeit (im Gegensatz zu heute) eine alltäglich-zentrale Rolle spielten.

Der von jeder Konfession für sich selbst reklamierte Alleingültigkeitsanspruch ist erst im Zuge der Aufklärung des späteren 18. Jahrhunderts auf breiter Basis infrage gestellt worden. Wir sprechen in diesem Zusammenhang von der Säkularisierung, die heute unsere Lebenswelt des 21. Jahrhunderts weitgehend bestimmt. Es bedarf deshalb einer gewissen gedanklichen Anstrengung, sich in eine Zeit zurückzudenken, in welcher der religiöse Glaube und die eigene sowie die gemeinschaftliche konfessionelle Orientierung zu den wesentlichen Aspekten der Lebenswelt gehörten. Aber ohne diese Anstrengung lässt sich ein zentraler Teil der geistigen und religiösen Welt, in der Hortensia von Salis lebte und sich bewegte, nicht wirklich verstehen. Wir gehen davon aus, dass unsere breit angelegte Arbeit mit vielen bisher unbekannten Quellen dies nochmals in aller Deutlichkeit in den Vordergrund treten lässt: Ihr religiös-konfessionelles Engagement war für die Maienfelderin zentral.

Unsere Quellen

Welche bisher unbekannten Quellen haben wir herangezogen? Es handelt sich dabei in erster Linie um bis dato unbeachtet gebliebene Korrespondenz. Die Leidgedichte und Leidbekundungen im zweiten, gedruckten Teil der von Martin Anosi 1715 beim Tod von Hortensia von Salis gehaltenen Leichenpredigt haben uns zum Beispiel auf den Briefwechsel ihres Sekretärs Daniel Anhorn (1634–1716) stossen lassen. Von ihm sind 33 Briefe an den mit ihr befreundeten, damals berühmten Basler Medizinprofessor Theodor Zwinger III (1658–1724) überliefert, während von den Briefen Hortensia von Salis' an Zwinger heute kein einziger mehr existiert – eine in der historischen Forschung zu Frauen der Frühen Neuzeit ausgesprochen typische Quellenlage. Die Briefe Anhorns enthalten unter anderem manche konkreten Angaben zur medizinischen Praxis unserer Protagonistin. Ein weiteres Beispiel: Die Widmung der «Rose der Freyheit» von 1693 durch «Camilla» an Hortensia von Salis sowie an Anna Elisabeth Menhart von Chur[3] haben wir zum Anlass genommen, die überlieferten Briefe von Paul Schlumpf, dem Ehemann der «Camilla», unter die Lupe zu nehmen. Diese Briefe haben uns neue Einsichten über die St. Galler Freundschaften der Bündnerin ermöglicht. Sie sind bis heute vor allem deshalb unbeachtet geblieben, weil sie durchwegs auf Französisch abgefasst sind und Schlumpf sie als «Paul Sellon» unterzeichnete.[4]

Die meisten Briefe und sonstigen Dokumente, die wir unserer Biografie zugrunde legen konnten, stammen aus den 1680er-Jahren bis ins beginnende 18. Jahrhundert. Nach 1702 ist nur noch sporadisch etwas über Hortensia von Salis zu erfahren, aus dem Jahr 1705 zum Beispiel ein letzter Hinweis auf ihren Briefwechsel mit Theodor Zwinger in Basel. Darüber orientieren Briefe von Johannes Scheuchzer (1684–1738), dem jüngeren Bruder des bekannten Zürcher Arztes und Naturwissenschaftlers Johann Jakob Scheuchzer, sowie des Basler Mathematikers Jakob Hermann. Diese Informationen verdanken wir der Edition der sogenannten Bündner Korrespondenz des älteren Scheuchzer durch

Simona Boscani Leoni.[5] Wie im Fall der Korrespondenz der Bündnerin mit dem Basler Theodor Zwinger sind auch vom Briefwechsel zwischen ihr und dem Zürcher Arzt und Naturwissenschaftler nur die Briefe Scheuchzers überliefert. Aus dem Jahr 1714 stammt der letzte uns heute überlieferte Brief aus der Feder Hortensia von Salis'. Angesichts dieser besonderen zeitlichen Verteilung der vorhandenen Quellen war eine Biografie, die der Chronologie von der Wiege bis zur Bahre folgt, im Voraus ausgeschlossen. Daher auch die thematische Gliederung unserer Studie.

Es ist uns ein wichtiges Anliegen zu betonen, dass wir uns zwar bewusst an das Gebot wissenschaftlicher Genauigkeit halten, unter anderem um Fakten von Legenden und Mythen zu trennen, aber auch, dass unser Buch sich gleichzeitig an ein breites, interessiertes Publikum richtet. Daher die Zweiteilung unseres Werks in einen Textteil und einen ausführlichen Anhang. Letzterer richtet sich vor allem, wenn auch keineswegs ausschliesslich, an eine aus wissenschaftlicher Perspektive an Hortensia von Salis interessierte Leserschaft. Der Textteil dagegen bietet bewusst einen breiteren Zugang zur Lebensgeschichte unserer Protagonistin.

Das Folgende im Überblick

Unser Buch beginnt mit einer Kurzbiografie der Hortensia von Salis. Sie basiert einerseits auf Bekanntem, andererseits aber auf unseren neuen Erkenntnissen. Der Schwerpunkt liegt auf den beiden letzten Jahrzehnten des 17. Jahrhunderts, da dies die vorhandenen Quellen so nahelegen. Daher auch der Bezug auf das 17. Jahrhundert im Titel unseres Werks. Angesichts der zeitlichen Verteilung der verfügbaren Quellen haben wir uns – wie bereits erwähnt – für die Konzentration auf einzelne, biografisch bedeutsame Themen entschieden. Die entsprechenden Kapitel ergänzen die Kurzbiografie.

Zunächst folgt jedoch im zweiten Teil eine kritische Bestandesaufnahme von Aufsätzen und Werken der vergangenen 130 Jahre über Hortensia von Salis. Der dritte Teil ist den Veröffentlichungen der Bündnerin gewidmet, die sie in den 1690er-Jahren in kurzer Zeit weit über Graubünden hinaus bekannt gemacht haben. Er eröffnet gleichzeitig eine Reihe thematisch ausgerichteter Abhandlungen in den Teilen 3 bis 8 zu den uns wesentlich erscheinenden Aspekten der Biografie. Im vierten Teil steht die Familie von Hortensia von Salis im Zentrum. Wir versuchen hier in erster Linie eine gesicherte Grundlage zu schaffen, da bisherige Veröffentlichungen immer mal wieder an der Komplexität der salischen Familienverhältnisse gescheitert sind. Wir werfen dabei auch einen Blick auf die mit den Familiengeschichten

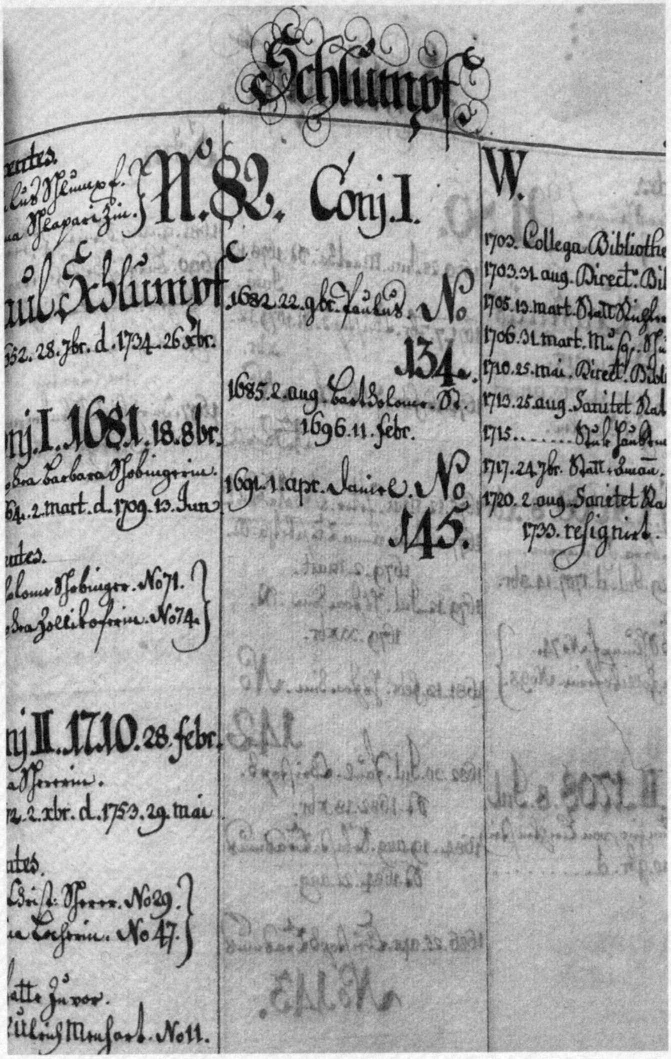

1

Eintrag zu Paul Schlumpf in
der «Stemmatologia Sangallensis» von
Johann Jacob Scherer.

der von Salis und der Gugelberg von Moos eng verwobenen Solddienste.

Im fünften Teil blicken wir zunächst auf den St. Galler Gesprächskreis der 1690er-Jahre und die damit in Verbindung stehenden Beziehungen unserer Hauptperson nach St. Gallen. In den entsprechenden Briefen wie auch in den (im Anhang enthaltenen) Verhandlungen der Gesellschaft der Wohlgesinnten in Zürich vom 1. August 1693 zeigt sich ausserdem, wie wichtig die damalige Bäderkultur für das Entstehen persönlicher Verbindungen war. Das hat uns zu einem eingehenderen Blick auf die damaligen Badegesellschaften in Pfäfers und Fläsch veranlasst. Im Zentrum des folgenden, sechsten Teils steht das konfessionelle beziehungsweise konfessionspolitische Engagement der Maienfelderin. Dabei berühren wir eine Reihe bisher unbekannter oder ungenau erforschter Aspekte ihrer Biografie. Der sogenannte Wartauerhandel von 1694/95, in welchem sich ein lokaler Konfessionskonflikt derart hochschaukelte, dass es beinahe zu einem konfessionellen Bürgerkrieg in der Eidgenossenschaft gekommen wäre, kommt bis dato in Beiträgen zur Biografie von Hortensia von Salis nicht vor, obwohl sie im Hintergrund die Lage der Dinge in der Rheintaler Gemeinde Wartau zu beeinflussen versuchte. Über ihre Beziehungen zum Pietismus hat zuletzt J. Jürgen Seidel (1945–2019) geschrieben.[6] Der Pietismus war eine in den letzten Jahrzehnten des 17. Jahrhunderts zunächst in Deutschland und dann auch in der Schweiz aufkommende innerprotestantische Reformbewegung, die in ihrer frühen Phase in den meisten Fällen von den reformierten Obrigkeiten bekämpft wurde. Im Unterschied zu Seidel folgen wir dem Leitfaden ihrer Korrespondenz mit dem Zürcher Theologen Johann Heinrich Heidegger, um ihre Kontakte mit dem frühen Pietismus zu untersuchen. Das Resultat ist eindeutig: Hortensia von Salis brachte dem Pietismus keine wesentlichen Sympathien entgegen. Unbekannt geblieben waren bisher auch ihre Kontakte mit der englischen Society for Promoting Christian Knowledge, die ab 1700 in der Schweiz und in Deutschland missionierte. Wir zeigen, dass diesem Kontext mit grosser Wahrscheinlichkeit auch die zwar verbürgten, aber leider nicht überlieferten Briefe der Bündnerin an Queen Anne (reg. 1702–1714) zuzuordnen sind.

Zu den ein breites Publikum faszinierenden Aspekten der Biografie von Hortensia von Salis gehört schon lange ihr medizinisches Engagement, das wir im siebten Teil näher betrachten. Die Lektüre der Korrespondenz ihres Sekretärs, Daniel Anhorn, hat neue Informationen darüber zutage gefördert. Die oft wiederholte Geschichte von ihrer angeblichen anatomischen Sektion der Leiche eines verstorbenen Knechts stellen wir in den Kontext der Medizingeschichte jener Zeit – nicht zuletzt hinsichtlich der Tätigkeit der damals für ihre medizinischen Kenntnisse bekannten St. Gallerin Cleophea Schobinger (1639–1692) – und entlarven sie als Mythos. Im gleichen Teil geht es ausserdem um die Kontextualisierung der naturkundlichen Interessen der Bündnerin, namentlich hinsichtlich der damals heiss diskutierten Frage, ob Steine wachsen können, oder auch in Bezug auf menschliches Leben auf dem Mond. Der achte Teil thematisiert neben den Widmungen von Werken regionaler Pfarrer insbesondere auch ihre weit über die Bündner Herrschaft hinauswirkende Ausstrahlung, die unter anderem Antonio Moratori, einen Italienischlehrer in Zürich, dazu veranlasste, Hortensia von Salis ein Werk zu widmen, das sich bei näherer Betrachtung jedoch als ältere Erbauungsschrift aus Süditalien entpuppt. Neben Moratori widmete in Zürich auch Johann Jakob Scheuchzer unserer Protagonistin ein naturkundliches Werk. Ausserdem wurde sie 1693 in Zürich in einer Diskussion der Gesellschaft der Wohlgesinnten, einer frühaufklärerischen Sozietät, als Vorzeige-Schweizerin gleichsam auf ein imaginiertes Podest gehoben.

Der Anhang enthält als wissenschaftliche Dokumentation unserer Forschungen den Text verschiedener Quellen, die wir benutzt haben, insbesondere die Transkriptionen sämtlicher heute noch verfügbaren 25 Briefe Hortensia von Salis' sowie unter anderem ausgewählte Briefe an Theodor Zwinger III ihres Maienfelder Sekretärs Daniel Anhorn. Ausserdem geben wir Ausschnitte aus der erwähnten Zürcher Diskussion vom 1. August 1693 wieder.

Hortensia von Salis (1659–1715) war eine aussergewöhnliche Frau in ihrer Zeit: gelehrt in «Theologischen, Philosophischen, Medicinalischen, und anderen Wissenschafftten»[7] und überzeugte Protestantin.

Wie üblich in den begüterten Familien der Drei Bünde, kümmerte sie sich um die Armen, aber auch darum, dass Kinder eine gute Schulbildung erhielten: «[...] jedermann mit Hilff und Raht ist [sie] beygesprungen / Der Jugend mit der Lehr / den Kranckneu mit der Pfleg / Betrübten mit dem Trost».[8] Sie war nach ihrer Freundin «Camilla» (Cleophea Schlumpf, geb. Schobinger) die zweite Frau in der deutschsprachigen Schweiz, die eigene Texte publizierte.[9] In den zahlreichen gedruckten Gedichten zu ihrem Tod 1715 wird sie in höchsten Tönen gepriesen: «Deß Edlen Hauses Glantz / deß Vatterlandes Ruhm / Deß Frauenzimmers Preiß / der Kirche schönste Blum / Ein Dam von schönster Zierd / recht Edel vom Geblüt / Vortrefflich von Verstand / von hohem Geist und Gmüth / Mit aller Wissenschaft / zum Wunder unser Zeit / Erfüllet und berühmt bey Glehrten weit und breit.»[10] Neben Frauenfiguren aus der antiken Mythologie und der Bibel wird sie mit gelehrten Frauen in ihrer Zeit verglichen: Anna Maria van Schurman (1607–1678), Madeleine de Scudéry (1607–1701), Antoinette Bourignon (1616–1680) und Clara Peeters (ca. 1598–ca. 1636),[11] alles berühmte Frauen, die über eine reiche Palette verschiedener Fähigkeiten verfügten.

Hortensia von Salis [14/61] wurde 1659 in Chur geboren.[12] Sie war das erste Kind von Ursula von Salis-Maienfeld, geborene von Salis (1637–1675) [11/136], und Gubert von Salis-Maienfeld (1638–1710) [14/36]. Ihr Vater hatte sich das Bürgerrecht in Maienfeld 1667 erkauft.[13] Die Familie von Salis gehörte in dieser Zeit neben den von Planta zu den einflussreichsten und wohlhabendsten Familien in den Drei Bünden.[14] In den Leichenpredigten für die verschiedenen Familienmitglieder wird wiederkehrend die Bezeichnung «Hoch-Wohl-Edelgeboren» verwendet. Die von Salis waren wie andere mächtige Familien bestrebt, ihren sozialen Status durch den Adelsstand zu legitimieren. Wo Hortensia von Salis aufgewachsen ist, können wir nicht mit Bestimmtheit sagen. Vor der Einbürgerung in Maienfeld 1667 wohnte die Familie vermutlich im Oberen Spaniöl in Chur, nach der Einbürgerung wahrscheinlich im Unteren Salis-Haus[15] oder im Marschall-Haus in Maienfeld.[16] Diese geräumigen, herrschaftlichen Häuser prägen noch heute den Ortskern von Maienfeld.

Auch über die Erziehung von Hortensia von Salis wissen wir nichts Genaues. Sie wird eine standesgemässe Erziehung genossen haben, die Lesen, Schreiben und Rechnen sowie Fremdsprachenkenntnisse (wahrscheinlich Französisch, evtl. Italienisch) beinhaltete. Sie war 16 Jahre alt, als 1675 ihre Mutter und drei Wochen später ihre Grossmutter mütterlicherseits starben. Das einzige Porträt von ihr, das wir kennen, dürfte aus dieser Zeit oder von kurz vorher stammen. Die Porträts ihrer jüngeren Schwestern und einiger ihrer Brüder sind offensichtlich zur gleichen Zeit und vom gleichen Künstler gemalt worden.[17]

Durch einen Brief erfahren wir, dass sie sich als Zwanzigjährige in Gesellschaft in St. Gallen und Umgebung vergnügte: «1679. Schreiben H[errn] Abr. Zollikofer an seinen Vetter H[errn] Hauptman Laurenz von Tschudi zu Avions [sic]: [...] Sein H[err] Bruder Ludwig [Zollikofer] habe sich diesen Herbst k... [?] mit schönen Damen verlustiert und seÿent Jungfer Hortensia Gugelberg [die Schwester von Rudolf Gugelberg von Moos] u. des Junker Gubert von Salis Jungf. Tochter (Hortenzia), seÿen beÿ H[errn] Obrist Rudolf von Salis auf dem Sulzberg zur Stubeten [d. h. geselliges Zusammensein] gewesen.[18] Sind mit 14 Pferden hier in St. Gallen gsein u. von der Obrigkeit gastfreÿ gehalten worden.»[19] Auch später war Hortensia von Salis zu Pferd unterwegs, wie eine Stelle aus ihrem Brief an ihren Vetter Ulysses von Salis-Marschlins 1688 zeigt: «Meines Hochgeehrten H[errn] Vetter abgenembes [d. h. angenehmes] schreiben hab erst empfangen wie ich eben zue pferd steigen wolt nach Meÿenfeld zue reiten [...].»[20] Dies wird durch den Hinweis in den Quellen, dass Hortensia von Salis einen Damensattel bestellt hatte, untermauert.[21]

Wie die drei erhaltenen Briefe von Hortensia von Salis an Ursina Menhard zeigen, bestand offensichtlich eine enge Freundschaft zwischen den beiden verwandten Frauen.[22] Ursina Menhard wohnte vor ihrer Verheiratung in Chur, ihr Vater hatte dort das Amt des obersten Zunftmeisters inne. 1685 heiratete sie Johann Guler, Hauptmann, von Weineck zu Malans.[23] Hortensia von Salis beendet 1680 einen Brief an ihre Freundin mit: «[...] Schreib mir, ob ich dir noch lieb seÿ oder nicht, sonst muß ich sterben.»[24] Anlass für diese emotionale «gemüthsregung» war die Tatsache, dass Ursina Menhard ihr nicht mitgeteilt hatte, dass sie kurzfristig nach Soglio verreisen würde.

Hortensia von Salis' Ehemann Rudolf Gugelberg von Moos (1.10.1659–3.8.1692) war ebenfalls in Maienfeld ansässig.[25] Seine Eltern waren Hans (Johann) Luzi Gugelberg von Moos (1633–1672) und Margaretha Catharina, geb. von Salis (1633–1688) [17/8], seine Geschwister Johann Luzi (1654–1712), späterer Stadtvogt von Maienfeld, sowie Hortensia (9.3.1657–8.7.1699), die mit dem Landvogt Ulisses von Salis-Marschlins [11/14] und späteren Landammann der vier Dörfer (Maienfeld, Fläsch, Malans, Jenins) verheiratet war.[26]

Das Schloss Salenegg in Maienfeld wurde 1654 von Hans Luzi Gugelberg von Moos, dem Vater von Rudolf Gugelberg von Moos, erworben: «[...] für 14000 Gulden und 6 Fuder Wein».[27] Wir können annehmen, dass Rudolf dort aufgewachsen ist. 1672 wurde er im Alter von 14 Jahren nach Heidelberg geschickt, als Page zum Kurfürsten von der Pfalz, Karl I. Ludwig. 1674 schrieb er seiner Mutter, dass er nach Hause kommen möchte, aber der Kurfürst wolle ihn nicht gehen lassen, weil er erst kürzlich krank gewesen sei und der weite Weg im kalten Winter ihm Schaden könnte.[28] Rudolf durfte dann einen Sohn des Kurfürsten, den gleichaltrigen Karl Ludwig Raugraf zur Pfalz (1658–1688), nach Wien begleiten.[29]

Am 1. Dezember 1681 wurde der Ehevertrag zwischen «dem woledel gebornen und g[e]str[engen] Herren Capitaine Lieutenent Rudolf von Moos, genant Gugelberg [...] so dan der woledel geborenen viel Ehr- und tugendreichen Freülein Hortensia von Saliß» besiegelt.[30] Unterschrieben haben Rudolf Gugelberg von Moos, Hortensia von Salis, Johann Luzi Gugelberg von Moos, zwei weitere Salis, ein Planta und der Notar Johann Rudolf Notdorffer. Die Brautleute waren miteinander verwandt, und zwar über Hortensia von Salis' Grossmutter mütterlicherseits, die eine geborene Gugelberg von Moos war.[31]

Im Ehevertrag wurden umfangreiche Regelungen getroffen, im zweiten Abschnitt zum Beispiel «verspricht der J[unker] Hochzeiter der Fraülein [sic] Hochzeiterin mit Kleider und Kleinodien und dergleichen nach Adenlichem gebrauch jhrem stand gemeß zu regaliren [d. h. versorgen] und versehen, oder d[as] gelt darfür zue geben, welches jhro beliebiger sein wirt, auch zu einer freÿen Morgengab 501 Reichsthaler zugeben, welche der Freülein Hochzeiterin an guten richtigen, annemlichen Effecten, oder von barem gelt sollen bezalt werden».[32]

Der Vater verspricht zudem, 6000 Reichstaler aus dem mütterlichen beziehungsweise grossmütterlichen Erbe und zusätzlich 800 Reichstaler beizusteuern.[33] Auch soll Hortensia von Salis «ein Witwensitz zu Meÿenfeld nach jhrem Stand und ordentlichem Brauch»[34] zugestanden werden, solange sie sich nicht wieder verheiratet.

Mit einem Zusatz im Ehevertrag bestätigte Hortensia von Salis handschriftlich, «1682, den 6. Hornung [Februar], als mein Liebster verreist,[35] hab ich von jhme empfangen meine Morgengab wie obgemehlt, fünffhundter und ii Reißdaller [d. h. Reichsthaler], sag 501 Reißdaller in Spetzia, und 40 Dugatten [d. h. Dukaten] für mein Ehgelt, wie auch 60 Dugatten in Spetzia für mein schmug über die diemante Kette, die er mir gegeben hat. Bezeüge ich Hortensia Gugelbergerin von Mooß geborene von Salіß».

Die Heirat zwischen Hortensia von Salis und Rudolf Gugelberg von Moos fand am 10. Januar 1682 statt.[36] Die Eheleute werden sich nicht oft gesehen haben, da Rudolf Gugelberg von Moos mit einem eigenen Regiment in französischen Kriegsdiensten stand und die Urlaube spärlich waren. So musste er, wie obiges Zitat zeigt, bereits einen Monat nach der Vermählung wieder in den Kriegsdienst ziehen.[37]

Der Basler Theodor Zwinger hätte es gern gesehen, wenn sich Rudolf Gugelberg von Moos ein Landgut in der Nähe seiner Stadt gekauft hätte.[38] Über Zwinger gingen auch Hortensia von Salis' Briefe an ihren Mann. Ihr Sekretär Daniel Anhorn legte diese jeweils seiner Korrespondenz an Theodor Zwinger bei.[39] Er erwähnte dabei auch, dass Hortensia von Salis für ihren Ehemann Soldaten angeworben hatte.[40] Am 27. Februar 1688 vermeldete er Theodor Zwinger die unerwartete Ankunft von Rudolf Gugelberg von Moos in Maienfeld, der einen kurzen Urlaub vom Solddienst hatte.[41] In den Quellen ist von einer gemeinsamen Tochter Elisabeth die Rede, «welche in der ersten Kindheit starb».[42] Dort wird auch erwähnt, dass Rudolf Gugelberg von Moos 1689, als das Erbe der Mutter unter den Geschwistern verteilt wurde, das «Untere Gugelberghaus» erhalten hatte und, weil es nicht bewohnbar war, renovieren liess.[43] Wahrscheinlich werden die beiden, beziehungsweise vor allem Hortensia von Salis, nach der Renovation im Unteren Gugelberghaus gewohnt haben, das dann vermutlich später zu dem im Ehevertrag zugesicherten Witwensitz wurde. Wo die Eheleute nach der Hochzeit wohnten, ist unklar. Infrage käme das Schloss Salenegg, das der Familie Gugelberg von Moos gehörte. Es könnte aber auch sein, dass die Maienfelderin aufgrund der Abwesenheiten von Rudolf im Marschallhaus bei ihrem Vater Gubert von Salis wohnte. 1692 starb Rudolf Gugelberg von Moos in der Schlacht bei Steenkerke in Westflandern.[44] Zu seinem Tod schreibt Daniel Anhorn an Theodor Zwinger am 22. August 1692 vom «Junker Haubtmann Gugelbergs von Moos, meiner lieben Madama Eheherzens seligen Tod,

2

Porträt von Hortensia von Salis, unbekannter Künstler, unbekanntes Datum.

3

Porträt von Rudolf Gugelberg von Moos (1659–1692),
Hauptmann in französischen Diensten,
unbekannter Künstler, unbekanntes Datum.

4

Unteres Gugelberghaus, Maienfeld, Foto 2004.

welcher durch den Kopff erschoßen worden, darvon er alsobaldt den Geist aufgeben [...]».[45]

Hortensia von Salis, die sich nicht wieder verheiratete, war schriftstellerisch tätig und versorgte Kranke, wie dies schon ihre Grossmutter mütterlicherseits und ihre Mutter taten. Sie bildete sich in medizinischen und naturwissenschaftlichen Belangen durch entsprechende Lektüre weiter und war deshalb weit herum als ausserordentlich gelehrte Frau bekannt. So wurden ihr «sehr tiefsinniger Geist» und ihre Kenntnisse in Theologie, Philosophie, Philologie und Medizin in der Zürcher Gesellschaft der Wohlgesinnten gelobt.[46] Im Bad Pfäfers soll sie die versammelte Gesellschaft mit Vorträgen zu verschiedenen Themen unterhalten haben.[47] Wie viele Frauen angesehener Bündner Familien führte sie eine umfangreiche Korrespondenz, die zum grössten Teil verloren ist. Von den Briefwechseln mit gelehrten Männern beispielsweise existieren nur noch die unter anderem von Johann Jakob Scheuchzer, Theodor Zwinger, Johann Heinrich Schweizer, Gotthard Heidegger an sie gerichteten Schreiben. Hortensia von Salis hatte auch mit Königin Anne von England korrespondiert; diese Briefe konnten wir trotz intensiven Recherchen nicht finden, haben für ihre Existenz aber klare Hinweise.[48]

Das Verhältnis zu ihrem Vater scheint ein sehr enges gewesen zu sein, auch wenn sie sich ihm nicht immer unterordnete, wie ihr Brief an ihren Bruder Karl Gubert (wahrscheinlich 1684) zeigt.[49] Der Vater hatte ihr verboten, den Bruder in Heiratssachen zu beraten. Darüber hinaus sollten die Geschwister seine eigene Heirat mit Jakobea von Buol, einer Katholikin, gutheissen. Der Vater wünschte, dass Karl Gubert von Salis [14/62], sein ältester Sohn, sich ebenfalls mit einer katholischen Frau verheirate. Diese zwei Heiraten hätten es Karl Gubert nach des Vaters Wunsch ermöglicht, eine Soldkompagnie für das Herzogtum Mailand – bis 1706 in spanischer Hand – aufzustellen. Der Vater drohte seinen beiden Kindern im Falle ihres Ungehorsams statt mit Segen mit einem Fluch. Hortensia von Salis widersetzte sich ihm trotzdem und bat ihren Buder in einem langen Brief, seinem protestantischen Glauben treu zu bleiben. Sie wolle nicht murren wegen der Heirat ihres Vaters, kritisiert diese dann aber heftig: Diese Heirat würde sowohl ihm wie auch der Familie übel anstehen. Zudem würden die Spanier lügen und betrügen sowie für Geld auch die Religion verraten. Die Ambivalenz, dass sie ihrem Vater trotzdem gehorchen und ihn ehren müsse, spricht sie im besagten Brief an. Sie fleht den Bruder eindringlich an, dem Vater in dieser Sache den Gehorsam zu verweigern. Wenn es um die protestantische

Religion ging, war Hortensia von Salis unerbittlich. Obwohl sie mit der 1684 erfolgten Heirat ihres Vaters nicht einverstanden war, scheint sie nach dem Tod ihres Gatten 1692 gemeinsam mit ihrem Vater Freunde und Bekannte bewirtet zu haben. Sie schrieb im Sommer 1694 in einem Brief an Johann Heinrich Heidegger, also zu einer Zeit, als Gubert von Salis' zweite Ehefrau Jakobea mit grosser Wahrscheinlichkeit noch lebte, Folgendes: «Gott wolle ihnen ihre trenck Cur [d. h. Trinkkur in Alvaneu] wol sägnen und sie bald [...] gesund zu uns führen auf Meÿenfeld, alwo mein hertzgeliebter Herr Vatter und ich Eüwer Exzellenz mit freüden zue bewirten verlangen und nach ihnigester hertzens aufrichtigkeit in voller liebe ihnen aufzuewahrten gedencken.»[50]

Hortensia von Salis begleitete ihren Vater Gubert im Sommer 1701 nach Chiavenna[51] und wohnte die nächsten neun Jahre mit ihm zusammen. Wie die Briefanschriften zeigen, lebte sie von 1701 bis 1704 in Chiavenna, hielt sich aber auch in Soglio auf, beispielsweise 1706.[52] Was sie veranlasst hatte, ihren Vater zu begleiten, darüber können wir nur spekulieren. Vielleicht sah sie es als ihre Pflicht als Tochter an, oder sie tat es auf Geheiss ihres Vaters oder sogar aus einer finanziellen Notwendigkeit heraus. Am wahrscheinlichsten scheint das Pflichtgefühl gegenüber ihrem Vater. Gubert von Salis wird, nachdem seine zweite Frau Jakobea (vermutlich 1697) gestorben war, wohl jemanden gebraucht haben, der seine Haushaltung führte: die Mägde und Knechte beaufsichtigen, Rechnungsbuch führen[53] und die Gäste bewirten. Nach seinem Tod 1710 kehrte Hortensia von Salis wieder nach Maienfeld zurück.[54]

Es gibt einige Hinweise dafür, dass Hortensia von Salis eine intensive und breite Lektüre pflegte. Daniel Anhorn, ihr Sekretär, bestellte beispielsweise mit Brief vom 6. Dezember 1685 drei auf Deutsch erschienene Traktate von Seneca und bestätigte im nächsten Brief, dass sie davon eines behalten hatte.[55] In einem weiteren Brief bestellte er neben «laseÿßelein» zur Durchführung von Aderlassen auch das Arzneibuch von Zwinger.[56] Ein Hebammenbuch gehörte ebenfalls zu ihrer Lektüre sowie das religiöse Traktat «Reichthumb der Gnaden».[57] Das «Paradiesgärtlein», eine populäre, weitverbreitete Erbauungsschrift von Johann Arndt befand sich auch in ihrer Bibliothek.[58] Aus dem Brief Anhorns an Zwinger vom 5. Juli 1687 geht hervor, dass Hortensia von Salis die «Adagia» von Erasmus von Rotterdam bestellte, wohl eine deutsche Übersetzung, eventuell als Geschenk für ein männliches Familienmitglied.[59] Diese Werke werden nur ein sehr kleiner Teil ihrer Lektüre gewesen sein.

Der letzte noch vorhandene Brief von Hortensia von Salis stammt vom 20. Dezember 1714. Darin teilt sie ihrem Verwandten Battista von Salis-Soglio [18/22] in Chiavenna mit,[60] dass ein Herr Miller von Lindau gern für einen längeren Aufenthalt nach Chiavenna kommen möchte, um die italienische Sprache zu lernen. Er würde sich dann im Hause des verstorbenen Herrn Paravicini aufhalten. Die hochoffizielle Anrede an ihren Vetter lässt darauf schliessen, dass sie dem Commissari empfiehlt, eine Aufenthaltsgenehmigung für Herrn Miller auszustellen. Die Familie von Salis hatte Verbindungen in den süddeutschen Raum; nachgewiesen ist beispielsweise, dass Hortensia von Salis der Stadt Biberach Geld geliehen hatte und daraus Zinsen bezog.[61]

Hortensia von Salis starb 1715. Im Gugelbergischen Archiv findet sich folgender Eintrag, vermutlich von der Hand des Ulisses Gugelberg von Moos (gest. 1747): «1715, Juni 29, hat dem großen Gott gefallen, meine Liebwertheste Frau Schwöster Haupt[männin] Hortensia Gugelberg von Moos geb. v. Salis nach einer 6tägigen Krankheit in ihrem 56 Jahr an einem Schlagfluß zu seinen Gnaden zu berufen.»[62] Die Leichenpredigt bietet nichts Substanzielles zu ihrem Leben, jedoch, wie oben erwähnt, zahlreiche lobpreisende Leidgedichte.[63]

Die «Hauptmännin» war nicht die «Schwöster» des Ulisses Gugelberg von Moos in unserem heutigen Sinne, sondern seine Schwägerin. Der Hinweis ist an dieser Stelle nicht unwichtig, dass diese Anreden in der damaligen Zeit eine viel breitere Anwendung fanden als heute. In ihren Briefen sprach Hortensia von Salis ihre Churer Freundin Ursina Menhard mit «Baas» (Base) oder mit «Schwester» an. Die beiden Anreden tauchen auch in anderen Briefen und in Leidgedichten der Hortensia von Salis auf. Mit «Schwöster» konnte die eigentliche Schwester, aber auch die Schwägerin oder einfach eine sehr nahe Freundin gemeint sein. Dasselbe gilt für «Baas» beziehungsweise Base (Cousine). Die Frau «Baas» konnte auch die Tante sein oder eine weit entfernte Verwandte. Die Bezeichnungen «Onkel» und «Tante» wurden erst ab circa 1700 aus dem Französischen in die deutsche Sprache übernommen. In unseren Quellen kommen sie nicht vor.

Wie wir im Folgenden zeigen werden, ist von der Person und den Aktivitäten Hortensia von Salis' bereits in den 1690er-Jahren, als sie etwas über dreissig Jahre alt war, eine besondere Faszination ausgegangen. In ihrer 1693 veröffentlichten Schrift «Rose der Freyheit» feierte die St. Galler Freundin «Camilla» die Bündnerin als eine zweite Minerva, also gleichsam als eine neuzeitliche Göttin der Weisheit.[64] Im gleichen Jahr, in der Versammlung der Zürcher Gesellschaft der Wohlgesinnten vom 1. August 1693, führte das Gespräch über herausragende Frauen der damaligen Zeit dazu, dass sie zur Vorzeige-Schweizerin erklärt wurde. Einer der Anwesenden bezeichnete sie, laut Protokoll, «als ein himmel, darinn unzehlich viel tugenden gleich hell-gläntzend[en] stern[en] herfür leüchten».[65] Diese bemerkenswerte Begeisterung liess allerdings im Lauf der beiden nachfolgenden Jahrhunderte eher nach. Jedenfalls verfügen wir für das 18. und grösstenteils auch für das 19. Jahrhundert über keine vergleichbaren Zeugnisse.

Es dauerte nach der erstaunlichen Lobpreisung von 1693 rund 200 Jahre, bis der vielseitig interessierte, radikaldemokratische Bündner Politiker und Publizist Friedrich Manatschal (1845–1919) an Hortensia von Salis erinnerte, dies im Rahmen eines Abendvortrags vor der Historisch-Antiquarischen Gesellschaft von Graubünden im Dezember 1893.[66] Die Entdeckung der «Conversations-Gespräche» – so Manatschal – führte ihn zur Leichenpredigt von 1715 des Martin Anosi und zu den zahlreichen dieser hinzugefügten Leidgedichten. Weiteres Quellenmaterial erhielt der Autor von Marie Gugelberg von Moos (1836–1918), einer bekannten Botanikerin, die in jenen Jahrzehnten um die Reorganisation des gugelbergschen Familienarchivs in Maienfeld bemüht war. Manatschal versucht auf knappem Raum den verschiedenen Facetten der Biografie der Hortensia von Salis gerecht zu werden, ihrer starken Verpflichtung gegenüber dem reformierten Glauben, den vielfältigen Themen der «Conversations-Gespräche» bis hin zur Diskussion von Tee, Kaffee und Schokolade, den Luxusgetränken des späten 17. Jahrhunderts. Er geht auf Briefe von Hortensia von Salis an Ursina Menhardt und ihren Bruder Carl Gubert ein und kolportiert aufgrund der Maienfelder Akten der Familie Gugelberg von Moos die zweifellos erfundene Geschichte ihrer spontanen anatomischen Sektion eines verstorbenen Knechts.[67]

5

Porträt von Friedrich Manatschal, 1901.

Die in ihrer Schrift «Conversations-Gespräche» geäusserte Kritik an allzu eifrigem Engagement der Hausfrau in häuslichen Belangen bewertet er als Mut, die damals die Frauen ans Haus bindenden «Ketten zu sprengen». Das hebt – so Manatschal – «Hortensia von Gugelberg weit über ihre Zeit und macht sie zu einer in diesem Sinne modernen Erscheinung».[68]

Im Anschluss an Manatschals sehr verdienstvolle Erinnerung an Hortensia von Gugelberg, geborene von Salis, sind die meisten uns für die Zeit nach 1918 vorliegenden 19 biografischen Beiträge von Autor*innen* verfasst worden, nämlich insgesamt 14. Der letzte Beitrag (von 2022) wurde gemeinsam von einer Verfasserin und einem Autor publiziert.[69] Mit Ausnahme der Monografie von Lili Frey handelt es sich bei diesen Beiträgen um Aufsätze, Artikel in Nachschlagewerken oder einzelne Buchkapitel.[70]

Den Anfang unter diesen Autorinnen machte 1918 die Frauenrechtlerin Emma Graf. Sie sah die Bündner Aristokratinnen des 17. Jahrhunderts als beispielgebend hinsichtlich ihrer Eigenständigkeit, da sie bei der häufigen Abwesenheit ihrer Ehemänner in fremden Diensten «zu einer selbständigen und umfassenden Wirksamkeit gelangten».[71] Hortensia von Salis war für sie die «erste Vorläuferin der schweizerischen Frauenbewegung».[72] Sie untermauerte diesen Anspruch mit verschiedenen längeren Auszügen aus Texten der Maienfelderin und aus zwei Briefen, die sie Marie Gugelberg von Moos in Maienfeld verdankte.

In der Zwischenkriegszeit des letzten Jahrhunderts erinnerte Gustav Bener-Lorenz im Sammelband «Ehrentafel bündnerischer Naturforscher» an die Bedeutung der Bündnerin im Rahmen der frühneuzeitlichen Wissensgeschichte.[73] Diese wird jedoch nur am Rande gestreift, da zunächst Biografisches dominiert, gefolgt von einer längeren Liste der repräsentativen Bündner Bauten, die durch die Solddienste reich gewordene Aristokratenfamilien im 17. Jahrhundert errichten liessen. Daneben wird in aller Kürze – der Artikel umfasst nur drei Seiten – auf das botanische Interesse unserer Protagonistin an heilsamen Kräutern hingewiesen, auf ihre herausragenden Kenntnisse der Arznei, auf ihre Rolle als «Vorkämpferin der Frauenbildung». Im Grunde handelt es sich hier um einen Beitrag zu einem Nachschlagewerk, der zu den nachstehend genannten, seit 1970 erschienenen Lexikonbeiträgen hinzugezählt werden muss. Die «Ehrentafel bündnerischer Naturforscher» bezieht sich auf 24 Männer und eine Frau (Hortensia von Salis).

In die Zwischenkriegszeit gehören auch die Ausführungen von Anna Löffler-Herzog.[74] In thematischer Hinsicht fallen sie im Vergleich zu den anderen hier angesprochenen Beiträgen etwas aus dem Rahmen. Die Verfasserin betont die bedeutende Rolle der fremden Dienste für die männlichen Vorfahren von Hortensia von Salis. Diese sei – so Löffler-Herzog – «die streitbare Tochter von Kriegshelden und leidenschaftlichen Religionsverfechtern» gewesen.[75] Sie erwähnt ausserdem, dass für die damaligen Deutsch sprechenden Bündner der Churer, Maienfelder und Prättigauer Oberschicht Zürich «das nächste Kulturzentrum» war. Wichtig für unsere Protagonistin – mindestens in den letzten Jahrzehnten des 17. Jahrhunderts – waren aber auch die sozialen und kulturellen Kontakte in St. Gallen.

Die Frage nach ihrem Status im Rahmen von Forderungen nach sozialer Gleichberechtigung der Geschlechter ist erst seit den 1990er-Jahren wieder intensiver diskutiert worden, als die Frauengeschichte und danach die Geschlechtergeschichte solche Fragestellungen vor allem im Rahmen der neuen Kulturwissenschaften ermutigten und legitimierten. Noch 1959 meinte Marta Morf, das historische Interesse an Hortensia von Salis sollte sich bis zu einem gewissen Grad über eine «geschichtliche Klassifizierung» erheben und sich vor allem anderen der «grosse[n] Verehrung dieser geistig hochbegabte[n] Frau» zuwenden, das heisst konkret, man sollte sich vorrangig mit ihren Schriften beschäftigen.[76] 1991 hat die reformierte Pfarrerin Christine Nöthiger Strahm nochmals die bei Friedrich Manatschal und Emma Graf angelegten Kontinuitätsvorstellungen aus ihrer kirchlich-theologischen Erfahrung zu vertiefen versucht. Nach der Lektüre der «Glaubens-Rechenschafft» empfand sie neben Hochachtung «Staunen vor einer Frau, die vor fast 200 Jahren das gesagt hat, was wir seit einiger Zeit als ‹feministische Theologie›, als ‹feministische Bibelexegese› kennen», und sie bedauert, dass «diese Stimme in der Nachwelt ungehört geblieben ist».[77]

Zwischen 1970 und 2021 sind vier Beiträge zu Hortensia von Salis in Lexika und Nachschlagewerken erschienen, drei von ihnen seit den 1990er-Jahren, unter anderem im Zusammenhang mit dem Auftrieb, den die neuen Kulturwissenschaften auch dem hier betrachteten Forschungsfeld verschafft haben. Der erste dieser vier Beiträge liegt jedoch inhaltlich noch deutlich vor dieser Wende. Der Artikel aus dem Jahr 1970 stammt von Betty Wehrli-Knobel.[78] Im betreffenden Band geht es um weit über fünfzig «bedeutende Bündner» und mit Hortensia von Salis um eine einzige Frau. Johann Jakob Scheuchzer wird irrtümlicherweise anstelle von Johann Heinrich Schweizer zum Herausgeber der Schriften von Salis' gemacht.

Zwei weitere Beiträge in Nachschlagewerken hat der Theologie- und Kirchenhistoriker J. Jürgen Seidel für das Historische Lexikon der Schweiz und für das Biographisch-Bibliographische Kirchenlexikon verfasst.[79] Seidel hat Hortensia von Salis ausserdem einen ausführlichen Exkurs in seinem umfangreichen Werk über den frühen Bündner Pietismus gewidmet.[80] Er sieht sie im Wesentlichen als Vertreterin der reformiert-orthodoxen Tradition des 17. Jahrhunderts, «in strikter Bindung an Geist und Buchstaben der Bibel und des Bekenntnisses».[81] Den gelegentlich geäusserten Vermutungen, die Maienfelderin könnte Sympathien für den Pietismus gehegt haben, tritt er entschieden entgegen. Michael Valèr erwähnt im frühen 20. Jahrhundert, in Maienfeld seien ein Schuhmacher namens Sebastian sowie Hortensia von Salis als Pietisten bekannt – und im Volk beliebt – gewesen. Er zitiert dazu einen nicht namentlich genannten Autor der evangelisch-rätischen Synodalakten von 1778.[82] Allein schon wegen des zeitlichen Abstands zur Lebenszeit unserer Protagonistin ist das eine unter leider mehreren wenig vertrauenswürdigen Angaben zu ihrer Biografie. Ihre tatsächliche Begegnung mit frühen Pietisten, die sich im Sommer 1696 vorübergehend in Ragaz aufhielten, wird von Seidel jedoch nicht erwähnt.[83]

Im vierten dieser Beiträge in Lexika manifestiert sich das grosse Interesse der neuesten Literatur- und Kulturwissenschaften an ihrem Leben. Er ist kenntnisreich von Sabine Koloch verfasst und fordert am Ende – wie erwähnt – ganz in unserem Sinne: «Für weiterführende Forschungen ist die Kenntnis der Kontaktkreise, in die S[alis] eingebunden war, unabdingbar.»[84] Ausserdem hat Koloch Hortensia von Salis und namentlich ihrer Schrift «Conversations-Gespräche» von 1696 einen eigenen Abschnitt in ihrer Monografie «Kommunikation, Macht, Bildung» gewidmet. Sie verbindet dort ihre Analyse mit dem Blick auf die beispielgebenden zwei Bände «Conversations sur divers sujets» (1680) der Madeleine de Scudéry.[85] Dieser französische Einfluss ist auch Thema in einem etwas früher erschienenen, die «Conversations-Gespräche» fokussierenden Aufsatz von Rosmarie Zeller, die ihn jedoch dahingehend interpretiert, dass der Text der Bündnerin im Unterschied zu den «Conversations» von Scudéry nicht in einem städtisch-höfischen Kontext zu verorten sei, sondern in einer «arbeitende[n] Gesellschaft. Die Frauen sind mit den Aufgaben der Haushaltsführung und Kindererziehung beschäftigt. Zenobia wird zu Patienten gerufen [...] und die Gelehrten wie Socrates erholen sich von ‹wichtigen geschäfften› beim Spazieren.»[86]

Zwischen 1988 und 1992 erarbeitete eine Gruppe von Literaturwissenschaftlerinnen in einem durch den Schweizerischen Nationalfonds unterstützten Forschungsprojekt eine Bibliografie deutschsprachiger Schriftstellerinnen der Schweiz vom 17. Jahrhundert bis 1945 und verschaffte damit völlig neue Einblicke in ein bis dahin stark vernachlässigtes Forschungsfeld.[87] In diesem Zusammenhang entstand zunächst ein Aufsatz von Regula Wyss,[88] in welchem die Autorin erneut die vielseitigen Aspekte der Biografie Hortensia von Salis' ins Licht rückt. Sie betont zu Recht, dass diese die Besserstellung der Frau vor allem für den kirchlichen Bereich gefordert habe, zieht jedoch daraus den etwas kühnen Schluss, «die Streiterinnen für die Gleichstellung im religiösen Leben seit der Reformation [seien] als Vorläuferinnen der Frauenbewegungen im 19. und 20. Jahrhundert zu bezeichnen».[89] Ebenfalls im Zusammenhang des erwähnten Forschungsprojekts zu verorten ist die von Maya Widmer 2003 besorgte Neuedition der Texte der Maienfelderin.[90] Sie hat den Band mit einer seither häufig zitierten Einleitung versehen,[91] die nicht nur auf die editierten Texte eingeht, sondern auch die bisher detaillierteste Darstellung des familiären und sozialen Umfelds der Hortensia von Salis bietet, dem sich ihr Bedauern darüber anschliesst, dass die umfangreiche Korrespondenz der Bündnerin heute «zum grössten Teil als verloren gelten muss».[92] Die am Anfang der Einleitung erfolgte Einordnung der Hortensia von Salis als «einzige deutschsprachige Frau in der Schweiz, die im 17. Jahrhundert publizierte», müssen wir heute revidieren. «Camillas» «Rose der Freyheit» ist zwei Jahre vor der «Glaubens-Rechenschafft» aus dem Jahr 1695 erschienen.[93]

Maya Widmer publizierte seither zwei in Verbindung mit ihrer Edition stehende Aufsätze. «Schreibmöglichkeiten einer gelehrten adligen Frau um 1700» (2003) bezieht sich zunächst vor allem auf den Inhalt der «Glaubens-Rechenschafft» und der «Conversations-Gespräche», dokumentiert anschliessend das in diesen Schriften deutlich werdende, beeindruckende Wissen sowie die Neugier der Bündnerin für neue wissenschaftliche Fragen und endet mit einem kurzen Hinweis auf das zeitgenössische Lob für Hortensia von Salis, wie es in den Gedichten im Anhang zur Leichenpredigt von 1715 zutage tritt.[94] 2006 publizierte Widmer ausserdem einen Tagungsbeitrag, der sich ausschliesslich mit der «Glaubens-Rechenschafft» beschäftigt; sie zeigt dabei unter anderem, wie sehr sich deren Autorin bei der Niederschrift vor allem auf ihre ausgezeichneten Kenntnisse des Neuen Testaments verlassen konnte.[95]

Zuletzt hat Michèle Wenger die «Glaubens-Rechenschafft» einer interessanten Analyse unterzogen. Ihre Folgerungen sind eher ambivalent. Einerseits erblickt sie im Text der Bündnerin «viele Anknüpfungspunkte» für feministische Leseansätze, die aufzuzeigen vermögen, «wie die Frauenbewegung in der Schweiz ihren Anfang nahm».[96] Auf einer anderen Ebene verortet sie die «Glaubens-Rechenschafft» – übereinstimmend mit J. Jürgen Seidel – in theologischer Hinsicht vorbehaltlos im Erbe der Reformation und hebt abschliessend zu Recht die «grosse Glaubensüberzeugung» der Bündnerin hervor.[97] Im selben kleinen Sammelband ist ausserdem ein kurzer Beitrag der Medizinerin Brigitte Danuser-Leitinger zur Biografie Hortensia Gugelbergs von Moos, geborene von Salis, enthalten. Er bewegt sich auf gut vorbereitetem Terrain, das die Verfasserin nur insofern verlässt, als sie die Glaubenspraxis der Maienfelderin in die Nähe des Pietismus rückt.[98] Sie ist mit dieser These deutlich weniger vorsichtig als andere, zum Beispiel als Maya Widmer, die 2003 dazu bemerkte, dass auch dieser Aspekt der Biografie unserer Protagonistin weiterer Forschungen bedürfe.[99]

Einer der interessanteren Aufsätze der letzten Jahrzehnte beschäftigt sich mit den Netzwerken der Hortensia von Salis und weist damit einen Weg aus der zunehmenden Selbstgenügsamkeit der Forschung über sie, wie sie sich in verschiedenen hier besprochenen Beiträgen der jüngeren Zeit abzeichnet. Er stammt von den Kieler Literaturwissenschaftlern Sonja Klimek und Matthias Aumüller.[100] Hier werden die in entsprechenden Publikationen gängigen Begriffe «Erste Gelehrte Graubündens», «Feministin», »Heilkundige» sowie «Ärztin» kritisch kontextualisiert und zum Teil auch hinterfragt. Der oben erwähnte Hinweis von Sabine Koloch wird bestätigt, dass «das von Camilla und Hortensia von Salis immer wieder eingeforderte Recht von Frauen, unverheiratet bleiben zu dürfen», bereits Jahrzehnte früher in einem Roman der Mademoiselle de Scudéry auftaucht,[101] und es wird auf die Diskussion der Person (im weitesten Sinne) von Hortensia von Salis in einer Debatte der frühaufklärerischen Gesellschaft der Wohlgesinnten im August 1693 verwiesen, in welcher die Bündnerin gleichsam zur Vorzeige-Schweizerin verklärt wurde.[102]

Seit Friedrich Manatschal mit seinem Churer Vortrag vom 5. Dezember 1893 eine neue Phase der wissenschaftlichen Beschäftigung mit der Biografie von Hortensia von Salis einleitete, sind (ohne Berücksichtigung der oben erwähnten Beiträge zu Nachschlagewerken sowie der von Maya Widmer besorgten Edition) 14 Aufsätze über ihr Leben und Wirken erschienen. In einem eher krassen Missverhältnis zu dieser Zahl steht die im selben Zeitraum veröffentlichte einzige monografische Darstellung, die 1920 erschienene Zürcher Dissertation von Lili Frey.[103] Die entsprechende Forschungsperspektive hat vor Kurzem durch Klimek/Aumüller eine begrüssenswerte Erweiterung erfahren. Hinsichtlich der äusserst spärlichen Quellennachweise entspricht die Dissertation allerdings nicht mehr heutigen wissenschaftlichen Gepflogenheiten und Ansprüchen. Lili Frey hatte das Glück, von Marie Gugelberg von Moos noch kurz vor deren Tod (1918) wichtiges Quellenmaterial zu erhalten. Frey gelingt eine insgesamt sehr sachkundige Darstellung und Analyse dieser Quellen, auch wenn sie an mindestens einer Stelle die nötige Quellenkritik vermissen lässt und die Legende von der anatomischen Sektion eines verstorbenen Knechts unwidersprochen übernimmt.[104] Neben der besonderen medizinischen Kenntnis und Praxis der Hortensia von Salis, die die Bündnerin weitherum berühmt gemacht haben, räumt sie deren wissenschaftlichen Interessen gebührenden Raum ein, speziell ihrem Briefverkehr mit dem Zürcher Arzt und Physiker Johann Jakob Scheuchzer. Weitere Teile der Dissertation sind den beiden Hauptschriften der Maienfelderin gewidmet sowie den drei Leidgedichten, die von ihr überliefert sind.

Versuchen wir ein Fazit aus der Lektüre der bis heute erschienenen verschiedenen Beiträge zu Leben und Werk unserer Protagonistin zu ziehen, so fällt zunächst einmal auf, dass hinsichtlich vieler Beiträge der letzten Jahrzehnte geradezu von einer Selbstbespiegelung der entsprechenden Forschung gesprochen werden kann. Das heisst konkret: Es wurden keine neuen Perspektiven eröffnet; vieles ist einfach aus der bereits vorhandenen Sekundärliteratur übernommen worden. Rosmarie Zeller hielt 1998 fest, dass auch aus Sicht der Frauengeschichte (die inzwischen längst auf breiterer Basis zur Geschlechtergeschichte geworden ist), die sich in den 1990er-Jahren intensiver mit Hortensia von Salis zu beschäftigen begann, keine neuen Erkenntnisse «über ihre Ausbildung, ihre Lektüren, ihren gesellschaftlichen und gelehrten Umgang» resultierten.[105] Wir werden sogleich auf diese Desiderata zurückkommen. Zunächst wollen wir jedoch unsere Protagonistin im Gegensatz zu anderen Autorinnen und Autoren fest in der Frühen Neuzeit verorten.

Wie «modern» (Friedrich Manatschal) war Hortensia von Salis tatsächlich? Bei allem Interesse an ihrer durchaus mutigen Kritik an zeitgenössischen geschlechterpolitischen Konventionen, sei es im Bereich der Hausarbeit oder ihrer Forderungen in Bezug auf die Rolle der Frau in Religion und Kirche, dürfen wir nicht vergessen, dass sie eine Adlige war, von der wir nicht wissen, ob sie diese Kritik und die Forderungen ausschliesslich auf ihren Stand bezog oder dabei tatsächlich an *alle* Frauen ihrer Zeit dachte, zum Beispiel auch an ihre eigenen Mägde. Zu bedenken ist ausserdem, dass sie nach dem Tod ihres Ehemanns Rudolf Gugelberg von Moos Anfang August 1692 verwitwet war und bis zu ihrem Lebensende Witwe blieb, was ihr neben ihrer adligen Herkunft eine besondere Eigenständigkeit verlieh. Ideen, auch emanzipatorische, haben ihren Ort immer im konkreten Leben. Kontinuitätsvorstellungen, die über weite Zeiträume reichen, zum Beispiel von der Reformation bis ins frühe 20. Jahrhundert (Emma Graf), müssen daher stark vom je gegebenen historischen Kontext abweichen. Trotz der grossen Faszination, die von Hortensia von Salis auch heute noch ausgeht, ist sie daher für uns keine «moderne» Frau.

Kommen wir am Ende dieses Abschnitts auf die oben zitierte Kritik Rosmarie Zellers an Beiträgen der 1990er-Jahre zurück. Neue Erkenntnisse über Hortensia von Salis' Ausbildung und ihre Lektüren haben auch unsere Recherchen nicht zutage gefördert. Aber wir haben vor allem die Forderung befolgt, ihr gesellschaftliches und gelehrtes Umfeld näher zu erforschen, ein Postulat, das seither – wie erwähnt – von Sabine Koloch und zuletzt auch von Sonja Klimek und Matthias Aumüller erhoben wurde.[106]

Wenn wir einmal von den durch die Maienfelderin verfassten Leidgedichten absehen, die in unterschiedlichen zeitgenössischen Leichenpredigten jeweils im Anhang erschienen,[107] handelt es sich bei den uns heute bekannten, veröffentlichten Schriften der Hortensia von Salis um die «Glaubens-Rechenschafft» (1695) und den dieser im zweiten Druck beigefügten Brief an einen «fürnemmen Herren N. N.»,[108] die «Conversations-Gespräche» (1696) sowie das durch den Pfarrer Johannes Leonhardi 1715 zum Druck gebrachte «Gebät». Bei Letzterem könnte es sich um eines der von Hortensia von Salis in ihrem Brief an Johann Jakob Scherer vom 15. Dezember 1706 erwähnten Werke handeln, die sie während ihres neunjährigen Aufenthalts in Soglio und Chiavenna anfertigte.[109] Dafür spricht der Kommentar des Johannes Leonhardi auf der ersten Seite unter dem Titel «Gebät»: «Welches sie mit einigen (nicht mit allen) anderen ihren auch sehr erbaulichen Schrifften / die sie in denen 9 Jahren / in welchen sie auff Soglio und im Veltlein ihrem Titl. Hochg[eehrten]. Hn. Vatter Sel. abgewartet / sammlet, den 8. Martii dieses lauffenden 1715. Jahrs / dem zu Ende dieses Bogens benamseten Dieneren des Worts Gottes / zu registriren anvertraut hat».[110] Dieser Diener des Worts ist Johannes Leonhardi, Pfarrer zu Prätz (1651–1725). Von den durch Leonhardi am selben Ort erwähnten Schriften der Bündnerin, die in England durch Robert Hales und andere «durch den Truck an das Liecht gebracht wurden», fehlt heute jede Spur.[111]

Die «Glaubens-Rechenschafft»

Zur Veröffentlichung gebracht wurde diese Schrift «einer Hochadenlichen Verfasserin» durch den Zürcher Theologen Johann Heinrich Schweizer (1646–1705), mit dem diese in den 1690er-Jahren in brieflichem Kontakt stand. Er widmete das Werk der Jungfrau Anna Barbara Edlebachin (Edlibach), Tochter des 1691 verstorbenen Johann Jakob Edlibach. Schweizer war mit den Edlibachs verschwägert.[112] Der Druck erfolgte, ohne dass Schweizer dafür die Einwilligung der Autorin gesucht hätte, wofür er in seinem Vorwort Abbitte tut. Er erwähnt dabei auch den Anlass, der Hortensia von Salis überhaupt dazu gebracht hatte, die Schrift zu verfassen. Ein vornehmer «geistlicher Herr» der römischen Kirche habe ihr ein neu erschienenes Werk, «Meßblum genennet», zugesandt und sie um eine Stellungnahme dazu gebeten.[113] Angesichts des (im Anhang enthaltenen) Briefwechsels der Autorin mit dem Dekan des Benediktinerklosters Pfäfers lässt sich dieser vornehme geistliche Herr zweifelsfrei als Benedikt Closer identifizieren.[114] Die «Wohlriechende, Hertz- und Seel-stärckende Meß-Blum» war ein kontroverstheologisches Werk des katholischen Pfarrers von Näfels, Johann Jakob Gartner, das darauf abzielte, den reformierten Glarnern die Vorzüge der katholischen Konfession zu demonstrieren.[115] Es endet mit einem «Gebet für alle unrechtgläubige Christen / damit sie durch die Gnad Gottes zu dem wahren Glauben, wir Sünder aber alle zur pönitentz und Buß bekehrt werden».[116] Mit dem Adjektiv «reformiert» ist die konfessionelle Ausrichtung des schweizerischen Protestantismus gemeint, der sich insbesondere in Fragen der Abendmahlstheologie vom deutschen Luthertum unterschied.[117]

In ihrem Briefwechsel mit dem Pfäferser Dekan begegnet Hortensia von Salis diesem trotz allen grundlegenden Differenzen mit einem gewissen standesüblichen Respekt. Noch am Ende ihrer «Glaubens-Rechenschafft» schreibt sie: «Was übrig ist / Hochwürdiger Herr / so wollen sie diese meine Glaubens-Rechenschafft / und beschirmung nicht im zorn / oder bitterem eifer / sonder nach bekannter freundlichkeit / von mir aufnemmen.»[118] Wie das dem Werk im zweiten Druck hinzugefügte Antwortschreiben der Autorin zeigt, ist dieser Wunsch nicht in Erfüllung gegangen, denn Closer hat seine zur Widersacherin gewordene Gesprächspartnerin nach der Lektüre ihrer Schrift anscheinend als allzu kluge Schlange bezeichnet.[119] Dem Verfasser der «Meßblum», einem einfachen Dorfpfarrer, gegenüber entfallen dagegen standespolitische Rücksichten. Er wird von der Autorin in der «Glaubens-Rechenschafft» an verschiedenen Stellen verunglimpft, zum Beispiel, wenn sie ihn als «Pfäfflein» bezeichnet, oder am Ende der Schrift, wo sie lateinische und griechische Texte anspricht, die ihr aus sprachlichen Gründen nicht zugänglich waren. Da stellt sich die Vermutung an: «Villeicht hat auch das Näfelsische Pfäfflein keinen einigen von denselbigen gelesen / und was er anzeuhet [d. h. anzeigt, zitiert] auß anderen Streitbücheren / auf gut credit hin / abgeschriben.»[120]

Inhaltlich ist das Werk von 1695 ganz auf die von Johann Jakob Gartner in der «Meßblum» angesprochenen acht Themen ausgerichtet. Es ist im Stil einer ausführlichen Antwort an Dekan Closer gehalten. Hier ist es ist nicht nötig, auf alle acht Punkte einzugehen, wir erwähnen nur diejenigen, die in der Stellungnahme der Maienfelderin eine besondere Rolle spielen: Die Fürbitte der Heiligen – insbesondere bei der katholischen Marienverehrung – ist in der Kritik Hortensia von Salis' wesentlich, vor allem, weil sie aus Sicht ihres reformierten Glaubensverständnisses die zentrale Stellung Christi relativiert. Sie verneint, dass sich die Heiligenverehrung aus der Bibel legitimieren lasse. Die Bibel ist für sie gleichsam der Massstab für alles. Deshalb verwirft sie auch die Ausschmückung der Kirchen mit Heiligenbildern. Dieses auf die Heilige Schrift bezogene Argument bringt sie an zweiter Stelle ausserdem in Stellung gegen die katholische Messfeier und die Vorstellung von der realen, leiblichen Gegenwart Christi in der Hostie und dem Wein der Eucharistiefeier (Transsubstantiationslehre), wobei sie in klassisch-reformierter Manier argumentiert, dass Christus nicht gleichzeitig zur Rechten Gottes im Himmel und in einer Eucharistiefeier hier auf Erden präsent sein könne. An dritter Stelle attackiert sie die Lehre vom Fegefeuer als unbiblisch, in Übereinstimmung mit der entsprechenden reformatorischen Kritik. Aus katholischer Sicht wurde diese Vorstellung von einem Ort der Läuterung für arme Seelen, die zwar für den Himmel bestimmt waren, aber noch Sündenstrafen abzuarbeiten hatten, biblisch legitimiert (z.B. in Matth. 5:26 oder in 1 Korinth. 3:15). Die Reformatoren aber verwarfen diese Interpretation als nicht stichhaltig, genauso wie die Berufung auf die Rechtfertigung des Fegefeuers durch eine Reihe von Kirchenvätern. Wenig überraschend lehnt die Bündnerin zu guter Letzt auch die römisch-katholische Auffassung von den guten Werken ab, das heisst die Überzeugung, dass Menschen durch ihr eigenes Handeln im Hier und Jetzt ihre Chancen auf göttliche Gnade erhöhen könnten.

Hinter diesen Themen verbergen sich klassische Zankäpfel der zwischen Vertretern des Katholizismus und des Reformiertentums im 16. und 17. Jahrhundert ausgetauschten kontroverstheologischen Schriften. Der hier angesprochene Text der Hortensia von Salis gehört voll und ganz in diese Tradition. Das wirklich Aussergewöhnliche daran ist nicht so sehr sein Inhalt als vielmehr der Umstand, dass es sich um einen von einer Frau verfassten Text handelte. Dazu mehr weiter unten. Zunächst wollen wir den Inhalt der «Glaubens-Rechenschafft» kurz mit weiteren Zitaten und einer präzisierenden Lektüre charakterisieren.

Der Tenor, der die gesamte «Glaubens-Rechenschafft» durchzieht, ist die Orientierung der Verfasserin am *sola scriptura*-Prinzip, das heisst an der durch die Reformatoren des 16. Jahrhunderts postulierten Alleingültigkeit der Heiligen

Schrift in Glaubensfragen. Die Heiligenverehrung lehnt die Verfasserin deshalb als unbiblisch ab und übt scharfe Kritik am Umgang des Autors der «Meßblum» mit Bibelstellen, die er zu diesem Thema heranzieht.

«Können Euer Hochwürden», so fragt sie den Pfäferser Dekan, «sich auch des Zorns enthalten / wann sie an des liederlichen Pfäffleins grobe Unwüssenheit in diesem Stuck gedencken? Gereicht solches nicht der Römischen Kirchen zu Schmach / wann sie dergleichen kraftlose Verfechter ihres Glaubens hat?»[121] Zum angesprochenen Gesamttenor gesellt sich von Anfang an das abschätzige Urteil über die Fähigkeiten Johann Jakob Gartners.

Hinsichtlich der kirchlichen Feier der Messe bestreitet Hortensia von Salis mit deutlichen Worten die leibliche Gegenwart Christi im Abendmahl. Sie beruft sich dabei auf das Apostolische Bekenntnis, das sie schon als Kind gelernt habe: Dieses besage unter anderem, dass Christus als Sohn Gottes nach seiner Kreuzigung «gestorben / begraben / hinabgefahren zur Höllen / am dritten Tag widerum auferstanden / hinaufgefahren in den Himmel / habe sich gesetzt zur rechten Hand Gottes des Vatters / und werde von dannen her widerum kommen zurichten die lebendigen und die toten».[122] Des Weiteren nimmt die Verfasserin den katholischen Begriff der Transsubstantiation in den Blick. Dieser Begriff stammt aus der mittelalterlichen Scholastik. Er bezieht sich auf den zentralen Moment der Messe, das Altarsakrament der Eucharistie, und bezeichnet die durch die priesterliche Segnung der Hostie und des Weins erwirkte Verwandlung derselben in den Leib und das Blut Christi. Die Lehre von der Transsubstantiation verwirft sie unter anderem mit der Frage: «Wo hat mein Gott und Heiland Jesus gesprochen; Er wolle nach seiner Himmelfahrt / durch die / Allmacht mit seinem wahren Leib an zweyen Oerteren / im Himmel und auf Erden zugleich seyn? Benennet mir das Buch / und Capitel / so wil von Hertzen Ja und Amen darzu sagen. Deßgleichen finden nichts in dem übersendeten Büchlein.»[123] Für die Deutschschweizer Reformierten ist die Feier des Abendmahls – im Unterschied zur katholischen Eucharistiefeier – im Anschluss an Zwingli eine Feier der Erinnerung an das Sühnopfer des gekreuzigten Christus.[124] Zum Fegefeuer bemerkt die Bündnerin: «Rechthertzlich hab darüber gelachet / villeicht hätte besser gethan / wann ich bitterlich geweinet hätte / als die Beweißthum des Fegfeuers / und der krefftigen Fürbitt in dem Blumen-Buch gelesen.»[125] Die katholische Tradition konnte sich bei der Vorstellung des Fegefeuers in erster Linie auf die Kirchenväter berufen, die diese mehrheitlich bejahten. Die Reformatoren lehnten diese Argumentation jedoch ab, weil sie nicht dem *sola scriptura*-Prinzip, der Alleingültigkeit der Bibel in zentralen Glaubensfragen, entsprach. Auch bei der Bilderfrage, das heisst bei der Frage des Gebrauchs von Bildern im Gottesdienst, liegt die Verfasserin ganz auf der Linie des Zürcher Reformators Huldrych Zwingli, der Bilder aus den Kirchen verbannte.[126] Christus habe zwar die Apostel beauftragt, in aller Welt das Evangelium zu predigen, aber er habe nicht hinzugefügt «machet auch allerhand Statuen und Bilder von gold / silber / ertz / metall / und sonst künstlicher penselarbeit / damit die leuth solche in ihrem Gottsdienst brauchen / und davor ihr gebett verrichten».[127]

Für Martin Luther spielte zu Beginn der Reformation, in den Jahren 1517 bis 1519, die Frage der Guten Werke eine zentrale Rolle.[128] Kann ich selbst durch gute Werke vor Gott gerecht werden? In seiner für den Durchbruch der Reformation grundlegenden Rechtfertigungslehre verwarf er jegliche Mithilfe des einzelnen Menschen durch gute, gottgefällige Werke in der Rechtfertigungsfrage. Aus seiner Sicht und auch der der schweizerischen Reformatoren konnte die Rechtfertigung vor Gott nur aus dem Glauben *(fide)* hervorgehen, der wiederum ausschliesslich auf der Heiligen Schrift *(scriptura)* beruhte und durch Gottes Gnade *(gratia)* gleichsam besiegelt wurde. Hortensia von Salis kritisierte in diesem Zusammenhang insbesondere körperliche Selbstbestrafung (das sog. Flagellantentum), Wallfahrten, Beitritt zu einem strengen Orden und ausserdem die Errichtung von Kapellen, Kirchen und Klöstern, die Aufrichtung und Verzierung köstlicher Altäre, die Ausstattung von Kirchen mit allerhand Bildern, materielle Opfer und reiche Vergabungen. «Wir Reformierte aber», so fügt sie an, «halten solche ding an sich selbst / und wie sie in dem Papstum üblich sind / nicht für wahrhafftig gute werk / sondern nur für betrugswerk / in welchen zwaren der schein / aber keine kraft der Gottseligkeit seye / und die nicht nach dem wort und willen Gottes / sonder nach den gebotten und lehren der menschen verrichtet werden [...]».[129]

Aufs Ganze gesehen, verweist die «Glaubens-Rechenschafft» auf Hortensia von Salis' starke Verankerung in der reformatorischen Tradition.[130] Wie erwähnt, endet die Schrift mit einem Appell an das Wohlwollen des Pfäferser Dekans Benedikt Closer. Doch wie der dem zweiten Druck der Schrift (ebenfalls 1695) hinzugefügte Brief der Maienfelderin an den Dekan verdeutlicht, verfing dieser Appell kaum. Der gedruckte Brief ist Gegenstand der folgenden Ausführungen.

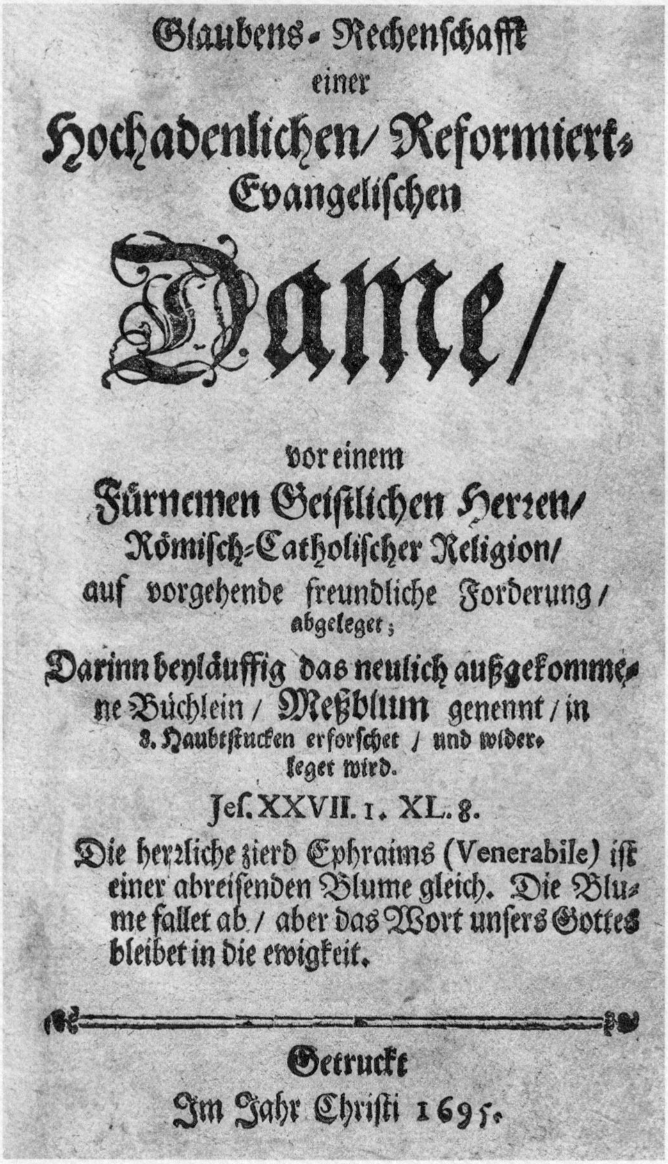

Glaubens-Rechenschafft
einer
Hochadenlichen/ Reformiert-
Evangelischen
Dame/
vor einem
Fürnemen Geistlichen Herren/
Römisch-Catholischer Religion/
auf vorgehende freundliche Forderung/
abgeleget;
Darinn beyläuffig das neulich außgekomme-
ne Büchlein / Meßblum genennt / in
8. Haubtstucken erforschet / und wider-
leget wird.
Jes. XXVII. 1. XL. 8.
Die herrliche zierd Ephraims (Venerabile) ist
einer abreisenden Blume gleich. Die Blu-
me fallet ab / aber das Wort unsers Gottes
bleibet in die ewigkeit.

Getruckt
Im Jahr Christi 1695.

6

Titelblatt der «Glaubens-Rechenschafft» von Hortensia von Salis aus dem Jahr 1695.

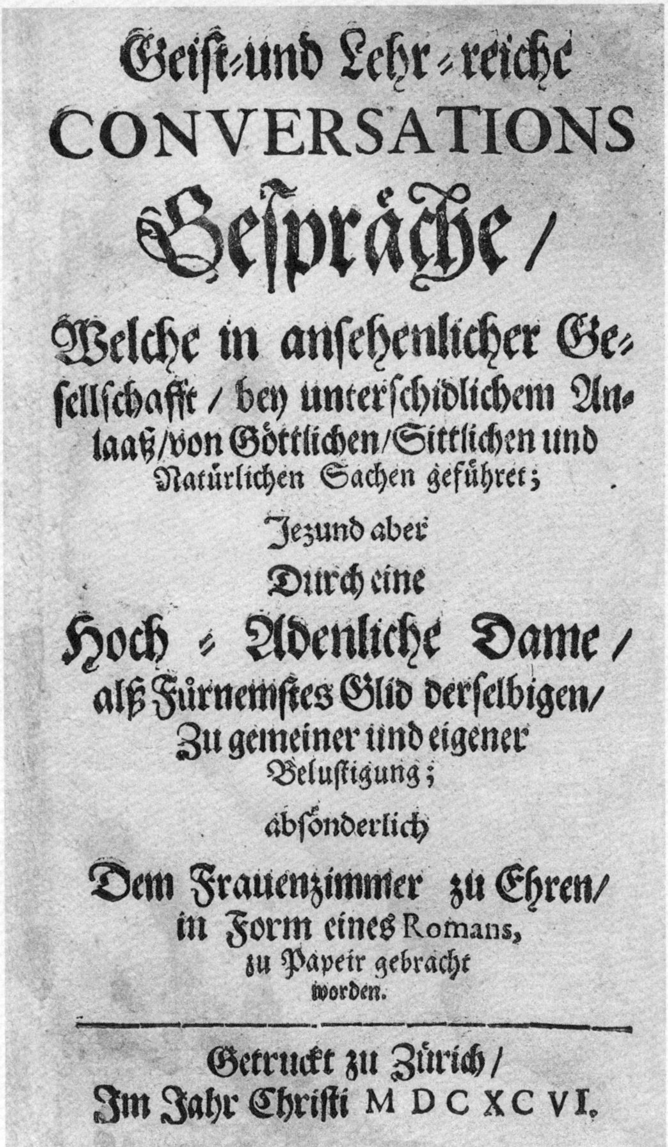

Geist- und Lehr- reiche
CONVERSATIONS
Gespräche /
Welche in ansehenlicher Ge-
sellschafft / bey unterschidlichem An-
laaß / von Göttlichen / Sittlichen und
Natürlichen Sachen geführet;
Jezund aber
Durch eine
Hoch - Adenliche Dame /
alß Fürnemstes Glid derselbigen /
Zu gemeiner und eigener
Belustigung;
absönderlich
Dem Frauenzimmer zu Ehren /
in Form eines Romans,
zu Papeir gebracht
worden.

Getruckt zu Zürich /
Im Jahr Christi M DC XC VI.

7

Titelblatt der «Conversations-Gespräche» von Hortensia von Salis aus dem Jahr 1696.

Brief an Dekan Closer (1695) und das «Gebät» (1715)

In der «Glaubens-Rechenschafft» taucht im Zusammenhang mit der Diskussion des Fegefeuers eine Stelle auf, die ein traditionell-patriarchalisches Verständnis von der besonderen Verführbarkeit des weiblichen Geschlechts zur Sünde entschieden ablehnt. Dieses suchte sich bekanntlich durch die Geschichte der Vertreibung aus dem Paradies zu rechtfertigen, für die Eva verantwortlich gemacht wurde. Als «eine von denen / welche das schwächere geschirr sind[131] / und dafür gehalten werden daß die Affecten uns mehr alß die Männer beherrschen», möchte Hortensia von Salis, anstatt sich zu ereifern, «lieber dem exempel der Ertz-Engels Michaels folgen / welcher da er mit dem Teuffel zancket und disputiert um den Leib Mosis / das urtheil der Lästerung nicht hat wollen fällen / sonder solches Gott überlassen / sprechende: Der Herr beschelte dich. *Judae v. 9.*»[132]

Zwar ist Closers Reaktion auf die «Glaubens-Rechenschafft» nicht mehr erhalten, aber dem «Copia Antwort-Schreibens Deren Hochadenlichen / Reformiert-Evangelischen Dame an einen Fürnemmen Herren N.N.» im Anhang zum zweiten Druck der «Glaubens-Rechenschafft» ist zu entnehmen,[133] dass Closer die Verfasserin vor allem angesichts ihres Geschlechts in die Schranken weist. Er kann sich dabei auf zahlreiche Bibelstellen, namentlich auf die Paulus-Briefe sowie auf 1. Petrus, III, 3-6, berufen. Aber um vorschnellen Schlüssen zuvorzukommen, muss betont werden, dass in der Frühen Neuzeit ein patriarchalisches Bibel- und Glaubensverständnis nicht nur vom katholischen Klerus vertreten wurde. Auch der Zürcher Theologe Johann Heinrich Schweizer zum Beispiel betont in seinem Vorwort zur «Glaubens-Rechenschafft», der Traktat zeige, dass Gott «auch dem Weiblichen Geschlecht / von seinem Geist so reichlich mitgetheilet / und dardurch gnugsam bezeuget hat / daß obwolen Sie das schwächere Geschirr / dennoch auch miterben der Gnad des Lebens seyen».[134]

In diesem Zusammenhang am bekanntesten ist zweifelsohne 1. Korinther, 14:34: «Wie in allen Gemeinden der Heiligen lasset eure Weiber schweigen in der Gemeinde; denn es soll ihnen nicht zugelassen werden, dass sie reden, sondern sie sollen untertan sein, wie auch das Gesetz sagt.» Eine direkte Infragestellung dieser und ähnlicher Bibelpassagen hätte mit Sicherheit die Grenzen des damals Sagbaren überschritten. Ein solche Infragestellung ermöglichte überhaupt erst die im 18. Jahrhundert aufkommende historische Bibelkritik. Es ist daher keine Überraschung, dass die Bündnerin solche Passagen nicht ablehnte. Vielmehr überrascht die Gründlichkeit und Verve, mit der sie in ihrem «Antwort-Schreiben» an den Pfäferser Dekan unzählige Bibelstellen zur Sprache bringt, die die soziale und kirchliche Stellung der Frau entschieden aufwerten. Eindrücklich ist insbesondere, wie es ihr gelingt, Stellen aus den Briefen des Paulus, der häufig als Garant eines patriarchalischen Bibelverständnisses herbeizitiert worden ist, in ihrem Sinne zu präsentieren, so zum Beispiel wenn sie im Anschluss an Lukas XXI:3 argumentiert: «Ich achte alle meine Gaben und Talent gegen den Männeren nur als einen kleinen Haller [d. h. Heller]; jedoch will ich ihn auch zu dem Gottskasten tragen. Ich will in aller Stille / Demuth und Underthänigkeit mein Talent anwenden / als auch ein Glid an dem Haupt Christus / auß welchem der gantze Leib / [...] zu der Grösse wachset / die Gott gibet / Colos. II:29 Ephes. IV: 15, 16. Ich will Euch bitten / urtheilet von mir / nach dem mir Gott die Maß des Glaubens mitgetheilet hat. Wir sind ein Leib in Christo / haben aber nach der Gnad / die uns gegeben ist / unterschidliche Gaben / Röm XII. 5,6.»[135]

Eine ähnliche argumentative Strategie – scheinbares Einverständnis mit traditionellen Sichtweisen, gefolgt von biblisch fundierten Relativierungen derselben – verfolgt die Maienfelderin auch in der Frage der Legitimierung weiblicher Gelehrsamtkeit.[136] «Ich weiß zwar wol», schreibt sie, «daß wir gute Haußhalterinnen seyn sollen / daß unsere Arbeit spinnen und näyen seye / und wir nicht zuachten haben auf die überflüssige Gelehrtheit / die mehr fragen bringet / als Erbauung Gottes, welche bestehet im Glauben / 1. Tim. I:14.»[137] Danach verweist sie jedoch auf verschiedene biblisch verbürgte Beispiele gelehrter Frauen. Diesen sei die Heilige Schrift offenkundig nicht so fremd gewesen, «wie uns / die man nur allein zu Kunkel und Nadel verbannen will».[138]

Auch wenn Hortensia von Salis in beiden an den Dekan des Klosters Pfäfers gerichteten Texten des Jahres 1695 im Unterschied zu anderen zeitgenössischen Reaktionen auf die «Meßblum» keine apokalyptischen Töne anschlägt und auf übertriebene Polemik verzichtet, sind diese zweifellos der damaligen Kontroverstheologie zuzuordnen. Ganz anders ist jedoch der Eindruck, den das im ersten Jahrzehnt des neuen Jahrhunderts entstandene «Gebät» hinterlässt. Johannes Leonhardi hat es 1715 zum Druck gebracht.[139] Die Schrift vermittelt in erster Linie den Eindruck der Stille. Gemäss dem von Leonhardi gestalteten Titelblatt ist sie während des Aufenthalts der Hortensia von Salis in Soglio und Chiavenna in der Zeit zwischen 1701 und 1710 entstanden, in der sie nach Aussage derselben zuweilen einsam gewesen war. 1706 schreibt sie an Johann Jakob Scherer in St. Gallen: «Ich werde mit erstem ihme ein wercklein übersenden, d[as] ich hie in meiner einsamkeit verfährtiget.»[140] Das «Gebät» ist eine kurze, sechs Druckseiten umfassende spirituelle Meditation zu den einzelnen Sätzen des Vaterunser. Wie Johann Heinrich Schweizer fühlt sich auch Johannes Leonhardi bemüssigt, die Veröffentlichung eines Textes aus weiblicher Hand zu rechtfertigen. Im Nachwort hält er fest, er habe sich «schuldig befunden / diesen von ihro hinderlassenen Schatz an das Liecht zu bringen / und auch anderen vorzustellen / damit es nicht verborgen noch unbrauchbar [d. h. ungebraucht] bleibe: wie wir dann auch in H[eiliger] Schrifft finden / daß der Herr unser Gott gottseliger Weiberen Gebät und andere gute Werck / zu ihrem wolverdienten Ruhm / [und] anderen zur Nachfolge / hat aufzeichnen lassen».[141]

«Conversations-Gespräche»

1696, also nur ein Jahr nach der Publikation der «Glaubens-Rechenschafft», fungierte wieder derselbe Johann Heinrich Schweizer als Herausgeber der «Conversations-Gespräche».

Die Funktion der Gespräche wird in der barocken Titelgebung deutlich gemacht: Sie sollen der Unterhaltung und Wissenserweiterung dienen und damit weniger der moralischen Nützlichkeit, worauf später insbesondere bei Romanen von Frauen insistiert wurde. Die Gespräche sind eingebettet in eine Rahmenhandlung, die im Titel als «in Form eines Romans» bezeichnet wird. Was heute als unverfänglich erscheint, war damals eine klare Parteinahme, denn der Theologe Gotthard Heidegger (1666–1711) hatte sich in seiner «Mythoscopia Romantica» scharf über den verderblichen Einfluss der Barockromane geäussert. Über die «Conversations-Gespräche» und ihre Autorin findet er hingegen in seinem «Vorbericht» zur «Mythoscopia» nur lobende Worte: «Under den heutigen ist billich zuzehlen die trefflich gelehrte hochberühmte Pündtnerische Zenobia, an deren letst außgegebnen Dramatischen Conversations-Gesprächen die Gelehrte nichts anders desiderieren / als daß sie nicht zehnfach so lang sein [...].»[142]

Gespräche in Buchform, die alltägliche, wissenschaftliche und moralische Themen erörtern, waren in dieser Zeit äusserst beliebt. Georg Friedrich Harsdörffers «Frauenzimmer-Gesprächsspiele»[143] wurden wie Madeleine de Scudérys «Conversations»[144] im 17. Jahrhundert breit rezipiert. Die «Conversations-Gespräche» von Hortensia von Salis sind in dieser Tradition zu verorten, aber in der gewählten literarischen Form innovativ. Wie bereits erwähnt, hat Sabine Koloch in ihrer Studie «Kommunikation, Macht, Bildung» ein Kapitel Hortensia von Salis gewidmet.[145] Darin setzt sie sich kenntnisreich mit den «Conversations-Gesprächen» auseinander und anerkennt, dass die Autorin «Kühnes, Originelles und Wegweisendes leistete».[146] Koloch weist darauf hin, dass der Titel der Schrift durchaus nicht so neu war, sondern sich vermutlich an einem 1662 erschienenen und später mehrfach neu aufgelegten Bestseller orientierte. Albert Sommer hatte nämlich den Begriff «Conversations-Gespräche» im Titel des folgenden Buches verwendet: «Der teutsche Anführer zu anmuthigen und zierlichen Conversations-Gesprächen. Bestehende in 70 freundlichen Bespräch- und Beantwortungen, sowol für Frauens- als Mannes-Personen» (1662). Koloch stellt ausserdem Ähnlichkeiten mit Madeleine de Scudérys «Les Conversations Sur Divers Sujets» (1682) fest, arbeitet aber auch die Unterschiede heraus.

Am Ende der «Conversations-Gespräche» von Hortensia von Salis findet sich ein Inhaltsverzeichnis, das die 18 Themen beschreibt, die verhandelt werden. Aufgeführt wird dort ein breites Spektrum von medizinischen, theologischen, sozialen und naturwissenschaftlichen Themen. Die medizinischen Ausführungen zeigen, wie gross und breit die Kenntnisse der Autorin waren. Es wird zum Beispiel erläutert, bei welchen Krankheiten sich eine Kur im Fläscher Bad empfiehlt, oder es wird zeitgenössisches medizinisches Wissen des menschlichen Körpers, das sich am griechischen Arzt Galen von Pergamon (129–216 n.Chr.) orientiert, ausführlich wiedergegeben.[147] Dies sollte den Anwesenden erklären, was die Ursachen bestimmter gefährlicher Krankheiten waren. Weiter wird verschiedenes soziales Verhalten erörtert, zum Beispiel über Aufrichtigkeit in Gesellschaften, über den Umgang mit Dienstboten, die richtige Erziehung von Kindern oder eine längere Diskussion, welche «von der falschheit der Cavallieren in der Conversation mit dem Frauenzimmer» handelt. Protagonistin in den «Conversations-Gesprächen» ist Zenobia,[148] die ohne Zweifel Hortensia von Salis repräsentiert. Die anderen auftretenden Figuren tragen ebenfalls alle Namen berühmter Personen aus der Antike. So zum Beispiel Mausolus und Artemisia,[149] in denen unschwer der Bruder Karl Gubert von Salis, der Besitzer des Fläscherbades, und seine Gemahlin Nikola, geborene von Salis-Marschlins, zu erkennen sind. Die Verwendung antiker Namen war in dieser Zeit üblich, so beispielsweise in Hochzeits- oder Leidgedichten. Die Verschlüsselung der

Orte ist zum Teil sehr offenkundig: Florfelden für Maienfeld, Gazar für Ragaz, Malvasia für Malans, Marshoffen für Marschlins, Rathstetten für Chur, Faliscer Bad für Fläscher Bad. Viele der zahlreichen in den «Conversations-Gesprächen» auftretenden Figuren sind für uns nicht zu entschlüsseln; für die zeitgenössischen Leserinnen und Leser waren sie dies wahrscheinlich schon.

Zu Beginn des Textes will Artemisia, die Gattin des Badbesitzers, gemeinsam mit ihren zwei kleinen Söhnen im Bad eine Hautkrankheit ausheilen. Mausolus, der Badbesitzer Karl Gubert von Salis, sowie Zenobia, das Alter Ego von Hortensia von Salis, schliessen sich ihnen an. Mausolus verbringt seine Zeit im Bad mit der Lektüre «curieuser und nutzlicher Bücheren» und geht zwischenzeitlich auf die Jagd. «Zenobia, von deren man sagen kann / daß sie alles erfreue / und schwerlich etwas betrübe / genosse alle diese Lust mit.»[150] Zu diesen drei Personen kommen kurz darauf fünf weitere dazu, worauf sich die «Conversations-Gespräche» im sozialen Rahmen des Bades zu entwickeln beginnen. Zuerst drehen sich die Gespräche vor allem um gesellschaftliches Verhalten. Es folgt eine Diskussion darüber, wie emotionale Erschütterungen durch den festen Glauben gemindert werden können. Artemisia bringt dann ein neues Thema zur Sprache, nämlich die «falschheit der Cavallieren in dem umgang / und Conversation mit dem Frauenzimmer».[151] Nach der Schilderung, wie sich die Gesellschaft auf einer Wiese im Schatten der Bäume ausgeruht hat und dann alle zum Aufbruch bereit sind, wird Zenobia, «welche die Artzney-kunst / durch eine / von ihrer Großfrauen sel. anererbte lust / sonderlich liebet / zu einem Patienten / der mit dem hitzigen Fieber überfallen worden / mit vielem bitten / beruffen / wohin zufolgen sie sich alßbald willig erklärte».[152] Sofort wollen alle von Zenobia Näheres über die Entstehung von Krankheiten wissen. Mit Blick auf den nun folgenden Diskurs der Zenobia lässt sich die besondere Schreibweise der Autorin gut aufzeigen. Die Gespräche, eingebettet in die Rahmenerzählung, hier die Ankunft eines Boten, der sie zu einem Patienten ruft, führt sie auf Wunsch der Gesellschaft in eine ausführliche Beschreibung des menschlichen Körpers und seiner Funktionen über. An dieser Stelle wird der galenische Ansatz sehr deutlich, wenn Zenobia die «Vegetalische / und Animalische Seele» erwähnt.[153] Gemeint ist damit das Lebenspneuma *(spiritus vitalis)* und das Seelenpneuma *(spiritus animalis)* nach Galen von Pergamon, der in der europäischen Medizin der Frühen Neuzeit hohes Ansehen genoss. Im Anschluss an die Ausführungen, was das «hitzige Fieber» auslöst und welche Symptome dazugehören – «verkehrte Imagination, Abreden / Kopf-schmertzen / verstellte Augen / engbrüstigkeit / schwerer athem / übermässiges wachen / oder schlaffen / hertzklopfen / Hitzen / Durst / Blödigkeiten / Ohnmachten […]»[154] – beschreibt die Autorin die Behandlung, welche «das geblüt / dessen wässeriger theil / und alle säffte widerum in ihren natürlichen stand der bewegung» bringen.[155] Bemerkenswert an diesen Ausführungen ist – neben den substanziellen heilkundigen Kenntnissen, die sie dokumentieren – der Umstand, dass die Autorin im Unterschied zu manchen Theologen ihrer Zeit den Ursprung von Krankheiten nicht in einer Gottesstrafe erblickt, sondern ausschliesslich medizinisch zu erklären versucht. Die entsprechenden Passagen in der Schrift können somit als eine Art früher Wegweiser der sich im Laufe des 18. Jahrhunderts vollziehenden sogenannten Medikalisierung verstanden werden. Diese stellte einen «tiefgreifenden Wandel im Verständnis von Gesundheit und Krankheit» und im individuellen Gesundheitsverhalten dar.[156]

In den «Conversations-Gesprächen» finden sich noch weitere literarische Formen, zum Beispiel ein Brief über Nutzen und Schaden der damals auch unter medizinischen Aspekten viel diskutierten neuen Produkte Tee, Schokolade und Kaffee. Der Tee wird vor allem als medizinisches Getränk beschrieben, mit einem Hinweis auf die zeitgenössischen Schriften der «hoch ästimierte[n] Medici» Cornelis Bontekoe und Steven Blankard (auch Blankaart, Blankaert, Blancardus). Auch für Kaffee und Schokolade wird die Zubereitung erklärt und die medizinische Bedeutung erläutert. In dieser Zeit waren mehrere Abhandlungen zu Tee, Kaffee und Schokolade erschienen, so zum Beispiel von Dufour, Colmenero de Ledesma und Spon, deren Texte unter anderem 1692 in einem gemeinsamen Band unter dem Titel «Drey Neue Curieuse Tractätgen, von Dem Trank Cafe, Sinesischen The, und der Chocolata Welche Nach ihren Eigenschafften, Gewächs, Fortpflantzung, Präparirung, Tugenden und herrlichen Nutzen sehr curieus beschrieben» erschienen.

Gegen Ende der «Conversations-Gespräche» hält sich Zenobia schon seit sechs Wochen in Rahtstatt (Chur) auf, um die «gefährliche krankheit ihrer Schwöster Mariamne» mit ihrem medizinischen Wissen zu bekämpfen. Auf den Teil «Von der Pflicht der Liebe gegen Geschwüsterten und Nächstverwandten / wann sie in anstekende krankheiten fallen» folgt «Ein schönes Trostlied in solchen Gefahren». Abgedruckt sind die ersten zehn Strophen eines Gedichts des Barockdichters Paul Fleming (1609–1640),[157] wobei der Autor ungenannt bleibt. Der Schluss der Schrift ist einem naturwissenschaftlichen Thema gewidmet. Zenobia und Sokrates

8

Frontispiz zum dritten Traktat «Von der Chocolata» von Philippe Sylvestre Dufour aus dem Jahr 1692.

treffen in Chur bei einem Spaziergang auf drei Bekannte: Philander und «dem / in natürlichen wüssenschaften hochberühmten / Epimenides» sowie «dem scharffsinnigen Theophrastus». Das folgende Gespräch dreht sich um das Wachsen von Steinen. Die unterschiedlichen Positionen, welche insbesondere von Epimenides und Theophrastus vertreten werden, und deren Bezüge zu wissenschaftlichen Positionen in dieser Zeit werden weiter unten ausgeführt.[158]

Der Herausgeber der «Conversations-Gespräche» war, wie schon bei der «Glaubens-Rechenschafft», der Zürcher Theologe Johann Heinrich Schweizer, mit dem Hortensia von Salis in Briefkontakt stand. In der Vorrede des Herausgebers vom 16. Januar 1696, «Ansprach / Des Außgebers dieser Schrift / an den gönstigen Leser»,[159] gibt er gleich zu Beginn den Namen der Verfasserin, der im Titelblatt noch anonymen «Hoch-Adenliche[n] Dame», preis: «Fr.[au] Hortensia von Salis / verwittibte Gugelbergin von Moos». Mit dem Hinweis auf ihre ausserordentliche Gelehrtheit macht er nochmals deutlich, dass sie wirklich die Autorin dieser Publikation ist. Durch einen Brief an Johann Heinrich Heidegger vom 2. Heumonat (September) 1696 wissen wir, dass Hortensia von Salis dieses Werk gerne jemand anderem zur Herausgabe überlassen hätte.[160] So schrieb sie an Heidegger, dass sie nicht wolle, dass alles durch die Hand des Herrn Schweizer gehe. Anfang September 1696 waren die «Conversations-Gespräche» offensichtlich noch nicht publiziert, obwohl der Herausgeber, Johann Heinrich Schweizer, seine Vorrede auf den 13. Januar 1696 datiert hatte. Leider sind weitere Briefe zu diesem Thema nicht aufzufinden, und es bleibt im Dunkeln, wie Hortensia von Salis auf die eigenmächtige Herausgabe von Johann Heinrich Schweizer reagierte.

Leidgedichte

In diversen gedruckten Leichenpredigten finden sich Leidgedichte von Hortensia von Salis, so zum Beispiel für ihre Schwägerin Hortensia von Salis, geborene Gugelberg von Moos, die 1699 verstarb. Diese war gleich zweifach mit ihr verschwägert, einerseits als Schwester von Rudolf Gugelberg von Moos, andererseits als Gattin von Karl Gubert von Salis [14/62]. Dieses und zwei weitere Leidgedichte für eine weitere Schwägerin, Elisabeth von Salis, geborene von Planta-Wildenberg (Gattin des Bruders Gubert [14/64]), sowie ein sehr kurzes Gedicht zum Tod ihres Vaters sind bei Lili Frey abgedruckt.[161] Da die von

Hortensia von Salis verfassten Leidgedichte nichts Wesentliches zu ihrer Biografie beitragen, verzichten wir auf die einzelnen Nachweise.

Unsicherheiten über die genaue Positionierung einzelner salischer Familienmitglieder, auf die man hin und wieder in der vorhandenen historischen Literatur stösst, veranlassen uns, im vorliegenden Kapitel genauer auf die genealogischen Aspekte des familiären Umfelds unserer Protagonistin einzugehen. In einem Werk über die bekannte und in ihrer Zeit berühmte Maienfelderin ist es geboten, auf die grosse Verwechslungsgefahr der verschiedenen Von-Salis-Frauen mit dem Vornamen Hortensia hinzuweisen. Beispielsweise wurde in den 1990er-Jahren in einem Beitrag des Schweizer Fernsehens SRG der Grabstein von Karl von Salis [10/101], den seine Frau Hortensia Gugelberg von Moos (so steht es auf dem Grabstein) ihrem Gatten gestiftet und gewidmet hatte, gezeigt. Das kommentarlos eingeblendete Bild suggerierte fälschlicherweise, dies sei das Grabmal unserer Protagonistin, es ist aber dasjenige ihrer Grossmutter mütterlicherseits.[162] Des Weiteren hiess eine Schwester der Mutter Ursula ebenfalls Hortensia von Salis [10/137], sie lebte von 1639 bis 1659 und war mit Hartmann von Planta-Wildenberg verheiratet. Ebenso war die Schwägerin, die Schwester von Rudolf Gugelberg von Moos, eine Hortensia von Salis, geborene Gugelberg von Moos (9.3.1657–4.7.1699).[163] Sie war die Ehefrau von Ulysses von Salis-Marschlins [11/14]. Die beiden hatten unter anderem auch eine Tochter, die Hortensia von Salis [11/31] hiess und mit Peter von Planta-Malans verheiratet war. Es gäbe noch weitere aufzuführen, die aber selten genannt werden und deshalb hier unerwähnt bleiben sollen.

Die Familie von Salis gehörte im ausgehenden 17. Jahrhundert zu den reichsten Familien in Graubünden. Ihr Adelsstand wurde in den Drei Bünden offiziell anerkannt.[164] Wie andere begüterte Familien in Graubünden heirateten die von Salis und Gugelberg von Moos häufig untereinander, was die Identifizierung der einzelnen Personen erschwert, zumal sich in den Familien mehrmals gleiche Vornamen finden. Generell diente die Heiratspolitik auch der Vermehrung von Besitz und Macht.

Eltern und Geschwister

Die Mutter von Hortensia von Salis war Ursula von Salis, geborene von Salis (1637–1675) [10/136]. Sie war die zweite von drei Töchtern der Hortensia von Salis, geborene Gugelberg von Moos (1607–1675),[165] und des Karl von Salis (1605–1671) [10/101]. In der Leichenpredigt von Pancratz Capretz (auch Caprez) für Ursula von Salis, die ihrem Mann, Gubert von Salis, gewidmet ist, finden sich auf fünf Seiten Angaben zu ihrem Leben: Die Heirat mit Gubert von Salis fand am 13. September 1658 statt.[166] Sie hatte 13 Kinder geboren, «(darunder das letstere ihro gewesen ein Benoni [hebr.] / und Kind des schmertzens) von welchen 5 Ihren zu himmlischen Hochzeit vorhergeloff [d. h. vor ihr gestorben waren] / die 8 anderen benantlichen 5 Söhn und 3 Töchteren noch im Leben sind».[167] Wie überall im Europa der Frühen Neuzeit war auch in den Drei Bünden die Kindersterblichkeit erschreckend hoch.

Der «Benoni» könnte Baptista [14/68] gewesen sein. Dann wäre Baptista 1675 geboren und nicht, wie im ansonsten massgeblichen Stammbaum angegeben, im Jahr 1685.[168]

Ursula von Salis wird als geistreich und sehr belesen beschrieben und habe «von hohen und wichtigen Sachen tieffsinnige Discursen» führen können.[169] Wie bei ihrer Mutter lobt man ihre medizinischen Kenntnisse: «In medicinalischen Sachen hat sie grosse Wissenschafft und Erfahrung gehabt / und daher nicht allein köstliche und fürtreffliche Mittel gehabt / sondern dieselbige auch anderen / und zwar jederman der sie begert / umsonst mitgetheilt / und darmit vielen Armen und Reichen geholffen.»[170] Ausführlich beschreibt zu Capretz, wie am vergangenen Sonntag (7.11.1675) morgens um sechs Uhr die Wehen eingetreten seien und «sie alsbald mit grossen und tödlichen Schwachheiten angegriffen worden» und nach mehreren Tagen gestorben sei.[171]

Der Vater von Hortensia von Salis war Gubert von Salis (1638–1710) [14/56]. In den Urkunden des Stadtarchivs von Maienfeld findet sich der Eintrag, dass der Stadtvogt, Werkmeister und Rat am 31. März 1667 den Junker Gubert von Salis, dessen Frau und ihre Kinder in Maienfeld eingebürgert hatten. Die Einbürgerung kostete Gubert von Salis 250 Dukaten und die Spende eines ansehnlichen silbernen und vergoldeten Bechers, nebst Ausrichtung eines «Marends» (Zwischenmahlzeit) für die ganze Burgerschaft. Erst eine Einbürgerung ermöglichte den Zugang zu Maienfelder Ämtern und war offensichtlich eher kostspielig.[172] Gemäss derselben Urkunde wurde Gubert von Salis 1674 Stadtvogt von Maienfeld.[173] 1688/89 amtete er als Bundeslandammann des Zehngerichtebunds[174] und 1701–1703 als Commissari in Chiavenna.[175]

9

Gubert von Salis-Maienfeld.
Foto eines Porträts.

10

Ursula von Salis-Maienfeld, geborene von Salis.
Foto eines Porträts.

Auf dem Titelblatt der Leichenpredigt von Jacob Piccinin [Picenino], die am 29. Juli 1710 bei der Beerdigung Guberts von Salis in der Kirche von Soglio auf Italienisch gehalten wurde, ins Deutsche übersetzt von Jacob von Mooß, Pfarrer zu Malans, 1711, wird er denn auch als «geweßter Land-Ammann des Lobl. Zehen Grichten Pundts; Auch Land-Ammanns in Pergell / unter Porta; Commissarii der Graffschaft Cleffen; und viel Jahr Stadt-Vogts in Meyenfeld» bezeichnet.[176] Mit seiner ersten Frau Ursula, einer geborenen von Salis [10/136], hatte Gubert von Salis mit Hortensia (1659–1715) [14/61], Dorothea (1662–1710) [14/63] und Margaretha (1668–1722) [14/66] drei Töchter sowie fünf Söhne: Karl Gubert (1660–1740) [14/62], Gubert (1664–1736) [14/64], Herkules (1666–1722) [14/65], Johann Luzius (1672–1722) [14/67] und Baptista (1675–1724) [14/68]. Nach dem Tod seiner ersten Gemahlin Ursula im Jahr 1675 suchte Gubert von Salis offensichtlich, seine jüngsten Kinder zu versorgen. So wurde Margaretha [14/66] bereits als 17-Jährige verheiratet und Johann Lucius [14/67] als junger Knabe ins Glarnerland zu Peter Zeller zur Kost und Unterweisung gegeben.[177] Die Hochzeitspredigt von Johann Heinrich Zeller, Pfarrer zu Altstetten im Rheintal,[178] hält 1684 als Jahr der Heirat von Gubert von Salis mit Jakobea Buol-Strassberg, verwitwete Jenatsch, (gest. 1697?) fest.[179]

Durch die Heirat mit Jakobea, zusammen mit einer entsprechenden Vermählung seines ältesten Sohnes Karl Gubert, hoffte Gubert von Salis, ein Bündner Regiment für Spanien-Mailand aufstellen zu können. Dazu ist es in der Folge weder im einen noch im anderen Fall gekommen.

Die drei Söhne aus zweiter Ehe waren Rudolf Anton (1686–1745) [14/69], Carl Paul Dietegen (1690–1771) [14/70] und Johannes (1692–1734) [14/71].[180] Ihre Mutter Jakobea stammte aus einer angesehenen und vermögenden Familie. Ihr Vater, Johann Anton Buol von Strassberg (1601–1662),[181] wurde 1649 in den Reichsadel erhoben, war Oberst in spanischen Diensten und Gesandter des Zehngerichtebunds. Ihre Mutter, Barbara von Reidt, war seine zweite Frau. Jakobea Buol hatte 1671 in erster Ehe den Witwer Paul Jenatsch (1629–1676), Sohn des Georg Jenatsch und der Anna Buol, geheiratet,[182] der später Selbstmord beging. Jakobea Buol, verwitwete Jenatsch, war offensichtlich vermögend, gehörte ihr doch die Festung und Schloss Grünenstein in Balgach im Rheintal (das erklärt auch Balgach als Ort der Heirat). Durch die Eheschliessung ging dieser Besitz samt grossem Umschwung an Gubert von Salis über.[183] In der Leichenpredigt anlässlich seines Todes von 1710 werden die beiden Ehefrauen namentlich erwähnt, und es wird betont, dass er «von selbigen einen ansehnlichen Kinder-Segen / namentlich acht Söhne und drey Töchteren / ein und zwanzig Enckel oder Encklinnen» hatte.[184] Gedichte im Anhang zur Leichenpredigt trugen neben Gotthard Heidegger und Daniel Anhorn und anderen auch die drei Töchter und die acht Söhne bei.[185]

Hervorgehoben wird in der Leichenpredigt das vornehme Herkommen Gubert von Salis', die Heldentaten der Vorfahren und die verschiedenen Ehrenämter, die auf dem Titelblatt aufgeführt sind. Obwohl hier seine Ehrfurcht vor Gott betont wird, wurde er offensichtlich erst gottesfürchtiger, als er ernsthaft erkrankte: «Fürnehmlich sint deme [d. h. seitdem] er sich in dem Veltlin aufgehalten / mit ernstlichen Todesgedancken umgegangen.»[186] Dann verlangte er, dass zu Hause Gebete vorgelesen würden, um ein seliges Ende vor Gott zu erhalten. So habe er auch bei seiner letzten Krankheit «klare Proben gegeben einer auffrichtigen Buß / eines wahren Glaubens an Jesum Christum».[187] Aus dem bereits angesprochenen Brief, den Hortensia an ihren Bruder Karl Gubert wahrscheinlich 1684 nach Genf schrieb,[188] erhalten wir ein etwas anderes Bild ihres Vaters Gubert. So wollte er aus macht- und geldpolitischen Gründen seinen ältesten Sohn mit einer Katholikin verheiratet wissen, um dann bei den Spaniern eine Soldkompanie aufstellen zu können.[189] Seine Frömmigkeit war wohl eher eine gewissermassen pragmatische und sein Charakter sehr auf Machtpolitik und Vermögenserweiterung ausgerichtet. Er selbst zog, so viel wir wissen, nicht in Kriegsdienste, sondern scheint seinen Reichtum einerseits seinen Ämtern, andererseits dem Handel und dem Erwerb von Ländereien verdankt zu haben. Die Ämter ermöglichten es, günstige Bedingungen für die Vermehrung des eigenen Reichtums zu schaffen. Wie Liniger ausführt, erwarben gerade die Salis im 16. und 17. Jahrhundert im Veltlin grosse Ländereien.[190] Gubert von Salis selbst war nur zwei Jahre Commissari in Chiavenna (1701–1703), aber das Netzwerk der Verwandten und Verschwägerten, die höchste Ämter im Untertanenland innehatten, verschaffte ihm sicherlich ökonomische Vorteile. Im Briefentwurf von Gubert von Salis junior an den Vater Gubert von Salis senior, verfasst am 9. November 1698 in Malans, wird deutlich, welch wichtige Rolle Gubert von Salis der Ältere in der bündnerischen Politik spielte. Die Spanier hatten einen für den Getreidehandel wichtigen Pass gesperrt und auch Karl Gubert von Salis [14/62] unter Druck gesetzt. Gubert von Salis junior schätzte die Lage als brandgefährlich ein und bat den Vater, der sich

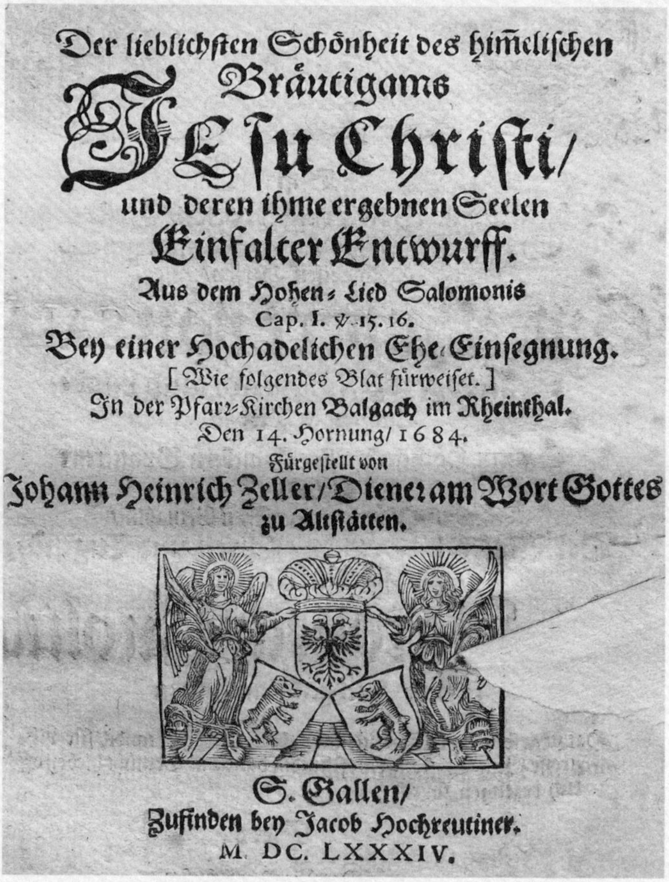

Der lieblichsten Schönheit des hi̅melischen
Bräutigams
JEsu Christi/
und deren ihme ergebnen Seelen
Einfalter Entwurff.
Aus dem Hohen-Lied Salomonis
Cap. I. ℣. 15. 16.
Bey einer Hochadelichen Ehe-Einsegnung.
[Wie folgendes Blat fürweiset.]
In der Pfarr-Kirchen Balgach im Rheinthal.
Den 14. Hornung/ 1684.
Fürgestellt von
Johann Heinrich Zeller/ Diener am Wort Gottes
zu Altstätten.

S. Gallen/
Zufinden bey Jacob Hochreutiner.
M. DC. LXXXIV.

11

Titelblatt der Hochzeitspredigt von Johann Heinrich Zeller
für Gubert von Salis und Jakobea Buol, Balgach,
14. Februar 1684.

12

Karl Gubert von Salis [14/62].
Foto eines Porträts.

wahrscheinlich in Zürich aufhielt, unverzüglich heimzukommen.[191]

Im Folgenden fassen wir zusammen, was wir über die Geschwister von Hortensia von Salis wissen, die wir hier chronologisch aufführen. Ihr Bruder Karl Gubert von Salis (1660–1740) [14/62] war der Zweitgeborene und wie im Abschnitt über die Grosseltern mütterlicherseits weiter unten ausgeführt, der Haupterbe des grosselterlichen Vermögens. Für Studien wurde er zuerst an die Universität Heidelberg geschickt und hielt sich gleichzeitig auch am dortigen kurfürstlichen Hof auf. Anschliessend studierte er weiter in Padua und anderen Orten. Er reiste durch Italien, Frankreich, die Niederlande, das Römisch-Deutsche Reich und Ungarn. Überall suchte er Kontakt mit berühmten, gelehrten Personen. Im Dezember 1687, als er sich mit (Franziska) Nikola von Salis-Marschlins [11/16], Tochter des Herkules von Salis-Marschlins, verheiratete, war er «Statt-Hauptmann in Meyenfeld»[192] und ab August 1698 bis 1699 Landesammann des Zehngerichtebunds,[193] 1707/08 Podestà in Tirano, Stadtvogt und Hauptmann in Maienfeld.[194] Sein Leben wird in der Leichenpredigt wie folgt idealtypisch charakterisiert: «Er war ein guter Christ / ein guter Burger seines Vaterlandes / ein treuer Vater / ein wachsamer Regent / ein aufrichtiger Freund / ein Cron seines Hauses / und eine Zierd der Alten.»[195]

Von der Schwester Dorothea (1662–1710) [14/63] wissen wir lediglich, dass sie Johann Anton von Pestalozzi (1661–?) heiratete. Gubert (1664–1736) [14/64] war das vierte Kind von Gubert von Salis und seiner Frau Ursula.

Im Brief von Daniel Anhorn an Theodor Zwinger vom 26. April 1692 lässt der Vater fragen, ob seine beiden Söhne (er nennt keine Namen) in Basel studieren könnten; der eine (es muss sich um Gubert junior handeln) habe schon in Genf Jura studiert, sein Lehrer sei jetzt aber nach Holland verreist.[196] Im nächsten Brief an Zwinger vom 22. August 1692 vermeldet Daniel Anhorn, dass die «beÿden jungen Herren von Salìß» durch die Vermittlung von Johann Heinrich Heidegger am brandenburgischen Hof aufgenommen wurden «und ihre S[t]udia und Exercitia aldort auch continuieren können [...]».[197] Mit Exerzitien sind dabei nicht spirituelle Meditationen gemeint, wie sich eventuell vermuten liesse, sondern die Einübung eines höfischen und adligen Lebenswandels beispielsweise durch Unterricht im Fechten.

Gubert von Salis junior [14/64] heiratete 1689 in erster Ehe Elisabeth Planta von Wildenberg, die 1702 starb.[198] In der gedruckten Leichenpredigt zu ihrem Tod findet sich der Hinweis, sie habe um die 300 «Götteti oder Tauff-Kindern» gehabt.[199] Dies ist eine beachtliche Zahl, aber um die Gunst der Wähler im republikanischen Freistaat der Drei Bünde zu sichern, waren Übernahmen zahlreicher Patenschaften eine übliche Praxis. Im ersten der «Klag- und Trost-Gedichte» bezeichnet Hortensia von Salis ihre Schwägerin als «Frau Schwöster» und unterzeichnet mit «Hortensia Gugelbergerin von Moos / gebohrne von Salis».[200] 1699 soll Gubert von Salis junior Landammann von Bergün und Richter in Malans gewesen sein. Von 1699 bis 1701 war er Landvogt der Herrschaft Maienfeld[201] und von 1712 bis 1713 Landesammann des Zehngerichtebunds.[202] In zweiter Ehe war er mit Flandrina von Brügger verheiratet.

Im erwähnten Brief Daniel Anhorns an Theodor Zwinger von 1692 erwähnt Gubert senior [14/56] einen zweiten, zwei Jahre jüngeren Sohn. Wir nehmen an, dass es sich um Herkules von Salis (1666–1722) [14/65] handelt. Daniel Anhorn schreibt, dieser habe sich zwei Jahre in Lausanne aufgehalten und würde gerne Mathematik und Geometrie studieren. Herkules von Salis verheiratete sich mit Elisabeth von Brügger und war Oberst in französischen Diensten. Das Paar hatte einen Sohn und zwei Töchter.

Die jüngste Schwester, Margaretha von Salis (1668–1738) [14/66], wurde 1685 oder 1686 als 17-Jährige mit Herkules von Brügger verheiratet. Laut der Leichenpredigt[203] hatte ihr Mann wichtige Ämter inne: Landvogt der Herrschaft Maienfeld, Bundes-Landammann des Zehngerichtebunds und Richter zu Malans. 1702 wurde sie mit 34 Jahren Witwe und ihr Sohn und ihre drei Töchter Halbwaisen. Ein weiteres Unglück, das sie erlitt, war «das Hauß in Feuer und Flammen [zu] sehen». Da auch die Brügger zu den vermögenden Familien zählten, wird sie dennoch wohl kaum Not gelitten haben. Wie alle Frauen aus adligem Hause war sie wohltätig gegenüber Armen, und Krankenbesuche gehörten zu ihrem Alltag.[204]

Der Bruder Johann Luzius (1672–1722) [14/67] wurde als «junger Knab / beym Hrn. Peter Zeller / geweßten Obristen Pfarrer in Zürich / damaligem Pfarrer im Glarnerland in Kost und Unterweisung»[205] gegeben. Nach «absolviertem Lauf seines Studierens an unterschiedlichen Orten aussert dem Land» begab er sich in Kriegsdienste, zuerst in Preussen und dann als «Capitain-Lieutnant» in den Niederlanden. Am 24. Dezember 1698 heiratete er Maria Flandrina von Schauenstein. 1703 erbte Flandrina von Salis die eine Hälfte des Schlosses Haldenstein, und Johann Luzius von Salis trug fortan den Titel «Freiherr zu Haldenstein».[206] Ihr ältester Sohn Gubert [14/85] konnte die zwei Hälften des Schlosses 1729 wieder vereinen. Das erste der gedruckten

13

Dorothea von Salis [14/63].
Foto eines Porträts.

14

Gubert von Salis [14/64].
Foto eines Porträts.

15

Herkules von Salis[14/65].
Foto eines Porträts.

16

Margaretha von Salis [14/66].
Foto eines Porträts.

Leidgedichte für Johann Lucius von Salis stammt von der Witwe unter dem Namen «Maria Flandrina / verwittibte von Salis / geborne von Schauenstein / Baronin von Ehrenfelß v. Haldenstein», gefolgt von den Leidgedichten der zwei Söhne und der zwei Töchter.[207]

Baptista (vermutlich 1675–1724) [14/68], der jüngste Sohn von Gubert senior und Ursula von Salis, war Major, ebenfalls in niederländischen Diensten. Er heiratete Anna Philippa de Zuylen.[208] Die drei Halbbrüder von Hortensia von Salis begaben sich alle auch in niederländische Dienste: Rudolf Anton von Salis (1686–1745) [14/69] verheiratete sich in den Niederlanden mit Amarantha de Raet. Er starb am 12. Mai 1745 in der Schlacht von Fontenoy (F).[209] Karl Paul Dietegen von Salis (1690–1771) [14/70] war verheiratet mit Dorothea von Planta-Wildenberg. Dieser Sohn erhielt den grössten Erbteil nach seines Vaters Tod: «Meinem lieben Sohn, Carl Paul Diethegen alle meine zu Soglio und im Bergell haben[den] Haüser samt den Gärten hinter und vor dem Hause; die zweÿ Baumgärten under dem Hause und Beson [?, evtl. Dason], wie auch alle andere meine zu Soglio und im Bergell liegende, habende Güeter, klein und große Stuckh samt dezu gehörigen Ställen […].»[210] Im Testament begründet Gubert von Salis [14/56] dies folgendermassen: «Man möchte gedenkhen, der Sohn Diethegen einen grosen Vortheil vor den andern Söhnen hätte», aber dem sei nicht so; er vererbe den drei jüngsten Söhnen etwas mehr als den anderen, weil er einem der Söhne aus erster Ehe ein Haus in Chur und einem anderen eines in Maienfeld gekauft habe. Zudem hätten alle Söhne aus erster Ehe viel zum Studieren und Reisen erhalten. Die jüngsten Söhne sollten aber dafür auch genügend Geld zur Verfügung haben: «Acht tausend Gulden diesen meinen dreÿen Söhnen.» Aus dem Testament wird nicht klar, warum nicht der älteste der Söhne mit Jakobea, nämlich Rudolf Anton [14/69], der Haupterbe war, was gemäss dem bündnerisch-aristokratischen Usus des «Mannsvortheils» erwartbar gewesen wäre. Wir vermuten, dass es damit zu tun hat, dass er sich in den Niederlanden niederliess und dort geheiratet hatte.

Die politischen und sozialen Eliten der alten Schweiz betrieben wenig überraschend eine Politik des Machterhalts. In den grossen Städten ging es zunächst, seit der Mitte des 15. Jahrhunderts, um die Vergrösserung von Familien durch Kindersegen, weil dies die Besetzung möglichst vieler öffentlicher Ämter ermöglichte. Als die Zahl der Ämter im Gegensatz zur Zahl der Nachkommen nicht weiter zunahm, verlegte man sich innerhalb der städtischen Führungsschichten in wachsendem Masse auf die Familienplanung, damit auch die Kinderzahl in Zukunft nicht mehr so stark wuchs. Anderswo wurde Familienplanung vorrangig als Heiratspolitik betrieben. Innerhalb der gehobenen Stände war Heiratspolitik immer auch machtorientiert. Diesem Kontext ist der bündnerisch-aristokratische Mannsvorteil zuzuordnen: Durch die erbrechtliche Bevorzugung der männlichen Nachkommen sollten diese zu attraktiven Anwärtern auf interessante Eheschliessungen gemacht werden.[211]

Alle Söhne des Vaters von Hortensia von Salis aus erster und zweiter Ehe erhielten zudem namhafte Geldbeträge. «Weil meine liebe Söhne erster Ehe alle verheirahtet und Haüser habend zuwohnen, aussert dem Sohn Baptista, solle selbiger das Hauß zu Chur von seinem H[errn] Ähni [d. h. Grossvater], Hauptmann Carl von Salis [...]» erben.[212] Die Töchter erbten weitaus weniger: «meinen dreÿen Töchteren einer jeden vier hundert Gulden».[213]

Der jüngste Sohn, Johannes von Salis (1692–1738) [14/71], blieb offensichtlich unverheiratet. Von ihm wissen wir aufgrund der Leichenpredigt von Andreas Gillardon, Pfarrer zu Maienfeld, dass er zu Neujahr auf Besuch in Maienfeld war und dort am 7. Januar 1738 nach kurzer Krankheit starb. Wir erfahren darin zudem, dass er in Basel und Genf studiert hatte und 1707, also bereits mit 15 Jahren, in «holländische Kriegs-Dienst» trat und 1735 zum Hauptmann befördert wurde.[214]

Die Grosseltern

Die Grosseltern väterlicherseits waren Gubert von Salis (1603–1657) [14/33] und Dorothea von Salis-Soglio (1597–1657) [18/7]. Da beide vor der Geburt von Hortensia von Salis starben, werden sie hier nicht ausführlicher erwähnt.

Karl von Salis (auch Carl von Salis) [10/101] und Hortensia von Salis, geborene Gugelberg von Moos, waren die Grosseltern mütterlicherseits. Karl von Salis wurde am 5. August 1605 geboren.[215] 1625 wurde er Hauptmann in der französischen Garde, 1634 heiratete er Hortensia Gugelberg von Moos. 1637 war er Kommandant von Chiavenna.

Am 5. November 1656 wird «Hauptmann Carl v. Salis» als regierender Bundeslandammann des Zehngerichtebunds und Stadtvogt zu Maienfeld in den Urkunden der Stadt Maienfeld erwähnt.[216] 1662 und 1665 amtete er als Stadtvogt von Maienfeld. Um 1645 liess er in Chur den sogenannten Oberen Spaniöl bauen, wobei seine Frau die Bauarbeiten beaufsichtigte, da er ja im Dienst des französischen Königs stand. Er starb am 13. September 1671.[217]

Hortensia von Salis, geborene Gugelberg von Moos (1607–1675), muss eine ausserordentliche Frau gewesen sein. Die «Christliche Leich-predigt» von Pancratz Capretz gibt uns – neben einer langen Predigt (30 gedruckte Seiten) – eine ungewöhnlich ausführliche Lebensschilderung der Grossmutter mütterlicherseits: «Fr. Hortensia von Salis, gebohrnen Gugelbergerin von Mooß [...] Weyland des Hochgeachten, Hoch-Wohl-Edelgebornen, Gestrengen und Wolweisen Herren Caroli von Salis, Ihrer Königl. Mayest. in Frankreich gewesenen Leibguardy Hauptmans, des X. Gerichten-Pundts Landammans und Stattvogs zu Meyenfeld, u. hinderlassener Frau Wittib.»[218] Sie wurde am 20. August 1607 geboren. Ihr Vater, Hans Lucius Gugelberg von Moos, hatte wichtige Ämter inne: Stadtvogt in Maienfeld, Landeshauptmann, Podestà zu Tirano, Guardi-Hauptmann des Königs von Frankreich, Feld-Obrist und andere mehr.[219] Ihre Mutter Ursula war eine geborene Menhart. Ihr Vater, Hans (Johann)-Luzi (Lucius) Gugelberg von Moos (geb. 1562), starb am 24. Dezember 1616.[220] Hortensia Gugelberg von Moos' erste Ehe mit Hartmann Dietegen von Salis (1604–1631) [25/23] blieb kinderlos, er verstarb früh. Sie heiratete am 17. Januar 1634 den Hauptmann und Landammann Karl von Salis [10/101].[221] 1632, zwei Jahre vorher, hatte sie das Marschallhaus geerbt.[222] Mit Karl von Salis hatte sie während der 37 gemeinsamen Ehejahre drei Töchter, die alle vor ihr starben: Margaretha, 1635–1658 [11/135], Hortensia, 1639–1659 [11/137] (verheiratet mit Hartmann von Planta-Wildenberg) und Ursula, 1637–1675 [11/36], die Mutter unserer Hauptperson, welche am 11. November 1675 starb, also kurz vor dem Tod ihrer eigenen Mutter.

Hortensia von Salis, geborene Gugelberg von Moos, wird in der Leichenpredigt wie folgt beschrieben: «[...] wie sie mit so vielen, hohen und fürtrefflichen Gaben und Tugenden gesegnet und gezieret gewesen; Dann es hat an ihren herfür geleuchtet ein rechte heroische Mannheit und Dapferkeit / Gravitetisches Ansehen / scharffer weit-auß-sehender Verstand / Klugheit / Wolredenheit / Freundlichkeit mit Ernst / und Ernst mit Freundlichkeit / daß sie von meniglichen beydes geliebet und geförchet ist worden [...]».[223] Hervorgehoben wird zudem ihre tiefe Religiosität. Sie war ausserdem bekannt dafür, armen Leuten zu helfen. Sie stiftete offensichtlich ein ansehnliches Legat für die Erbauung eines Spitals.[224] Auch «in der Medicin und Artzney [...] hat ihren an Wissenschaft und Erfahrung nichts gemanglet: dann sie hat nicht nur die Kranckheiten trefflich wol erkänt / die Ursachen derselben verstanden / sondern auch die Artzney wider ein jede Kranckheit gewüßt / köstliche Recepten und Mittel gehabt / und sie ohne Underschied jederman umsonst gegeben / darum ihr Hauß gar fein hette mögen eine freye Apoteck genennet werden».[225]

Nach dieser Schilderung folgt ein ausführlicher Bericht über ihren schlechten Gesundheitszustand (mehrere Schlaganfälle), der schliesslich am 26. November 1675 zu ihrem Tod führte.[226] Die Leichenpredigt ist «Denen Hoch-Wohl-Edelgebornen / viel Ehren-Zucht und Tugendreichen Jungfrauen: Jungfrau Hortensia [von Salis] und Dorothea von Salis»[227] gewidmet. Es ist sehr wahrscheinlich, dass unsere Protagonistin ihre sehr guten medizinischen Kenntnisse insbesondere auch der Grossmutter zu verdanken hatte.[228]

Im Todesjahr ihres Mannes liess Hortensia von Salis, die Grossmutter, «ein Instrument» machen, «daß jede ihrer Enkelinen, wann sie einen Enkel ihres Bruders Joh. Luci Gugelberg von Moos heürathen würden vor den übrigen Geschwister fl. 3000 zum Voraus von ihrem Vermögen bekommen sollen».[229] Die Grossmutter hinterliess ein Testament, das sie in Maienfeld am 4. Dezember 1671 verfasst hatte.[230] Von diesem «Instrument» lässt sich dort kein Original finden. Sie hält darin fest, dass der älteste Sohn ihrer Tochter Ursula und ihres Schwiegersohns Gubert von Salis, Karl Gubert von Salis, den Hauptteil des Erbes erhalten solle, gemäss dem bündnerisch-aristokratischen Usus des «Mannsvortheils».[231] Er soll insbesondere «unsern zue Meÿenfeld vor der Stat hinauß ligenden adelichen Siz alß letst new erbauwne Wohnhaus, Hoff, Stall, Bann, alle und ÿ[e]dte darin bestehent gebewe, auch den Torckhel, torckelhelgeschirr winnpütti [...]» erben.[232] Bei diesem Haus handelt es sich um das Marschallhaus, das 1632 an Hortensia von Salis, geborene Gugelberg von Moos, ging.[233] Weiter vererbte die Grossmutter Hortensia von Salis dem Ältesten umliegende Ländereien samt den darauf stehenden Gebäuden. Den Schwestern und anderen Brüdern müsse er 1500 fl. Churer Währung auszahlen (hier ist nicht klar, ob jede und jeder 1500 bekommen sollte oder alle insgesamt 1500).[234] Ebenfalls an den «Enigli Carolus» (Enkel Karl) ging auch der Obere Spaniöl in Chur[235] sowie Gärten in Chur.[236] Der Tochter Ursula und den drei Enkelinnen vererbt «Hortensia geborne Gugelbergerin» ihre «Gold-Kleinodien» sowie das Silbergeschirr.[237] Da der Haupterbe, Karl von Salis, zur Zeit der Abfassung des Testaments erst elf Jahre alt war, wurde sein Vater, Gubert von Salis, als Verwalter eingesetzt.[238]

Die Familie und die Solddienste

Die Lebenszeit der Hortensia von Salis fällt weitgehend zusammen mit derjenigen des französischen Königs Ludwig XIV. (1638–1715) und seinen grossen Kriegen. Weil das eidgenössische sowie bündnerische Soldunternehmertum bis um 1700 finanziell vorwiegend von der französischen Krone alimentiert wurde und Hortensia von Salis ab 1682 während zehn Jahren mit einem Hauptmann in französischen Diensten verheiratet war, lohnt sich ein kurzer Blick auf das entsprechende Kriegsgeschehen.

Als der französische König 1672 begann, durch seinen Angriff auf die Generalstaaten der Niederlande weit über die bisherige Linie der anti-habsburgischen Politik Frankreichs hinauszugreifen, sollte ihm in Wilhelm von Oranien (1650–1702) – seit 1689 englischer König – ein ernst zu nehmender und doch von Ludwig XIV. wiederholt unterschätzter Gegner erwachsen. Wilhelm von Oranien verstand es bis zu seinem Tod im Jahr 1702 immer wieder, das übrige Europa in anti-französischen Koalitionen zu einigen. Der 1672 begonnene Krieg gegen die Niederlande lag gewissermassen in der Konsequenz der durch Frankreich bereits in den 1660er-Jahren verfolgten anti-niederländischen Schutzzollpolitik. Doch waren die europäischen Mächte nun nicht mehr bereit, der Eroberungspolitik des französischen Königs tatenlos zuzusehen. Deshalb gelang es dem jungen Wilhelm von Oranien innerhalb von zwei Jahren, eine Koalition zustande zu bringen, in welcher er nahezu sämtliche wichtigen Reichsfürsten hinter sich scharte und auch die Unterstützung Spaniens zu mobilisieren verstand. Die Isolierung Frankreichs vervollständigte sich im Februar 1674 durch einen Separatfrieden zwischen England und den Generalstaaten, während die Truppen der Generalstaaten die Niederlande mit Geschick, zum Teil durch die Überschwemmung grösserer Landstriche, zu verteidigen vermochten. Der Holländische Krieg wurde zum ersten Misserfolg der Aussenpolitik Ludwigs XIV. In den Friedensschlüssen von Nimwegen von 1678/79 sollte sich allerdings die Position Spaniens als noch wesentlich schwächer als diejenige Frankreichs erweisen. Ludwig XIV. musste zwar auf die ursprünglich beabsichtigte Unterwerfung der Generalstaaten verzichten, gewann aber aus der Hand Spaniens weitere feste Plätze in Flandern (z. B. Cambrai) und vor allem die bisher spanische Freigrafschaft Burgund, wodurch die bis heute bestehende Juragrenze zur Schweiz entstand.

Der Marquis de Louvois prägte als Kriegsminister in wesentlichem Masse die zweite Periode der ludovizianischen Aussenpolitik, die von 1679 bis zum 1697 abgeschlossenen Frieden von Rijswijk dauerte. 1679 begann die Politik der sogenannten Reunionen. An der Nord- und Ostgrenze Frankreichs wurde diese während zweier Jahre im Sinne einer mehr oder weniger gewaltsamen Grenzbereinigung und -erweiterung systematisch verfolgt. 1681 gipfelte sie in der Einnahme Strassburgs. Damit war das ganze Elsass französisch geworden. Nach 1679 begann am Oberrhein der zwölf Jahre später abgeschlossene Bau der Festung Hüningen, die den Anspruch Frankreichs auf die neue Rheingrenze weithin sichtbar untermauerte. In Basel wie auch in Maienfeld wurde die Festung als Bedrohung wahrgenommen.[239] Im Frühjahr 1686 drückte Daniel Anhorn gegenüber dem Basler Theodor Zwinger die besorgte Hoffnung aus, «der Allgewaltige Gott [wolle] mit seiner Gnadenhand über unsere Religionsverwandten [d. h. die Hugenotten] und liebes Vaterland wachen und nit der Tÿranei des tobenden Pharaons übergeben, sonder ihne [...] in dem meer alles unglücks versinken lassen».[240]

Nach dem Frieden von Rijswijk 1697 blieb Frankreich im Wesentlichen in den Grenzen von 1679 bestehen und durfte zudem noch das 1681 besetzte Strassburg behalten. Andererseits war es gezwungen, erhebliche Einbussen hinzunehmen, unter anderem an seiner Südgrenze zu Spanien und in Lothringen. Während der Friede von Rijswijk insbesondere die zunehmende Rolle Englands im mächtepolitischen Konzert dokumentierte, so zeigte er auch unmissverständlich, dass der Stern des Sonnenkönigs im Sinken begriffen war.

Dass die kleinen Leute an der Front das Kriegsgeschehen grundsätzlich anders miterlebten als die Hofgesellschaft in Versailles, zeigt ein etwas unbeholfener Brief eines einfachen Soldaten aus der Provence an seinen Vater, Jean Chansalès, Schumachermeister in Brignoles. Der Brief wurde am 4. Juli 1690 im Felde vor Fleurus in Flandern verfasst: «Mon cher père et honoré, ces lignes seront pour vous embrasser et pour vous faire savoir l'état de ma santé, qui est bonne à vous rendre service, priant Dieu qu'ainsi soit de vous, de ma mère, de mon oncle, de ma tante ed de toute la maisonnée, que peut-être jamais ne verrai.» Der Kavallerist Jacques Chansalès, der Verfasser des Briefs, rechnet also nicht fest damit, sein Zuhause wiederzusehen. Zwar wisse er, dass der Krieg grausam sei. Aber was er in der Schlacht von Flerus erlebt habe, sei kein Krieg gewesen, sondern ein Massaker. «[...] Je croyais pas que ce metier fût si rude.»

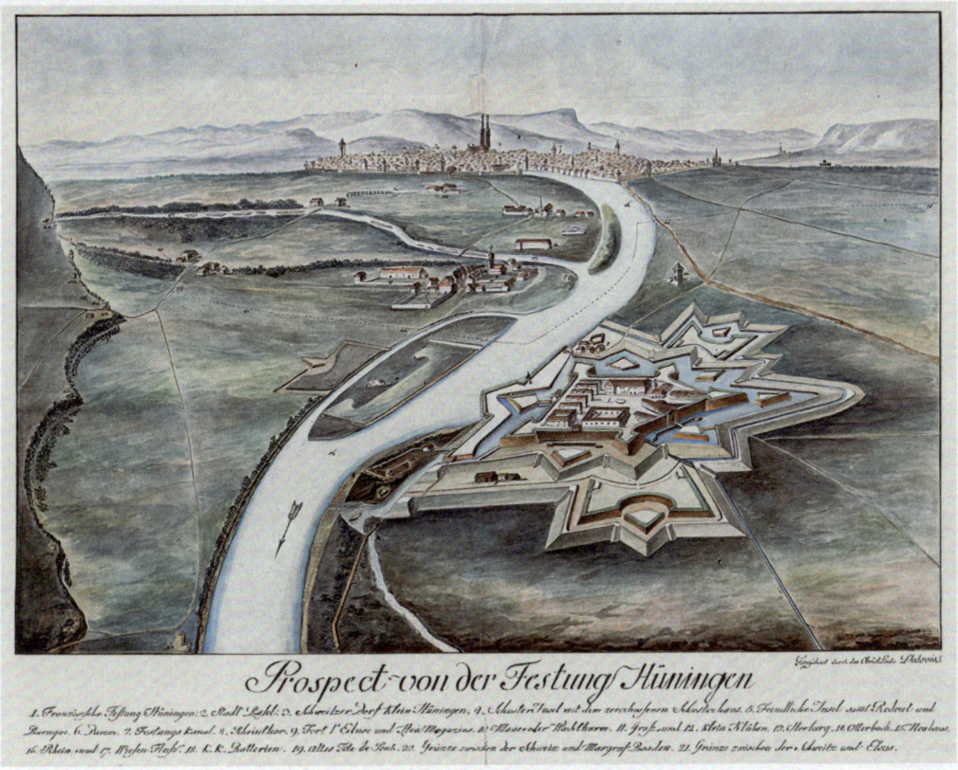

17

Prospect von der Festung Hüningen von N.N. Dedovics, um 1800.

Und er fügt resigniert hinzu: «Mais enfin faut naviguer suivant la mer», das Schiff muss sich zwangsläufig Wind und Wellen anpassen.[241] Dieses bedrückende Schreiben erhellt auch im Grossen und Ganzen die Situation an der Front, die Hauptmann von Gugelberg zwei Jahre später in der Schlacht von Steenkerke in Flandern am 3. August 1692 das Leben kosten sollte. Daniel Anhorn schreibt seinem Basler Korrespondenzpartner auf seinen in den ersten Augusttagen erhaltenen Brief, dass auch Briefe aus Zürich und St. Gallen die traurige Nachricht vom Tod des Hauptmanns Gugelbergs von Moos übermittelt hätten und dass «Unßer alle liebe Frau Hauptmännin ist durch diesen uhnvermuteten Todesfahl in grössere betrübnis gesetzt».[242]

Auf die letzte Periode der französischen Aussenpolitik zwischen dem Frieden von Rijswijk von 1697 und dem Tod des Sonnenkönigs im September 1715 brauchen wir hier nicht näher einzugehen. Vielmehr wollen wir an dieser Stelle einen Blick auf die eidgenössischen und bündnerischen Solddienste werfen. In ihrem Zentrum stand die 1521 mit Frankreich eingegangene und bis 1777 immer wieder erneuerte Soldallianz, die «eine faktische Bevorzugung der französischen Krone» bedeutete,[243] also aus heutiger Sicht kaum als neutrale Haltung bezeichnet werden kann. De facto verdankte sich das vom 16. bis 18. Jahrhundert vorherrschende eidgenössische (wie auch das bündnerische) Arrangement einer «Staatsbildung ohne direkte Steuern und stehendes Heer» der «Intensität der Aussenverflechtungen und des Ausmasses der dadurch vermittelten Ressourcen».[244] Bei diesen Ressourcen ist in erster Linie an Geld aus Frankreich zu denken. Das schweizerische und bündnerische Soldunternehmertum des späteren 17. Jahrhunderts war gänzlich in die Kriegspolitik des französischen Königs eingebunden. Andere Soldbündnisse, zum Beispiel mit Mailand-Spanien, fielen wirtschaftlich gesehen weniger ins Gewicht. Das im 18. Jahrhundert häufigere niederländische Soldbündnis fiel dann in eine Zeit, in der das Soldunternehmertum nicht mehr dieselben Profite versprach wie in früheren Jahrhunderten.

An der Perpetuierung des Soldunternehmertums waren in den 13 Orten der frühneuzeitlichen Eidgenossenschaft sowie in den mit der Eidgenossenschaft verbundenen Republiken der Drei Bünde und des Wallis vorrangig die politisch, wirtschaftlich und sozial führenden Familien beteiligt. Die ungleiche Verteilung der im Zusammenhang mit den Solddiensten ausbezahlten sogenannten Pensionen förderte freilich den politischen Klientelismus sowie die soziopolitische Ungleichheit im Lande. Die Bünder Oberschicht des 17. und frühen 18. Jahrhunderts generierte ihr Einkommen entweder als Soldunternehmer in fremden Diensten oder aber als Inhaber höherer Ämter in den Untertanenlanden des Veltlins und der Grafschaft Chiavenna.[245] Hortensia von Salis war mit beiden familiären Organisationsformen bekannt. Von 1682 bis 1692 war sie mit einem Soldunternehmer in französischen Diensten verheiratet, ab 1701 hielt sie sich in Chiavenna an der Seite ihres Vaters auf, der dort als Commissari amtete. Wie insbesondere Nathalie Büsser in verschiedenen Publikationen gezeigt hat, waren Soldunternehmen eine Familienangelegenheit.[246]

Die namentlich in der Korrespondenz Daniel Anhorns konsequente Bezeichnung der Maienfelderin als «Frau Hauptmännin» war zumindest bis 1692 mehr als blosse Konvention. Am 18. Januar 1688 schrieb Anhorn an Theodor Zwinger über eine Briefbeilage «von meiner lieben Frau Madama Hauptmännin Hortensia», sie hätte schon vor acht Tagen verschickt werden sollen, «weilen ihr aber eine werbung etlicher Soldaten f[ür] ihren Herrn Hauptmann angestanden, ist solches biß zu selbiger verschikung behalten worden».[247] Frau Hauptmännin tat, was auch für viele andere Ehefrauen von Soldoffizieren überliefert ist: Sie rekrutierte Söldner für die Kompagnie ihres Ehemanns.

Auch wenn die leider spärliche Überlieferung ihrer Briefe den Entwurf eines umfassenderen Lebensbilds erschwert, so ist dennoch bemerkenswert, dass die noch vorhandenen Quellen keine politischen Kommentare der Bündnerin enthalten – ausser zur Kirchen- und Konfessionspolitik. Deshalb hielt sie mit Kritik an der Absicht ihres Vaters nicht zurück, durch die Verheiratung seines Sohnes Karl Gubert mit einer Katholikin dem Sohn vielleicht sogar den Einstieg ins spanische Soldgeschäft zu ermöglichen: «Den[n] einmal ist gewiß, wenn du wilt spanisch werden, die Menschen mehr fürchten als Gott, in dem Du alle spanische Pratica[248] vielleicht nicht zu erzürnen für gut gelten laßen must, auch Deine eigen Ehr vergiften must, die Ehr Gottes, in dem Du als ein gut spanischer Herr umb etlicher Philippen[249] willen der Religion halber durch die Finger sehen must, daß nicht von Deinen Philippen etliche Dir abgebrochen werden. Willst Du Ampter [d. h. Ämter] bedienen, dann gehet erst Lügen und Trügen an, es ist bald keiner deßen Worten mann trauwen kann. Die spanische Seite bricht alles Versprechen entzweÿ, alle Gerichts- und Rechtssachen wieder Gott und Vernunft schlagen nach spanischer Gewalt aus. Ach! Hörtest Du von spanische Landtssachen reden, die Haare möchten Dir zu Berg [stehen]. Der Ehrgeitz, Eigennutz, Geldgeiz macht, daß Geschwister,

Kinder, Brüder und Vettern und um etwa eine Handvoll Philipp oder ein Ämptli einander biß auf den Tod verfolgen und Gott und die Religion verläugnen, den Nebenmenschen schänden und ihre Seelen in die äußerste Gefahr stürzen.»[250]

Ähnliche, konfessionell motivierte Kritik sollte gegen Ende des 17. Jahrhunderts unter den reformierten Solddienstfamilien der Drei Bünde auch hinsichtlich des französischen Soldbündnisses nach dem Erlass des Edikts von Fontainebleau, durch welches 1685 das Toleranzedikt von Nantes aufgehoben wurde, zunehmen. Neben der Zerstörung der protestantischen Kirchen, dem Verbot hugenottischer Gottesdienste selbst in privaten Häusern sowie der Ausweisung der protestantischen Geistlichen wurde darin der Konversionszwang und das Auswanderungsverbot bei schwerer Strafe angeordnet. Nur im zum Teil lutheranischen Elsass sollte das Edikt keine Anwendung finden. Viele, vor allem an ihre Güter gebundene Bauern konvertierten. Etwa 200 000 Hugenotten, vielleicht noch etwas mehr, entschlossen sich zur illegalen Flucht. Ein kleinerer Teil von ihnen fand in Genf und in einigen schweizerischen Kantonen oder aber in England Aufnahme. Einzelne Hugenottenfamilien gelangten auf ihrer Flucht, wie wir weiter unten sehen werden, bis nach Chur. Ein weitaus grösserer Teil ging in die Niederlande oder nach Hessen-Kassel beziehungsweise Brandenburg und Pommern, wo die Hugenotten durch den Grossen Kurfürsten planmässig im Rahmen seiner sogenannten Peuplierungspolitik angesiedelt wurden.[251]

Vor diesem Hintergrund nahm die Kritik vor allem in den Drei Bünden an den französischen Solddiensten zu. Hinzu kam, dass das zunehmend gebieterische Auftreten der französischen Krone und ihrer Vertreter in der Schweiz die Eidgenossen wie die Bündner in wachsendem Masse verdross. Bereits am 1. August 1693 wurden in einer Versammlung der Gesellschaft der Wohlgesinnten, einer der frühaufklärerischen Sozietäten Zürichs, diejenigen Mitbürger, die «den K[önig] in Fran[kreich] theils wie die Indianer den Teüffel anbeten» oder aus Eigeninteresse bei allen Gelegenheiten dessen Partei ergriffen und sich selbst «über dessen geführte graußamkeiten noch freüwen und sich ihm gleichsam zu sklaven ergëben wollen», für nicht würdig erachtet, «daß sÿ Eÿdtgnossen, besonders Refformierte Züricher sollen genent werden».[252] Mehr und mehr geriet die aussenpolitische und solddienstliche Zusammenarbeit mit den holländischen Generalstaaten und mit England in den Blick. Bereits 1693 schlossen Bern, Zürich und die Drei Bünde Verträge für den Einsatz je eines Soldregiments im Dienste der Generalstaaten der Niederlande. Nach 1700 etablierte sich der Kriegsdienst von Bündner Söldnern in den Niederlanden auf mehrere Generationen hinaus.[253] Auch mehrere jüngere Brüder der Hortensia von Salis reihten sich in diese neu entstandene Tradition ein.

Am Umschwung weg vom fremden Dienst im Solde Frankreichs hatte der niederländische Gesandte Petrus Valkenier (1641–1712), der sich von 1690 bis 1704 in Zürich aufhielt, keinen geringen Anteil.[254] Der Brief eines namentlich nicht bekannten Vertreters der Bündner Oberschicht, den dieser 1699 an einen prominenten lokalen Magistraten richtete (vermutlich an den Bundspräsidenten Friedrich Anton von Salis), illustriert die Bündner Rezeption der «republikanischen Sendung» (Th. Maissen) Valkeniers. Wohl aus Gründen der Vertraulichkeit ist das Schreiben in französischer Sprache gehalten. Der Autor wirbt im Einverständnis der Herren von Salis in Maienfeld (Gubert und sein Sohn Karl Gubert von Salis) darum, als Vermittler eines Abkommens der Drei Bünde mit den Niederlanden aufzutreten, das er mit Valkenier in Zürich aushandeln könnte, als sowohl souveränitätspolitisch als auch konfessionspolitisch vernünftigen Weg in dic Zukunft. Eine klare und entschiedene pro-englische und pro-niederländische Politik würde auch – so glaubt der Schreiber hoffnungsvoll – die schädlichen Fraktionskämpfe innerhalb Graubündens beenden: «Quand on aura de cette manière coupé la rascine a nos factions et pourveu a nostre seureté par un tel apuÿ, nous pourrons facilement remedier a nos desordres du dedans. Les factions éteintes leur mobile oté, touttes choses retourneront dans leur état naturel. Les loix reprendront leur forces, la justice sera administrée, le vice puni, la vertu recompensé[e], les Eglises pourront choisir leur pasteurs, le[s] communes leurs magistrats et les ligues leur chefs.»[255]

Hortensia von Salis war in unterschiedliche Netzwerke eingebunden. Dazu gehörten zweifelsohne ihre Verbindungen in Zürich. Diese lassen sich heute jedoch nicht mehr als eigentliches Netzwerk rekonstruieren, sondern nur noch über die weiter unten ausgeführten individuellen Kontakte. Etwas anders sieht es mit den Kontakten in St. Gallen aus.

Der St. Galler Kreis

Im Zentrum des St. Galler Kreises, mit dem Hortensia von Salis während der 1680er- und 1690er-Jahre eng verbunden war,[256] standen aus ihrer Sicht die Familien Schlumpf und Schobinger. Paul Schlumpf (1652–1734) war ein gebildeter, international tätiger Kaufmann, Spross einer angesehenen St. Galler Kaufmannsdynastie, die auch im Bankgeschäft tätig war, unter anderem im Frankreich des 18. Jahrhunderts, wo sie sich Sellonf nannten.[257] Über Paul Schlumpfs Biografie ist wenig bekannt, es kann jedoch davon ausgegangen werden, dass er seine in seinen Briefen erkennbaren, hervorragenden Französischkenntnisse im französischen Geschäft der Familie erworben hatte.[258] Er verfügte über einen Adelstitel. 1703 wurde er zum Direktor der Vadiana, der städtischen Bibliothek, ernannt, 1705 zum Stadtrichter und 1717 zum Stadtammann.[259] Als Dreissigjähriger heiratete er die zwölf Jahre jüngere «Camilla» Cleophea Barbara Schobinger (1664–1709). Sie war – wie sich im Folgenden zeigen wird – eine enge Freundin der Hortensia von Salis. Ihre Schrift «Die Rose der Freyheit» erschien 1693. Die familiären und gesellschaftlichen Kontakte der Familie Schobinger mit der Churer Aristokratie waren eng.[260] Die «Rose der Freyheit» ist unseres Wissens die erste Schrift einer Frau, die in der deutschsprachigen Schweiz der Frühen Neuzeit veröffentlicht wurde. Als zweiter, im gleichen Rahmen publizierter Text einer Autorin sollte zwei Jahre später die «Glaubens-Rechenschafft» von Hortensia von Salis erscheinen.

Die «Rose der Freyheit» ist Hortensia von Salis, verwitwete Gugelberg von Moos, und dem Fräulein Anna Elisabetha Menhard gewidmet.[261] In der unpaginierten «Vorschrift» werden die beiden als «Camillas» beste Freundinnen bezeichnet. Silvio Färber hat 2011 verdienstvollerweise die Schrift neu editiert.[262] Seine Einschätzung, die «Rose der Freyheit» sei «eine radikal-feministische Streitschrift», teilen wir jedoch nicht. Wir verorten die Schrift vielmehr im frühaufklärerischen Diskurs, in welchem unter anderem lustvoll das Pro und Kontra eines Themas debattiert wurde. So findet sich beispielsweise im Protokoll des Collegium Insulanum, der ersten zürcherischen Aufklärungsgesellschaft, zur Sitzung vom 28. August 1679 von Heinrich von Schönau ein «Lob des Ehestandes» und im Anschluss daran von Johann Heinrich Rahn ein «Lob des ehelosen Lebens», wobei es hier ausschliesslich um «den Mann» geht.[263] Die «Rose der Freyheit» unterscheidet sich davon nicht nur dadurch, dass es um die Vorzüge der Ehelosigkeit von Frauen geht, sondern auch in der Ausführlichkeit beziehungsweise Länge der Erörterung sowie dadurch, dass diese gedruckt wurde. Wie die folgenden Abschnitte zeigen, war die Verfasserin «Camilla» zu dieser Zeit seit zwölf Jahren verheiratet. Es ist fraglos eine einzigartige Publikation für die deutschsprachige Schweiz, aber weniger ausserordentlich in dieser Zeit, als wir das heute gerne meinen. Auch die «Conversations-Gespräche» von Hortensia von Salis greifen ja ähnliche Themen auf, beispielsweise im Abschnitt «Von der falschheit der Cavallieren in der Conversatio mit dem Frauenzimmer».[264] Im Titel der «Rose der Freyheit» wird die Intention der Publikation deutlich gemacht, sie soll der «Belustigung» dienen und also keineswegs moralische Belehrung (oder Bekehrung) sein.

«Die Autorin will zweifelsfreÿ sich verbergen und nicht offenbahren», schrieb Georg Sigismund Schobinger aus St. Gallen am 2. April 1694 an Theodor Zwinger.[265] Und er fuhr fort: «Ich aber will M[einem] H[ochgeehrten] H[errn] in höchster Confidenz hiermit versichern, dz die Person eine meiner allernechsten verwandten und von ihne selbsten auch gekennt und in seiner Fründen Zahle aufgenohmen. Mir zweifelt nicht, sie werden nun woll rathen, wer diese seÿn möchte. Mehres darff ich nicht melden auß beÿsorg soubsoniert zu werden, dz ich dieselbe verrathen hette, dann ich eine unauffhörliche Verschwigenheit in dieser sach anloben müßen.»[266] Wer nur ein wenig mit der Familiengeschichte der Schobinger vertraut war, konnte aufgrund dieser Indiskretion erraten, dass es sich bei «Camilla» um Cleophea Barbara Schlumpf, geborene Schobinger, handeln musste. Bestätigt wird dieser Schluss ausserdem durch einen Brief Ruprecht Friedrich Schobingers an seine Schwester Cleophea Barbara («Mademoiselle Sellonf – Schobinguer à St Gall») vom 25. November 1693. Er schreibt ihr: «Ihr wohl gemachtes Tractätlin habe etlichen meiner Freunden lessen laßen, welche sich über der Camilla treffliche Feder nicht genugsam verwunderen können.»[267]

Die
Ungepflückte und Stetsbeglükte
Rose
Der unschätzbaren
Freyheit/
In den Edlesten Gemühtsgarten
Vernügungs-Begirriger
Nymfen:
Mit neuen Gründen eingepflanzet;
zu Zeitvertreiblicher Belustigung
entworffen
Durch die Wolmeinliche Feder
Der
Camilla.

Gedruckt im Jahr/ 1693.

18

Titelblatt der «Rose der Freyheit» von «Camilla» aus dem Jahr 1693.

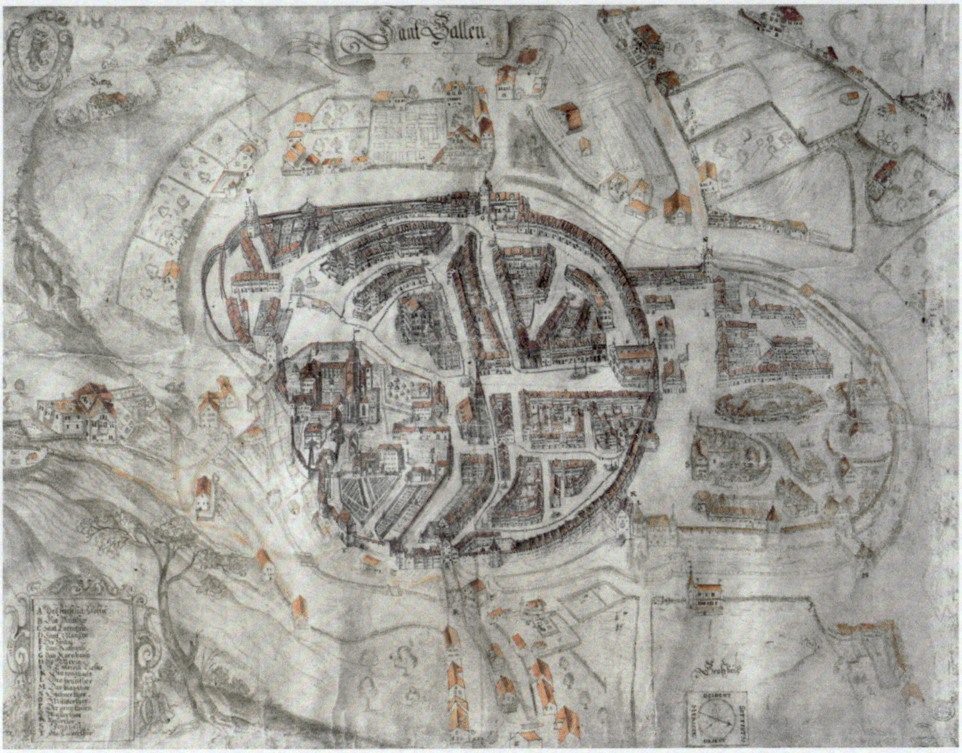

19

Ansicht der Stadt St. Gallen von Osten, Pergamentplan um 1650. Erkennbar sind unter anderem die Gärten (und Sommerhäuser) ausserhalb der Stadtmauern, zu denen auch das Sommerhaus der Familie Schlumpf oben links (dem Grünen Turm gegenüber) gehörte.

«Camilla» war eine Tochter der Cleophea Schobinger, geborene Zollikofer (1638–1692), die sich weit über St. Gallen hinaus als Heilkundige einen Namen machte. Auch wenn die «Zollikoferin», wie sie von Zeitgenossen genannt wurde, als Angehörige der nächstälteren Generation nicht zum engeren St. Galler Freundeskreis von Hortensia von Salis gehörte, so verdient sie dennoch Erwähnung im Rahmen dieses Buchs, weil sie – genau wie Hortensia – über ausserordentliche medizinische Kenntnisse verfügte und diese auch praktisch anzuwenden wusste. In besonderen Fragen der Geburtshilfe wurde ihr Rat von bekannten Ärzten in Zürich, Schaffhausen und Basel gesucht.[268]

Damit zurück zu ihrer Tochter, Cleophea Barbara. Wie Ursula Hitzig gezeigt hat, identifizierte sie der Pfarrer von St. Margrethen, Gotthard Heidegger, nach ihrem Tod 1709 in einem Hochzeitsgedicht für Paul Schlumpf und seine zweite Ehefrau Maria Scherer (1672–1753) zweifelsfrei als «Camilla».[269] Offensichtlich war aber ihre Autorschaft bereits kurz nach Erscheinen der «Rose der Freyheit» unter Mitgliedern der Zürcher Gesellschaft der Wohlgesinnten bekannt, wie folgendes Zitat von der Versammlung vom 1. August 1693 zeigt: «[…] daß dießmahlen zu St. Gallen eine auch dergleichen gestudierte weibspersohn (verheirathe Schl[umpf], gebohrne Sch[obinger]),[270] die sich Camillam nenne und ein büchlin von dem Lob der Freÿheit geschriben, selbiges der Fraw Hortensia v. Salis zugeeignet habe, sich befinde, die zwar in frömbden spraachen und verscheidnen facultaten eine zimmliche wüssenschafft habe, aber an tieffsinnigkeit und unvergleichlicher gedächtnuß angeregter Frawen von Salis mitnichten zukomme.»[271] Auf ihre enge Freundschaft mit Hortensia von Salis deutet nicht nur die erwähnte Widmung in der «Rose der Freyheit» von 1693 hin, auch die Briefe ihres Ehemanns Paul Schlumpf verweisen darauf. Als er Anfang April 1687 einen Brief seiner Ehefrau aus dem Bad Fläsch bei Maienfeld erhielt und darin ein «charmant billiet de l'incomparable Mad[ame] H[ortensia]», fragte er rhetorisch: «Peut on l'entendre et ne l'estimer, scauroit on la voir sans l'aimer», und fügte an die Adresse von Cleophea Barbara an: «Ah que vous estes heureuse d'avoir une telle amie.»[272]

Mit Gotthard Heidegger (1666–1711), reformierter Pfarrer von St. Margrethen in den Jahren 1689–1697, wird ein weiteres wichtiges Mitglied des St. Galler Kreises erwähnt. Danach zog er aus der Nachbarschaft St. Gallens weg, wurde Pfarrer in Rorbas und von dort aus später (1705) zum Inspektor des Alumnats in Zürich berufen. In der Widmung seiner «Mythoscopia» an Paul Schlumpf und

Edmund Witz nimmt Heidegger explizit Bezug sowohl auf den St. Galler Gesprächskreis wie auch auf seine enge Freundschaft mit Schlumpf und dessen Ehefrau: «Wie vil hätte ich zu rühmen von der güthigen Bewirthung / so Ihr mir ohnzelichmahl geleistet, von der mehr als Brüderlichen Vorsorg […], von dem Eifer / den Ihr erwiesen mir Freunde und Gönner zu stifften / von den judicieusen Conversationen / so ihr mir / vor andren auß so offt und so gern gegonnen», und er erinnert sich an seine schwere Erkrankung vor drei Jahren: «Allda habet Ihr / und Sie / diese meine Noth die euwrige seyn lassen / und nicht geruhet / biß Ihr mich / auch wider meinen Willen / auß meinem einsamen Orth […] zu Euch in Euwer Sommer-Behausung gebracht.» Heidegger erinnert sich dankbar an die Betreuung durch den Stadtarzt Sylvester Samuel Anhorn sowie ganz besonders an die Pflege durch Cleophea Barbara und deren unaffektierte Gottseligkeit und Gelehrtheit.[273] Dass Heidegger in seiner Widmungs-«Zuschrift» in der «Mythoscopia Romantica» Schlumpf als «Vetter» und dessen Ehefrau als «Gevatterin» anspricht, hat einerseits damit zu tun, dass Heideggers Ehefrau Rosina eine geborene Zollikofer war und somit gewisse verwandtschaftliche Verbindungen bestanden. Zudem war Cleophea Barbara Schlumpf offenbar die Taufpatin eines der Kinder des Ehepaars Heidegger.[274]

Im Lichte unserer unten festgehaltenen Überlegungen zum Stellenwert der Bäder Pfäfers und Fläsch im gesellschaftlichen Leben Hortensia von Salis' verdient Ursula Hitzigs beiläufige Bemerkung, «[Gotthard] Heidegger pflegte das Bad Pfäfers zu besuchen», grössere Beachtung.[275] Es ist keineswegs auszuschliessen, dass Pfäfers neben dem Hause Schlumpf in St. Gallen ein Ort der persönlichen Begegnung von Heidegger und der Maienfelderin war. Jedenfalls gab es einen regen brieflichen Kontakt, wie Heideggers Widmung seines «Paralogistes Explosus» von 1711 zeigt.[276] In dieser pamphletartigen Schrift ging es um die kontroverstheologische Widerlegung der katholischen Kritik an der theologischen Begrenztheit des reformierten Biblizismus, das heisst des reformierten Glaubens an die alles überragende Autorität der Bibel. Aus Sicht der römischen Kirche bedurfte die Orientierung am Wort der Heiligen Schrift der Ergänzung durch die kirchliche Tradition. Hortensia von Salis hatte Gotthard Heidegger um eine Stellungnahme zu dieser Fundamentalkritik gebeten.[277] Die Untersuchung weiterer Korrespondenz Heideggers legt nahe, dass er sich mit ihr nicht nur über theologische Themen austauschte, sondern auch über naturwissenschaftliche, insbesondere die Frage, ob Steine wachsen könnten –

ein Thema, das sie auch in einem der «Conversations-Gespräche» vertiefte.[278]

Die konkretesten Hinweise auf die Aktivitäten des St. Galler Gesprächskreises sind ohne Zweifel in der bereits angesprochenen «Mythoscopia Romantica» Heideggers enthalten. Nicht nur in der Widmung dieses Werks an die St. Galler Freunde Paul Schlumpf und Edmund Witz, sondern auch in seinem Vorbericht an den Leser bezieht sich der Autor auf die gelehrten Diskussionen des St. Galler Freundeskreises, die ihn zur Abfassung seiner gegen die Romane gerichteten Fundamentalkritik veranlasste.
Ob diese Kritik der genuinen Überzeugung des Verfassers entsprach oder doch eher eine nicht ausschliesslich ernst gemeinte Inszenierung darstellte, kann hier offen bleiben. Wesentlicher für uns ist folgende Reminiszenz Heideggers: «Nun bin ich vor etlichen Monden in einer Conversation einiger meiner besten Freunden gewest / da die Materi von den Romanen vorkommen / bey Anlaß des Herren von Lohenstein seines neuen Arminius,[279] welchen so wol alß die meiste übrige Romans / man da mächtig außgestrichen / und weiß nicht wie vil Nutzbarkeit dabey finden wollen», da habe er in aller «Freymüthigkeit» widersprochen, wodurch die Diskussion «sehr erhitzt worden» sei. In dieser Situation habe er sich eine Auszeit bedungen, um seine gegen die Romane gerichteten Argumente zu Papier zu bringen und damit auch auf die in der Diskussion vorgebrachten Gegenargumente einzugehen.[280]

In ihrem Widmungsschreiben an Hortensia von Salis und ihre «Base» Anna Elisabeth Menhard in der «Rose der Freyheit» spielt «Camilla» in fiktionalisierter Form auf eine auf einem Schiff herannahende «edle Gesellschaft» an, die sie von einer momentanen einsamen Melancholie befreite. «Man spielete / disputierte / advocierte / rixierte so viel als man konnte.» Schwer vorstellbar, dass sich die Autorin dabei nicht auf den St. Galler Gesprächskreis bezog. Konkreter werden ihre (keineswegs fiktionalisierten) Anspielungen auf den rhetorischen Beistand ihrer beiden Freundinnen, als sie – «Camilla» – beschreibt, wie sie sich auf einen Disput mit einem Herrn einliess, der behauptete, Frauen bezögen ihre Würde ausschliesslich «von der Verbindung mit dem vollkomnen Geschlecht»: «Ich wurde aber endlich mit meiner gerechtesten Sach nachgeben müssen / wann sie mich / Höch-Edle Freundinnen / nicht mit gnugsam Auxiliar-Völckeren versehen […].»[281] Es handelt sich hierbei um eine Anspielung auf die Anwesenheit der beiden Freundinnen im St. Galler Kreis anlässlich des erwähnten Streitgesprächs und damit auch um einen indirekten

Nachweis der Teilnahme der Maienfelderin an den entsprechenden Diskussionen. Jedoch ändern unsere Recherchen nichts an der Feststellung, es müsse unklar bleiben, «wie häufig Hortensia an den St. Galler Gesellschaftsabenden teilgenommen hat».[282] Neu ist in diesem Zusammenhang höchstens, dass Hortensia von Salis im September 1696 einen kurz bevorstehenden Besuch in St. Gallen ankündigte.[283] Dort war sie schon seit jungen Jahren keine Unbekannte mehr. Abraham Zollikofer schreibt nämlich 1679 in einem Brief an seinen Vetter Hauptmann Lorenz von Tschudi, sie sei im Herbst desselben Jahres zusammen mit anderen auf dem Schloss Sulzberg und in St. Gallen gewesen.[284]

Entsprechende «Conversations-Gespräche», an denen Hortensia von Salis teilnahm, fanden jedoch auch in Bad Pfäfers, Fläsch und in Chur statt,[285] wobei «man spielete / disputierte / advocierte / rixierte so viel als man konnte» – um nochmals auf «Camillas» oben zitierte Veranschaulichung zurückzukommen. Es ist keineswegs abwegig, den von «Camilla» verwendeten Begriff des Spiels wie Walter E. Schäfer vorrangig auf die gesellschaftliche Inszenierung von Konversation zu beziehen. Er spricht von einer «ungezwungenen, lockeren Reihenfolge» derart unterschiedlicher Themen «wie Kindererziehung und das vermeintliche Wachstum von Gestein und Felsen, Krankheiten und dem eben aufgekommenen Genuss von Kaffee, Tee und flüssiger Schokolade», in deren Diskussion Hortensia von Salis zweifelsohne manche ihrer breiten Kenntnisse einbrachte.[286]

Ein enger Associé von Paul Schlumpf und ebenso ein Mitglied des St. Galler Gesprächskreises war Edmund Witz, im Unterschied zu Schlumpf kein Spross einer alteingesessenen St. Galler Familie, sondern ein aus Mühlhausen im Elsass zugezogener Kaufmann, der erst 1690 ins Bürgerrecht der Stadt aufgenommen wurde.[287] In der untersuchten schobingerschen und schlumpfschen Korrespondenz wird er nie namentlich erwähnt. In der Widmung seiner «Mythoscopia» an Schlumpf und Witz dankt Gotthard Heidegger für den ihm freimütig gewährten Zugang zur reich ausgestatteten Bibliothek des Edmund Witz.[288] Dieselbe Bibliothek stand ausserdem dem Toggenburger Dichter Johannes Grob offen, der gleichfalls zum St. Galler Gesprächskreis zu zählen ist. Auch wenn Hortensia von Salis Witz und Grob zweifelsohne aufgrund ihrer Teilnahme an Gesprächen des St. Galler Kreises persönlich bekannt waren, wissen wir nichts Näheres über die Beziehungen der beiden zu ihr.

Johannes Grob stammte aus dem Toggenburg.[289] Angesichts wiederholter, konfessionell motivierter Schikanen seitens der Landesherrschaft des Fürstabts von St. Gallen nahm er 1674 seinen neuen Wohnsitz im appenzellischen Herisau. Seit jenem Jahrzehnt machte er sich einen Namen als Epigrammatiker. Epigramme waren eine aus der griechischen Antike stammende Form des Kurzgedichts, das im 17. und 18. Jahrhundert quer durch Europa eine letzte Blüte erlebte. Typisch für das Epigramm waren Landschafts- und Stadtbeschreibungen – bei Grob unter anderem ein der Stadt St. Gallen gewidmetes Gedicht –, daneben auch Kritik und satirische Verspottung menschlicher Unzulänglichkeiten.

Johannes Grob starb 1697, und Gotthard Heidegger zog zur selben Zeit aus dem Rheintaler St. Margrethen ins zürcherische Rorbas. Ob damit die Blütezeit des St. Galler Gesprächskreises zu Ende ging, lässt sich mangels Quellen nicht feststellen. Sicher ist jedoch, dass die überlieferten Zeugnisse seiner Vitalität vor allem aus den 1690er-Jahren stammen. Sicher ist auch, dass sich dieser Gesprächskreis von Form und Inhalt her vorrangig der Frühaufklärung zuweisen lässt. Freilich handelte es sich dabei nicht um eine eigentliche Sozietät. Denn nicht nur waren (früh-)aufklärerische Sozietäten Männern vorbehalten, sie waren durch Agenden und Protokolle auch stärker strukturiert. Der St. Galler Gesprächskreis lässt sich eher mit aufklärerischen Salons vergleichen, wenngleich die bekannteren Salons der Aufklärungszeit ein Phänomen der voll entwickelten Aufklärung des späteren 18. Jahrhunderts darstellen.

Wie wir bereits gezeigt haben, war der St. Galler Gesprächskreis in mancherlei Hinsicht auch ein Freundeskreis insofern, als er im Kern vor allem durch Mitglieder der Familien Schobinger und Schlumpf und ihre Geselligkeit animiert und getragen wurde. Aus diesem Blickwinkel ist es denkbar, dass auch Sylvester Samuel Anhorn (1659–1736) an den Gesprächsrunden teilnahm. Er war der Hausarzt der Familie der Cleophea Schobinger und ein Freund der Familie. Paul Schlumpf spricht von ihm als «compère» (Gevatter), Rupert Friedrich Schobinger vom «Vetter Dr. Anhorn»,[290] möglicherweise war er Taufpate eines der schlumpfschen Kinder. In den Briefen Paul Schlumpfs an Theodor Zwinger ist regelmässig die Rede von ihm.

Als debattieraffiner Freundeskreis bewies die St. Galler Salongesellschaft auch eine gewisse Ortsunabhängigkeit. Wie erwähnt, waren die Bäder Pfäfers und Fläsch neben St. Gallen Orte, wo entsprechende Gespräche und Diskussionen stattfanden. Doch dazu später. Auch Chur zählte dazu, wie unter anderem aus einem Brief von Georg Sigismund Schobinger an Theodor Zwinger vom Sommer

1694 hervorgeht: «Als wir jüngstens auch in Bündten geweßen, ist M[eines] H[ochgeehrten] H[errn] zum öftern in gesellschafften gedacht worden, sonderbahr von d[er] Baß Hauptmanin Hortenzia [sic] von Meyenfeldt d[er]o vortreffliche Conversation wir und [er] andern auch ein ganzen Monath lang zu Chur genoßen.»[291]

Weitere Verbindungen

Als Hortensia von Salis Ende Juni 1715 starb, reihte sich auch Daniel Anhorn von Hartwiß unter die zahlreichen Autoren ein, deren Leidgedichte im Anhang zur (inhaltlich dürftigen) Leichenpredigt des Martin Anosi publiziert wurden.[292] Anhorn lobt darin den Freiherrn von Haldenstein, der ihn nach dem Tod der Maienfelderin in seine Dienste aufgenommen hat, wünscht den von Salis Glück und Ruhm und zeichnet als «Seiner Höchstgeehrten und über 40. Jahr geweßten liebstgebietenden Frauen / Frau Hauptmännin Hortensia Gugelberg von Mooß, gebohrnen von Salis / hat diese Traur-Zeilen in gröster Betrübnis beyfügen wollen / dero unterthänigster Diener, Daniel Anhorn von Hartwiß». Als Sekretär der «Hauptmännin» stand er ihr sehr nahe.

Manches an seiner Person muss unklar bleiben. Wegen des Zusatzes «von Hartwiss» ist anzunehmen, dass er ein Verwandter des Pfarrers und Theologen Bartholomäus Anhorn war, 1616 zu Fläsch geboren, 1700 gestorben als Pfarrer von Elsau.[293] Bartholomäus Anhorn war mit Theodor Zwinger III (1658–1724) von Basel verwandt.[294] Wir gehen davon aus, dass es sich bei Daniel Anhorn mit grosser Wahrscheinlichkeit um einen Sohn des Daniel Anhorn d. Ä. (geb. 1588 zu Fläsch, gest. 1635 in Sulgen TH) handelte, und zwar aus dessen zweiter Ehe mit Elisabeth Zwingerin von Bischofszell (gest. 1649). Daniel d. J. wurde 1634 geboren und starb 1716 in Chur.[295] Seine Abstammung mütterlicherseits würde erklären, weshalb Daniel Anhorn in den 33 von ihm überlieferten Briefen an den Basler Medizinprofessor Theodor Zwinger III seinen Adressaten durchwegs als Cousin anspricht.[296] Sonst wissen wir wenig über ihn. Um 1680 war er in Basel und erfuhr dort von Theodor Zwingers Vater, dem Theologen Johannes Zwinger (1634–1696), «große freündlichkeit und guthat» und lernte vermutlich damals Theodor Zwinger persönlich kennen.[297] Er litt unter einer körperlichen Behinderung. In seiner Korrespondenz bezeichnet er sich jedenfalls mehr als einmal als «krumb» und wird ausserdem wiederholt von seinen Basler Korrespondenten Theodor Zwinger und Samuel

20

Wappen der Anhorn von Hartwiß aus dem Wappenbuch der Stadt St. Gallen.

Werenfels als «krummer Cupido» angesprochen,[298] und in seinem «Nach-Ruff» auf Hortensia spricht er von sich selbst als «Schwachen».[299] Wer aufseiten der Freiherren von (Schauenstein-)Haldenstein Daniel Anhorn 1715 in seinen Dienst aufnahm, ist nicht mit Sicherheit festzustellen. Manches spricht jedoch dafür, dass es sich um Johann Luzius von Salis-Maienfeld und seine Gattin Maria Flandrina, geborene von Schauenstein, handelte, denn die kurz davor herrenlos gewordene Herrschaft Haldenstein war ihnen 1701 durch einen Schiedsspruch übertragen worden.[300]

Wie auch im Falle der Hortensia von Salis werden die überlieferten Lebenszeichen Daniel Anhorns nach 1700 spärlicher. Sein letzter überlieferter Brief an Theodor Zwinger stammt vom August 1704.[301] Der Schrift sieht man an, dass Anhorn älter geworden war. Aus einem Zusatz zum Testament des drei Jahre danach verstorbenen Gubert von Salis vom 15. März 1707 erfahren wir, dass Anhorn ein Anwesen am Maienfelder Trossenberg besass.[302] Theodor Zwinger III (1658–1724) korrespondierte nicht nur mit dem Maienfelder Daniel Anhorn, sondern auch direkt mit Hortensia von Salis. Darauf bezieht sich Anhorns brieflicher Austausch mit Zwinger an vielen Stellen. Als Spross einer herausragenden Basler Gelehrtenfamilie wuchs Zwinger in Basel auf und heiratete dort 1683 Margaretha Burckhardt, die Tochter eines Basler Medizinprofessors. Zwanzig Jahre später wurde er Professor der Anatomie und Botanik, nachdem er bereits seit 1694 zunächst als Professor der Eloquenz und danach der Physik gedient hatte. Sein enorm erfolgreiches Hausarzneibuch «Der Sichere und Geschwinde Arzt» (Erstauflage 1684) forderte Anhorn verschiedentlich in der jeweiligen Neuauflage für die «Hauptmännin» Hortensia von Salis bei Zwinger an. In späteren Jahren machte sich Theodor Zwinger III einen Namen als Pionier der Pädiatrie. Seine Publikationen und sein europaweiter Briefwechsel liessen ihn in seiner Zeit zu einem weit über die Schweizer Grenzen hinaus berühmten Vertreter seines Fachs werden.[303]

Der bekannte Zürcher Gelehrte Johann Jakob Scheuchzer, sowohl Arzt wie Physiker, war ein weiterer Vertreter der Medizin, mit dem Hortensia von Salis einen engen, vor allem brieflichen Kontakt pflegte. Wie wir sehen werden, tauschte sie sich mit ihm nicht so sehr über medizinische Fragen aus, sondern vor allem über naturwissenschaftliche.[304] Für Scheuchzer war Hortensia von Salis eine Art ferne Muse, die er entsprechend verehrte, sowie gleichzeitig nicht nur eine moralische, sondern auch eine materielle Stütze. So schrieb er ihr zum Beispiel am 17. Juni 1701, für die gelehrte Welt sei sie nachgerade «eine Zierde Eures Geschlechts. Ich bekenne freÿmüthig, das in vornehmung der Naturbeschreibung des Schweizerlands ein werk auff mich genommen, welches meine schwache kräffte weit übersteigt, und besorglich den hals eindrücken wurde, wann nit durch ihre theils trostliche auffmunterungen, theils thätliche hilff gesterckt wurde. Laßet deßwegen nit ab, Madame, [mich] in meinem an sich selbst löblichen vorhaben noch zu understüzen, selbiges bestmöglich beförderen […]».[305] Wir kommen sogleich auf ihn zurück.

Nach Massgabe der überlieferten Korrespondenz – es sind nur Briefe von von Salis an Heidegger überliefert, nicht jedoch diejenigen Heideggers an die Maienfelderin – scheint der Zürcher Theologe Johann Heinrich Heidegger (1633–1698) der wichtigste theologische Berater Hortensia von Salis' gewesen zu sein. Sie tauschte sich mit ihm über ihr Engagement im Wartauerhandel von 1694/95 aus,[306] bat ihn um Rat in der Frage ihres Umgangs mit den Leipziger Frühpietisten, die im Sommer 1696 in Ragaz auftauchten,[307] unterrichtete ihn vertraulich über ihre Kommunikation mit Heideggers Zürcher Kollegen Johann Heinrich Schweizer[308] und bewunderte seine kontroverstheologische Schlagfertigkeit in seiner polemischen Auseinandersetzung mit dem Fürstabt von St. Gallen, Cölestin (Celestino) Sfondrati (1644–1696).[309]

Heidegger ist oft und nicht zu Unrecht mit dem Entstehen der «Formula Consensus» (1675) in Verbindung gebracht worden, an der er mitbeteiligt war. Es handelte sich bei diesem kirchlichen Bekenntnis um das letzte Bollwerk der schweizerischen reformierten Orthodoxie gegen die allmählich aufkommende historische Bibelkritik.[310] Das besondere Anliegen Heideggers war die Verteidigung der seit der Reformation in der reformierten Theologie fest verankerten Lehre von der Verbalinspiration, das heisst vom letztlich göttlichen Ursprung des biblischen Textes. Gleichzeitig war er jedoch keineswegs ein knochenharter Verteidiger der Orthodoxie. Im innerprotestantischen Bereich zeichnete ihn eine gewisse Offenheit gegenüber Lutheranern und auch gegenüber dem Frühpietismus der letzten Jahrzehnte des 17. Jahrhunderts aus, was ihm auch Verdächtigungen hinsichtlich seiner Rechtgläubigkeit einbrachte.[311] Es ist in diesem Zusammenhang auf seine Freundschaften hingewiesen worden mit dem Basler Antistes Lucas Gernler, einem Cartesianer, dem Pietisten Philipp Jakob Spener, dem Schotten John Dury, der sich über Jahre hinweg für eine innerprotestantischen Ausgleich in Glaubensfragen engagierte, sowie mit Petrus Valkenier, dem niederländischen Gesandten in der Eidgenossenschaft.[312] Dennoch wäre es zu einseitig,

21

Maienfeld, um 1700, Radierung von
Johann Melchior Füssli.

22

Porträt von Johann Heinrich Heidegger (1633–1698),
Federzeichnung von Conrad Meyer, um 1679.

in Heidegger einfach einen Vertreter der Frühaufklärung zu sehen. Dafür war er noch zu sehr antikatholischer Polemiker. Es ist vor Kurzem zu Recht daran erinnert worden, dass theologische Kontroversschriften einen Grossteil seiner zahlreichen Publikationen ausmachten.[313] Die Freundschaft zwischen ihm und Hortensia von Salis beruhte wohl einerseits auf ihrer Bewunderung für seine theologischen Kenntnisse und für die Klarheit, in der er dieselben zu kommunizieren verstand, andererseits auf seiner Bewunderung für ihre besondere Verschränkung von tiefer Frömmigkeit und eigenständigem, scharfem Verstand.[314] In seiner Autobiografie erwähnt er seine Briefpartnerin am Ende einer langen Liste, in der er unter anderem die bisher noch nicht genannten schweizerischen Korrespondierenden aufzählt. In Bezug auf Rhätien nennt er den Churer Pfarrer Jacob Vedrosius sowie die Maienfelderin Hortensia von Salis, «nobelster Herkunft und Geistes […], eine berühmte Zierde ihres Geschlechts und des Adels».[315]

Mindestens so vertraut wie der Austausch mit Johann Heinrich Heidegger war derjenige mit Peter Zeller. Vor 1677 war er, offenbar nur während kurzer Zeit, Hauslehrer in Maienfeld, sodann von 1677 bis 1684 Diakon im glarnerischen Schwanden. In den Jahren 1692 bis 1699 amtete er als Diakon am Zürcher Fraumünster, und später stand er der Zürcher Kirche als Antistes vor (1713–1718).[316] Wie erwähnt, wurde ihm während seiner Tätigkeit in Schwanden der 1672 geborene Bruder Johann Luzius der Hortensia von Salis zum Tischgänger und Schüler beigeordnet. Es sind keine zwischen ihm und Hortensia von Salis ausgetauschten Briefe mehr vorhanden. In ihrer Korrespondenz mit Johann Heinrich Heidegger nennt sie ihn meistens «Gefater» Zeller beziehungsweise Gevatter, so zum Beispiel hier: «Ich hab vor etwas zeit den [sic] H[errn] Gefater Zeller einige brieff geschickt E[ure] Ex[zellenz] läßen [d. h. lesen] zue laßen wie ich datho einen schicke, denn ich an eine frauw von Bern geschrieben euwer Exzellenz zu zeigen.»[317] Weshalb Zeller Gevatter genannt wurde, entzieht sich unserer Kenntnis, aber die Bezeichnung verweist auf eine gewisse persönliche Nähe.[318] Gevatter waren Taufpaten, manchmal wurde die Bezeichnung aber auch auf Verwandte «und scherzhaft wohl auch auf weitere gute Bekannte» ausgedehnt.[319] Möglicherweise war Zeller vor 1677 Hauslehrer der Familie von Salis in Maienfeld. Genaueres wissen wir darüber jedoch nicht.

Ähnlich wie mit der Bekanntschaft mit Peter Zeller wird es sich mit Johann Rudolf Waser verhalten haben, denn auch er war zeitweise in Maienfeld tätig. Er ist möglicherweise mit demjenigen Schulmeister von Maienfeld identisch, dem (laut Brief an Johann Heinrich Heidegger vom 21. Weinmonat [Oktober] 1695) eine Examinierung in Zürich bevorstand. Hortensia von Salis bat Heidegger um eine zügige Durchführung des Examens, weil sie Wasers alten Stellvertreter als Maienfelder Schulmeister für ziemlich unfähig hielt.[320] Waser war der ältere Bruder der bekannten Malerin Anna Waser. Er wurde 1698 in Zürich ordiniert und war danach Pfarrer in Bischofszell.[321] In seinem langen Leidgedicht im Anhang zu Anosis Leichenpredigt von 1715 erwähnt Waser, dass er nunmehr auf die schönen Briefe seiner Bündner Korrespondentin leider werde verzichten müssen.[322]

Wasers langem Leidgedicht schlossen sich drei weitere Bischofszeller an, über deren Kontakte zu Hortensia von Salis nicht Genaueres bekannt ist:[323] Der erste, Dekan Hans-Jakob Meyer-Scherb (1659–1723), liess sich vom mit ihm verwandten Arzt Jakob Christoph Scherb (1662–1748) – ebenfalls ein Bekannter der Maienfelderin – zur Botanik und Entomologie hinführen.[324] Ausserdem gehörten der Baumeister Bartholomäus Diethelm (1674–1752) sowie ein Maler namens Urseler zu dieser Gruppe.[325] Scherb war mit Catharina Zwinger verheiratet. Es ist deshalb denkbar, dass Daniel Anhorn, Sohn einer Bischofszeller Zwingerin, diese Thurgauer Kontakte vermittelte.

Neben Johann Heinrich Heidegger und Johann Jakob Scheuchzer, auf den wir sogleich Bezug nehmen werden, war Johann Heinrich Schweizer (1646–1705), Theologe und Professor für Griechisch und (später) Hebräisch am Zürcher Carolinum, der dritte bedeutende Gelehrte aus der Limmatstadt, mit dem sich Hortensia von Salis regelmässig austauschte. Mehr noch: Schweizer ist gewissermassen ein Teil ihrer Biografie, weil er 1695 eigenmächtig ihre «Glaubens-Rechenschafft» als Werk einer «Hochadenlich / Reformiert-Evangelischen Dame» herausgab.[326] In seinem Vorwort zu dieser Schrift meint er: «Zwar habe ich eine grosse Freyheit gebraucht / welche auch bey der Hochadenlichen Verfasserin abzubitten nicht unterlassen sol / daß ich ungefraget / und also ohne erlaubnuß / zum truk befürderet habe die / mir allein zu überlesung / und wo etwas manglen möchte / zu verbesserung / gutmütig zugesendete Schrifft.» Mit dem Text vor Augen, habe er jedoch entschieden, «ein ernsthaffter verweiß / der mir möchte geschehen / seye noch wol zuertragen / wan nur durch mein beginnen die Ehr Gottes befürderet / und der Hochadelichen Frauen ruhm in der Kirchen Gottes weit bekannt werde».[327] Hortensia von Salis war zwar der Veröffentlichung ihrer Schriften gegenüber nicht grundsätzlich abgeneigt, begegnete aber Schweizers Vorgehen verständlicherweise mit ziemlicher Skepsis. Vor allem sah sie ihre Rechte als Autorin durch die nicht vereinbarte Herausgeberschaft Schweizers beeinträchtigt.[328]

In den 1690er-Jahren spielte Johann Heinrich Schweizer somit keine unbedeutende Rolle in ihrem Leben. Umso bedauerlicher ist es, dass wir heute über praktisch keinen Briefnachlass Schweizers verfügen. Mit Ausnahme eines Briefs an den damals berühmten Schaffhauser Arzt Johann Jacob Wepfer aus dem Jahr 1693 und einer Handvoll Briefe, die er zwischen Januar und März 1705, in den letzten Monaten seines Lebens, an die Basler Theologen Samuel Werenfels und Johann Rudolf Wettstein richtete, sind keine weiteren Korrespondenzen des Zürcher Gelehrten überliefert.[329] Johann Heinrich Schweizer war zweifellos ein besonders begabter Gelehrter. Als 18-Jähriger erhielt er bereits eine Stelle am Gymnasium illustre im hessischen Hanau. Später wurde er Professor zunächst für Griechisch am Zürcher Carolinum, ab 1692 auch für Hebräisch.[330] Gemeinsam mit Johann Heinrich Heidegger, Johann Jakob Scheuchzer, dem Ratsherrn Johann Heinrich Rahn sowie den Familien Escher und Holzhalb gehörte er zum Freundeskreis des holländischen Gesandten Petrus Valkenier, der sich von 1690 bis 1704 in Zürich aufhielt.[331] Mit seinen Sympathien für die rationalistische Philosophie René Descartes' war er die treibende Kraft hinter den Pietisten-Prozessen Zürichs in den späten 1690er-Jahren. Er wurde aber selbst auch verschiedentlich wegen seines Cartesianismus angefeindet.[332] Es scheint, dass ihn dies trotz seinem fortgeschrittenen Alter veranlasste, 1705 einen mehrfach an ihn ergangenen Ruf nach Heidelberg anzunehmen, wo er Pastor primarius und kurfürstlicher Kirchenrat wurde. Kurz nach seiner Ankunft in der Pfalz starb er im September 1705.[333] Die bis heute einzige ausführliche Biografie Schweizers verfasste 1745 der Pfarrer von Weiach, Johann Rudolf Wolf, in lateinischer Sprache. Darin wird die Korrespondenz Johann Heinrich Schweizers mit Hortensia von Salis gegen Ende nur mit einem einzigen Satz erwähnt.[334]

Der dritte, weit über die Schweizer Grenze hinaus bekannte Zürcher Gelehrte, der mit Hortensia von Salis korrespondierte, war der Arzt und Physiker Johann Jakob Scheuchzer (1672–1733). Seine Briefe sind erhalten, nicht jedoch die Briefe aus der Feder der Bündnerin.[335] Scheuchzer gilt zu Recht als Pionier der wissenschaftlichen Erforschung der Alpen. Ausserdem war er ein entschiedener Vertreter der Physikotheologie, insbesondere im Bereich der Fossilienforschung. Im protestantischen Europa stellte die

Physikotheologie im Zeitraum von 1650 bis circa 1750 eine eigentliche religiös fundierte, wissenschaftlich-kulturelle Bewegung dar.[336] Ihr Ziel war der Nachweis der Vereinbarkeit der sogenannten neuen Wissenschaft mit der biblischen Überlieferung.[337] Diesem Kontext ist ein Kompliment zuzuordnen, das der Zürcher Naturforscher seiner Bündner Gesprächspartnerin machte. Vermutlich ging es dabei um den ausführlichen naturkundlichen Fragenkatalog, den Scheuchzer mehreren seiner Briefpartner in Graubünden sowie auch Hortensia von Salis zugesandt hatte.[338] Scheuchzer schrieb: «Es sein die vorgelegten fragen nur den besten principijs der edlen Cartesianischen philosophie so trefflich aufgelöst, das ich nichts beÿzufügen wüßte. Durch so schöne vereinigung dißer beiden wißenschafften, den natürlichen und der Gottsgelehrtheit bekräfftigen Sie die meinung der neuesten Philosophorum, das man namlich aus betrachtung der natürlichen wunderen, ia eines ieden auch kleinsten cörperleins nit nur gewiße beweisthümer könne formiren zu erkantnus eines unendtlich allmächtigen Gottes, sondern auch kräfftige lehren unser leben also anzustellen, das dadurch vil devoirs, so wol gegen uns selbsten als gegen unserem nächsten anzuordnen und auszuüben sein.»[339] Scheuchzer nahm damit die von ihm verehrte Bündner Adlige in den Kreis der europäischen Physikotheologen auf.

Als sich Scheuchzer im ersten Jahrzehnt des 18. Jahrhunderts entschied, die bisher wöchentlich erschienenen Erzählungen über Besonderheiten der schweizerischen Naturgeschichte in drei Bänden zu publizieren,[340] widmete er den ersten Teil vier prominenten Vertretern verschiedener Zweige der Familie von Salis sowie Anna Margaretha von Salis-Soglio.[341] Den zweiten Teil seiner «Beschreibung der Natur-Geschichte des Schweizerlands» widmete der Zürcher Hortensia von Salis.[342] Diesen Widmungen war eine vertrauliche Konsultation vorausgegangen. Scheuchzer schrieb nämlich Mitte Oktober 1705 nach Soglio unter anderem, dass er Hortensia von Salis und ihren Vater Gubert von Salis (1638–1710) bei seinen Widmungen berücksichtigen wolle, aber keineswegs irgendwelche «Jalousie [...] beÿ denen übrigen Salisch-Soglischen haüseren» provozieren möchte. Angesichts dieser Befürchtungen bat er seine Adressatin in Soglio, ihm doch bitte «ihren geheimen Rath zu ertheilen», in welcher Reihenfolge und mit welchen Namen und Titeln er die beabsichtigten Empfängerinnen und Empfänger seiner Widmungen aufzuführen habe.[343] Die entsprechende Widmung an Hortensia von Salis war im Übrigen mehr als eine blosse Höflichkeit, denn – wie wir weiter unten sehen werden – der Gelehrte verdankte dem gegenseitigen Austausch und ihrem Interesse und Wissen für naturkundliche und naturwissenschaftliche Fragen sehr viel.

Für das Glarnerland, die Drei Bünde sowie das Rheintal legt die Überlieferung nahe, dass die Maienfelderin ausserhalb ihrer Familie und Verwandtschaft vor allem einen regen Austausch mit zahlreichen reformierten Pfarrern pflegte.[344] Zu diesen gehörte Johann Rudolf Tschudi (1641–1716), mit dem sich Hortensia von Salis nicht zuletzt während des Wartauerhandels intensiv austauschte. Neben dem Wartauer Seelsorger stand auch noch ein anderer Tschudi in Verbindung mit ihr: der Diakon und spätere Hauptpfarrer von Schwanden, Johann Heinrich Tschudi (1670–1729). Der zeitlebens etwas kränkliche Johann Heinrich erhielt seinen ersten Unterricht bei den Glarnern Peter Zeller und Heinrich Blumer, bevor er 1688 nach Zürich aufbrach, wo er in die zweite Klasse des Carolinums und ein Jahr später in die theologische Klasse aufgenommen wurde. Den Unterricht beim Arzt Johann Jakob Wagner besuchte er gemeinsam mit Johann Jakob Scheuchzer, mit dem ihn eine lebenslange Freundschaft verbinden sollte.[345] Der Abschluss des Theologiestudiums erfolgte 1690 in Basel. 1692 wurde er zum Diakon an der Kirche in Schwanden gewählt, wo er den Rest seines Lebens verbrachte.

Die Vielseitigkeit des Johann Heinrich Tschudi zeigt sich unter anderem in seinen frühen musikalischen Interessen, die dann allerdings durch seine Tätigkeiten als Geograf, Historiker und Literat überlagert wurden. In seinen Veröffentlichungen zu kirchen- und konfessionspolitischen Fragen gibt sich Johann Heinrich Tschudi als Vertreter der sogenannt Vernünftigen (d.h. frühaufklärerisch beeinflussten) Orthodoxie mit gewissen «Ansätze(n) zur Toleranz»[346] zu erkennen, der allerdings die Juden ganz und gar davon ausnimmt und hier nur die gängigen Negativstereotypen vieler seiner Zeitgenossen reproduziert.[347] Seine diesbezügliche Haltung lässt sich auch aufgrund der von ihm herausgegebenen *Monatlichen Gespräche* ergründen, die während zwölfeinhalb Jahren, vom Januar 1714 bis zum Juni 1726, erschienen. Sie sind eine der frühesten schweizerischen literarischen Zeitschriften.[348] Der Inhalt der einzelnen Hefte besteht aus Gesprächen über verschiedenste Themen zwischen drei, später vier Männern.[349]

An der Wende zum 18. Jahrhundert im Glarnerland tätig war auch der aus Zürich stammende Johann Heinrich Fäsi (1660–1734). Von 1685 bis 1704 war er Pfarrer in Niederurnen, danach in Hedingen (Kanton Zürich). In der Mitte der 1690er-Jahre veröffentlichte er seine Schrift «Sonnen-Blum göttlicher Wahrheit», die er Hortensia von Salis widmete. Es handelte sich dabei um eine Antwort auf die Schriften des Kapuziners Rudolf Gasser (1647–1709)[350] und die «Meß-Blum» des Näfelser Priesters Johann Jakob Gartner, der darin die reformierten Glarner zur Konversion zu bewegen versuchte.[351]

Natürlich hatte Hortensia von Salis auch regelmässigen Kontakt mit Repräsentantinnen und Vertretern der bündnerischen Aristokratie jenseits des geradezu ausufernden innerfamiliären Verwandtschaftsnetzes der von Salis. Aber dazu verfügen wir nur über punktuelle Informationen, beispielsweise hinsichtlich ihrer Beziehungen zum adligen Rudolf von Rosenroll (1671–1730).[352] In diesem Zusammenhang fällt auf, dass den fünf Beiträgen von Theodor III Zwinger, Daniel Anhorn, dem heute unbekannten Goldschmied Caspar Weiß, dem Churer Drucker Andreas Pfeffer[353] sowie «R. R.» (vermutlich Rudolf von Rosenroll) im Anhang der Leichenpredigt von Martin Anosi zwölf Beiträge von Pfarrern gegenüberstehen. So kommt es, dass beim heutigen Überlieferungsstand vor allem die vielfältigen Beziehungen der Maienfelderin mit reformierten Geistlichen der Drei Bünde in den Blick geraten.[354] Diese Bündner Pfarrer sind:

- Martin Anosi von Zuoz (?–1731), Pfr. in Maienfeld
- Johann Conradin Bonorand (1651–1719), ab 1713 Pfr. in Thusis
- Lucius Cabalzar (?–1722), ab 1706 Pfr. in Luvis
- Pancratius Caprez (1625–1704), Pfr. in Maienfeld
- Andreas Gilardon (1661–1723), bis 1719 Pfr. in Grüsch
- Johannes Leonhardi (1651–1725), 1704–1711 Pfr. in Trimmis, ab 1713 in Präz
- Jacob von Moos (?–1720), ab 1673 Pfr. in Malans
- Jacques Moutoux (?–1738), ab 1685 Pfr. der franz.-ref. Gemeinde in Chur
- Giacomo Picenino (1654–1714), ab 1679 Pfr. in Soglio
- Nicolaus Zaff (1665–1726), ab 1704 Pfr. der franz.-ref. Gemeinde in Chur

Einzelne dieser Verbindungen sind nur noch bruchstückhaft belegbar. Dennoch scheint uns die heute bestehende Überlieferung nahezulegen, dass die Beziehungen unserer Hauptperson zu Johannes Leonhardi besonders vielfältig waren. 1699 widmete er ihr sowie fünf weiteren Vertreterinnen verschiedener Zweige der Familie von Salis und einer

«Gugelbergerin» sein «Christliches Nachtmahlbüchlein», eine an ein breites Laienpublikum gerichtete, ausführliche Erklärung der Bedeutung der einzelnen Aspekte des reformierten Abendmahlsverständnisses. Bezeichnenderweise nannte er in seiner Widmung die Maienfelder «Hauptmännin» an erster Stelle.[355] In den ersten Jahren des 18. Jahrhunderts fungierte er als Verbindungsmann zwischen Hortensia von Salis und dem Engländer Robert Hales, der in der Schweiz und in Deutschland im Auftrag der Society for Promoting Christian Knowledge missionierte.[356] In seiner Beschreibung der politischen Verfassung der Drei Bünde, die 1711 in englischer Sprache erschien, war Leonhardi voll des Lobes über ihren christlichen Lebenswandel.[357] Kurz vor ihrem Tod überreichte sie ihm ihre seit 1701 entstandenen Schriften zur Verwahrung, wovon Leonhardi noch im selben Jahr das «Gebät» im Druck erscheinen liess.[358] Wie Hortensia von Salis war auch Johannes Leonhardi ein wichtiger naturkundlicher Informant des Zürcher Naturwissenschaftlers Johann Jakob Scheuchzer.[359]

Am wenigsten bekannt unter den genannten zehn Geistlichen ist Martin Anosi (von Zuoz, gest. 1731). Als er 1715 beim Begräbnis der Hortensia von Salis die Leichenpredigt hielt, war er Pfarrer von Maienfeld.[360] Er besetzte diese Stelle nach dem Tod von Pancratius Caprez (1625–1704). Form und Inhalt der Leichenpredigt, beide bescheiden, lassen nicht auf eine besondere Beziehung zur Verstorbenen schliessen. Anders scheint es sich mit seinem Vorgänger, Pancratius Caprez, verhalten zu haben. Dieser schenkte ihr seine Schrift «Hertzbewegliche Supplication dem lieben Vatterland / Hohen Rhaetia übergeben» (1695). In seinem «Anti-Georgius» diskutierte er kritisch die Idee des Fegefeuers, ein Thema, das in die «Glaubens-Rechenschafft» der Hortensia von Salis mit einfloss.[361] Sie las zwar kein Latein, aber es ist durchaus denkbar, dass die beiden die Fegefeuerfrage mündlich besprachen.

Jacques Moutoux war 1685 der Gründer der französisch-reformierten Gemeinde in Chur.[362] Die hugenottischen Flüchtlinge aus Frankreich hatten allerdings kein einfaches Leben in Chur. Manche waren arm, andere – Theo Kiefer nennt sie «die Fabrikanten» – stritten sich erfolglos mit den Zünften. Nur wenige wurden sesshaft. Dennoch bestand die sich zusehends verkleinernde Gemeinde weiter bis mindestens 1722.[363] Mitte Mai 1699 verliess Moutoux mit seiner Frau und vier Kindern die Eidgenossenschaft und wurde Pfarrer zunächst in Arheilgen (Nähe Darmstadt), dann in Rohrbach, wo er im Dezember 1738 verstarb.[364] Inwiefern Hortensia von Salis die Familie Moutoux in

Chur unterstützt hat, lässt sich nur vermuten. Verbürgt ist ihre Patenschaft (gemeinsam mit Hortensia Pestalozzi) für Hortensia Moutoux, die am 26. Januar 1686 in der Churer Kirche St. Martin getauft wurde.[365] Der ebenfalls mit der Maienfelderin bekannte Nicolaus Zaff versorgte die französische Gemeinde in Chur nach dem Tod des französischen Pfarrers Jean Comte im Juli 1704, offenbar in der Funktion eines Seelsorgers und nicht eines eigentlichen Pfarrers. Seine Hauptanstellung war diejenige eines Professors der Philosophie am Collegium Philosophicum.[366] Als Ehemann der Dorothea Buol und Schwager von Johann Ulrich Bavier war er ein angesehenes Mitglied der Churer Oberschicht.[367]

Wie wir weiter unten sehen werden, lag Hortensia von Salis nicht nur das Schicksal des reformierten Protestantismus in den Drei Bünden am Herzen,[368] sondern auch – nicht zuletzt im Kontext des Wartauerhandels – dasjenige des Protestantismus innerhalb der Eidgenossenschaft. In ihrer Unterstützung der Ziele der englischen Society for Promoting Christian Knowledge (SPCK) im ersten Jahrzehnt des 18. Jahrhunderts richtete sich ihr Blick sogar auf den Zusammenhang des gesamten europäischen Protestantismus. Mitverantwortlich für diese Öffnung ihrer konfessionellen Perspektive waren der St. Galler Pfarrer Johann Jakob Scherer (1653–1733) und der eng mit ihm kooperierende englische Adlige Robert Hales. Scherer und Hales befanden sich Ende Juli und im August 1701 auf einer Propagandareise für die Anliegen der SPCK, die ihnen in Maienfeld eine ausgiebige Begegnung mit Hortensia von Salis und ihrem Vater Gubert von Salis ermöglichte.[369] Von da an blieb sie im Kontakt mit Scherer und Hales. Gut möglich, dass sie sich mit Scherer auch über naturwissenschaftliche Fragen unterhielt, denn diese interessierten ihn sehr. Davon zeugen nicht nur seine Korrespondenz mit Johann Jakob Scheuchzer, Louis Bourguet und anderen, sondern auch ein Teil seiner Publikationen.[370]

Kehren wir am Ende dieses Abschnitts ganz nach Graubünden zurück und werfen einen Blick auf Andreas Gilardon.[371] Auch er trug ein «Traur-Lied» zu Anosis Leichenpredigt von 1715 bei. Darin rief er vor allem die christliche Wohltätigkeit der Verstorbenen in Erinnerung. Nach 1700 wurde er zu einem regelmässigen Korrespondenten des führenden Pietisten August Hermann Francke, des Begründers der mit dem Waisenhaus von Glaucha bei Halle verbundenen Frankeschen Stiftungen. Sein Sohn Andreas Gilardon d. J. besuchte die Internatsschule des halleschen Waisenhauses. Wie sich der Kontakt mit der Maien-

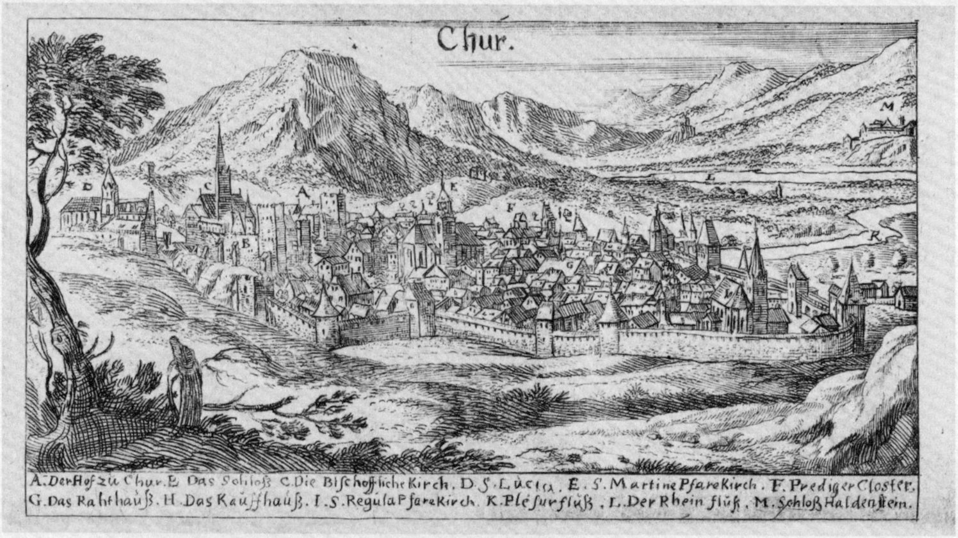

23

Chur im späten 17. Jahrhundert, Zeichnung
von Joh. Heinrich Lindinner.

Bad Pfäfers, Kupferstich, abgedruckt in Matthäus Merians «Topographia Helvetiae, Rhaetiae, et Valesiae [...]», 1654.

felderin in religiös-konfessionellen Fragen gestaltete, wissen wir leider nicht, da keine entsprechenden Briefe erhalten sind. Aber es spricht für die Offenheit Hortensia von Salis' in religiösen Fragen, dass sie – zumindest innerhalb des Protestantismus – das Gespräch mit Andersdenkenden nicht scheute.

Die Bäder Pfäfers und Fläsch als Begegnungszentren

Im zweiten Teil seiner «Natur-Histori des Schweitzerlands» von 1717, der ganz der «Hydrographia helvetica», das heisst Seen, Flüssen, Brunnen und Bädern, gewidmet ist, zählt der Zürcher Arzt und Physiker Johann Jakob Scheuchzer allein für die damaligen Drei Bünde 21 Brunnen, Bäder sowie Mineral- und Thermalquellen auf.[372] Zweifellos waren diese Quellen von grosser gesundheitlicher und medizinischer Bedeutung. Keine ernst zu nehmende Bäderbeschreibung der damaligen Zeit verzichtet darauf, eine lange Liste von Gebresten, Krankheiten und sonstigen körperlichen Schäden anzubieten, die das jeweils beschriebene Wasser zu heilen oder wenigstens zu lindern vermag. Gleichzeitig hatten die Bäder vom Spätmittelalter bis weit ins 19. Jahrhundert jedoch auch eine eminent soziale Funktion als Orte der Begegnung und des überregionalen Kontakts. «Man staunt zuerst, aber bald faßt man sich; man lernt den Ort kennen, findet Annehmlichkeiten, gewinnt ihn lieb, und trennt sich zuletzt ungern von diesem Thälchen und den Freunden, die man da kennen lernte», schreibt das Zürcherische Neujahrsblatt 1810 über das Bad Pfäfers.[373] Tatsächliche Annehmlichkeiten hatte Pfäfers allerdings erst nach 1630 zu bieten, als das Thermalwasser aus der Enge der Taminaschlucht, wo es entsprang (und entspringt), durch hölzerne Wasserleitungen herausgeleitet wurde.[374] Die Situation vor und nach 1630 wird von Matthäus Merian in seiner «Topographie der Schweiz, Rhätiens und des Wallis» (1654) bildlich festgehalten.

In der Mitte des Bildes (Abb. 24) erkennen wir die direkt an die Quelle gebaute, ursprüngliche Badehütte, unten rechts das neue, in den 1630er-Jahren errichtete Badhaus. Das war der sozusagen topografische Rahmen, in welchem sich die Besuche Hortensia von Salis' und ihrer Freunde und Bekannten im Bad Pfäfers abspielten. Vor dieser Zeit waren die Verhältnisse viel schwieriger. So schreibt zum Beispiel Johannes Stumpf in seiner «Schweizer Chronik» von 1548: «Das tobel [d. h. die Taminaschlucht] ist noch heüttigs tags unwägsam / kleine ellende heüßle sind darinn / die man allein Summers zeyt bewonet / zur notturfft deren so darin badend. [...] Das tobel hat zween wäg hinab ins Bad / beiderseyts in die velsen gehauwen; also böß und gefarlich zewandlen / das vil leüt auß forcht nit hinab bedörffend wandlen: etlich tregt man dareyn / etlich fürt man hinab. Etlich hab ich selbs kennt / die biß darauff kommen / und aus forcht des gefarlichen wägs widerumm ungebadet hinweg sind gefaren.»[375]

Mit dem Bad Pfäfers haben sich allein im Laufe des 17. Jahrhunderts 18 unterschiedliche Autoren in der einen oder anderen Weise beschäftigt.[376] Mit diesem Grad der Aufmerksamkeit konnte das Bad Fläsch, nahe bei Maienfeld gelegen, nicht konkurrieren. Auch nicht, als der Bruder der Maienfelderin, Karl Gubert von Salis (1660–1740), als damaliger Besitzer des Bades den bekannten Zürcher Naturforscher Johann Jakob Scheuchzer dafür gewinnen konnte, dem Bad Fläsch in seinen «Naturgeschichten des Schweitzerlands» 1708 eine ausführliche Würdigung angedeihen zu lassen.[377] Der Zürcher Gelehrte lieferte die in solchen Schriften übliche Übersicht über sämtliche leibliche Gebresten, die sich durch die Fläscher Quelle behandeln liessen.[378] Dasselbe geschieht in Hortensia von Salis' Schrift «Conversations-Gespräche», die gleich zu Beginn des «Romans» die Vorzüge des Fläscher Bades preist: «Sonst ist gewüß / daß dises Wasser unvergleichlich gut ist für allerhand Leibesschäden: für alte offene Wunden / für die Gelbsucht / Läme der Glideren / Schwachheit der Nerven; für Magen und Muter schmerzen; absonderlich für Unfruchtbarkeit der Weiberen / für die Gleichsucht [d. h. Gelenkrheumatismus] und Podagra [d. h. Gicht] / für Außfähl des Mastdarms [evtl. Durchfall] / für die Raud [eine Hautkrankheit] der Kinderen; in Summa für alle Zustände / die eine verstopfung der Lympha und des Nerven-Saffts [gemäss damaliger Auffassung: in den Nervenröhren zirkulierender Gehirnsaft] zur Ursach haben / davon die Leibesfeuchtigkeiten und Säffte scharf und sauer werden müssen.»[379] Scheuchzer wiederum versäumte nicht, die «angenehme Situation» des Bades zu loben: «Es liget dasselbe nicht in einer wilden / tieffen / feuchten Kruft [d. h. Gruft] / noch auf einem hochen schwerlich zu ersteigenden Berg / noch in einem unbewohnten rauchen Thal / dahin man über hoche gefährliche Berge muß reisen / sonder in einem schönen fruchtbaren [...] / offnen Gelände.»[380] Dieser Vergleich war natürlich vorrangig auf den schwierigen Zugang zur Heilquelle im Bad Pfäfers gemünzt. Ausserdem pries Scheuchzer die Qualität des Fläscher Weins, namentlich desjenigen des Karl Gubert von Salis.

Neben ihren medizinischen und prophylaktischen Funktionen waren frühneuzeitliche Bäder, wie erwähnt, auch wichtige gesellschaftliche Kommunikationsräume. Hinsichtlich der Biografie Hortensia von Salis' gilt dies nicht nur für Fläsch, sondern auch für Pfäfers. Was genau mit Daniel Anhorns Bemerkung von Anfang April 1687 gemeint war, entzieht sich allerdings unserer Kenntnis. Er schrieb nämlich: «Es nimbt mich wunder, wan der Herr dermahl eins im Flescherbad so viel Doctorinnen wird zusammenbringen, was es für ein Comedi werde abgeben. Meine liebe Frau Hauptmännin hat ihro vorgenommen, in ein u[nd] anderen als dan probiren [...].»[381] Mit «der Herr» war offenbar der Basler Medizinprofessor Theodor Zwinger III (1658–1724) gemeint; als «Doktorinnen» bezeichnete Anhorn heilkundige Frauen, denn er schreibt 1692 in einem Postscriptum: «Meine Frau Madama ist abermahlen nit anheimsch [zu Hause]. Sie wandert auff dem Doctor Handtwerck hin und wider.»[382] Gut möglich, dass sich die Maienfelderin ein Treffen von heilkundigen Frauen im Fläscher Bad vorstellte, wo diese von Theodor Zwinger instruiert würden. Dieses Bild verweist auf die bewundernden Bemerkungen des Zürcher Protokollanten der Gesellschaft der Wohlgesinnten, Johann Conrad Escher, vom 1. August 1693 über seine Begegnungen mit Hortensia von Salis im Bad Pfäfers: «Diese Fraw habe neben anderen hochgelerheten gesprächen heürigen jahrs zu Pfäffers auch discurirt,[383] wie man sich zu verhalten, wenn man eine Chur [d. h. Kur] mit krafft brauchen wolle, und hat geschloßen, daß vor allen dingen man sich vor 4 passionen mit allem fleiß zu hütten, n[ämlich] vor allzu großer freüd, allzu ergebner traurigkheit, vor zorn, und vor übermäßiger liebe. Mit hier erzeltem würde noch vil von dieser gelehrten frawen [zu berichten sein], von ihrer beredsammkeit und immerzu anhaltenden gesprächen, die manchmal zur vertrießlichkeit den anhörenden werden, wie außbündig sie auch sind.»

Offensichtlich kam der soziale Raum des Bades der Gesprächsfreudigkeit unserer Protagonistin entgegen. Noch wichtiger für uns ist jedoch die Tatsache, dass das Bad Pfäfers für sie *der* Ort war, wo sie Kontakte knüpfen konnte, nicht zuletzt mit Vertretern der politischen und gelehrten Eliten Zürichs, Basels und St. Gallens wie auch aus der übrigen Schweiz. Teilweise spiegelt sich dieser Befund im Briefwechsel ihres Sekretärs Daniel Anhorn mit Theodor Zwinger III wider. Am 27. Oktober 1685 richtete er einen Brief an Theodor Zwinger III in Bad Pfäfers,[384] am 31. Mai 1686 berichtete er über den aussergewöhnlich geringen Wasserstand im Bad.[385] Am 5. Juni 1688 schrieb er seinem

Basler Briefpartner, dass er und Hortensia von Salis gehofft hätten, Zwinger und seine Ehefrau Margaretha, geborene Burckhardt, in Kürze im Fläscher oder Pfäferser Bad zu sehen, «allein mit seinem letzten [Schreiben] hat der Herr Vetter [Zwinger] unsere vergeblich gehabte hoffnung in brunnen gefelt. Patientia».[386]

Neben ihren Publikationen der 1690er-Jahre verhalfen unserer Protagonistin zweifellos zahlreiche ihrer in den Bädern Fläsch, Pfäfers und auch St. Moritz geknüpften Beziehungen zu ihrer überregionalen Bekanntheit.[387] Innerhalb der gesellschaftlichen Oberschicht konnten solche Beziehungen durchaus auch über die konfessionellen Grenzen hinweg bestehen, was ebenso für andere Schweizer Bäder zutraf.[388] Während der bekannte reformierte St. Galler Stadtarzt Sebastian Schobinger (1579–1652) als offizieller Stiftsarzt des Klosters St. Gallen freundschaftliche Beziehungen mit dem St. Galler Abt Pius Reher unterhielt,[389] widmete sein Neffe Heinrich Schobinger (geb. 1602), der ihm 1635 in das Amt des Stadtarztes folgen sollte, fünf Jahre früher dem Abt Jodokus Hösli von Pfäfers ein Lobgedicht auf das Pfäferser Bad, das nicht nur die Heilkraft des Thermalbads, sondern auch die Renovation und Erneuerung des Bades durch den Abt pries.[390] Tatsächlich verbot die Pfäferser Badeordnung von 1619 unter anderem ausdrücklich konfessionelle Verunglimpfungen unter den Badegästen.[391] Diese Ordnung sowie das überkonfessionelle freundschaftliche Einvernehmen innerhalb der Oberschicht, das auch durch Hortensia von Salis' Bemerkungen über den gegenreformatorischen Landvogt von Sargans, Josef Anton Reding, verbürgt ist,[392] steht damit in merkwürdigem Kontrast zu den erheblichen konfessionellen Spannungen der 1690er-Jahre.

Eine Badegesellschaft in Pfäfers und Fläsch im Sommer 1686

Am 31. Mai 1686 teilte Paul Schlumpf seinem Basler Briefpartner mit, seine Frau und deren Mutter, Cleophea Schobinger, sowie sein Schwager, Georg Sigismund Schobinger, seien vor ein paar Tagen nach Pfäfers aufgebrochen. In einem Schreiben des gleichen Datums an Theodor Zwinger bestätigte dies der Maienfelder Daniel Anhorn: «Dato reise ich dahin, Frau Cleophe Schobinger sambt ihrem herren,[393] die verheüratet tochter und sohn, soeben vor 4 tag aldorten angelangt, zu besuchen und alhero zu laden. Sie ist gar nit wol disponiert. Gott gebe beßerung […].»[394] Schlumpf hoffte, dass die Mönche des Benediktinerklosters Pfäfers, dem das Pfäferser Bad gehörte, gebührende Anstrengungen unternommen hätten, um das Quellwasser zu den Badegästen zu bringen, aber er mutmasste dennoch, dass das Quellwasser, wie bereits einmal vor achtzig Jahren, vielleicht erst nach dem Johannistag (24. Juni) wirklich zu fliessen beginne.[395] An der indirekt angesprochenen Verlegung neuer Teuchel durch die Mönche allein können die offenbar wiederkehrenden Probleme nicht gelegen haben. Vielmehr scheint es, dass das Pfäferser Quellwasser im Frühjahr oder Frühsommer erst allmählich wieder voll zu fliessen begann. «Umb der pfaffen willen were zu verhoffen, dass es nicht mehr kommen thete», meinte dazu Daniel Anhorn mit antiklerikalem Unterton, aber «um der Bedürftigen Krankeit willen ist Gott zu bitten, das[s] er solches nicht entziehen wolle.»[396] Doch die eingeschränkten Bedingungen gefielen der Badegesellschaft aus St. Gallen nach wenigen Tagen nicht mehr, sodass sie Pfäfers verliess, zumal Zweifel aufkamen, das Wasser «gemischt» zu trinken.[397] Ärzte in Ragaz hätten geraten, sich nach Fläsch zu begeben unter der Bedingung, dass dort noch während mehrerer Tage das reine, in Flaschen nach Fläsch getragene Pfäferser Wasser getrunken werde. Wieso Anfang Juni 1686 in Pfäfers selbst das Wasser der Heilquelle nur «gemischt» zu trinken, in Fläsch jedoch rein zu haben war, entzieht sich unserer Kenntnis. Aus der Ferne unterstützte auch Paul Schlumpf dieses Vorgehen, zumal es seiner Ehefrau helfen werde, ihr äusseres Augenleiden zu bekämpfen. Er erwähnte ausserdem hinsichtlich Fläsch «la bonne compagnie dont ils pouvront jouir, ce que ne leurs saira que salutaire».[398]

Vielleicht war es nicht so sehr der Rat der Ragazer Ärzte, sondern doch vielmehr das Werben Daniel Anhorns vor Ort sowie die Aussicht auf gemeinsam mit Hortensia von Salis in Fläsch zu verbringende Tage, welche die St. Galler Badegesellschaft dazu bewog, Fläsch aufzusuchen. In einem in den ersten Junitagen 1686 verfassten Brief an seine Ehefrau ironisiert Schlumpf den gesellschaftlichen Aspekt der Fläscher Badekur. Er hätte im Grunde Pfäfers vorgezogen, denn in der melancholischen Pfäferser Stimmung hätte sie wohl viel öfters an ihn gedacht als jetzt in Fläsch. «Je crains mesme que vous oublierez du tout Saingall», fügt er hinzu.[399] Dem Doktor Zwinger in Basel habe er mitgeteilt, dass sein Rat, von Pfäfers nach Baden im Aargau zu reisen, zu spät eingetroffen sei. Er vermute gleichzeitig, dass Zwinger selbst gerne nach Baden «en compagnie» gegangen wäre, aber er (Schlumpf) sei nicht eifersüchtig, er freue sich vielmehr, dass seine Ehefrau «da oben» (la haut) schöne Tage verbringen könne, und er bedaure nur, dass er sich dafür den Gastgebern gegenüber nicht persönlich erkenntlich zeigen könne. Zu den schönen Tagen gehörte auch ein gewisser Luxus, denn Schlumpf informierte Cleophea Barbara im selben Brief, dass sie keine Artischocken aus Italien erhalten werde, weil dort die Saison bereits vorüber sei. Aber möglicherweise würden ihr welche aus Chur zugesandt, allerdings unter der Gefahr, dass sie bei Ankunft bereits verdorben seien.[400]

Nach der Rückkehr der Badegesellschaft nach St. Gallen informierte Schlumpf seinen Basler Briefpartner, er sei sehr zufrieden mit dem Erfolg der Fläscher Badekur sowohl für seine Frau wie für seine Schwiegermutter Cleophea Schobinger. Seine Frau habe wieder Appetit und esse wieder die ganze «portion de viande», die sie vorher verachtet habe. Die Schwiegermutter sei ihre Kopfschmerzen los. Gott wolle den beiden die zurückgewonnene Gesundheit auf immer erhalten.[401]

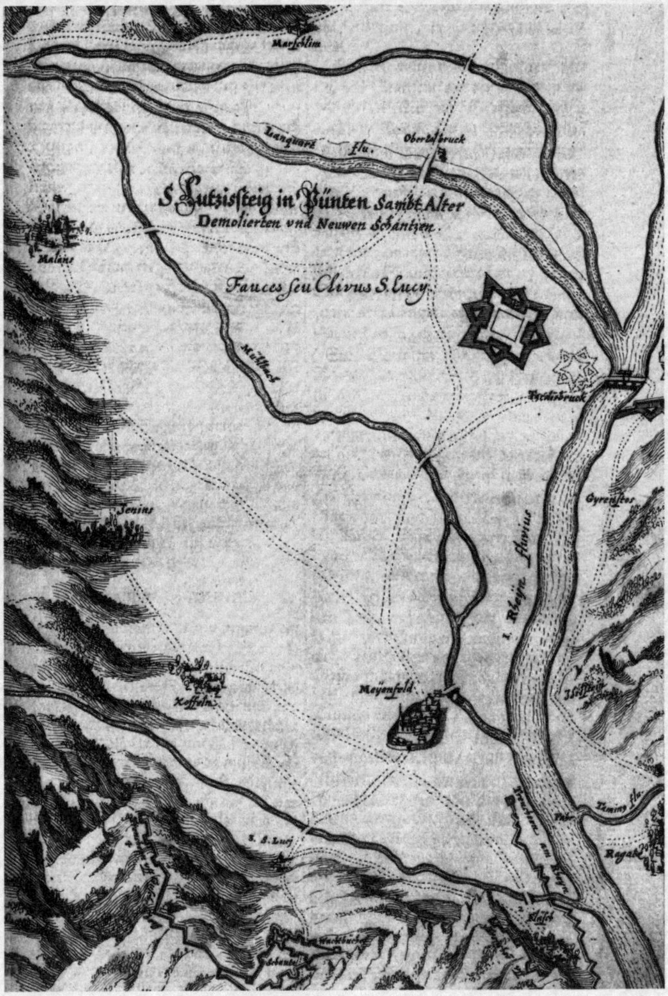

25

Maienfeld und Fläsch (untere rechte Bildecke) aus Matthäus Merians «Topographia Helvetiae, Rhaetiae, et Valesiae […]», 1654. Die Karte ist nach Süden ausgerichtet.

Um 1700 bestand die Schweiz im Wesentlichen aus drei verschiedenen Staatskörpern: Eidgenossenschaft, Drei Bünde und Wallis. Nur im Wallis war es der Reformation nicht gelungen, längerfristig Fuss zu fassen. In der Eidgenossenschaft und in den Drei Bünden herrschte die Bi-Konfessionalität, das heisst das hin und wieder ausgesprochen konflikthafte Zusammenleben von Katholiken und Reformierten. Im Veltlin, damals ein Untertanengebiet der Drei Bünde, kam es im Juli 1620 zu einem blutigen Aufstand («sacro macello»), der auf die Vernichtung aller vor Ort lebenden Protestanten abzielte. In der Eidgenossenschaft wurden 1531, 1656 und auch noch 1712 Konfessionskriege ausgetragen, Erfahrungen, welche die Spannungen zwischen den beiden Glaubensrichtungen bis weit ins 19. Jahrhundert hinein prägen sollten. Hortensia von Salis war intensiv in entsprechende argumentative und konfrontative Auseinandersetzungen involviert.

Der Wartauerhandel 1694/95

In seinem Werk «Unvergleichliche Ehren-Cron / Welche Der Roemischen Catholischen Kirchen in disem sibenzehenden Welt-Gang auß allen vier Theilen der Welt [...] durch Ihr Bekehrung zu dem Catholischen Glauben vil gecroente [...] Fuerstliche und andere hochachtbare Persohnen Aufgesetzt haben», 1702 in zweiter Auflage erschienen, wies der Augsburger Jesuit Christoph Ott unter anderem auf 37 gekrönte Häupter und Fürstinnen und Fürsten hin, die im 17. Jahrhundert zum Katholizismus übergetreten waren.[402] Das 17. Jahrhundert war in der Tat *das* Saeculum der Konversionen, wobei namentlich fürstliche Glaubensübertritte von kirchlicher Seite öffentlich als Beweis für die Überlegenheit der eigenen Konfession inszeniert wurden. Herausragendes Beispiel dafür ist zweifelsohne die Konversion der schwedischen Königin Christina (1626–1689), die 1654 auf die Krone verzichtete und kurz darauf zum Katholizismus konvertierte.

So exklusiv solche Fälle fürstlicher Konversionen der damaligen Bevölkerung vorkommen mussten, so verbreitet waren Glaubensübertritte im Europa des 17. Jahrhunderts auch unter sogenannt gewöhnlicheren Leuten. In der Eidgenossenschaft erregten derartige Vorgänge vor allem dann erhöhte Aufmerksamkeit, wenn sie in Gemeinen Herrschaften erfolgten.[403] Der Zweite Kappeler Landfrieden vom 20. November 1531, der die erste bewaffnete Auseinandersetzung zwischen Protestanten beziehungsweise Reformierten und Katholiken beendete und den Sieg der altgläubigen Partei besiegelte, verbot das gegenseitige «Schmützen und Schmähen», und wichtiger noch: Er verordnete für diejenigen Gemeinen Herrschaften, die wie der Thurgau auch nach 1531 bikonfessionell blieben, neben dem Schutz katholischer Minoritäten in mehrheitlich reformierten Dörfern auch, dass «dieselben / es were an eynem oder an mehr enden die sieben Sacrament, das Ampt der heyligen meß unnd andere ordnung der heyligen Christlichen kirchen Ceremonien / wider uffrichten und haben wöllen / daß sie das auch thun solent und mögent».[404] Dies bedeutete, dass auch in mehrheitlich reformierten Dörfern die Konversion einzelner Gemeindemitglieder zum Katholizismus den Anspruch auf die Einführung des sogenannten Simultaneums in der Dorfkirche begründete.[405] Im Thurgau führte die Einführung und Handhabung von Simultaneen immer wieder zu lokalen Konflikten, die wegen der Unversöhnlichkeit der beiden Seiten am Ende durch die eidgenössische Tagsatzung in Baden beigelegt werden mussten.[406] Genau dies geschah auch mit dem «confuse[n] Religionsgeschäfft zu Wartauw», um eine sehr zutreffende Charakterisierung des Ulysses von Salis-Marschlins zu übernehmen.[407]

Die Rheintaler Gemeinde Wartau zählte um 1743 insgesamt etwa 200 bis 250 Personen.[408] Die kleine Herrschaft Wartau war der Grafschaft Werdenberg angegliedert. Letztere war ein Untertanenland von Glarus. Die Wartauer mussten jedoch nicht nur dem Land Glarus den Untertaneneid schwören, sondern auch dem Landvogt von Sargans, was insofern merkwürdig war, als «diese Leute als Untertanen und Leibeigene von Glarus trotzdem unter sargansischer Oberhoheit standen, somit diese die eigentliche Landesherrin war».[409] Diese rechtliche Besonderheit wusste der Sarganser Landvogt im sogenannten Wartauerhandel weidlich auszunützen. Das Wartauer «Religionsgeschäfft» ging auf die Konversion des Dewes [Matheus] Tischhauser im Oktober 1694 zurück. Sie bewog den Landvogt, die Errichtung eines Simultaneums in der Pfarrkirche von Wartau-Gretschins durchzusetzen, was wiederum innerhalb weniger Monate an den Rand eines Konfessionskriegs führte, bevor diese Gefahr durch die Eidgenössische Tagsatzung im September 1695 endlich beigelegt werden konnte.[410]

Die wenigen Katholiken der Kirchgemeinde Wartau wohnten auf Palfries, einer kleinen Bergsiedlung, die etwa zwei Wegstunden von Wartau entfernt war. Als der Glarner Landammann Johann Christoph Elmer und der Zürcher Seckelmeister Johann Heinrich Waser im April 1695 in einem Aide-mémoire die vier grösseren und zwei kleineren Ortsteile von Wartau aufzählten, fehlte Palfries, denn dabei handle es sich um «eine von Gretschins in zwoo stund abgelegene kirch- aber nicht gemeinds-genössige wildnus».[411] Palfries war in ihren Ursprüngen eine im Berggebiet westlich von Wartau gelegene Walsersiedlung, deren Freiheit darin bestand, dass ihre Bewohner nicht im selben Masse glarnerische Untertanen und Leibeigene waren wie ihre im Tal ansässigen Kirchgenossen. Sie gehörten daher nur zur Kirchgemeinde und nicht zur politischen Gemeinde Wartau. Es überrascht nicht, dass eine zeitgenössische luzernische Notiz diesen Sachverhalt bestreitet: «Das die freÿe wallser auf Pallfrÿs kirchgenossen zu Wartau, und das Pallfrÿs in der gmeind Wartauw gelegen, ist gantz gwüß unndt von der gmeind Wartauw selbsten bestättet [d. h. bestätigt].»[412] Der Landvogt Joseph Anton Reding nutzte genau diese rechtliche Grauzone, um in Wartau seine konfessionspolitischen Ziele zu erreichen.

Der Wartauerhandel ist ein eindrückliches Beispiel dafür, wie aufgrund der Fragilität des Religionsfriedens in den damaligen Gemeinen Herrschaften aus der sprichwörtlichen Kleinräumigkeit heraus innerhalb weniger Monate Konflikte von nationaler Bedeutung entstehen konnten. Im Folgenden wird vor allem vom Anteil der Bündnerin an diesem Konflikt die Rede sein.

Wie erwähnt, begann der «Handel» mit dem Glaubensübertritt zum Katholizismus des Dewes [Matheus] Tischhauser. Es ist denkbar, jedoch nicht restlos sicher, dass ihm der Sarganser Landvogt dafür 300 Gulden versprach. Dies behauptete später ein direkter Zeuge eines Gesprächs zwischen Tischhauser und dem Landvogt.[413] In unmittelbarem Anschluss an seine Konversion beabsichtigte Tischhauser, die älteren seiner insgesamt fünf Kinder, das heisst, seine beiden 15- und 11-jährigen Söhne sowie die 13-jährige Tochter, dem Schutz des Landvogts anzuvertrauen. Diese Kinder sollten fortan im katholischen Sargans zur Schule gehen.[414]

An der Regierung der Landvogtei Sargans waren die fünf katholischen Orte der Innerschweiz sowie das reformierte Zürich und das konfessionell paritätische Glarus beteiligt. Zwischen 1693 und 1695 versah der Schwyzer Aristokrat Joseph Anton Reding von Biberegg dieses Amt.[415] Er wurde in dieser Funktion Anfang Juli 1695 durch Hans Jakob Bucher aus Obwalden abgelöst. Bis zum Ende seiner zweijährigen Amtszeit inszenierte sich Reding in Sargans als kompromissloser und kämpferischer Förderer katholischer Anliegen. Über ihn rätselte Ulysses von Salis-Marschlins, ob dieser sich des Wartauer «geschäfftswäsen [...] auß befelch der Lob[lichen] Catolischen Ohrten, oder auß eignem Religionsantrib eifferig annämen thut».[416]

Die Ehefrau Tischhausers war evangelisch und hätte angesichts seiner Konversion einen legitimen Anlass zur Trennung von ihm gehabt. Sie wies jedoch diesen ihr von Bekannten oder Nachbarn nahegelegten Schritt zurück mit dem Argument, wenn sie ihren Mann gemeinsam mit ihren Kindern verlasse, müsste sie «ihr Güetlin fahren laßen und im Bettel läben».[417] Sie wolle deshalb bei ihrem Ehemann bleiben, ohne jedoch ihren evangelischen Glauben preiszugeben.[418] Die Kinder Tischhausers entzogen sich dagegen – sicher im Einverständnis mit ihrer Mutter – dem Einfluss ihres Vaters. Die 13-jährige Tochter begab sich unter den Schutz des glarnerischen Landvogts von Werdenberg, wo sie die evangelische Schule besuchte; die beiden Söhne fanden sich nach ihrer Flucht aus dem Einflussbereich ihres Vaters und des Landvogts von Sargans im Schloss Forsteck des zürcherischen Landvogts Johann Wilhelm Wolf wieder und verblieben danach im Territorium des reformierten Zürichs.[419] Nur der jüngste Sohn und die jüngere Tochter verblieben in der Obhut des Vaters und wurden katholisch.[420]

Durch ihre Bekanntschaft mit Johann Rudolf Tschudi (1641–1716), dem Wartauer Pfarrer, sowie durch persönliche Kontakte mit einzelnen Wartauern war Hortensia von Salis mit den Vorgängen im Kontext des Wartauerhandels vertraut.[421] Sie kannte Dewes Tischhauser und richtete wohl im Oktober oder November 1694 ein (undatiert überliefertes) längeres Schreiben an ihn, in welchem sie dessen Konversion einer scharfen Kritik unterzog. Diese ginge ihr zu Herzen, zumal Tischhauser die Bibel kenne und oft darin gelesen habe. Dem reformierten Glauben treu zu bleiben, sei allerdings keine leichte Aufgabe, denn «wir sind daß kleine hüffelin und bündtelin Gotteß von dem grossen huffen der Römischen Kirchen mit feür undt schwert verfolget, wie leider an tag ist».[422] Die römisch-katholischen Geistlichen seien nicht in der Lage, ihren Glauben aus der Heiligen Schrift zu rechtfertigen: «[...] wan sie mich etwaß besseres zuo thuen und zuo glauben werden auß der Schrifft erweÿsen können, alß ich biß jetz gewüst und geglaubt, so wolle ich von stunden mein religion verlassen. Aber sÿe können eß nicht.» Sie schickt Tischhauser «ein büechlin, so ich gemacht, zuo lessen, undt bitt eüch kommen zuo mir, ich will freündtlich mit eüch reden, und sagen mir, was

26

Ausschnitt aus einer Karte des Rheintals, um 1620, Hans Conrad Gyger, Zürich, zugeschrieben. Unten in der Mitte sind Ragaz und Maienfeld eingezeichnet, unten links Sargans. Von den Wartauer Ortsteilen ist links unterhalb der Mitte Azmoos («Azmoß») zu erkennen.

Altstatt
Valdkirch
Forsteck
Hochen Sax
Frischenbärg
Sax
Gams
Buchs
Vadutz
Trisnen
Sargans
Flasch
Meyenfäld
Ragatz
Malans

eüch an unserer heÿlligen religion mißfalle».[423] Bei diesem Büchlein wird es sich mit ziemlicher Sicherheit um den Text der 1695 erschienenen, oben diskutierten «Glaubens-Rechenschafft» gehandelt haben. Die Maienfelderin fordert Tischhauser schliesslich auf, die Heilige Schrift mit der «üebung, gebette undt gantzen Gottesdienst der papisten» zu vergleichen und sich zu fragen, «ob der Pabst über Gott sÿe, der doch vill gebüttet, was Gott verbotten, und verbüttet, waß Gott gebotten». Im Postscriptum fügt sie hinzu, Tischhauser brauche sich nicht um seine Frau zu sorgen, «wan ich nur ein juppen haab, so will ich sie mit ihren theillen».[424] Das Schreiben Hortensia von Salis' an den Wartauer Konvertiten zeigt, wie auch ihre «Glaubens-Rechenschafft», wie sehr ihr die Verteidigung des reformierten Glaubens am Herzen lag und dass sie dabei öffentliche Kontroversen nicht scheute. Selbst angesichts der Freiheiten, die ihr ihre adlige Herkunft gewährte, war dies für eine Frau ihrer Zeit ein ungewöhnliches und mutiges Verhalten.

Die Antwort auf den Brief an Tischhauser ist ebenfalls nur in einer undatierten Kopie erhalten.[425] Sie stammt nur angeblich von dem Konvertiten selbst und wurde mit ziemlicher Sicherheit von einem katholischen Geistlichen verfasst. Dieser versucht vor allem die von Hortensia von Salis ins Feld geführte Bibellektüre als Prüfstein der religiösen Wahrheit zu relativieren, indem er die auf der Lektüre der Heiligen Schrift beruhende protestantische Idee von der Priesterschaft aller Gläubigen für absurd erklärt. Er fährt ausserdem grobes, zeitgenössische Geschlechterstereotypen bemühendes Geschütz auf: «Eüwren schreÿben wider die Catholischen wirdt aller ohrten außgelachet, und richtet eüch nur nicht nach ervolgter widerlegung ein mehrerß zuoschreiben, eß seÿe dan sach, daß etwan eine eüreß geschlechtß ihre schwachheit in dieser materi auch wollte an tag geben.»[426] Wein und Weiber, «unter denen ihr eine der listigsten seindt», seien in der Lage, selbst weise Menschen, geschweige denn «ein groben einfeltigen bauren, wie ich bin, [zu] überthören».[427] Tischhauser, beziehungsweise sein Ghostwriter, hält sich also seine Nüchternheit in Glaubensfragen zugute. Wenig nüchtern ist dennoch das Postscriptum zu seinem Brief, als Antwort auf den oben erwähnten Nachsatz im Schreiben der Maienfelderin. Es geht dabei um das Angebot derselben, ihre «Juppen» mit der Frau Tischhausers teilen zu wollen. Der Schreiber schlägt ihr vor, Tischhausers Frau den hinteren Teil ihrer «Juppe» abzugeben, damit sie diesen Körperteil, «den sÿe allein mir ein zeithero gewißen»,[428] nunmehr bedecke. Mit dieser ausgesprochen groben Bemerkung kann nur die Weigerung der Tischhauserin gemeint sein, es ihrem Mann in Glaubensfragen gleich zu tun, denn wie erwähnt war sie weder bereit zu konvertieren noch sich von ihrem Ehemann zu trennen.

Moderne Vorstellungen von Konversion tendieren dazu, die Ursachen des Abfalls von der bisherigen Konfession auf die individuelle Auseinandersetzung mit religiösen Fragen zu reduzieren. Auch das Schreiben unserer Protagonistin an Dewes Tischhauser scheint diese Ansicht auf den ersten Blick zu bestätigen. Bei genauerer Betrachtung wird jedoch deutlich, dass in Hortensia von Salis' scharfer Kritik am Verhalten des Konvertiten an keiner Stelle die hauptsächlichen Beweggründe, die ihn zu seinem Glaubenswechsel bewegten, angesprochen werden. Wusste sie nichts davon? Diese Frage lässt sich bei der heutigen Quellenlage kaum beantworten. Unabhängig davon ist jedoch interessant, wie sehr die Ausführungen der Ehefrau Tischhausers zu seinen Konversionsmotiven die Ansicht bestätigen, dass Glaubenswechsel in der nichtsäkularen Gesellschaft der Frühen Neuzeit im Einzelfall höchst unterschiedliche Ursachen haben konnten.

Dewes Tischhausers Abwendung von der reformierten Glaubenspraxis wurzelte laut seiner Ehefrau in einer Auseinandersetzung mit dem Pfarrer von Wartau, Johann Rudolf Tschudi. Tischhauser hoffte nämlich, dass ihm der Pfarrer beim Erwerb eines «Güetlin» in Wartau behilflich sein würde. Ihr Mann, so führte sie weiter aus, «habe großen costen, mühe und arbeith daran gewändet, dann er vermeinth, er werde es gewüß bekommen».[429] Pfarrer Tschudi habe es jedoch am Ende einem Bürger von Werdenberg zugehen lassen. Tischhauser sei darüber derart erzürnt gewesen, dass er verschiedentlich betont habe, er werde nicht mehr zum Ortspfarrer zur Kirche gehen, sondern im katholischen Sargans. Insgeheim habe er aber gehofft, dass der Pfarrer sein abtrünniges Gemeindemitglied zu einer Aussprache bitten würde. Doch nichts geschah, worauf sich Tischhauser endgültig zu seinem Glaubenswechsel entschloss.[430] Das angesprochene «Güetlin» hatte offenbar einem Onkel von Dewes Tischhauser gehört, dessen Besitz nach dem Tod des Onkels unter den Erben umstritten gewesen sei, worauf der Pfarrer als Mediator eingeschritten sei und das Gut einem Werdenberger zugesprochen habe. Der Zürcher Landvogt von Sax-Forsteck, Johann Wilhelm Wolf, der dies alles in einem Brief an einen Zürcher Ratsherrn berichtet, fragt und wundert sich, auf welcher rechtlichen Grundlage der Pfarrer den Erbstreit entschieden habe – und wir schliessen uns ihm an.[431] Die Aussagen der Ehefrau Tischhausers legen jedenfalls nahe, dass seine Konversion wenig mit einer genuin religiösen, persönlichen Auseinandersetzung mit seinem Glauben zu tun hatte, und man fragt sich deshalb, ob die Argumente der Hortensia von Salis nicht am Kern der Sache vorbeizielten.

Was die Motive der Briefschreiberin betrifft, ist es denkbar, dass sie zu ihrem Schreiben zusätzlich durch das konfessionspolitisch inspirierte Verhalten des Sarganser Landvogts in der Frage der Vergabe des «Wissli», eines Bergguts in der Nähe des Weilers Palfries, animiert wurde. Das Interesse einer gugelbergisch-von salischen Erbengemeinschaft an diesem «Wissli» beruhte darauf, dass Margaretha Katherina Gugelberg von Moos (geb. von Salis-Zizers, 1633–1688) dieses Gut im Jahr 1678 an einen Wartauer verkauft hatte, dieser aber den Kaufpreis nicht hatte aufbringen können, sodass das Gut pfandweise an die Erben der inzwischen verstorbenen Verkäuferin zurückfiel.[432] Auf die verschiedenen Winkelzüge des Landvogts Reding in dieser Angelegenheit braucht hier nicht im Einzelnen eingegangen zu werden. Am Ende war er – mithilfe der fünf katholischen Orte – erfolgreich beim Versuch, das Berggut gänzlich der Kontrolle der gugelbergisch-von salischen Seite zu entziehen und dem katholischen Bürger von Sargans, Melchior Schlegel, den Kauf zu ermöglichen. Schlegel entstammte einer seit den 1620er-Jahren katholischen Familie von Palfries.

Hortensia von Salis, verwitwete Gugelberg von Moos, hatte also neben konfessionellen möglicherweise auch materielle Gründe, als sie im Hintergrund nach ihrem Brief an Dewes Tischhauser angesichts des Drucks, den der Landvogt auf Christian Schumacher ausübte, ein zweites Mal in das Wartauer Geschehen eingriff. Schumacher, ein Protestant, wohnte in der Bergsiedlung Palfries und war mit Anna Thüeri, einer Katholikin, verheiratet.[433] Wegen angeblicher Lästerung des Katholizismus in privatem Rahmen, die ihm aufgrund einer Denunziation vorgeworfen wurde, wurde er vom Landvogt mit einer hohen Busse von 160 Gulden belegt. Unter der Hand wurde ihm gleichzeitig nahegelegt zu konvertieren. Dann würde ihm die Busse erlassen.[434] Die Maienfelderin engagierte sich insgeheim als reformierte Unterstützerin des mittellosen Angeklagten, um seinen Übertritt zum Katholizismus zu verhindern. Denn der Landvogt Joseph Anton Reding war offenbar bereit, sich mit Schumacher auf einen Handel einzulassen, jedoch nur um den Preis seiner Konversion. Das legt schon der erste von zwei Briefen nahe, in denen Hortensia von Salis den ihr freundschaftlich verbundenen Zürcher Theologen Johann

Heinrich Heidegger wie folgt informiert: «Gestern ist der arme man Christen Schuhmacher aus der Wild aus Balfreis hie gewäßen mit seinem bekanten guten Freünd, Andreas Saltzgäber, d[as] versprochene gelt von mir abzueforderen. Damit nun der arme man wüße, dz ich ihme darum zu hilff kommen, dz er in seiner heiligen religion bestendig verbleiben solle, hat er sich deßwägen verschreiben müssen.»[435] Schumacher musste sich also dahingehend verschreiben, dass er nach Erhalt des Geldes nicht konvertieren werde. Umgekehrt bestätigt dies, dass der arme Bauer aus Palfries vom Landvogt unter Druck gesetzt wurde. Gleichzeitig wollte unsere Protagonistin ihr gutes Einvernehmen mit dem Sarganser Landvogt nicht verderben. Um die finanzielle Unterstützung Schumachers vor dem Landvogt, der ihr bisher immer geneigt gewesen sei, zu verschleiern, zahlte sie daher das für Schumacher bestimmte Geld Andreas Salzgeber aus, der es daraufhin an Schumacher weitergab. Gleichzeitig informierte Hortensia von Salis das offizielle evangelische Glarus und Zürich über ihren Schritt.[436] Ihr freundliches Einvernehmen mit Joseph Anton Reding von Biberegg erklärt sich nicht zwingend durch eine Art Standessolidarität unter Aristokraten, sondern hatte unserer Meinung viel mehr mit dem Engagement zahlreicher Familien «von Stand» im französischen Solddienst zu tun, in den in den Drei Bünden wie in der Eidgenossenschaft sowohl katholische wie protestantische Familienangehörige involviert waren. Für Hortensia von Salis hatte dieses freundliche Einvernehmen jedoch Grenzen. Dieses gehe, wie sie gegenüber Johann Heinrich Heidegger betont, «nicht weiter als bis zum Althar. [...] Ich kanns und maches mit der welt und ihrer freündtschafft, sofern sie mich hinderet die ehr Gottes zue beforderen, nicht anderß als wie sie es mit Gott machen und meinen, nammlich nicht von hertzen.»[437]

Zehn Tage später schrieb sie wiederum an Johann Heinrich Heidegger. «Was das Wartauwer geschäfft anbelanget, so schreibt man mir von Zürich, dz d[er] Christen Schumacher ein schlächter man sÿe. Wie jhm welle, so hab ich d[as], was ich gethan nicht für den Christen Schumacher gethan, sond[er]en für die gantze angsthaffte gemeind, aus welcher der H[err] Tschuddi [Pfarrer Tschudi von Wartau] einen ehrlichen man mit einem Schreiben an mich geschickt und gebätten, dz ich die summen gelts veror[d]nen möchte, welches ich gethan, und ehe ich solches gethan nach Glariß berichtet dem H[errn] Decan Wild, welches er gut geheißen. Ich hab es auch H[errn] Scuicer [sic/d.h. Suicer, Schweizer] beri[chtet].»[438] Etwa drei Monate später scheint Hortensia von Salis für ihr Darlehen von Zürich und Glarus entschädigt worden zu sein. Jedenfalls wurde der Konferenz zwischen Glarus und Zürich in Richterswil Anfang Mai 1695 empfohlen: «Es wurd auch angebracht, daß Fr[au] Hortensia von Salis die restitution der für Christen Schumacher von Wartauw bezahlten 160 fl. [d. h. Gulden] buß sollicitiere, jedoch in der gutmüethigen und rühmlichen disposition, daß was von den Lob[lichen] Ev[angelischen] orthen hieran gefolgen möchte, sie Fr[au] Hortensia soliches alles wieder an hilffs-dürfftige Wartauwer verwenden wolle.»[439]

Damit war Hortensia von Salis allerdings noch nicht vollständig entlastet, denn es scheint auf katholischer Seite Bestrebungen gegeben zu haben, sie wegen ihres oben erwähnten Briefs an Dewes Tischhauser rechtlich zu belangen, und zwar infolge eines Verstosses gegen das im Zweiten Landfrieden von 1531 enthaltene Verbot des konfessionellen Lästerns. Tatsächlich wurden ihre in der Landvogtei Sargans liegenden Güter gepfändet.[440] Als die katholischen Stände im Hinblick auf das am 23. September 1695 zu veröffentlichende Friedensmandat beschlossen, «daß über alles in Worten und Werken Vorgefallene ein ‹Beleidigungsvergeß› ertheilt sei», war in diese Amnestie auch ausdrücklich Hortensia von Salis miteingeschlossen.[441]

Am Ende dieses Abschnitts wollen wir die zu Beginn zitierte Frage des Ulysses von Salis-Marschlins beantworten, ob der Landvogt von Sargans, Joseph Anton Reding von Biberegg, den Religionsstreit auf Befehl der fünf Innerschweizer Orte oder aus eigenem konfessionellem Eifer vom Zaun gebrochen habe.[442] Im Spätsommer und Herbst 1695 waren sich die Fünf Orte der katholischen Innerschweiz nicht alle einig, ob der vom Sarganser Landvogt eingeschlagene Weg der richtige sei. An einer Konferenz der Fünf Orte Mitte September desselben Jahres wich Luzern deutlich von der bisherigen Linie ab, indem es erklärte, es sei «zu gewagt, wegen der einzigen Haushaltung Tischhausers, die [von Palfries aus] ebenso so gut nach Sargans zur Kirche gehen könne, den Frieden und wichtige andere Interessen der Katholischen aufs Spiel zu setzen».[443] Joseph Anton Reding von Biberegg folgte daher weitgehend seinem «inneren» Befehl, der ihm angesichts der bis dahin andauernden katholischen Dominanz in eidgenössischen Konfessionsfragen als verlässlich erscheinen durfte. Ob der Sarganser Landvogt bei seinem Vorgehen sogar das Mittel der Bestechung einsetzte, muss offen bleiben. In einem Zwischenbericht des Pfarrers Johann Rudolf Tschudi über den Stand des Wartauerhandels wird behauptet, Tischhauser habe vor der Rückkehr des Landvogts nach Schwyz in

Sargans Anfang Juli 1695 ohne Erfolg die ihm versprochene Summe von 300 Gulden eingefordert. Der Landvogt habe seine Weigerung mit der konfessionellen Unzuverlässigkeit des Konvertiten begründet. Tschudi beruft sich auf den Fuhrmann, der Redings Haushalt zurück nach Schwyz brachte.[444] Ein anderer Zeuge berichtete, Joseph Anton Reding habe seine Weigerung damit begründet, Tischhauser habe das Geld gar nicht nötig, er sei aufgrund seiner Güter sogar in der Lage, vier Kühe zu überwintern. «Er solle als ein Biderman mit sÿnem weib und kindern haußen, so könne er sich schon ernehren.»[445]

Nach dem Zweiten Villmergerkrieg von 1712 – weniger als zwei Jahrzehnte nach dem Wartauerhandel – änderte sich die konfessionelle Machtkonstellation innerhalb der Eidgenossenschaft grundlegend. Da die katholischen Kantone der Innerschweiz dieses militärische Kräftemessen verloren, waren von da an die reformierten Orte Bern und Zürich bei der Regelung von Konflikten in den Gemeinen Herrschaften der Eidgenossenschaft tonangebend. Wie Hortensia von Salis auf diese Veränderungen kurz vor ihrem Tod 1715 reagierte, wissen wir nicht.

Der Pietismus

Die 1680er-Jahre markieren die Entstehung der Bewegung des Pietismus innerhalb des deutschen Protestantismus. Ihre Anfänge werden normalerweise mit dem Erscheinen der «Pia Desideria» von Philipp Jakob Spener, einer programmatischen Reformschrift des Jahres 1675, in Verbindung gebracht. Spener und seine Anhänger sowie gleichgesinnte Kollegen innerhalb der lutherischen Pfarrerschaft wollten dem im Zeitalter der kirchlichen Orthodoxie erstarrten kirchlichen Leben zu neuer Vitalität verhelfen und eine neue, sowohl praktische wie meditative Frömmigkeit entstehen lassen. Ausserdem waren sie gewillt und bemüht, Reformen insbesondere im Schul- und Bildungswesen sowie in der Armenfürsorge tatkräftig voranzutreiben.

Als Reformbewegung, die sowohl Geistliche wie Laien aus dem Luthertum sowie aus der reformierten Kirche in ihren Bann zog, hatte der deutsche Pietismus Wurzeln, die ansatzweise in die Zeit vor dem Dreissigjährigen Krieg, bis zur Veröffentlichung der ungemein populären und einflussreichen «Vier Bücher vom wahren Christentum» von Johann Arndt in den Jahren 1605–1610 zurückgehen. Die eigentlichen Väter des deutschen, aus dem Luthertum hervorgegangenen Pietismus – die Ursprünge des reformierten Pietismus sind eher in den Niederlanden zu suchen[446] – waren der bereits erwähnte Pfarrer Philipp Jakob Spener (1635–1705), seit 1691 Propst und Mitglied des Konsistoriums in Brandenburg, und August Hermann Francke (1663–1727), Professor zunächst der orientalischen Sprachen und dann auch der Theologie an der neu gegründeten Universität Halle und Gründer des berühmten Waisenhauses in Glauchau bei Halle. Dieses Waisenhaus wurde von Francke und seinen Mitarbeitern zu einem Zentrum einer weltweit ausgreifenden, pietistischen Mission gemacht. Der Pietismus vermochte sich in wenigen Jahrzehnten zu einer mächtigen Reformbewegung innerhalb des deutschen Protestantismus zu entwickeln.

In den 1690er-Jahren begann der Pietismus auch in der Schweiz aufzukommen, was bald einmal den Argwohn der Obrigkeiten erregte. In Bern und Zürich fanden noch vor der Jahrhundertwende grosse Pietistenprozesse statt, die mit Verbannungen und zum Teil empfindlichen Bussen endeten.[447] Den weltlichen Obrigkeiten missfiel die Tendenz der Pietisten, sich innerhalb der Gemeinden gegenüber den «Unfrommen» abzuschotten. Dies erinnerte sie an das Verhalten der Täufer, die seit der Reformationszeit bis ins 17. Jahrhundert unnachgiebig verfolgt wurden. Die kirchlichen Autoritäten wiederum wehrten sich unter anderem gegen die pietistische Unterwanderung der reformierten Orthodoxie, die innerhalb der Eidgenossenschaft gerade nochmals (1675) durch die *Formula Consensus* bekräftigt worden war. In den Drei Bünden entstand jedoch erst im frühen 18. Jahrhundert ein eigentliches pietistisches Netzwerk.[448]

Vor diesem Hintergrund ist der Befund nicht überraschend, dass in der «Glaubens-Rechenschafft», die in der ersten Hälfte des Jahres 1695 erschien, überhaupt kein Einfluss pietistischer Gedanken zu erkennen ist. Die Schrift der Maienfelderin steht «in der Tradition der Reformation, indem sie ihre Eckpunkte – man denke an die vier Soli der Reformation: *sola sciptura, sola gratia, sola fide, solus Christus* – nennt».[449] Dennoch ist es denkbar, dass die an Hortensia von Salis gerichtete Aufforderung eines «Freundes», sich gegenüber den Unfrommen abzusondern, noch *vor* dem Erscheinen der «Glaubens-Rechenschafft» erfolgte. Sie erwähnt diese Aufforderung in ihrem Brief an den Zürcher Theologen Johann Heinrich Heidegger vom 20. Heumonat [Juli] 1696.[450] Wie andere vertrauliche Schreiben an den Zürcher Professor vom Sommer jenes Jahres dokumentiert dieser Brief ihre ersten Kontakte mit deutschen Pietisten und auch die vorübergehende Verunsicherung in Glaubensfragen, die diese Begegnung bei ihr auslöste.

Im Frühjahr 1696 tauchten in Bern die Leipziger Studenten Gottlieb Kirch (1669–ca. 1697) und Abraham Daßdorff (1669–nach 1697) auf. Sie hatten den Prädikanten von Stettlen, Christoph Lutz, aufgesucht, den sie von dessen Leipziger Besuch her kannten.[451] Lutz wurde damals in Leipzig vom Astronomen und Mathematiker Gottfried Kirch beherbergt.[452] Lutz sowie Vater und Sohn Kirch waren Pietisten. Zu Daßdorf ist nichts Genaueres bekannt.[453] Dies gilt ebenso für die die beiden Studenten begleitende «Weibspersohn» namens Lang.[454] Die drei hielten sich sowohl in Stettlen wie in Bern auf. Sie gaben Jerusalem als ihr Reiseziel an. Für ihren Aufenthalt in der Aarestadt wurde bezeugt, «daß auffs wenigste 200 persohnen allerleÿ geschlechts, qualitet und alters sie besucht, also daß sie keine stund ohne Visite gewesen, auch seye ihnen an gelt kein mangel gelaßen, auch an brot, wein, fleisch, zukkerstökken, gantzen Käsen, allerleÿ lekkerbißen, reiche fürsehung und verehrung gethan worden».[455] Als sie vom Berner Rat ausgewiesen wurden, hielten sie sich vorübergehend in Lützelflüh im Emmental, in Melchnau und in Zofingen auf, und den Winter 1696/97 verbrachten sie beim Prälaten von St. Urban.[456] Das Emmentaler Dorf war die Pfarrgemeinde von Georg Thormann, der – wie wir sehen werden – mit Hortensia von Salis wegen des Leipziger Grüppchens in Verbindung stand. Melchnau war die Pfarrgemeinde des Frühpietisten Samuel Schumacher, und in Zofingen gehörte der Stadtschreiber Johann Rudolf Suter zum frühpietistischen Netzwerk.

Die durch die erwähnten Berner Akten suggerierte Chronologie bedarf insofern der Korrektur, als die Leipziger Studenten zusammen mit ihrer Begleiterin im Sommer 1696 in Ragaz auftauchten, also vor dem Winteraufenthalt in der Abtei St. Urban, denn am 8. Juli 1696 erwähnt Hortensia von Salis ihren Aufenthalt in Ragaz und auch die Gerüchte, die sich mit dem Auftreten der Leipziger Lutheraner beschäftigten, nämlich, dass einer von ihnen mit der Begleiterin namens Lang schlafe, was sie (Hortensia) nicht glaube, und dass die Gruppe sowohl im reformierten Maienfeld wie im katholischen Ragaz das Abendmahl besucht habe, was Hortensia von Salis nicht bestätigt. Sie betont jedoch, dass die Betroffenen in Ragaz die katholische Predigt hören würden.[457] Die Leipziger Gruppe sei ihr durch Georg Thormann und andere wärmstens empfohlen worden, aber aus ihren Briefen vom Sommer 1696 spricht in dieser Hinsicht Skepsis. Ihre innere Distanz gegenüber der Botschaft der sächsischen Pietisten wird deutlich aus ihrer Bemerkung zum Verhalten Georg Thormanns: Weil sich ihm die Studenten nicht geoffenbart hätten, «hat er ihnen auch sonderlich widerstehen können».[458] Aus dem Berner Verhör des Pietisten Christoph Lutz vom November 1698 geht unter anderem hervor, der Dekan Georg Thormann habe bezeugt, «das Fr[au] Haubtmännin Hortensia von Salis, eine sehr gottseelige Matronin, ihme eben von diesen Leüthen wegen damahls zugeschrieben und eifferig gewarnet habe, selbiger halb sorg zutragen, weilen große gfahr darauß entstehen könnte».[459] In ihrer Korrespondenz mit Johann Heinrich Heidegger verschweigt sie nicht, dass sie Georg Thormanns Empfehlung der drei Personen aus Sachsen als «Apostel und heillige Lüth» anfänglich verwirrt habe.[460] Auch muss sie das wenig orthodoxe Verhalten der Gruppe beim Besuch sowohl des reformierten Gottesdiensts in Maienfeld als auch des katholischen in Ragaz derart irritiert haben, dass sie den Zürcher Theologen um Rat fragte, ob man «bÿ beständiger confession allerleÿ religionen köne seelig werden», das heisst, ob es möglich sei, gleichzeitig mehreren Konfessionen anzugehören.[461] Erst die weltweiten Entdeckungen des 18. Jahrhunderts führten allmählich zur verbreiteten Anerkennung der Existenzberechtigung verschiedener Religionen. Manch protestantischen Aufklärer hielt dies jedoch nicht davon ab, auch noch im späten 18. Jahrhundert sein konfessionelles Vorurteil gegenüber dem römischen Katholizismus weiterhin sorgsam zu pflegen. Hundert Jahre früher stellte noch kaum jemand den Alleingültigkeitsanspruch seiner eigenen Konfession infrage. Als der pietistische Pfarrer Christoph Lutz in seinem Berner Verhör 1698 gefragt wurde, warum er sich mit «solchen Lutheraneren» angefreundet habe, antwortete er, «daran seÿe nichts gelegen, wann ich nur beÿ einem den wahren lebendigen glauben an Christum finde und die aufrichtige liebe gegen Gott, und mich mit ihm erbauwen könne, das seÿ mir genug, er möge dann ein Lutheraner oder Reformierter sein».[462] Er habe sie für Kinder Gottes gehalten, da er in ihren «Wortten und Wercken» nichts Unchristliches habe wahrnehmen können. Dazu notierte jemand am Rand, es sei ein Widerspruch in sich, Lutheraner als Kinder Gottes zu bezeichnen.[463]

Nach dem Winter 1696/97, den die jungen Leipziger Pietisten im Kloster St. Urban verbrachten, wo der Abt offenbar an den technischen und naturwissenschaftlichen Kenntnissen Gottlieb Kirchs interessiert war, verliert sich ihre Spur. Die letzten Lebenszeichen Kirchs stammen aus dem Jahr 1697 in Italien: ein Brief an den berühmten Physiker und Erfinder Ehrenfried Walther von Tschirnhaus aus Mailand sowie eine spätere Nachricht aus Rom, er befinde sich auf dem Weg ins Gelobte Land.[464]

Man wird Hortensia von Salis nicht nur aufgrund ihrer Schriften, sondern auch aufgrund ihrer Begegnung mit Vertretern des frühen Pietismus keine besonderen Beziehungen zu dieser Reformbewegung nachsagen können.[465] Ausserdem trug ihre Korrespondenz mit den beiden Zürcher Gelehrten Johann Heinrich Heidegger und Johann Heinrich Schweizer (von der leider nichts erhalten ist) zweifelsohne dazu bei, dass sie sich durchwegs dem Mainstream reformierter Theologie und Konfession verpflichtet fühlte. Johann Heinrich Schweizer, der es verstand, den Rationalismus eines René Descartes mit der reformierten Orthodoxie zu verbinden, war ein erbitterter Gegner der Pietisten.[466] Schweizers Anklage vom 31. Juli 1698, die in Zürich zum ersten Pietistenprozess führte, figuriert auch in den Berner *Acta Pietistica*.[467] Informationen über die Hallenser Pietisten Gottlieb Kirch und Abraham Daßdorff sowie über Zürcher Pietisten erhielt Schweizer vermutlich auch von Hortensia von Salis. Jedenfalls beschwert sich der Zürcher Radikalpietist Johann Heinrich Locher über sie, denn sie habe die mit ihm vertraulich ausgetauschten Informationen gegenüber Chorherr Schweizer «ausgeschwätzet», «obwohl er ihro darbeÿ getreüwe Dienste geleistet, die solche Untreü von ihro nicht verschuldet hätte».[468] Offenbar hatte die Maienfelderin auch bei ihm Rat gesucht, wie sie mit den Besuchern aus Halle umgehen solle. Denn Locher gesteht, «daß er selbst nicht wüßte, was von disen Leüthen zu halten. Sie ziehen so mit ein anderen im Lande herum [...], wären auch entschloßen nach Italiam zu reisen, obwohl es ihnen sehr mißrahten [...].»[469]

Nach dem Tod Johann Heinrich Heideggers im Jahr 1698 wurde der ebenfalls der offiziellen Zürcher Theologie jener Jahre verpflichtete Gotthard Heidegger zum theologischen Berater der Bündnerin. Es ist vor diesem Hintergrund schwer vorstellbar, dass Hortensia von Salis nach der Jahrhundertwende doch noch Sympathien für den Pietismus entwickelte – ausgenommen vielleicht für die im nächsten Abschnitt angesprochene erfolgreiche Pädagogik des pietistischen Waisenhauses in Halle. In der ersten Hälfte des 18. Jahrhunderts, nachdem der Pietismus auch in den Drei Bünden Fuss gefasst hatte, schickte nicht nur ein Bündner Pietist wie der Pfarrer Andreas Gillardon d.J. (1697–1751) seine Söhne zur Schulbildung ans pietistische Pädagogium in Halle, sondern auch einzelne Vertreter der Bündner Aristokratie, die, wie die Mitglieder der nachstehend vorgestellten englischen Society for Promoting Christian Knowledge keine eigentlichen Pietisten, jedoch von der hallisch-pietistischen Pädagogik überzeugt waren.[470]

27

Porträt von Gotthard Heidegger, Mezzotinta von Johann Ulrich Heidegger, 1733.

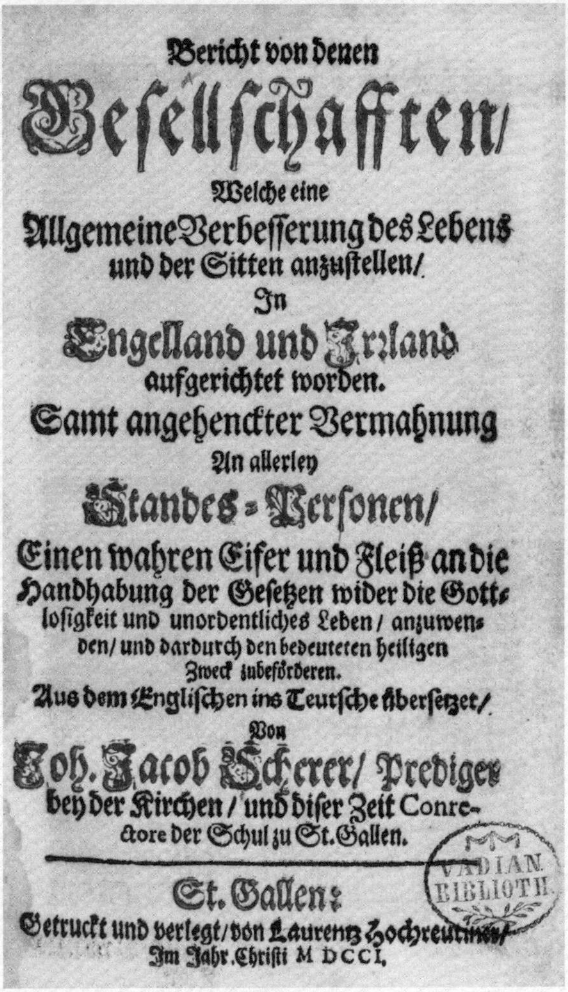

Bericht von denen
Gesellschafften/
Welche eine
Allgemeine Verbesserung des Lebens
und der Sitten anzustellen/
In
Engelland und Irrland
aufgerichtet worden.
Samt angehenckter Vermahnung
An allerley
Standes-Personen/
Einen wahren Eifer und Fleiß an die
Handhabung der Gesetzen wider die Gott-
losigkeit und unordentliches Leben/ anzuwen-
den/ und dardurch den bedeuteten heiligen
Zweck zubeförderen.
Aus dem Englischen ins Teutsche übersetzet/
Von
Joh. Jacob Scherer/ Prediger
bey der Kirchen/ und diser Zeit Conre-
ctore der Schul zu St. Gallen.

St. Gallen:
Getruckt und verlegt/ von Laurentz Hochreutiner/
Im Jahr Christi M DCCI.

28

Titelblatt von J.J. Scherers Übersetzung von Josiah Woodwards «An Account of Progress of the Reformation of Manners in England, Scotland and Ireland […]», 1701.

Wie oben dargestellt, trat Hortensia von Salis um 1701 in Kontakt mit dem St. Galler Pfarrer Johann Jakob Scherer (1653–1733) und dem Engländer Robert Hales, die sie als Vertreter der englischen Society for Promoting of Christian Knowledge (SPCK) in Maienfeld aufsuchten. Sie befanden sich auf einer Propagandareise für die Anliegen der SPCK, die von St. Gallen über Chur und Glarus nach Zürich und schliesslich nach Baden führte. «Mittwoch, den 28. [Juli 1701]», so berichtet Scherer nach St. Gallen, «kamen wir zu Mejenfeld an, wo selbst Herr Stadtvogt Gutbert von Salis und seine Tochter, Frau Hortensia, verwittibte Gugelbergerin, eine Zierd des ganzen weiblichen Geschlechts, uns durch ohngemeine Höflichkeiten biß Freitag 30den aufgehalten, an welchem Tag wir über Marslins naher Chur geritten.»[471] Die Reise von Scherer und Hales ging danach weiter über Chur und Glarus nach Zürich und von dort nach Baden, wo der Gesandte der niederländischen Generalstaaten, Petrus Valkenier, das Gespräch mit Robert Hales suchte.[472]

Zu den Zielen der SPCK gehörte die Förderung der Elementarschulbildung nicht nur auf den Britischen Inseln, sondern auch in den Kolonien sowie auf dem europäischen Kontinent.[473] Die englischen Mitglieder der frühen SPCK waren vom Erfolg der hallischen Waisenhauspädagogik derart überzeugt, dass sie im Mai 1699, nur zwei Monate nach der Gründung der Gesellschaft, August Hermann Francke, den «Vater» des hallischen Pietismus und Gründer des Waisenhauses in Glaucha bei Halle, zu ihrem ersten auswärtigen Mitglied wählten. Im Vordergrund stand das Interesse an der Pädagogik der Hallenser,[474] denn es ist keineswegs so, dass die Mitglieder der Gesellschaft nach 1699 in Scharen zum Pietismus übergelaufen wären. Bemerkenswert ist es dennoch, dass Scherer dem Oberhaupt der Hallenser Pietisten 1701 eine gedruckte Predigt widmete.[475] Es ist denkbar, dass Friedrich Pieths Behauptung, Hortensia von Salis sei in Fragen der Bildung «von Halle beeinflusst» gewesen, aus diesem speziellen Blickwinkel zu betrachten ist.[476]

Die SPCK war aus den verschiedenen Reformgesellschaften (Societies for the Reformation of Manners) hervorgegangen, die auf den Britischen Inseln in den 1690er-Jahren gleichsam aus dem Boden schossen und das Ziel verfolgten, den Lebenswandel vor allem der Unterschichten zu verbessern, unter anderem durch den Kampf gegen das Fluchen und die Wiederaufrichtung der Sonntagsheiligung.[477] Der englische Pfarrer und unermüdliche Moralprediger Josiah Woodward (1657–1712) verfocht diese Ziele mit besonderem Nachdruck. In den späten 1690er-Jahren veröffentlichte er ein zusammenfassendes Werk zu den englischen Reformgesellschaften, das auf dem Kontinent umgehend durch Johann Jakob Scherer in St. Gallen ins Deutsche übersetzt wurde.[478]

Die sogenannte *Reformation of Manners* war im Kern ein Projekt der Sozialdisziplinierung. Durch die «Verchristlichung» des Lebenswandels der Unterschichten erhoffte man sich mehr soziale Konformität und Ruhe. Wie die Quellen zeigen, hat sich die frühe SPCK ganz diesem Ziel verschrieben.[479] Gleichzeitig förderte sie auch mit Nachdruck die Verbesserung der Schulbildung der Unterschichten – bemerkenswerterweise auch diejenige der Sklaven in der Karibik[480] – und auf einer allgemeineren Ebene die christliche Bildung aufgrund der Verteilung von Bibeln und erbaulichen Traktaten.[481] In der Schweiz suchte die englische Sozietät die Errichtung einer regelmässigen Korrespondenz mit reformierten Geistlichen sowie den Zusammenschluss von Gleichgesinnten. In diesem Kontext ernannte sie 1701 den St. Galler Johann Jakob Scherer zu einem korrespondierenden Mitglied. In den frühen Jahren des 18. Jahrhunderts war Robert Hales ihr Botschafter in der deutschsprachigen Schweiz. Er hatte Scherer seiner Gesellschaft als Mitglied empfohlen.[482] Hales war der jüngere Bruder von Sir Thomas Hales (1666–1748), Baron von Howlett (Kent), und der ältere Bruder des damals bekannten Naturwissenschaftlers Stephen Hales (1677–1761).[483] Ausser seiner gut dokumentierten missionarischen Tätigkeit in der Schweiz und Deutschland, die von 1701 bis zu seiner Rückkehr 1708 nach England dauerte, ist wenig über ihn bekannt. Unter König Georg I. (reg. 1714–1724) wurde er zu einem der vier Sekretäre des Kronrats (Privy Council) ernannt.[484]

Als der Bündner Prädikant Johann Christian Leonhardi auf seiner zweiten Englandmission im Auftrag der Rhätischen Synode – es ging um die Religionsfreiheit des Veltlins – in London sein Werk «Account of the Grisons» (Bericht über die Drei Bünde) erscheinen liess, fügte er seinem Bericht ein Lob der Frömmigkeit, Bildung, Bescheidenheit und Wohltätigkeit («charity») der Hortensia von Salis bei, welches er durch das Zitat eines ähnlichen Lobs in einem Brief des Jakob von Moos, damals Präsident der Rhätischen Synode, noch bekräftigte.[485] Er meinte ausserdem, eine Biografie von ihr werde in Kürze erscheinen. Leider blieb es bei dieser Ankündigung. Tatsächlich hatte Hortensia von Salis zu einem früheren Zeitpunkt ein autobiografisches Schreiben an Robert Hales gerichtet, das Ende April/Anfang Mai 1702 in englischer Übersetzung in zwei Treffen der Society for Promoting Christian Knowledge in London verlesen wurde. Im Protokoll der Sitzung vom 7. Mai 1702 ist ausdrücklich von Hortensia von Salis' «Account of her Life», von einer autobiografischen Lebensbeschreibung, die Rede.[486] Der Brief ist leider nicht mehr vorhanden; die einzigen Originale schweizerischen Ursprungs im Archiv der SPCK stammen von Jean-Frédéric Ostervald, frühaufklärerisch inspirierter Pfarrer in Neuchâtel, der wie Scherer ein korrespondierendes Mitglied der englischen Sozietät war.[487] Ähnliches gilt auch für die Briefe, die Hortensia von Salis laut Leonhardi an die englische Königin Anne richtete (reg. 1702–1714). Es ist nicht unwichtig, zu betonen, dass es sich bei der Korrespondenz der Bündnerin mit Robert Hales und der SPCK nicht um eine einseitige Angelegenheit handelte, sondern dass ein Austausch von Briefen und Texten in beiden Richtungen stattfand. So teilte der Pfarrer von Nufenen, Johannes Leonhardi, Robert Hales Ende September 1701 mit, er habe das für die Maienfelderin bestimmte Faszikel («fasciculum») – wohl eine Kombination aus Brief und Schriften – vollständig nach Chiavenna weitergeleitet, wo sie sich seit Kurzem aufhalte.[488] Zu einem späteren Zeitpunkt hat er die Briefe Hortensia von Salis' an die englische Königin in seinem «Account of the Grisons» lobend erwähnt.[489] Während seines Aufenthalts in London schrieb er an Johann Jakob Scheuchzer von einem Brief der «Madame Hortensia» an die englische Königin, der ihr auf Veranlassung des Robert Hales vom Bischof von Salisbury übergeben worden sei, dieser habe «ihro MAJ[estät] sehr wohlgefallen».[490]

In der Englischen Revolution von 1688/89 wurde der katholische König Jakob II. durch die Invasion des Niederländers Wilhelm von Oranien aus England vertrieben. Doch auch nachdem der Oranier als Wilhelm III. den englischen Thron bestiegen hatte, reklamierten die Nachfolger Jakobs II. ihre Ansprüche darauf mit einigem Nachdruck. Diese Nachfolger erhielten von ihren Zeitgenossen den Namen «Jakobiten». Sie waren in Schottland besonders aktiv und wurden dort erst 1746 durch den Herzog von Cumberland endgültig besiegt.[491] Vor dem Hintergrund der bis weit ins 18. Jahrhundert hinein weiterbestehenden Ansprüche der Jakobiten auf den englischen Thron war das reformierte Europa erleichtert, als 1702, nach dem Tod Wilhelms III., die jüngere Schwester der bereits früher verstorbenen Maria, der Gattin Wilhelms III., als Queen Anne den Thron bestieg. Aufseiten der reformierten Orte der

Eidgenossenschaft wird diese Erleichterung sehr deutlich spürbar in einem an die Königin gerichteten Gratulationsschreiben anlässlich ihrer Nachfolge auf dem englischen Thron.[492] Gegenüber den Zürcher, St. Galler und Bündner Freunden der SPCK versicherte John Chamberlayne, der Sekretär der Gesellschaft, im September 1704 seine Schweizer Adressaten des Wohlwollens und der Gunst «unserer erhabenen und sehr frommen Königin».[493] Dazu hatte er allen Grund, denn die Königin hatte bereits in den 1690er-Jahren als Prinzessin die Bestrebungen von Thomas Bray, dem Initiator der Society for Promoting Christian Knowledge, nachhaltig unterstützt.[494]

Da Johann Jakob Scherer sowie insbesondere Robert Hales als Vermittler der Briefe Hortensia von Salis' nach England fungierten, ist davon auszugehen, dass die Schreiben der Maienfelderin an Queen Anne ebenso dem Rahmen ihrer Unterstützung der Ziele und Aktivitäten der SPCK zuzuordnen sind. Auch wenn wir ihren Inhalt leider nicht kennen, unterstreicht allein schon ihre Existenz erneut, wie unermüdlich sich die Bündner Aristokratin für konfessionelle Belange einsetzte. Die in den Blenheim Papers der British Library erhaltenen Briefe aus den Jahren 1706 bis 1710 sowohl der Räte der Drei Bünde wie der Bündner reformierten Kirche bestätigen diesen Eindruck. Sie sind alle unter dem Eindruck des Spanischen Erbfolgekriegs (1701–1714) verfasst.[495] In den Briefen der Bündner Geistlichen wird die britische Königin durchwegs als Beschützerin des Reformiertentums angesprochen und verehrt. Sämtliche dieser Briefe, weltliche wie geistliche, ersuchen Königin Anne im Anschluss an die österreichische Eroberung Mailands (1706) um eine vertragliche Neuordnung der Beziehungen der Drei Bünde zum Herzogtum Mailand, diejenigen der Geistlichen insbesondere auch die Wiederherstellung der seit 1639 vor allem in kirchlicher Hinsicht eingeschränkten Souveränität der Drei Bünde über das Untertanenland des Veltlins.

29

Queen Anne (reg. 1702–1714), Gemälde,
unbekannter Künstler.

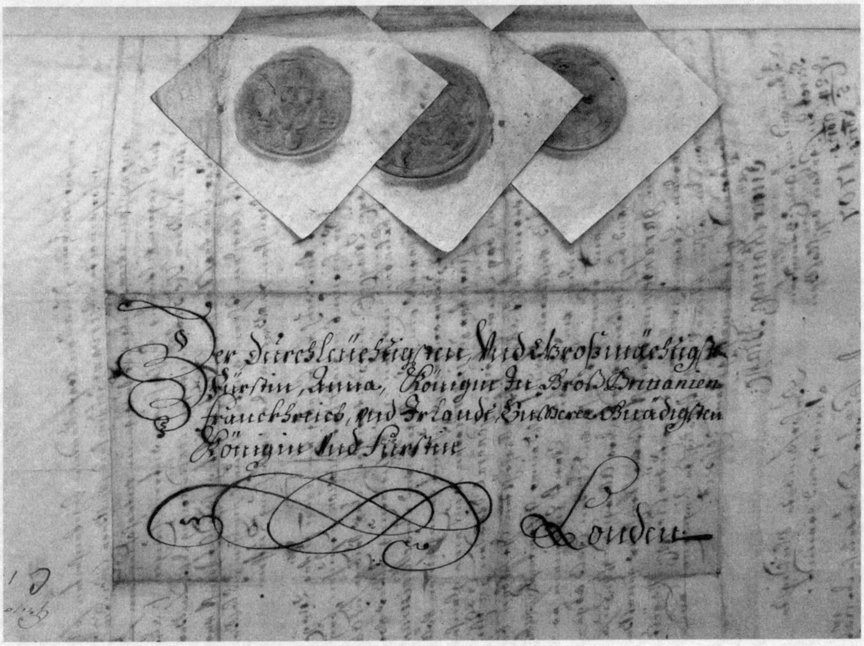

30

Siegel der Drei Bünde auf ihrem Schreiben an
Königin Anne vom 5. Dezember 1707.

Auch wenn die Überlieferung leider Lücken aufweist, so steht zweifelsohne fest, dass im Selbstverständnis der Maienfelderin ihr reformierter Glaube und ihr öffentliches Bekenntnis dazu an oberster Stelle stand. Als Zweites galt ihr Interesse der Medizin, dann folgten naturgeschichtliche und naturwissenschaftliche Themen.

Medizin

In der einschlägigen Literatur wird Hortensia von Salis bis heute des Öfteren als «Ärztin» bezeichnet. Wir halten dagegen: Für uns war sie ganz einfach eine heilkundige Frau. Die Kategorisierung als Ärztin lehnen wir vornehmlich aus zwei Gründen ab. Zum einen, weil die Bündner Aristokratin zu einem ansehnlichen Kreis von adligen Frauen gehörte, die sich als Heilkundige betätigten und als solche nicht nur ihr Haus und ihre Familie, sondern auch zum Beispiel mittellose kranke Arme aus ihrer Gegend ohne Entgelt betreuten.[496] Nirgendwo taucht in Bezug auf diese heilkundigen Frauen die Bezeichnung «Ärztin» in den zeitgenössischen Quellen auf. Zum anderen geht die Charakterisierung der Maienfelderin als «Ärztin» darüber hinweg, dass es in der deutschsprachigen Welt der Frühen Neuzeit (d.h. vor 1800) in der Person von Dorothea Christiane Erxleben (1715–1762) überhaupt nur eine einzige promovierte Ärztin gab.

Es kommt hinzu, dass – gemessen an den tatsächlichen Heilerfolgen – akademisch ausgebildete Ärzte längst nicht immer erfolgreich waren. Letzteres war wohl der Hauptgrund, weshalb im 17. und 18. Jahrhundert noch ein ausgesprochen offener medizinischer Markt bestand, der noch nicht eindeutig durch die Ärzteschaft dominiert wurde.[497] Daher ist es fragwürdig, unser modernes Bild von Arzt und Ärztin in die Vormoderne zurückzuprojizieren. Als der bekannte Basler Arzt Felix Platter 1557 zu praktizieren begann, habe er sich, so sein autobiografischer Rückblick, neben insgesamt 17 Ärzten in der Stadt bewähren müssen. Ausserdem hätten zwei «empirici», das heisst nicht akademisch gebildete Personen, in der Stadt medizinisch gewirkt, «der Ziliochs zu St. Alban» sowie die Witwe des Humanisten und Botanikers Otto Brunfels, Dorothea Helg.[498] Damit ist aber Platters Aufzählung der Konkurrenz noch nicht zu Ende. Er fährt fort: «Es war auch sehr verriempt domolen der Amman, so man nempt der bur von Utzensdorf, zů dem mercklich vil volck zog, kondt aus dem waßer worsagen [d. h. aus dem Urin wahrsagen] und brucht seltzame künst lange jar, dardurch er gros gůt hat erobert. Nach im ist der jud von Alßwiler [Allschwil b. Basel] mechtig gebrucht worden lange zeit. Es war auch ein alt weib im Gerbergeßlin, die Lülbürenen genant, so auch ein zůlauf hatt, wie auch beide nachrichter [d. h. Scharfrichter] alhie Wolf und Görg [...].»[499] Die Sicht von Patienten klingt ähnlich divers und macht Heilerfolge unterschiedlicher Akteure beziehungsweise ihr Ausbleiben sichtbar, so zum Beispiel im Fall des elsässischen Kannengiessers Augustin Güntzer (1596–1657). 1607 litt er an «langwihrigen Schmertzen an einem Kney». Der Barbier konnte ihm nicht helfen. Da wandte er sich an die heilkundige Frau des Scharfrichters von Oberehnheim.[500] Ihr gelang es, ihn zu «curieren».[501] 1611 war er über viele Wochen hinweg schwer krank. Da erhielt er Besuch von einem jüdischen Doktor, der seinen Urin «beschaute» und ihm ein Kräuterrezept ausstellte. Diese Kur wirkte, und Güntzer wurde wieder gesund.[502] In diesen Krankengeschichten des späteren Kannengiessers spielten akademisch gebildete Ärzte keine Rolle. Diese waren damals teurer, und ausserdem hatten Praktiker wie Barbiere, Chirurgen, heilkundige Frauen – die «empirici» – sowie Scharfrichter oder ihre Frauen[503] oft bessere Heilungserfolge vorzuweisen als Ärzte, die bis ins 19. Jahrhundert hinein nie Hand anlegten. Kurz und gut: Ärzte des 17. und auch noch des 18. Jahrhunderts verfügten keineswegs über ihre heutige Monopolstellung; sie waren keine Götter in Weiss. Sie teilten sich den medizinischen Markt mit einer grösseren Zahl nicht akademisch ausgebildeter Heilpersonen, die in manchen Fällen über viel Sozialprestige verfügten. Hortensia von Salis bedarf der Etikette «Ärztin» nicht, auch wenn sie ihre Kunden verschiedentlich «Patienten» nannte.[504] Um ihre medizinische Praxis ranken sich bis heute einzelne Mythen. Besonders hartnäckig hält sich die Geschichte von der anatomischen Sektion eines verstorbenen Knechts.[505] In der «Sammlung von mehrern Vorfällen hießiger Gegenden: Historische und Genealogische Notizen» von Heinrich [Lorenz] Gugelberg von Moos wird Folgendes berichtet:[506] «Ihre Arzneÿkunde betreffend, schien sie solche gründlich studieren zu wollen. Es starb ihr nämlich trotz allen von ihr angewandten Mitteln ein junger Knecht am Seitenstich. Da sie gar nicht begründen konnte, warum kein günstiger Erfolg ihre Kunst krönte, ließ sie den Verstorbenen auf einen Tisch legen und seciert ihn selbst, mit Hülfe einer

Magd.» Wir bezweifeln den Wahrheitsgehalt dieser Behauptung. Dazu ist einerseits festzuhalten, dass es ziemlich unwahrscheinlich ist, dass sich eine Frau ein Recht herausnahm, das in ihrer Zeit selbst Barbieren und Chirurgen verwehrt blieb. Ihnen war die anatomische Sektion eines menschlichen Körpers ausschliesslich unter ärztlicher Aufsicht erlaubt. Andererseits ist darauf hinzuweisen, dass sich die zitierte Passage in einem Abschnitt findet, der mit «Allerleÿ Gehörtes meistens aus älteren Zeiten. Anektoten, Erscheinungen etc. etc. und Überlieferungen» betitelt ist.[507] Es handelt sich also keineswegs um einen persönlichen Erfahrungsbericht. Als Hortensia von Salis 1715 starb, war Heinrich Lorenz Gugelberg von Moos (1698–1781) erst 17 Jahre alt.[508]

Wie leicht Berichte von anatomischen Sektionen innerhalb weniger Jahrzehnte zu Falschinformationen werden können, zeigt unter anderem folgende medizingeschichtliche Episode: Im Oktober 1678 teilten die Schaffhauser Ärzte Johann Jakob Wepfer und Christoph Harder mit, der Stadtarzt von St. Gallen, Tobias Baumgartner (1634–1690), habe Cleophea Schobinger angesichts ihres bereits beträchtlichen medizinischen Wissens zur Beobachtung der anatomischen Sektion von Frauenleichen herangezogen, damit sie ihre Kenntnisse des weiblichen Körpers erweitern könne.[509] Bei Carl Wegelin entsteht aus diesen Informationen in den 1950er-Jahren folgender Satz: Cleophea Schobinger «hatte sich durch eifriges Studium, Sektion von Frauenleichen und praktische Tätigkeit zu einer ausgezeichneten Geburtshelferin ausgebildet».[510] Es ist in hohem Masse unwahrscheinlich, dass Cleophea Schobinger und Hortensia von Salis bei einer anatomischen Sektion je mit Hand anlegten, neben den bereits erwähnten Gründen auch deshalb, weil es selbst für etablierte Ärzte zum Teil bis weit ins 18. Jahrhundert hinein schwierig war, Leichen für anatomische Sektionen zu erhalten. Genau wie die ihr bestens bekannte Cleophea Schobinger war die Bündnerin jedoch in hohem Masse daran interessiert, an anatomischen Sektionen beobachtend teilnehmen zu können. Diesen Wunsch lässt ihr Sekretär in einen Brief an Theodor Zwinger einfliessen, in dem es um die Möglichkeit des Erwerbs eines Gutes in der Nähe von Basel durch Rudolf Gugelberg von Moos geht. Komme der Kauf zustande, was in der Folge nicht der Fall war, so lasse Hortensia von Salis dem Basler Medizinprofessor «gewüsslich keine Ruhen, biß er ihro die Zergliederungswüssenschaft communicirt hette, den sie sehr verlangt, einen Cörper anatomiren zu sehen».[511]

Ein besonderer Ort in Sachen Anatomie von Menschen und Tieren war im späten 17. Jahrhundert nicht Basel als Ort der einzigen Universität der frühneuzeitlichen Eidgenossenschaft, sondern Schaffhausen, wo der herausragende Mediziner Johann Jakob Wepfer (1620–1695) eine Ärztetradition begründete, die in mancherlei Hinsicht die Aufbruchstimmung der Medizin und Naturwissenschaften in jenen Jahrzehnten wie in keiner anderen Schweizer Stadt verkörperte.[512] Für den mit dieser Aufbruchstimmung verbundenen Wunsch nach mehr Empirie besass die Anatomie einen zentralen Stellenwert. Dies illustriert eindrücklich der Briefwechsel Johann Jakob Wepfers mit seinem Sohn Johann Conrad aus den Jahren 1676–1678, als dieser in Basel und Leiden Medizin studierte.[513] Der Vater Wepfer wurde Ende 1647 in das Amt des Schaffhauser Stadtarztes berufen und erwirkte sich bereits um 1650 die Erlaubnis der städtischen Obrigkeit, regelmässige Anatomien durchführen zu dürfen, «und zwar in der Form, dass er alle in den Kranken- und Fremdenhäusern Verstorbenen sezieren durfte».[514] Nur in Basel gab es dieses Zugeständnis auch, es wurde aber im späten 17. Jahrhundert kaum genutzt, wogegen es in Zürich erst ab 1677 bestand.[515]

Im Sommer 1704 hielt sich der junge Churer Arzt Gabriel Beeli a Belfort in Schaffhausen auf, wie es scheint zu einer Art beruflicher Weiterbildung. Er teilt Theodor Zwinger III mit: «Man will mich mit allem gewalt zu einem Asculapio machen,[516] Gott gebe, da sie sich nit betriegen. Die Fr[au] Baß Hortensia von Salis, alß die beschirmerin meines schwachen leibs, hat mich alhier [d. h. in Schaffhausen] bey Herrn Dr. Maÿer recommendiert[517] und mir vor meiner abreiß biedermännisch versprochen, sie wolle in meiner Zurückhkunfft mein Lehrbletz sein. Sonsten habe alhier gute gelegenheit, mich so wol in Anatomia alß Praxi zuüeben, und haben wir schon etliche Subjecta anatomiert [...].»[518] Das dialektale «Lehrbletz» bezeichnet im konkreten Fall eine Versuchsperson und ist wohl als eine sarkastische Anspielung der Bündnerin auf ihr Alter zu verstehen. Gleichzeitig wird aber auch deutlich, dass sie an der Förderung der anatomischen Kenntnisse des jungen Arztes ausgesprochen interessiert war.

In der im Frühjahr 1692 von Daniel Anhorn nach Basel geschickten Nachricht, «meine Frau Madama ist abermahlen nit anheimsch. Sie wandert auff dem Doctor Handtwerck hin und wider», ist aus unserer Sicht vor allem der Begriff des Handwerks von Bedeutung.[519] Er weist darauf hin, dass Hortensia von Salis in der Pflege ihrer Patientinnen und Patienten durchaus Hand anlegte, was akademisch gebildete

Ärzte damals meistens den Barbieren und Chirurgen überliessen. Ab Januar 1687 werden ein Jahr lang in insgesamt sechs Briefen des Daniel Anhorn wiederholt «Laßeisen» aus Danzig erwähnt, wo diese offenbar in besonders guter Qualität hergestellt wurden.[520] Es ging um deren Bestellung bei Zwinger und um ihre Bezahlung. Laßeisen waren Flieten, mit denen sich die Adern zum Aderlass öffnen liessen. Als Sekretär der Maienfelderin nutzte Anhorn seinen Kontakt zu Zwinger, der auf einen früheren Aufenthalt in Basel zurückging, um ihn in solchen Fällen gleichsam als Zwischenhändler einzuschalten. Es kann daher kein Zweifel bestehen, dass sie bei ihren Patientinnen und Patienten, wenn nötig, Aderlasse applizierte. Dass sie den Einsatz von Brechmitteln empfahl, ist in ihrer brieflichen Ferndiagnose an die Adresse des Ulysses von Salis-Marschlins von 1688 verbürgt, der sich wegen der Erkrankung einer Tochter an sie gewandt hatte. Sie diagnostizierte eine Bleichsucht, die sie mit einer Magenverstimmung in ursächliche Verbindung brachte, und empfahl einen «erbrechsafft, welcher den sauren schleim aus den faltenreichen theilen des magen[s] hin nämme».[521] Vermutlich verordnete sie auch gelegentlich Klistiere, denn Aderlass und Darmreinigung waren die beiden klassischen Interventionsmöglichkeiten der galenischen Medizin. In dieser auf den griechischen Arzt Galen von Pergamon (129–216 n. Chr.) zurückgehenden, traditionellen Behandlungsform ging es in erster Linie um die Bewahrung des Gleichgewichts der Säfte im menschlichen Körper. Gemäss der durch Galen begründeten sogenannten Humoralpathologie zeigten entsprechende Störungen und Krankheiten ein zu behandelndes Ungleichgewicht an.[522] Wie wir sogleich sehen werden, hielt sich Hortensia von Salis jedoch keineswegs sklavisch an diese Tradition, sondern rezipierte auch in der Medizin im Laufe des 17. Jahrhunderts neu aufgekommene Sichtweisen und Methoden.

Was die medizinische Praxis betrifft, so sah sich die Maienfelderin als eine vorurteilslose Samariterin, für die die medizinische Hilfeleistung an erster Stelle stand, zum Beispiel vor irgendwelchen Bekundungen konfessioneller Nähe zur Patientin. «Ihr haben wahrhafftig gefellet, daß ihr unsere heÿllige religion verlassen haben», schreibt sie 1695 dem Konvertiten Matheus Tischhauser, betont jedoch im gleichen Atemzug, «und daß sag ich nicht auß bössem eiffer gegen die Römische Catholische, dan sÿe müessen mir selbsten die zeügnuß geben, daß ich ihnen zuohilff kommen mit artzneÿen oder anderen alß den unsrigen».[523] In Bezug auf ihre medizinische Praxis liegt es ausserdem nahe, dass sie – genau wie Cleophea Schobinger in St. Gallen – auch als Hebamme in der Geburtshilfe tätig war. Darauf deutet jedenfalls das Interesse an einem Hebammenbuch hin, das ihr aus Basel zugesandt wurde.[524] Vermutlich handelte es sich dabei um das Buch der damals berühmten Hebamme Louyse Bourgeois (1563–1636) in deutscher Übersetzung. Im 17. Jahrhundert existierten verschiedene Auflagen davon, unter anderem die Frankfurter Ausgabe von Matthäus Merian mit ihrem bemerkenswerten Frontispiz (Abb. 32).[525] Es zeigt oben und unten die Geburt und das Kindbett, das von Lucina, der Göttin der Geburtshilfe, und Isis, der Göttin der Genesung sowie der Magie, gleichsam bewacht wird. Die Darstellung von Natura und Ars (Kunst, hier alchemistisch verstanden) entspricht wohl eher den Neigungen des Kupferstechers als jenen der Louyse Bourgeois.

Was das weitere medizinische Wissen von Hortensia von Salis betrifft, so ist es bedauerlich, dass ihre Korrespondenz mit Theodor III Zwinger in Basel nicht überliefert ist, denn es ist davon auszugehen, dass sie in schwierigen medizinischen Fragen beim Basler Professor Rat holte, genauso wie sie dies in theologischen Fragen bei Johann Heinrich Heidegger tat. Die «Conversations-Gespräche» legen dagegen Zeugnis von einem reichen, aus der Praxis gewonnenen medizinischen Wissensstand ab. So verkündet dort Zenobia als Verkörperung der Autorin zum Beispiel zu einer krankheitsüberwindenden Kur, diese müsse «vernunfft- und kunstmässig einig dahin zielen / daß das geblüt / dessen wässeriger theil / und alle säffte widerumb in ihren natürlichen stand der Bewegung gebracht; die sauren / scharffschneidenden und stechenden cörperlein / von einem villöcherichten *alcali* verschlungen;[526] und den zinkichten ihre häklein abgestossen werden / auf daß die bluthstheilichen widerum zusamen verbunden / ihre rechte ordnung und flüssigkeit haben. Da thun alle äusserliche überschläg und schmierungen wenig / oder gar nichts. Offt schaden sie mehr als sie nützen. Schweißtreibende Gegengifft / und die Lebens-Geister erquickende sachen / sind hierin das beste.»[527]

Im brieflichen Austausch mit der Bündnerin machte der Zürcher Arzt und Physiker Johann Jakob Scheuchzer ihr einmal das Kompliment, sie habe seine Fragen nach «den besten principijs der edlen Cartesianischen philosophie» beantwortet.[528] In ihren Aussagen zu medizinischen Fragen ist Hortensia von Salis jedoch von den physiologischen Grundsätzen Descartes' weit entfernt. Da wird nirgendwo mechanistisch argumentiert oder gar – wie bei Cartesianern

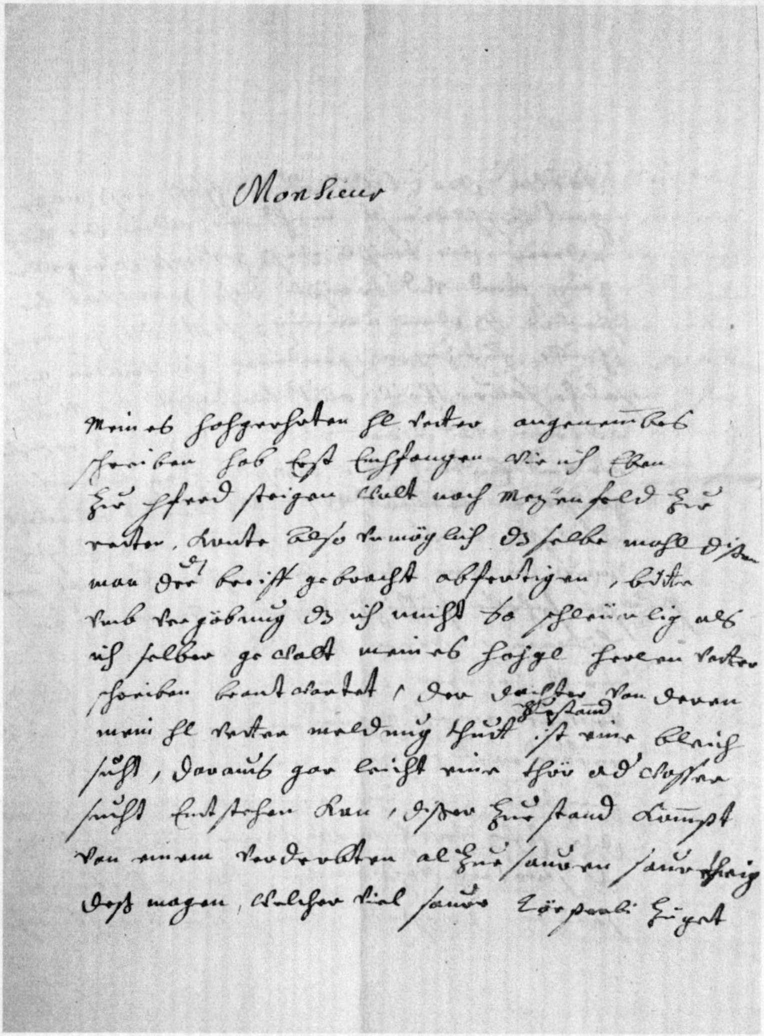

Monsieur

31

Brief von Hortensia von Salis an Ulysses von Salis-Marschlins, 18. [Monat unb.] 1688, erste von insgesamt drei Seiten.

Hebammen Buch/

Darinn von Fruchtbarkeit vnd Vnfruchtbarkeit der Weiber/zeitigen vnd vnzeitigen Geburt/ Zustand der Frucht in vnd ausserhalb Mutterleib / zufälligen Kranckheiten so wol der Kindbetterin als deß Kindes / wie auch dero Cur vnd Mitteln / zusampt dem Ampt einer Wehemutter oder Hebammen weitläufftig gehandelt wird.

Erstmals durch Fraw LOUYSE BOURGEOIS, der alten Königin in Franckreich/bestellten Amme/in Frantzösischer Sprach beschrieben/

Hernach aber allen ehrliebenden Matronen/ Haußmüttern/geschwornen vnd andern Ammen/ zum besten in die Teutsche Sprach getrewlich vnd fleissig vbergesetzt / vnd nach der Fraw Vrheberin corrigirtem vnd vermehrtem Exemplar wider von newem auffgelegt.

Mit seinem zugehörigen Kupfferstücken.

Gedruckt zu Franckfurt in Verlegung Matthæi Merian.

32

Frontispiz von Matthäus Merian der Frankfurter Ausgabe (1628) des Hebammenbuchs von Louyse Bourgeois.

gängig – vom menschlichen Körper als einer «Maschine» gesprochen. Körper und Geist bilden eine Einheit, was unter anderem in den von ihr aufgezählten Voraussetzungen einer erfolgreichen Badekur sehr deutlich wird.[529] Im frühesten Brief der Maienfelderin, der uns zu ihren medizinischen Kenntnissen überliefert ist, äussert sie sich zur Krankheit einer Tochter des Ulysses von Salis-Marschlins (1663–1739) ähnlich wie in den soeben aus anderen Dokumenten zitierten Passagen: «Meine meinung dißer dochter zustand zu eruieren geht dahin, wie man die erste ursach verbesseren köne, und d[as] wär d[er[saurteig deß magen, hernach wie die sauren cörperli von süssen verschlungen und die verstopffung aufgelößt werden köne. Ein erbrechsafft, welcher den sauren schleim aus den faltenreichen theilen des magen hin nämme ist wol d[as] erste und beste mittel die cur anzuefangen, allein man muß dißer erbrechsafft von dem H[errn] Dockter Bawieren[530] nemmen.»[531] Damit sind die therapeutischen Ratschläge nicht erschöpft, denn Körper und «Gemüt» sind nicht voneinander zu trennen. Die Tochter soll sich «hüten […] vor zorn und traurigkeit, nichts saures gesaltznes noch milch soll sie brauchen, auch nicht viel wein».[532]

Das spätere 17. Jahrhundert ist die Zeit, in der Tee dank dem britischen und holländischen Seehandel nach Europa gelangte und hier innerhalb weniger Jahrzehnte zu einem Konsumgut der Oberschichten wurde. Die Ausführungen zum Tee in den «Conversations Gesprächen» (1696) bestätigen dies. Dem Schwarztee kam eine Doppelrolle zu. Einerseits war er ein zunehmend beliebtes Konsumgut. Andererseits weckte er therapeutische Erwartungen, zum Beispiel wenn er in englischen Flugblättern des Jahres 1658 als Gesundheitsgarant für Körper und Geist angepriesen wurde.[533] Kräuter- und Früchtetees haben bis in unsere Zeit ihren medizinisch-therapeutischen Wert bewahrt. Eine ähnliche Rolle wie Tee erfüllte damals der Schnupftabak. In einem Brief vom Mai 1680 bittet Ursina Menhart ihre Freundin Hortensia von Salis, ihr Schnupftabakrezept für sie aufzubewahren.[534] Es mag sich dabei um eine Anleitung zur Pulverisierung der damals noch üblichen Tabakblöcke gehandelt haben. Genauso wahrscheinlich ist aber auch eine medizinische Bedeutung des Rezepts, was zur intensiven Beschäftigung der Maienfelderin mit Kräutermedizin passen würde. Vermischt mit Arnika- oder Maiglöckchenblüten, wurde Schnupftabak neben einer Reihe weiterer Anwendungen als Mittel zur Abfuhr von Schleim aus Kopf und Gehirn, gegen den Schwindel und zur Stärkung des Gedächtnisses eingesetzt.[535]

Angesichts der medizinischen Ratschläge Hortensia von Salis' für die erkrankte Tochter ihres Vetters in Malans und insbesondere in ihren bereits erwähnten Anweisungen zum richtigen Umgang mit einer Badekur wird ausserdem deutlich, dass sie mit der Zeit ging und neue Tendenzen in der Arzneikunst auch dann rezipierte, wenn diese den Stellenwert der galenischen Tradition relativierten. Das gilt insbesondere für die Theorie der Fermentation, wie sie durch den Leidener Professor Franciscus Sylvius de la Boë (1614–1672) begründet und durch den Engländer Thomas Willis (1621–1675) weiterentwickelt wurde.[536] Die Thesen Willis' werden ausgesprochen positiv eingeschätzt in der von Johann Jakob Harder (Basel) und Johann Conrad Peyer (Schaffhausen) 1682 in der Form von Briefen veröffentlichten Diskussion aktueller medizinischer Fragen.[537] Die Vorstellung von der Fermentation entstammte der von Paracelsus im 16. Jahrhundert begründeten Tradition. Im hier betrachteten Zeitraum wurde sie «zu einem Schlagwort für alle chemischen Vorgänge, bei denen sich irgend ein Gas entwickelte, ja, auch der Ausgleich zwischen Alkali und Säure wurde unter diesen Begriff gefasst.[538]

Im Vertrauen auf ihre medizinischen Kenntnisse spricht Hortensia von Salis an mehreren Stellen ihrer Korrespondenz von ihren «Patienten». Diese wohnten in Maienfeld, Marschlins, Chur und Glarus. Weitere Ortsnamen werden in den überlieferten Briefen nicht genannt, aber es ist zweifelsohne anzunehmen, dass dieses Netzwerk viel grösser war, als wir heute aufgrund der lückenhaften Überlieferung erkennen können. Wenn Daniel Anhorn im April 1692 nach Basel meldet, seine Arbeitgeberin sei gerade «auff dem Doctor Handtwerck» unterwegs,[539] so legt dies, genau wie eine Passage in den «Conversations-Gesprächen», nahe, dass sie so weit möglich bemüht war, ihre Patientinnen und Patienten vor Ort aufzusuchen und zu betreuen. Gewisse Konsultationen hat sie vermutlich auch bei sich zu Hause durchgeführt. Gleichzeitig wird sie sich der durch die gesamte Frühe Neuzeit hindurch gängigen Ferndiagnose bedient haben, die im Wesentlichen auf brieflichem Weg erfolgte, wie wohl im Falle ihres Patienten in Glarus.[540]

Naturkunde

In den insgesamt zehn überlieferten Briefen von Johann Jakob Scheuchzer an seine Bündner Korrespondentin überwiegen die naturgeschichtlichen und naturwissenschaftlichen Themen.[541] In einem Brief vom September 1705 setzt sich Scheuchzer zwar mit der Verwendung von Quecksilber als Heilmittel auseinander.[542] Aber das ist untypisch für diese Korrespondenz. Wie bereits erwähnt, gehörte Hortensia von Salis zu einer Reihe von Bündner Korrespondierenden, die von Scheuchzer einen ausführlichen naturkundlichen Fragebogen zu ihrer Region erhielten. Sie empfing den Fragebogen im Juni 1699.[543] Fragebogen waren im späten 17. und frühen 18. Jahrhundert ein gängiges Mittel der wissenschaftlichen Informationsbeschaffung.[544] Sie wurden entweder brieflich verschickt oder, mit einem Aufruf versehen, in einer der neuen wissenschaftlichen Zeitschriften publiziert. Zu Scheuchzers wichtigsten Bündner Informanten zählten die beiden reformierten Pfarrer Johannes Leonhardi (1655–1725) und Giacomo Picenino (1654–1714) sowie die Adligen Rudolf von Salis-Soglio (1652–1735) und Rudolf von Rosenroll (1671–1730) in Thusis.[545] Aber auch die naturkundlichen Beobachtungen seiner Bündner Korrespondentin waren bei Scheuchzer höchst willkommen. So schrieb er ihr im Frühjahr 1700: «Auff ihre zweÿ jüngst angelangte höchst angenehme schreiben und tieff gelehrte auslegungen über vorhabende natürliche materien bezeuge widerum mein höchstes vergnügen, gröste freuwde, und trefflichen danachen empfangenen nuzen.»[546] Danach steuert Scheuchzer auf die Frage des wissenschaftlichen Umgangs mit den sogenannten Figurensteinen, einem damals gängigen Begriff für Fossilien, zu, über die er im selben Brief gesteht: «Mich betreffend, bin ich solcher gestalt in diße materi der figurirten steinen verliebt, das hiervon mit der hilf Gottes noch ganze Dissertationes oder Tractätlein herauszugeben willens bin.»[547]

Ausserdem berichtet der Zürcher Gelehrte darüber, wie die Frage nach der Herkunft der Figurensteine vor allem in England die Gelehrten umtreibe, wo kürzlich John Woodward argumentiert habe, dass «disere stein anders nichts seÿen als überbleibselen des Sündfluths». Andere hingegen, so Scheuchzer, wollen auch «mit nit verwerfflichen gründen behaupten, das diseren ihren ursprung nit herholen von dem meer, oder anderen waßeren, sonderen also in der erden formirt oder gestaltet werden».[548] Scheuchzer schrieb dies fünf Jahre bevor er sich offen zur Diluvialtheorie von John Woodward bekannte.[549] Er liess sich, wie eine ganze Reihe europäischer Spezialisten des späteren 17. Jahrhunderts, durch die Frage umtreiben, auf welche Weise die Figurensteine entstanden waren. Die einen erblickten in ihnen scherzhafte Spiele der Natur *(lusus naturae)*, andere wiederum – namentlich der aus Wales stammende Leiter des Ashmolean Museum in Oxford, Edward Lhwyd (1660–

1709), sowie der Franzose Joseph Pitton de Tournefort (1656–1708) – das Resultat von «kleinsten in der Luft schwebenden Fischelin / Schnecklein / welche zwar unter unser Gesicht nicht kommen [d. h. für uns unsichtbar sind] / in den Eingeweiden der Erde aber / als in einer Bärmuter außgebrutet werden / und biß auf einen gewissen Grad der Grösse zunemmen».[550] So weit die Beschreibung Scheuchzers, der hinzufügt: «Ich war ehemals auch der Meinung / das dergleichen Figuren anzusehen seyn / als Spiele der Natur / und hervor gebracht werden können nach denen von Gott geordneten Natur-Gesätzen / in dem Lett [d. h. Lehm] ohne Zuthun eines Männ- oder Weibleins von gleicher Art.»[551] Wenn er sich am Ende für die woodwardsche Diluvialtheorie entschied, so nicht allein, weil ihn die inhärente Logik derselben überzeugte, sondern vor allem auch, weil sie die Vereinbarkeit von neuer Wissenschaft und biblischer Überlieferung unter Beweis stellte. Für Physikotheologen wie Scheuchzer war dies ein zentrales Anliegen.

Hortensia von Salis hat sich allerdings nicht erst um 1700 mit der Frage des Wachsens von Steinen beschäftigt. In ihrer Diskussion von zwei Briefen Gotthard Heideggers an seinen Bruder vom Mai 1695 hat Ursula Hitzig nachgewiesen, dass sie mit dem Pfarrer von St. Margrethen über theologische, aber auch über naturgeschichtliche Fragen korrespondierte. Es ging dabei um die von Heidegger in einem (heute nicht mehr auffindbaren) Hochzeitsgedicht angesprochene Frage, ob Felsen und Steine wie die Pflanzen wachsen könnten. Hortensia von Salis war dagegen, Heidegger – wenn auch nicht mit voller Überzeugung – dafür.[552] Hitzig meint zu Recht, dies sei allein schon deshalb interessant, weil anzunehmen sei, dass entsprechende Interessen der Maienfelderin von Johann Jakob Scheuchzer angeregt wurden, zumal es sich dabei um für den Zürcher Wissenschaftler zentrale Fragen handelte. Sie fügt jedoch irrtümlicherweise hinzu, dass sich bei Scheuchzer «der Gedanke, dass Gesteine tatsächlich wachsen», nicht finde.[553]

In der Wissens- und Wissenschaftsgeschichte des 17. Jahrhunderts lassen sich auf einer sehr allgemeinen Ebene zwei unterschiedliche Strömungen unterscheiden: die weit in die vorchristliche Antike zurückreichende aristotelische und die neuplatonische. Der Neuplatonismus entstand in den ersten nachchristlichen Jahrhunderten im östlichen Mittelmeerraum und erlebte eine Art Wiedergeburt in der florentinischen Renaissance des 15. Jahrhunderts. Im Unterschied zur ursprünglichen Lehre Platons verstand er die Natur als eine Kette der Wesen, in der auch noch der kleinste Stein und die kleinste Kreatur etwas Göttliches enthielten.

Sinngemäss gingen die sogenannten Cambridge Platonists der zweiten Hälfte des 17. Jahrhunderts, die letzten namhaften Neuplatoniker der europäischen Geistesgeschichte, von einer «Plastic Nature» aus, die Gott den Dingen als eine Art Wachstumsgenerator und -plan eingepflanzt habe. Vor dem Hintergrund der entsprechenden Debatten war es keineswegs erstaunlich, dass sich John Ray, der einflussreiche englische Botaniker, noch 1691 für das Prinzip der «Plastic Nature» starkmachte.[554] Dennoch begannen sich die entsprechenden Sichtweisen zu ändern. 1687 erschien Isaac Newtons monumentales Werk «Philosophiae naturalis principia mathematica» (Die mathematischen Prinzipien der Naturphilosophie), die Grundlegung der Gravitationstheorie sowie der sogenannten Klassischen Physik. Nur wenige Jahre später veröffentlichte John Woodward seine Diluvialtheorie, wonach die Existenz von Fossilien auf das Diluvium (Sintflut) zurückzuführen sei. Woodward verstand seine Theorie ausdrücklich als eine Ergänzung des newtonschen Gravitationsprinzips. Damit trat eine mechanische Erklärung der Entstehung von Fossilien an die Stelle von Erklärungsversuchen, die auf Vorstellungen eines immanenten göttlichen Samens oder einer «Plastic Nature» zurückgriffen.

Zurück zur Korrespondenz von Hortensia von Salis und Gotthard Heidegger über das Wachstum von Steinen. Sie fällt zeitlich in eine Phase, in der die neuplatonisch oder auch alchemistisch inspirierten Erklärungsweisen, die vom Wachstum von Steinen ausgingen, noch vielerorts geteilt wurden, wie wir gesehen haben, auch von Scheuchzer. Die Maienfelderin und Heidegger befanden sich 1695 also in guter Gesellschaft. Ein Jahr nach dem Austausch mit Gotthard Heidegger nahm unsere Protagonistin in ihrer Schrift «Conversations-Gespräche» denselben Faden noch einmal auf, ohne dass sich ihr Alter Ego Zenobia in der Frage festzulegen versuchte.[555] Die unterschiedlichen Positionen werden ausgiebig referiert. Der «in natürlichen wüssenschafften hochberühmte[n]» Epimenides präsentiert vier Argumente, die für ein Wachstum der Steine sprechen. Unter anderem verweist er auf das Wachstum von Korallen, Perlen und Kristallen. «Endlich», so führt er aus, «gibet die übereinstimmung der grossen und kleinen welt / das ist der Erdkugel / und des Menschen / eine nicht übelbegründete / sonder starke muthmassung / daß wie in der kleinen Welt kein theil ist ohne wachßtum […]. Also seye es auch beschaffen mit der grossen Welt / und streiche durch alle theil derselbigen ein vegetalischer/ wachßtümlicher Geist.»[556] Epimenides greift damit am Ende auf die traditionelle Vorstellung der Entsprechungen zwischen menschlichem Mikrokosmos und dem Makrokosmos der Natur und der Gestirne zurück, das heisst auf eine paracelsische und auch barocke Denkfigur, an der unter dem Einfluss der Frühaufklärung an der Wende zum 18. Jahrhundert kaum noch jemand festhalten wollte. Die Angaben zu günstigen Aderlasstagen in Kalendern der Frühen Neuzeit waren ein gängiger und beliebter Ausdruck der astrologischen Verbindung der kleinen Welt des menschlichen Körpers mit dem Makrokosmos der Planeten. Die wachsende Kritik innerhalb der Bildungsschichten an dieser traditionellen Vorstellungswelt wird Epimenides dann auch deutlich durch Theophrastus vor Augen geführt, der die Gegenposition einnimmt und im Übrigen vor allem dahingehend argumentiert, dass die These vom Wachstum letztlich dem biblisch fundierten Schöpfungsgedanken zuwiderlaufe. Ausserdem liessen sich die Spezialfälle der Korallen, Kristalle und Perlen keineswegs verallgemeinern.[557]

Die Figurensteine hält Theophrastus für «keine sichere anzeigung des wachtums / sonder ein spilwerk der natur / welches auß ungleichem trieb und kreißlauff der subtilen materi / seinen ursprung hat».[558] Theophrastus beziehungsweise die Autorin Hortensia von Salis bemerkte dabei allerdings nicht, dass die Vorstellung des Spiels der Natur im Grunde der von Theophrastus hauptsächlich ins Feld geführten Allmacht des Schöpfers widersprach.[559]

Die zunehmenden Zweifel am überlieferten Schema der Entsprechungen zwischen Mikro- und Makrokosmos wurde seit den 1640er-Jahren durch die Rezeption der Physik (1644) des Franzosen René Descartes (1596–1650) stark gefördert, weil er nicht mehr von einem mehr oder weniger in sich geschlossenen Kosmos ausging, sondern von einem endlos grossen Universum.[560] Dieses hielt sich nach Descartes an die Gesetze der Ausdehnung und Bewegung. Das Universum bestand für ihn aus dichten Materienwirbeln *(vortices)*, die sich gegenseitig in Bewegung hielten. Planeten waren jedoch nicht blosse Materienwirbel. In einer spekulativen Annahme ging Descartes auch davon aus, dass die Planeten des Sonnensystems bevölkert seien. Diese Annahme faszinierte Wissenschaftler und Gelehrte bis weit ins 18. Jahrhundert hinein, bis zu Emmanuel Swedenborg (1688–1772) und Immanuel Kant (1724–1804).[561]

Die endlose Welt des Universums beschäftigte Hortensia von Salis in den ersten Jahren des 18. Jahrhunderts in einem brieflichen Kontext, der uns nur indirekt überliefert ist – auch dies ein deutlicher Hinweis auf den nachlässigen, wenn nicht gar liederlichen Umgang vergangener

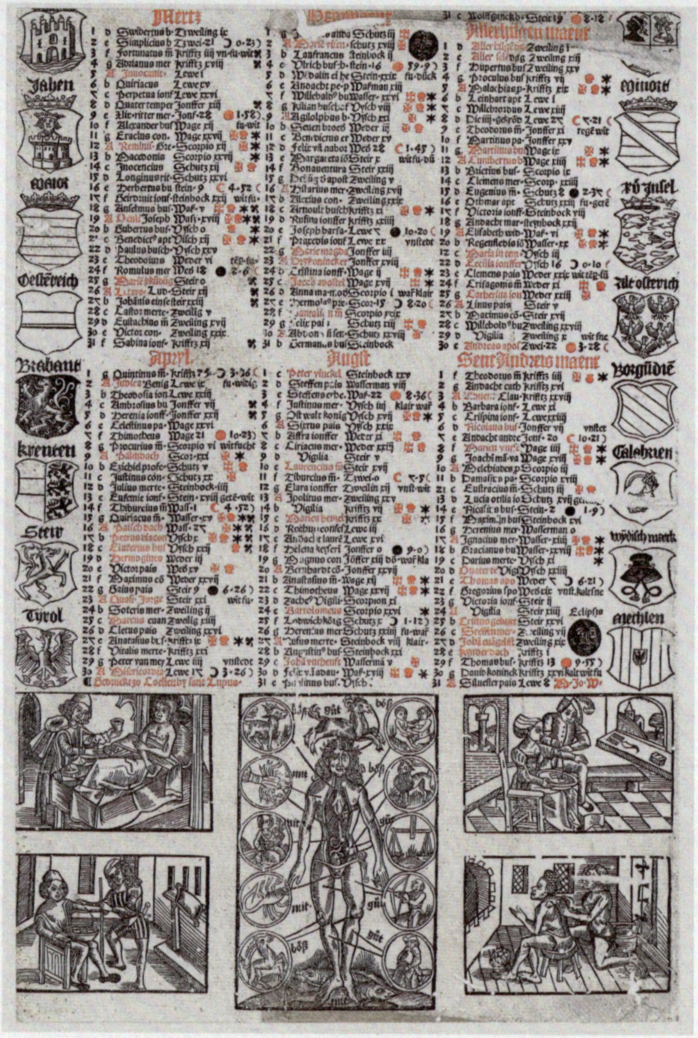

33

Ein Trierer Aderlasskalender des frühen 16. Jahrhunderts.

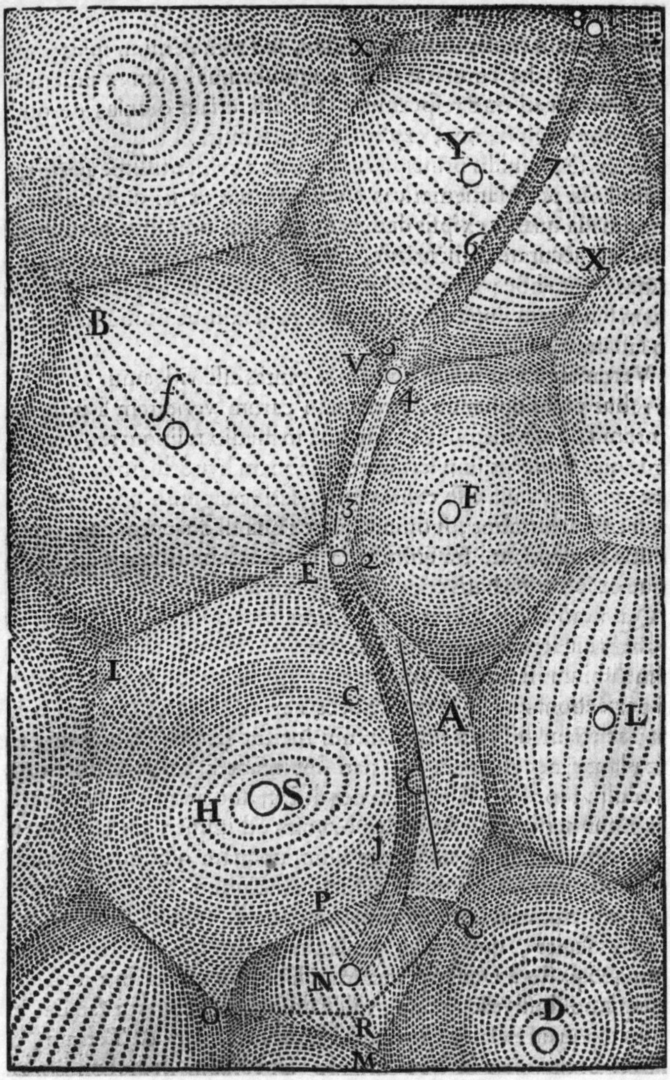

34

Eine der zahlreichen Darstellungen von Materienwirbeln *(vortices)* aus René Descartes' «Principia Philosophiae» aus dem Jahr 1664.

Generationen mit der Hinterlassenschaft von Frauen. Wir erfahren von diesem Interesse nur aus einem Brief von Johannes Scheuchzer, dem jüngeren Bruder von Johann Jakob Scheuchzer. Er berichtet, dass er den Basler Mathematiker Jakob Hermann, der nach Padua reiste,[562] im Anschluss an eine Badekur in Pfäfers bis nach Chiavenna begleitete und auf dem Rückweg in Soglio Station machte. Dort habe er bei Hortensia von Salis einen Brief von Theodor Zwinger gesehen, in welchem sich dieser mit den Einwohnern des Mondes beschäftige.[563] Eine genauere Beschreibung des Briefinhalts erfolgt in einem späteren Schreiben an Johannes Bernoulli von Mitte September 1707: Zwinger begrüsse die Mondbewohner in vertrauter Sprache, errichte Städte auf dem Mond und benenne Flüsse. Johannes Scheuchzer mutmasst, dass dies aus einem Werk Fontenelles übernommen sei, und fragt sich ausserdem etwas spöttisch, in welchem Zustand Zwinger diesen Brief wohl verfasst habe.[564] Anfang Oktober bestätigt dann auch der berühmte Johannes Bernoulli die Annahme, Zwingers Behauptungen über die Mondbewohner verdanke er Bernard de Fontenelles «Entretiens sur la Pluralité des mondes» (Paris, 1686). Er fügt jedoch hinzu, hätte Zwinger das kürzlich erschienene Werk über die Bewohner der Planeten des Sonnensystems des angesehenen niederländischen Physikers Christiaan Huygens gelesen, würde er vorsichtiger argumentieren, denn Huygens schliesse Leben auf sämtlichen Planetenmonden aus.[565] In der Tat verfasste der Holländer, gemessen an den schriftlichen Äusserungen seiner gelehrten Zeitgenossen, das umfangreichste Werk zum Leben auf anderen Planeten.[566] Genau wie Fontenelle war auch er ein Cartesianer, das heisst ein Anhänger der Lehre Descartes'. Im Unterschied zu Huygens' lateinischem Traktat, von dem zu Lebzeiten Hortensia von Salis' keine deutsche Übersetzung erschien, wurde Fontenelles «Entretiens sur la Pluralité des mondes» noch vor dem Ende des Jahrhunderts ins Deutsche übersetzt; es war der Bündnerin also zweifellos zugänglich.[567] Wir wissen jedoch leider nicht, ob Hortensia von Salis Theodor Zwinger veranlasste, das Thema in ihrer wechselseitigen Korrespondenz aufzugreifen oder ob Zwinger dies von sich aus tat.

Fontenelles Text ist ein Werk der Wissenschaftspopularisierung in Form eines Gesprächs zwischen einem Gelehrten und einer Marquise. In Bezug auf die Flüsse auf dem Mond beruft sich der Autor auf den damals berühmten Astronomen Giovanni Domenico Cassini, «welchem für [d. h. vor] allen andern der himmel am besten bekannt ist». Cassinis Beobachtungen liessen «mit gnugsamer wahscheinlichkeit» den Schluss auf Flüsse auf dem Mond zu und erlaubten, den beobachteten Erscheinungen Namen zu geben.[568] «Und solche sind fast alles namen von gelarten leuten / eine gegend wird genenet Copernicus, eine andere Archimedes, noch eine andere Galilaeus; Es ist alda befindlich ein Caspisches meer / die Porphyrischen gebürge [d. h. Gebirge vulkanischen Ursprungs] / die schwartze see; in summa / die beschreibung des monden ist so ausführlich / daß sich ein gelehrter der sich itzo alda befände / nicht mehr verirren würde, als ich mich in Paris.»[569] Die Kritik von Johannes Scheuchzer und Johannes Bernoulli an Theodor Zwingers Spekulationen sollte nicht vorschnell als grundsätzliche Ablehnung der Theorie vom Leben auf anderen Planeten verstanden werden, denn diese wurde von hoch angesehenen Wissenschaftlern propagiert, neben René Descartes und Christiaan Huygens auch von Isaac Newton, Richard Bentley und William Derham und weiteren Gelehrten des 18. Jahrhunderts.[570] Die Bündnerin und der Basler Theodor Zwinger befanden sich daher in guter Gesellschaft.

Anna Löffler-Herzog ging 1936 davon aus, dass für die damaligen deutsch sprechenden Bündnerinnen und Bündner der Churer, Maienfelder und Prättigauer Oberschicht Zürich «das nächste Kulturzentrum» war – die Stadt, die seit Zwinglis Zeiten «einen so grossen Einfluss auf die von der Reformation erfassten Landschaften der Ostschweiz ausübte».[571] Wichtig für Hortensia von Salis waren in den letzten Jahrzehnten des 17. Jahrhunderts aber auch die sozialen und kulturellen Kontakte in St. Gallen. Frühaufklärerische Vorstellungswelten begannen damals – wie gezeigt – nicht nur in die Kultur der Zürcher, sondern auch der St. Galler Oberschicht einzudringen. In diesem Umfeld erlangte die Maienfelderin bereits in den 1690er-Jahren eine gewisse Berühmtheit. Ihre brieflichen Kontakte reichten dagegen viel weiter, wie wir gesehen haben, unter anderem nach Basel, Schaffhausen und punktuell auch nach Bern. Nirgendwo aber ist sie derart vorbehaltlos gefeiert worden wie in Zürich im Sommer des Jahres 1693.

Verhandlungen der Wohlgesinnten am 1. August 1693

Die Aufklärung war eine geistig-kulturelle Bewegung innerhalb der Eliten und der neu entstandenen Bildungsschichten, die sich im Laufe des 18. Jahrhunderts in weiten Teilen Europas ausbreitete. Bis heute wird die Aufklärung zuweilen mit Säkularisierung gleichgesetzt, das heisst mit dem Rückgang von Kirchlichkeit und religiöser Überzeugungen. Das ist jedoch eine unzulässige Vereinfachung, denn nirgendwo in Europa hat die Aufklärung derart antiklerikale, wenn nicht gar religionsfeindliche Züge angenommen wie in Frankreich zur Zeit der bekannten Aufklärungsphilosophen Voltaire, Diderot, d'Alembert und anderen. Die Einsicht, dass sich die Aufklärung im deutschsprachigen Raum, in Grossbritannien sowie in katholischen Ländern und Regionen ausserhalb Frankreichs in keinerlei Hinsicht gegen die christliche Überlieferung richtete, ist gerade beim Verständnis der Frühaufklärung unabdingbar. Diese entstand im letzten Viertel des 17. Jahrhunderts.

Eines der wesentlichen Kennzeichen der Aufklärung war das Entstehen von Vereinigungen, Sozietäten, in deren Rahmen aufklärerische Themen diskutiert und verhandelt wurden. Die frühesten aufklärerischen Sozietäten des deutschsprachigen Raums wurden ab 1679 in Zürich gegründet.[572] In dichter Folge entstanden damals an der Limmat das Collegium Insulanum (1679–1681), das Collegium der Vertraulichen (1686–1696) sowie das Collegium der Wohlgesinnten (1693–1709). Die Zahl der Mitglieder entwickelte sich von zwölf (Collegium Insulanum) bis zu dreissig Mitgliedern (Collegium der Wohlgesinnten). Sie entstammten den führenden Familien und der Bildungsschicht. Der Ablauf der einzelnen Sitzungen bestand aus dem Vortrag eines Mitglieds und der anschliessenden Diskussion von sogenannten Quaestiones, das heisst von Gesprächsthemen, die in der Regel unabhängig vom Vortragsthema formuliert wurden.[573] Für Gesprächsstoff sorgten politische, theologische, literarische und naturwissenschaftliche Themen. Im Rahmen des Collegiums der Wohlgesinnten hielt Johann Conrad Escher am 1. August 1693 einen Vortrag in französischer Sprache zu den «heldenmütigen Verrichtungen unserer eidtgenößischen Altvorderen».[574] Auf dessen Diskussion folgten Gespräche über die durch die aggressive Politik des französischen Königs Ludwig XIV. heraufbeschworene Bedrohungslage der Eidgenossenschaft, namentlich der Stadt Basel, gefolgt von einer ausführlichen Diskussion über hochgelehrte Frauen und darüber, welche lebende «Weibsperson» es am ehesten verdiente, als schweizerische weibliche Identifikationsfigur auf ein virtuelles Podest gestellt zu werden. In dieser Diskussion schwang das Lob der Hortensia von Salis obenaus,[575] der «weitbekhanten [sic] hochgelehrten Frauw Hortensia von Salis, Wittib von Herren Capitain Gugelbërgern, wohnhafftig zu Meÿenfeld, ihrer vortreffenlichen wüssenschafft, großer gelerhete [sic], herrlicher und ungläublicher gedechtnuß, extra ordinari leibsschönheit und andern leibs- und gemüths-gaaben erhalten, da dan von ihr berichtet worden».[576] Zwar ist das Collegium der Wohlgesinnten zweifelsohne eine frühaufklärerische Sozietät, die Sprache aber, in der über Hortensia von Salis berichtet und verhandelt wird, ist noch barock, das heisst entsprechend überladen. So zum Beispiel in folgender Passage, die von ihrer Freundlichkeit gegenüber jedermann ausgeht: «Die freündtlichkeit wird von vielen anderen unbeschreiblichen gemüthstugenden begleitet, so daß sie füglich ein himmel, darinn unzehlich viel tugenden gleich hell-gläntzend[en] stern[en] herfür leüchten, angeführet werden möchte. Sie ist barmhertzig, gudtmüthig, freÿgebig, deemüthig, sanfftmüthig, vorsichtig, klug, weiß, verständig, arbeithsam. Insonderheit liebt sie die tugendt aller tugend[en] und der Anfang des wüßens, die wahre Gottesforcht, da dan ihre meisten discursen in Sittenlehren undt treühertzigen vermahnungen zu erkhäntnuß Gottes und seiner selbst, undt (fol. 80v) des menschlichen elendts, auch wahrer bekehrung[en] bestehen.»[577]

Ein lateinischer Brief eines Herrn W. (oder V.) aus Maienfeld bringt alle von den Mitgliedern des Collegiums vorgebrachten Vorzüge Hortensia von Salis' – namentlich durch den Protokollanten Johann Conrad Escher – zusätzlich auf den Punkt. Da ist die Rede unter anderem von ihren herausragenden Kenntnissen in Theologie, Philosophie, Physik und Ethik, insbesondere aber auch von ihren stupenden Kenntnissen in der Heilkunst («stupenda notitia in arte medendi»), die vielen erkrankten Nachbarn, die sie wieder gesund gemacht habe, zugutegekommen seien. Aber auch ihre Gesangskunst kommt zur Sprache und ihr Fleiss «in docendis et aedificandis hominibus at timorem, amorem et cultum Dei»[578] – in der Belehrung und Erbauung der Menschen zur Furcht, Liebe und Verehrung Gottes.

Das Protokoll der Sitzung des Collegiums der Wohlgesinnten ist in drei Fassungen erhalten. Es ist davon auszugehen, dass es sich bei der von uns transkribierten Version um eine Kopie des durch Johann Conrad Escher angefertigten Textes handelt. Anders als in dem Escher zugeschriebenen Protokoll weicht dieses jedoch an einer Stelle von Eschers Vorlage ab. Es geht dort um eine mögliche «Konkurrentin» von Hortensia von Salis als schweizerischer Vorzeigefrau. Escher sieht in dieser Rolle «die Zollikoferin», der Kopist jedoch «Camilla». Bei den beiden Personen handelt es sich um Mutter und Tochter Cleophea Schobinger, geborene Zollikofer (1638–1692), und Cleophea Barbara Schlumpf, geborene Schobinger (1664–1709). Die Zweitgenannte ist identisch mit «Camilla», der Autorin der «Rose der Freyheit» (1693).[579] Wieso der Kopist die Korrektur von «Zollikoferin» hin zu «Camilla» vornahm, entzieht sich unserer Kenntnis. Möglicherweise hatte die Änderung damit zu tun, dass die «Zollikoferin» im Vorjahr 1692 gestorben war. Wie die Debatte der Wohlgesinnten vom 1. August 1693 zeigt, war dies offensichtlich in Zürich noch nicht allen bewusst. Wir halten es dennoch für relativ unwahrscheinlich, dass ein Vergleich zwischen «Camilla» und Hortensia von Salis gezogen wurde, denn «Camilla» war überhaupt erst wenige Monate vor der betreffenden Sitzung der Wohlgesinnten als Autorin der «Rose der Freyheit» an die Öffentlichkeit getreten. Ihre Mutter dagegen war bereits seit den späten 1670er-Jahren bekannt für ihre hervorragenden Kenntnisse der Gynäkologie und ihre Erfolge als Hebamme bei schwierigen Geburten. Dass sie sogar, wie Carl Wegelin nahegelegt hat, tatsächlich Sektionen von Frauenleichen vorgenommen hat, bezweifeln wir.[580]

Am Ende hielten die Wohlgesinnten am unangefochtenen hohen Lob der Hortensia von Salis fest und verständigten sich darauf, dass «Camilla» (gemeint war höchstwahrscheinlich deren Mutter Cleophea Schobinger, geb. Zollikoferin) «zwar in frömbden spraachen und verscheidnen facultaten eine zimmliche wüssenschafft habe, aber an tieffsinnigkeit und unvergleichlicher gedächtnuß angeregter frawen von Salis mitnichten zukomme».[581]

Widmungen

Dem bisherigen Kenntnisstand entsprechend, konnte angenommen werden, dass Hortensia von Salis sieben Werke gewidmet wurden, und zwar 1685 von Pancratz Caprez, von 1665 bis zu seinem Tod 1704 reformierter Pfarrer in Maienfeld, sodann im Jahr 1693 von «Camilla», gefolgt vom Pfarrer Johann Heinrich Fäsi (1659–1745) im Frühjahr 1695, 1699 vom Pfarrer Johannes Leonhardi (1651–1725) sowie – nach der Jahrhundertwende – vom in Zürich tätigen Italiener Antonio Moratori, von Johann Jakob Scheuchzer (1672–1733), dem bekannten Zürcher Arzt und Physiker, und vom Theologen Gotthard Heidegger (1666–1711). Nicht zu dieser Gruppe gehören nach unserem heutigen Kenntnisstand Moratori und Pancratz Caprez. Zunächst zum Letzteren: Der Hinweis auf die Widmung «Hertzbewegliche[n] Supplication dem lieben Vatterland Hohen Rhaetia übergeben» (1685)[582] durch den Autor Pancratz Caprez ist jedoch irreführend – der Text ist dem Ammann, dem Gericht und der ganzen Gemeinde von Trin dediziert. Das Exemplar dieses Werks der Stadt- und Universitätsbibliothek Bern weist Hortensia von Salis lediglich als «frühere Besitzerin» des Buchs aus.[583] In der Tat: Auf der Innenseite des vorderen Einbands dieses Exemplars steht der handschriftliche Eintrag: «Dieß büchlein ist der Hoch Edel gebohrnen Frauen Fr[au] H[au]btm[ännin] Hortensia von Mooß gen[annt] Gugelberg, gebohrene von Salíß, von Ihr Ehren H[errn] Pfarrer Caprez verehrt worden. Anno 1685.» Der kleine Band im Oktavformat beinhaltet eine Ermahnung zur Beständigkeit im Glauben und Vermeidung aller Sünden, die Kritik am «so gar gemeine[n] schändlichen Laster des Dantzens» sowie einen Aufruf zur Einigkeit und zur Vermeidung jeglichen öffentlichen Aufruhrs. Ob die derart Beschenkte die hohen moralischen Ansprüche des Maienfelder Pfarrers durchwegs teilte, lässt sich nicht beurteilen.

In den frühen 1690er-Jahren nahm die Reihe der an Hortensia von Salis gerichteten Widmungen ihren Anfang.

Im Jahr 1693 dedizierte «Camilla» ihre «Rose der Freyheit» der Maienfelder Freundin sowie der Anna Elisabeth Menhart (1660–1737) von Chur.[584]

Um 1700 war die Familie Menhard (auch: Menhart oder Menhardt) eines der reichsten Geschlechter Churs und mit den von Salis mehrfach verschwägert. Zum Zeitpunkt von «Camillas» Widmung war Anna Elisabeth noch unverheiratet. Unter ihren Tugenden hebt das Widmungsschreiben vor allem ihre Keuschheit hervor, und «Camilla» betont: «Ich bin auch versicheret, daß, wenn sie einmal ihren Stand verenderet [d. h. sich verheiratet], ihre Wahl ihren Tugenden gleich seyn wird.»[585] Bei «Camilla» handelte es sich – wie oben dargelegt – um Cleophea Barbara Schlumpf, geborene Schobinger, die im Alter von erst 17 Jahren im Oktober 1681 in St. Gallen mit Paul Schlumpf verheiratet worden war. Die beiden Ehegatten sowie Hortensia von Salis und Anna Elisabeth Menhart spielten offenkundig eine wichtige Rolle im St. Galler Gesprächskreis der 1680er- und 1690er-Jahre.[586] Dieser besondere gesellschaftlich-kulturelle Rahmen wird von «Camilla» angesprochen, wenn sie in ihrem Widmungsschreiben von einer «edlen Gesellschaft» berichtet, die sie auf einem Landgut besuchte, wo sie sich zur gesundheitlichen Erholung aufhielt: «Nichts war dazumal vergessen auff die Bahn zu bringen, was nur ergetzen konnte: Man spielte, discutierte, advocierte, rixierte [d. h. stritt], so viel als man könnte. Zu diesem aber gab ein Herr under ihnen den besten Anlaß. Dieser observirte ihm bey aller seiner Lustbarkeit eine herrschende Authorität über seine Gemahlin, also daß sie kein Wort sagen könnte, welches nicht durch eine rigoreuse Tadel-Hechel gezogen wurde. [...] Es war aber das rechte Mittel, das Feur der Begird, die Nichtigkeit des Frauen-Zimmers zu bestreiten, aus der Aschen in volle Flammen hervor zu bringen.»[587] Die Niederschrift der «Rose der Freyheit» erfuhr dadurch ihren Initialschub. Als «Freyheit» zelebriert das Werk die Ehelosigkeit von Frauen, weniger in der Form eines Manifests, sondern – wie oben angeregt – vielmehr in der für den St. Galler Gesprächskreis wohl üblichen Form des Diskussionsgegenstands.

Die bereits im Detail diskutierte «Glaubens-Rechenschafft» der Hortensia von Salis muss in den ersten Monaten des Jahres 1695 in Zürich erschienen sein. Dieses Erscheinungsdatum legt das Widmungsschreiben des reformierten Pfarrers im glarnerischen Niederurnen, Johann Heinrich Fäsi, nahe, der am 4. Heumonat [Juli] 1695 der Maienfelderin seine «Sonnen-Blum göttlicher Wahrheit» widmete. Er erwähnt darin nämlich die «jüngst ausgekommene und abgelegte Glaubens-Rechenschafft», die ihn zu dieser Widmung ermutigt habe, wie auch die zusätzliche Ermutigung durch Peter Zeller, Diakon am Zürcher Fraumünster.[588] Stein des Anstosses für beide, Autorin und Autor, war die «Wohl-riechende, Hertz- und Seel-stärckende Meß-Blum, Das ist: Römisch-Catholische / Alleinseeligmachende Glaubens-Wahrheit» des Johann Jakob Gartner, Pfarrer von Näfels.[589] Fäsis Schrift nahm ausserdem eine Schrift des Kapuzinerpaters Rudolf Gasser aufs Korn. Mit seiner Widmung an Hortensia von Salis zielte er zweifelsohne (wie damals üblich) auf eine finanzielle Gegengabe sowie daneben vor allem auch darauf ab, sich als Geistesgenossen der Bündnerin zu präsentieren, einer «Kron weiblichen Geschlechtes», einer «Ehr ihres Hochadelichen Hauses», einer «Zierd der wahren Kirchen Gottes», einer «Gutthäterin der Armen».[590]

Nicht der Kontroverstheologie, sondern der Katechese und Erbauung sollte Johann Leonhardis «Christliches Nachtmahlbüchlein» von 1699 dienen.[591] Es beruhte auf «fürtrefflichen» Büchern über das christliche Abendmahl und konnte somit «vor bey und nach Empfahung desselbigen / von einem jeden Heilsbegirigen Christen / welchs Stands / Alters / und Würde er seye / durch Gottes Gnad / mit Nutzen [...] gebraucht werden».[592] Zwar steht Hortensia von Salis in der zweiseitigen Dedicatio an erster Stelle, aber Leonhardi widmete sein Werk insgesamt sieben Personen, mit einer Ausnahme allesamt Frauen aus dem Hause Salis. Nur für «Fr[au] Vicariesse Hortensia Gugelbergerin von Mooß / gebornen Tschudi» machte er eine Ausnahme.

Als sich Johann Jakob Scheuchzer in den ersten Jahren des 18. Jahrhunderts anschickte, die bisher wöchentlich erschienenen Erzählungen über Besonderheiten der schweizerischen Naturgeschichte in drei Bänden zu publizieren,[593] widmete er den ersten Teil vier prominenten Vertretern verschiedener Zweige der Familie von Salis sowie Anna Margaretha von Salis-Soglio.[594] Den dritten Band dedizierte er ebenfalls einem angesehenen Bündner, dem Politiker und hohen Amtsträger Johann Rudolf von Rosenroll von Thusis (1671–1730).[595] Den Kontakt zwischen dem Zürcher Forscher und dem Thusner Adligen scheint neben anderen Hortensia von Salis vermittelt zu haben.[596] Ihr widmete Scheuchzer den zweiten Teil seiner «Beschreibung der Natur-Geschichte des Schweitzerlands» als seiner «hochgeneigten / hochgeehrtesten Gönnerin [...] zu einem Zeichen schuldiger Dankbarkeit vor bisher genossene hohe Gunst-Gewogenheiten / nebst herzlicher Wünschung fehrneren Leibs und Seelen Vergnügens».[597] Scheuchzer hatte ihr seinen umfangreichen Fragebogen zur «Erforschung der Natur des Schweizerlands» geschickt und darauf von ihr – wie er im Februar 1700 Rudolf von Rosenroll mitteilte – «ungemein curieuse observationen» erhalten.[598]

In einem anderen an die von ihm verehrte Bündnerin adressierten Brief erbat er im September 1703 anlässlich ihres Aufenthalts in Chiavenna «eine figur nach der Natur entworffen» des Wasserfalls bei Plurs, bei welchem bei schönem Wetter regelmässig ein Regenbogen zu sehen war.[599] Diese «Figur» fand später Aufnahme in Scheuchzers monumentale, teilweise erst postum erschienene «Physica Sacra» (Abb. 35).[600]

Am 12. Oktober hakte Scheuchzer nach und schrieb nach Chiavenna, er wünsche nicht nur «die breite des Circulum, sonder auch die ganze höhe des falls [zu erfahren], welche durch einen senkel oder Geometrische Instrumente bald kann genommen werden».[601]

Scheuchzer und Hortensia von Salis kannten sich persönlich spätestens seit dem August 1707, als Scheuchzer sie auf seiner sechsten «Bergreise» in Soglio besuchte, wo sich auch andere Mitglieder der Familie von Salis aufhielten.[602] Es ist jedoch durchaus denkbar, dass sie sich schon früher im Bad Pfäfers begegnet waren, wo Hortensia von Salis bereits in den 1690er-Jahren verschiedene prominente Zürcher Gelehrte und Politiker kennengelernt hatte.[603]

Die Grundprinzipien der Reformation des 16. Jahrhunderts – *sola fide, sola gratia, sola scriptura* – sprechen sowohl die grundlegende wie ausschliessliche Bedeutung des Glaubens (fides), der göttlichen Gnade (gratia) sowie der Heiligen Schrift (scriptura) an. Der Hortensia von Salis gewidmete «Paralogistes explosus» (1711) des reformierten Pfarrers und Theologen Gotthard Heidegger bezieht sich einerseits auf das reformatorische Schriftprinzip, andererseits und gleichzeitig aber auch auf ihr religiöses Selbstverständnis in zentralen Fragen.[604] Heideggers kurzer Text von 39 Oktavseiten besteht im Wesentlichen aus einer polemischen Widerlegung einer ihm von Hortensia von Salis bei einer Begegnung in Graubünden (der Ort wird nicht genannt) zu Diskussionszwecken vorgelegten logischen Folgerung (Syllogismus). Dieser Syllogismus stützt die katholische Lehre, dass es neben der Bibel auch noch andere, kirchlich anerkannte Quellen des Glaubens gibt, wie zum Beispiel Schriften von Kirchenvätern der frühchristlichen Jahrhunderte. In seiner Widmung verweist der Autor auf den seit vielen Jahren bestehenden Briefwechsel mit Hortensia von Salis und betont in höchsten Tönen die theologischen Kenntnisse sowie die Frömmigkeit und Bescheidenheit seiner Gesprächspartnerin. Gotthard Heidegger und sie kannten sich bereits seit den 1690er-Jahren als Mitglieder des St. Galler Gesprächskreises. Durch seine im Januar 1689 geheiratete Ehefrau Rosina Zollikoferin von Altenklingen (1659–1732) hatte Gotthard Heidegger – mindestens während seiner Tätigkeit als Pfarrer von St. Margrethen in den Jahren 1689–1696 – Zugang zur St. Galler Handelsaristokratie, zu der neben den Zollikofer auch die Familien Schlumpf und Schobinger gehörten.[605] Aus diesen Kreisen rekrutierte sich hauptsächlich der oben thematisierte St. Galler literarische Gesprächskreis.

Wenden wir uns zum Schluss einer etwas besonderen Widmung zu. Im Jahr 1709 erschien in Zürich in italienischer Sprache «Il fa' per tutti, cioè, Le auversita d'ogni stato di persone consolate», ein Trost- und Ratgeber für viele missliche Lebenslagen. Der auf dem Titelblatt verzeichnete Autor war Antonio Moratori, der sich als «Maestro della lingua italiana» zu erkennen gibt. Es handelte sich um einen italienischen Proselyten, der in der Limmatstadt Sprachunterricht erteilte.[606]

Die Widmung «Il fa' per tutti» an Hortensia von Salis wird prominent auf der Titelseite angekündigt. Ihr Inhalt ist einigermassen überraschend. Die Autorschaft stellt Hortensia von Salis in eine Reihe mit unter anderem der griechischen Dichterin Sappho, der mythischen Kriegerin Camilla, mit Zenobia, der Herrscherin Palmyras im 3. Jahrhundert, ausserdem mit Tiburna, der Römerin, die sich heldenhaft auf dem Grab ihres erschlagenen Mannes das Leben nahm.[607] Das Wissen dieser Frauen wird als demjenigen der Männer überlegen bezeichnet. Die Erwähnung von Camilla und Zenobia, Figuren, die für Hortensia von Salis eine wichtige Rolle spielten, hat uns skeptisch gestimmt hinsichtlich der alleinigen Autorschaft Moratoris bei der Niederschrift seiner Widmung, denn diese Anspielungen konnten nur aus dem engeren sozialen Netzwerk der Bündnerin stammen. Unter dieser Prämisse erklärt sich denn auch der weitere Inhalt der Widmung. Sie lobt die Geistesgaben, die Integrität des Verhaltens und die wissenschaftlichen Kenntnisse der Vorfahren («de' Vostri famosissimi Maggiori»), die Hortensia von Salis weiterführe. In dieser Auffassung hat den Autor auch die Tatsache bestärkt, dass sie wie ihre Vorfahren vor der «Finsternis des Papsttums» (le tenebre del Papato) geflohen sei und danach getrachtet habe, dass den Leuten die Schuppen von den Augen fielen, damit sie das wahre Licht erkennen könnten (possano vedere la vera luce), und sie nicht zu denen gehörte, die sich von

35

Die Tafel LXVI aus Johann Jakob Scheuchzers «Kupfer-Bibel» aus dem Jahr 1731.

Sirenen zum Schiffbruch im Glauben und zum entsprechenden Absturz (e conseguentemente precipitino dell'abisso) habe verleiten lassen.[608]

Antonio Moratori war jedoch nicht der Autor dieses Traktats, sondern lediglich einer der verschiedenen Herausgeber. Denn bei «Il fa' per tutti, cioè, Le auversita d'ogni stato di persone consolate» handelt es sich um ein Werk des 1633 geborenen sizilianischen Abtes Diego Zunica.[609] Das Werk erschien zwischen 1691 und 1700 in mehreren Auflagen und später auch in deutschen Übersetzungen, zuletzt 1767 in Luzern.[610] Was den Zürcher Buchdrucker Johann Rudolf Simmler bewog, das Buch 1709 – zweifelsohne als Raubdruck – neu herauszugeben, mag dessen verlegerischer Erfolg gewesen sein.

Leidgedichte

Wenngleich der Ruhm unserer Protagonistin im Verlauf des 18. Jahrhunderts zu verblassen und eigentlich erst seit den 1890er-Jahren erneut nachzuwirken begann, so feierten zahlreiche Zeitgenossen die Maienfelder Adlige ein vorerst letztes Mal in den Epicedien, das heisst in den Leidgedichten, die nach dem Tod der Hortensia von Salis der Leichenpredigt des Martin Anosi vom 2. Juli 1715 beigegeben wurden.[611] Unter den Autoren dieser zahlreichen Gedichte finden sich vor allem reformierte Pfarrer und Geistliche. Die Worte Johann Caspar Pfenningers schliessen dabei fast nahtlos an das Lob der Zürcher Wohlgesinnten vom August 1693 an:

«... O hochbegabte Dam, wer wird ihr Lob
vermelden!
Ihr längst verdientes Lob / der Welt / die kommen soll!
Herfür Jhr grosse Leuth / herfür Jhr tapfre Helden /
Jhr die ihr nebenst mir seyd Schmerz- und Traurens-foll /
Laßt Frau Hortensien Ruhm aus eurern Federn fliessen
[...].»[612]

Ähnlich klingt es beim Glarner Pfarrer Johann Heinrich Tschudi:

«... Ja / ja! so lange fliesst der Rhein aldort hinunder
So klange solt ihr auch genennet seyn ein Wunder
Der manigfaltigen Gab' und Gnaden / welche sind
Ein Zeichen deren die Gott liebt als eine Fründ.
Wann diese Wissenschaft von vielen Hohen Dingen /

[…]
Von dem was göttlich ist / und was Gott hat gethan /
Zu seiner Kirchen Heil: und wann genau verstehen
Die Dinge die auff Erd' in der Natur vorgehen;
Wann auch *Galenus*-Kunst und grosse Wissenschafft
Von edler Medizin, und Artzneyen-Krafft;
Und wann absonderlich sich gäntzlich Gott ergeben
Zu sein Dienst' und Preiß' / in allem seinem Leben […].»[613]

Und Andreas Gilardon (wie manch andere auch) erinnert an die Nächstenliebe der Verstorbenen:

«Die Wittwen / Wäysen und viel Armen /
Die schreyen Jhor traurig nach /
Ach Gott! Wer wird sich so erbarmen /
In unsrer Noth und Ungemach?
O Meyenfeld! O liebes Land!
Dein Mutter schlafft im kalten Sand. […]»[614]

Die Mehrzahl dieser Epicedien lassen nochmals erkennen, wie zentral die christliche Religion im Allgemeinen und das reformierte theologische Bekenntnis im Besonderen für Hortensia von Salis' Selbstverständnis waren. Auch wir haben in diesem Buch die Überzeugung vertreten, dass die doppelte, einerseits glaubensmässige, andererseits intellektuelle Verpflichtung gegenüber dem reformierten Erbe einen tiefgründigen Zug ihrer Persönlichkeit ausmachte, der durch ihr Engagement in den konfessionellen Auseinandersetzungen der 1690er-Jahre sowohl bestärkt wie verstärkt wurde. Wir möchten an dieser Stelle nochmals betonen, dass religiöser Glaube und Frömmigkeit auf unabdingbare Weise zum Alltag und Leben der Menschen zur Lebenszeit Hortensia von Salis' gehörten. Sicher, in der säkularisierten Zeit, in der wir leben, lässt sich diese Einsicht, die unverzichtbar ist für ein umfassenderes Verständnis der Biografie der Maienfelderin, nur denjenigen Leserinnen und Lesern wirklich vermitteln, die bereit sind, sich mit den eigenständigen Aspekten der Vergangenheit auseinanderzusetzen. Die Vergangenheit ist zweifellos die Vorgeschichte unserer eigenen Zeit. Aber wir verkennen ihre Eigenart, wenn wir die Perspektiven und Anschauungen unserer eigenen Zeit unkritisch auf sie zurückprojizieren.

Hortensia von Salis war zu Lebzeiten eine weit über Graubünden hinaus bekannte Persönlichkeit. Sie lebte in einer Zeit, in der die Verschriftlichung unterschiedlichster Lebensbereiche, wie wir sie heute kennen, noch längst nicht abgeschlossen war, in der auch – was man an den Briefen der Maienfelderin erkennen kann – die Annäherung des Schweizerdeutschen an das Hochdeutsche im Zuge dieses Verschriftlichungsvorgangs noch lange nicht beendet war. Manche Geschichten wurden noch nicht schriftlich, zum Beispiel als Archivgut, sondern mündlich von Generation zu Generation tradiert. Dazu gehören auch gewisse Mythen, unter anderem hinsichtlich einer eigenhändigen anatomischen Sektion der Bündnerin eines verstorbenen Knechts, oder auch in Bezug auf ihre angeblichen Sympathien für den Pietismus. Für die Geschichte von Hortensia von Salis als Anatomistin, die bis in unsere Zeit weitererzählt wurde, fehlt jeglicher Nachweis. Wir halten sie auch aus anderen Gründen, wie gezeigt, für höchst unwahrscheinlich und haben sie daher in diesem Buch ins Reich der Mythen verwiesen.

Etwas anders verhält es sich mit dem Pietismus. Wir zeigen in unserer Studie, dass unsere Protagonistin die neue religiöse Reformbewegung in den 1690er-Jahren nach erstem Zögern klar ablehnte. Aber es mag sein, dass sie nach 1700, als sie sich für die Anliegen der englischen Society for Promoting Christian Knowledge (SPCK) einzusetzen begann, eine gewisse Sympathie für die im Zentrum des deutschen Pietismus in Halle praktizierte Pädagogik entwickelte. Diese – und nicht pietistische Vorstellungen zum Beispiel von der Notwendigkeit der spirituellen Wiedergeburt der Gläubigen – war es auch, die dazu führte, dass August Hermann Francke als Hauptinitiator der hallisch-pietistischen Reformbestrebungen als erstes auswärtiges Mitglied in die Londoner SPCK aufgenommen wurde. Was die entsprechende Haltung Hortensia von Salis' nach 1701 betrifft, als sie sich während neun Jahren in Chiavenna und Soglio aufhielt, sind dies einstweilen nur Vermutungen. Wir schliessen nicht aus, dass der eine oder andere Brief aus archivalischen Beständen in Chiavenna, die wir als einzige nicht systematisch bearbeitet haben, in den kommenden Jahren noch auftauchen und zusätzliches Licht auf die Jahre nach 1701 werfen könnte. Wir nehmen gleichzeitig jedoch an, dass diese die Zahl der inzwischen bekannten 25 Briefe der

Bündnerin, die wir in den Anhang aufgenommen haben, wenn überhaupt, nur noch in bescheidenem Umfang vergrössern würden.

Leider – sagen wir zu dieser Erkenntnis! Unsere Recherchen haben uns die schon lange bekannte Einsicht, dass Frauenleben der Frühen Neuzeit (auch die prominenteren) in der Regel schlecht dokumentiert sind, geradezu drastisch vor Augen geführt, weil vieles, was Frauen hinterlassen haben, nicht für erhaltenswert gehalten wurde. So ist es beispielsweise schlicht störend, dass von der Korrespondenz Hortensia von Salis' mit dem Basler Medizinprofessor Theodor Zwinger III nichts mehr erhalten ist, gleichzeitig aber noch 33 Briefe ihres Sekretärs Daniel Anhorn an Zwinger vorhanden sind. Warum haben diese Briefe bis dato in Forschungen zur Biografie der Maienfelderin keine Rolle gespielt? Die Frage ist natürlich ebenso irritierend. Anhorns Briefe werfen unter anderem zusätzliches Licht auf die medizinische Tätigkeit unserer Protagonistin und zeigen, dass sie – im Unterschied etwa zu verschiedenen deutschen heilkundigen adligen Frauen – nicht nur durch Kräuterrezepte und dergleichen medizinisch tätig war, sondern auch als Praktikerin Aderlässe durchführte.

In ihrer Zeit war sie im bündnerischen Umfeld mit Sicherheit für ihre heilkundlichen Aktivitäten am bekanntesten. Ihr in biografischer Hinsicht genauso wichtiges religiöses und sogar kontroverstheologisches Engagement wirkte dagegen wohl eher über die Grenzen der Drei Bünde hinaus, was sich schon allein darin zeigt, dass unter den an ihrer Biografie Interessierten bisher niemand auf die Idee gekommen ist, ihre Verwicklungen mit dem Wartauerhandel von 1694/95 in der benachbarten Landvogtei Sargans unter die Lupe zu nehmen. Vielleicht hängt dieses Forschungsdefizit aber auch damit zusammen, dass es für heutige Geistes- und Kulturwissenschaftlerinnen deutlich einfacher ist, sich ein Bild von den im späten 17. Jahrhundert üblichen medizinischen Praktiken zu machen als vom unabdingbaren, hohen Stellenwert des Glaubens und religiöser Fragen in den damaligen Lebenswelten. Jedenfalls versuchen wir, durch unsere Darstellung deutlich zu machen, dass sich im Blick auf das Lebensbild der Hortensia von Salis Medizin nicht gegen Religiosität ausspielen lässt. Beide gehörten in ihrem Leben zusammen.

Bleibt das Literarische als weiteres, lebensgeschichtlich bedeutsames Tätigkeitsfeld der Bündnerin. Auch hier haben uns archivalische Quellen, die bisher unter dem Radar entsprechender Forschungen gelegen haben, erlaubt, die Bedeutung der literarischen Kontakte Hortensia von Salis' zum sogenannten St. Galler Kreis vor allem der 1690er-Jahre zu bekräftigen. Sie sind gelegentlich bezweifelt worden. In Zweifel gezogen wurde in der Vergangenheit in diesem Zusammenhang auch die St. Galler Herkunft der Freundin «Camilla», Verfasserin der «Rose der Freyheit» von 1693. Die von uns untersuchten schobingerschen und schlumpfschen Briefe bestätigen vorbehaltlos «Camillas» St. Galler Identität. Man wird in Zukunft die St. Galler Kontakte der Maienfelderin stärker im Kontext der vielfältigen Beziehungen von Familien der Bündner Oberschicht im Rheintal (Wartau, Balgach etc.) und in der Gegend von St. Gallen (z. B. Sulzberg) betrachten und beurteilen müssen.

War Hortensia von Salis eine «Gelehrte», wie gelegentlich in zeitgenössischen Zeugnissen festgehalten wurde und auch noch in unserer Zeit manchmal angenommen wird? Ein nicht wegzudenkendes Kennzeichen des damaligen Gelehrtentums waren Kenntnisse in Latein, bis ins 18. Jahrhundert die Gelehrtensprache schlechthin. Unsere Protagonistin verfügte über keine Lateinkenntnisse, aber sie las, wie die Korrespondenz ihres Sekretärs nahelegt, neben medizinischen Ratgebern und religiösen Erbauungsbüchern wie dem «Paradiesgärtlein» Texte des stoischen Philosophen Seneca oder die «Adagia» des Erasmus von Rotterdam, vermutlich in deutscher Übersetzung. Sie war keine eigentliche Gelehrte, aber eine weit überdurchschnittlich gebildete Persönlichkeit, die viel von ihren Kenntnissen und ihrem Wissen ihrem Selbststudium verdankte.

Aufs Ganze gesehen versuchen wir in unserem Buch, Hortensia von Salis eher als Vertreterin des späten 17. Jahrhunderts denn als Exponentin der ersten Jahrzehnte des 18. Jahrhunderts zu verstehen. Dafür spricht ihr dezidiertes Engagement in Glaubensfragen, das sich bis an ihr Lebensende nicht geändert zu haben scheint, wenn wir das postum (1715) erschienene «Gebät» zum Massstab nehmen. Jedenfalls gehört sie wesentlich mehr zum barocken Jahrhundert des ebenfalls 1715 verstorbenen französischen Königs Ludwig XIV. als zum allmählich weltoffeneren frühen 18. Jahrhundert. Dennoch lassen sich in ihren Schriften Elemente ausmachen, die das Aufkommen frühaufklärerischen Denkens unmissverständlich ankündigen. Das gilt ganz sicher für ihre «Conversations-Gespräche», aber genauso auch für ihr entschiedenes und geschicktes Eintreten für die Rolle der Frau in Kirche und Theologie.

Vorbemerkung zu den angewandten Transkriptionsregeln

Für die Transkription nachstehender handschriftlicher Quellen gilt generell Kleinschreibung, mit Ausnahme von Satzanfängen, Orts- und Personennahmen sowie Anreden wie «Ewer Exzellenz» (bzw. «Euer» ...), wie sie in der Korrespondenz Hortensia von Salis' mit dem Theologen Johann Heinrich Heidegger häufig vorkommen. Wir geben der Kleinschreibung den Vorzug, weil die Schreiberin sowie ihr Sekretär Daniel Anhorn (Abschnitt B) nicht systematisch zwischen Gross- und Kleinschreibung unterscheiden. Ausnahmen gegenüber dieser Praxis unserer Transkriptionen bestehen nur dort, wo wir den Eindruck haben, die Grossschreibung sei bewusst gewählt. Ansonsten unterliegt in den transkribierten Texten die Grossschreibung einzelner Wörter, zum Beispiel von Adverbien, weitgehend dem Zufallsprinzip und ist in aller Regel kein Bedeutungsträger.

Ergänzungen, Auslassungen sowie Worterklärungen und Kurzkommentare werden mit eckigen Klammern [...] versehen.

Hortensia von Salis unterscheidet nicht durchgehend zwischen «ie» oder «ei» in Wörtern wie beispielsweise «Brieff» beziehungsweise «Breiff». In unserer Transkription wird die jeweilige Buchstabenfolge des Originals wiedergegeben. Das gilt sinngemäss auch für die Unterscheidung von «s» und Eszett «ß» sowie für «dz» (dass) am Beginn von Nebensätzen.

Im Unterschied zu «dz» als Pronomen wird «dz» als Artikel (z.B. dz Haus) als d[as] wiedergegeben.

Nicht transkribiert haben wir die Verwendung des Buchstabens «j» in Wörtern wie «jm» (d.h. im) oder «Jhren». In diesen Fällen wird «j» als «i» transkribiert. Automatisch ausgeschrieben werden folgende Kürzel: Jgf oder Jgfr als Jungfer, Jkr als Junker, ausserdem die von Hortensia von Salis verwendeten Kürzel für «geborene». Stillschweigend verdoppelt wird der Buchstabe «m», wo er mit einem waagrechten Geminationsstrich über dem Buchstaben versehen ist.

Die Satzzeichensetzung in den transkribierten Dokumenten in den Abschnitten A bis C ist ziemlich willkürlich (beispielsweise nicht durchgehend verwendete Punkte am Schluss eines Satzes). Wo für das Verständnis unverzichtbar, haben wir gelegentlich einen Punkt und – häufiger – ein Komma gesetzt.

In der Betitelung der Briefe verwenden wir «HvS» für Hortensia von Salis.

A

Sämtliche noch vorhandenen Briefe der Hortensia von Salis

Die nachfolgenden Briefe sind in den Anmerkungen mit A + Nr. verzeichnet.

A 1

Brief von HvS an Ursina Menhardtin in Soglio,
Maienfeld, 22. Herbstmonat, 1680.

FAG, B X. Familienkorrespondenz, M-U. in Mappe «Div. Briefe an die Familie Gugelberg von Moos, 17. Jahrhundert».

Allerliebst Baas

Obschon meine gegenwährtigen gemüthsregung[en] mir schwerlich zulaßen würt, dir meinen empfeindlichen schmertzen, so ich ob deinem schleunigen mir unbewusten verreißen geschöpfft, beweglich[?] nach meinem wunsch auszuthrucken, nichts desto weniger hab ich mich entschloßen, so vil mir mein verirtes gemüthe zulaßen würt, vor dir meine külung die du selbst verursacht auszuschütten. Auch mit was recht politisch oder geistlich kanstu deinen gefaßten unwillen gegen derjenigen belihen, die bloß sich wegen deiner grußen [d. h. Grüße] glückselig schätz[t]. Wiltu politisch mich meiner gebrechen halber, die mich deiner freündschafft unfähig macht [eigentlich: machen], verlaßen, so bistu doch geistlich verbunden, nit mich als dein mitschwöster, sonderen nur meine laster zu haßen. Ich hab d[as]jenige, damit man mir deine freündtschafft in zweiffel brächte, niemahlen glauben wollen, aber jetzunder muß ich, will du von Cur [d. h. Chur] weg ohne an mich zu gedencken, glauben, d[as]jenige so ich ohne...her[?] *[Fleck]* nit daran gedencken kann, seÿe wahr. Solte es wol möglich [sein], dz ein so großmüthig hertz, wie ich d[as] seinige jederzeit darfür verehrt hab, solcher verenderung solt underworffen sein [?]. Ach nein, dz zu glauben haltet mich die erkentnus deiner bestendigen Tugend ab, dz ich vielmehr versicheret bin, du werdest eh[er] aufhören könen Ursina Menhartin zu sein, als die volkomneste Tugend, die liebe, zue verliehren. Gelebe also der Hoffnung, die freÿheit wider zu erlangen, mich zu nennen

Deine gehorsame dienerin und getreuest freündtin bis in mein grab
Hortensia von Salis

Allen 3 adelichen Heüßer bit mich nebend freündlichem gruß schönstens zu befehlen. Schreib mir, ob ich dir noch lieb seÿ oder nicht, sonst muß ich sterben. Mein schwöster und die Jungfer Stußen[?] last dich und alle auch freündtlich grüßen.

Der alte Juncker Hans Lutzi Gu[gelberg] ist gestorben.

A 2

Brief von HvS an Ursina Menhartin in Chur, undatiert (vor 11. Juli 1681).[615]

A[llerlie]bste schwöster

ch hab dir den 1 tag brachet [1. August] ein breiff geschreiben [sic], ein kehr breiff, das Jungfer Madlene hat mir gesagt, du seÿest so traurig und wollest kein trost annemmen. Auch ich bin darob so betreübt worden, dz wann du nicht aufhörest, du mein schöne gelle [d. h. gelbe] har ins grab bringest. Derowegen ich mir gedancken gemacht, ob ich dir den breiff schicken solle, will du an aller arbeit bist, dich selbst zu verleügnen, doch will ich so lang drob geschreiben hab, so hastu selbigen zu empfangen, so kanstu ihn anderen mitheillen. Ich hab [...?] heur Hern Vatter gebeten, dz er dich doch etliche wochen zu mir laße. So bit ich dich halte doch auch an und komm doch bald, denn mich verlanget dich zu sehen, auf dz wir und [er] einander getrostet werden. Ich hab gleich woll in [sic] sinn, so bald ich zeit bekomme, würt dir etwas zuschreiben trost. Denn [?] so anderst die schreift [sic] warhafft ist, dir gehört, wann[?] du ihn aber nit annemmen willst, so muß[t] nun bleiben laßen. Es sind [ab]er genug, die es anemmen. Es verdrüest mich und thut mir in meinem hertzen we, wann du gedenckst, du habest nichts an Chreist [sic], dann du seiest nit der beschaffenheit, da du doch bekennen muß[t], d[as] du betrüwbt und hungerig und durstig seyest nach Gott. Und solch sreibet [sic] der herr selig im Evangele Mathei an V. Capitel. Auch ich hete die weil zu schreiben, aber umb kürtze der zeit muß ich bescheilßen [sic]. Ich bit dich, schicke mir doch noch ein par ha...el [?] oder weiß hüner, ich will dann d[as] gelt der Jungfer Madlene geben mit einanderen. Ich bit so gar hoch, frag bÿ heren Othschwartzen,[616] ob er mir doch nichts könnte geben, ich wolts für ein großes freündstuck halten. Bite komm doch bald, ich blange so sehr. Grüß mir alle die mir nachfragen, und seye und Dein Schwöster von mir hertzlich begrüst. Schicke mir doch wann du was bekommest bald außen.

A

Verbleibe dein Getreüwe Schwöster [DVS][617]
Hortensia von Salis

[P. S.:] Du kanst den größeren Breiff den Juncker Vetter Andreas von Salіß[618]... *[Loch]* mit guter gelegenheit zu leßen... *[Loch]* zu fragen, ob es recht Hortensia von Saliß seye.

A 3

Brief von HvS an «Mademoiselle U[rsi]n[a] Menhartin, Ma tres cher Cousine, Coire».
Maienfeld, 11. Heumonat [Juli], 1681.

FAG, B X. Familienkorrespondenz, M-U, in Mappe «Verschiedene Salis».

Hertzallerliebste schwester,

Dein höfflichen und haupt schön gesetzten complementbreiff hab ich wol, aber nit mit sonderbaren freüden, will du deine dienerin nur darinnen spottest, empfangen. Die guttdatten die du sagst von mir empfangen zu haben sind nicht von solcher [sic] wert, dz sie von dir so hoch sollen estimiert werden. Zue dem[?] meridieren deine tugenden von jederm [an] abzustatten[619] viel mehr als ich, die du doch lengsten zu deiner Cla...[?] gemacht, zu thun fehig sein kann. Du wollest dein[em] Heren Vatter demüttigsten danck sagen umb die überlassung deiner persohn. Ich kann nit genug bezeugen wie ich verbunden mich für solche ehr erzeigen. Den tortt [d. h. Torte] und feinen bletter[620] hab ich von meinem liebsten wol empfangen.[621] Bedancke mich höchst frewndtlich für die müh. On daß bitt ich gegen mir mit deiner liebe zu verharren, mit versicherung dz ich unaufhörlich dein gantz ergeben dienerin sein und bleiben werde, so lang ich leb

Hortensia von Saliß

Deinem hochgeehrten Hern Vatter und Freull[ein] schwöster und dir selbsten von meinen schwöstern und mir einen schönen gruß, nun aber h...s[?] absonderlich mein liebster laßen euch alle freuntlich grüßen.

A 4

Historische und Genealogische Notizen von Heinrich [Lorenz] Gugelberg von Moos, S. 296–299. FAG, C Nr. I.[623]

Brief von Hortensia Gugelberg von Moos, geb. von Salis, an ihren Bruder Karl Gubert von Salis, ohne Datum, vermutlich von 1683 od. 1684.[622]
Spätere Abschrift in: Sammlung von mehrern Vorfällen hießiger Gegenden:

Herzinnigst geliebtester!

Den 3 Aprellen hab ich ein Brief empfangen, darinnen du mich brüderlichen ersuchst, dich [sic] zu berichten, was man mit dir vorzunehmen gesinnet seÿ, darauf ich dir nicht hab antworten können, weil der brief nach der gesetzten Zit [d. h. Zeit], darinnen [...] angekommen wäre, hätte auch derselbigen mal die ursachen nicht klar erkennen können, warumb man dich heimbzukommen nöthigt, als anjetzo, da es mir unschwer fällt, selbiger dich zu berichten, weil solches mir vor etwas Tagen der Herr Vater ganz deutlich gleich wie in einem Spiegel gezeiget. Nachdem er mich in seine Stuben beruofen, ernstlichen verbothen, dir mein Bruder in keinem Rebben zu orthen, viel weniger dich nach [S. 297] meinem Belieben zu führen, denn er sehe wohl, daß wir einander lieben, und gehet dieses Verbott fürnemlich aus dreÿ Puncten, davon 2 die ersteren benammst, der dritte aber aus beden geboren wird. Der erste betreffend, so soll mir nicht erlaubt sein, in Heirathssachen dir zu rathen oder zu mißrathen, und ist nicht minder, daß dieses Verboth vortheilhaftig ist für diejenige, die Dir, mein liebster Bruder, zugemeint und verordnet, sonderbar von meinem Bruder mehr Tugend und Segen des Geldes, als allein große Richth ... [?] zu beobachten gesinnet wäre, denn gewiß sind ihre Güter viel höcher zu schäzzen, als ihre Tugenden. Ich rede nicht von der Qualitat deß ein[en] und Geringheit des andern, sonsten übertrifft eine Tugend alle Güter dieser Erden. Der andere Punct ist, daß ich nicht suchen soll, dich auf meine Meynung, seines des Herrn Vatters Heuraths halben zu bringen, den er beghert wir sollen ihn gut heißen und gar wohl zufrieden sein. Ihm hierin zuezuschreiben, oder ungeduldtig deswegen sein, daß seÿge fern von uns, aber gutheißen soll auch nicht sein. Den dritten Punct belangende, ist, daß man gesinnt und dahin trachtet, vermittelst beÿder Heurathen, die zu einem, Dir zu einem Stubt[624] einer Spanischen Compagnie zu verhelfen, Dich hiemit theilhaftig zu machen aller Spanischen Practiquen, die so verwirrt als unverantwortlich sind. Darvon soll ich dich auch nicht abzuhalten unterstehen, mit der ange-

hängten Entreüwung [d. h. Drohung], das wo wir uns hierin würden widerständig zeigen, anstatt eines Segens wir einen Fluch von ihm zu erwarten haben würden, wenn wir nicht in Einigkeit mit ihm bleiben würden. Ich hab zwar, weil einige Widersinnigkeit beÿ bewandten Sachen merken zu laßen, nicht rathsam were, alles mit Ja beantwortet, hab aber [n…?]senlich[?] meinen Gott gebetten, daß er mir durch sein Wort, welches ein Licht, das uns den rechten Weg zündet, zeigen soll, das ich hierin thun oder underlaßen soll, wan dann das Absehen [d. h. die Absicht] meines H[errn] Vatters, wie sich aus allen dreÿ Puncten klar ergiebet, nichts andres ist, als das Geld und Freündschaft der Welt, wieder die austruckentliche Ermahnung und Warnungen unseres Herr Jesu, der Matheÿ am 6 uns befiehlt zu suochen zum ersten das Reich Gottes, so werde das übrige nur zugethan werden. Ferner sagt Paulus, Philipper am 4ten, «Ist etwa ein Tugend, ein Lob, dem denket nach und nicht dem reich werden. Dann die da wollen reich werden, fallen in mancherleÿ Versuchungen und Strikhe des Teufels[»]. Und Jacobus, «die Weltfreundschaft ist ein Feindschaft wieder Gott[»]. Ferner Matheus am 6, «Niemand kann zweÿen Herren dienen, ihr könnt nicht Gott und dem Mamon dienen.[»] So kann ich dann, weil es die Ehr Gottes und dein Heil betrifft, mir auch eben auf mein Gebett eingefallen sind, die 2 Sprüche Math. Am 10ten, wer Vater und Mutter mehr liebt als mich, der ist mein nicht werth, und den andern Actorum [d. h. Apostelgeschichte] am 5ten, man muß Gott mehr gehorchen als den Menschen; nicht unterlaßen, diese Warnungsschrift, doch unseres Hauses bestem Sohne zu überschikken und dir meine Meÿnung, wann es auch das Leztemal sein sollte, desto kräftiger entdekken. So verachte sie denn nicht, wenn sie schon nur von Deiner Schwöster und des Herrn Vaters unwerthestem Sinn [?] herkompt. Wer weis, vielleicht hat der Herr meine Feder darumb also geführet,
[S. 298] daß Du heute oder morgen keine Entschuldigung gebest, es habe dich niemand gewarnt, dann ich bezeuge vor Gott, das alles, was ich Dir schreiben auf ein Tag ohne Nachsinnen mir ist in die Feder gefloßen, daß wie ich angefangen, nicht was und wie ich Dir schreiben soll gewußt habe, auch damit Dein Gemüth zubereitet, alles desto reifer zu einer festen Entschließung zu betrachten Zeit habest. Und sollst Du nicht dafür halten, als begehrte ich, daß Du ohne Grund meinem Vorhalten [?] Platz gebest. Nein! Nein!, prüfe Dich selbst nach des Paulus Vermahnung, Römer zum 11, welcher der wohlgefällige Wille Gotte seÿge, dann die Salbung wird Dich lehren, in der 1 Epistel Johannis

am 2ten. Was dann anlanget den ersten Puncten, so nennt es Paulus, Epheser am 5ten, dieße ein Geheimnus der Vereinigung mit Gott und ein Gleichniß der Liebe Christi mit seinen Kirchen, also daß die Ehr Gottes jhr ziemb und die Fortpflanzung seiner Kirche, deswegen derselbigen sein soll, wann sie anders Gott gefallen, dem Nebenmenschen nicht ärgerlich, ihm selbsten nicht ein zeitliches Fegfeuer und dorten eine eigne Hölle sein soll. Nimmt mich danach Wunder, wie mann unter dem Schein besten Gewüßens, einem valhen könn, eine solche zu heürathen, an welcher nichts zu betrachten ist als eine Handvoll Guth mehr, als etwan einer Tugend hoffen. Es kann oftmalen unter so vielem gesammeltem Gut nur ein ungerechter Pfennig sein, welcher alle die andern gerechten auffrißet. Und wan wir … [?] ob nicht hingegen ist keine Hoffnung, daß mann durch sie erbauwet und gewonnen durch ihren gottseligen Wandel zu werden, Petri am 3ten, das sie in allem ihrem thun und laßen zu erbauwen, gibt noch von wenig oder gar keiner Übung der Tugend und der Religion, ohne welche mann nicht kan seelig werden. Weil sie selbsten weder Gott kennt noch förchtet. Ich will hier nicht reden von Geringikeit ihrer Gaben, die sie aus alle blikken bestaetet [d. h. bestätigt], der Wein, die Liebe und die Hoffarth in ihr herrschet, sonder nur von den allerwichtigsten Puncten. Man soll sie nur reden hören um darüber zu urtheilen. Hab ich dann nicht Ursachen, lieber Bruder, dich zu warnen vor der Grube, die dir gegraben, und dich zu erinnern, Gott auf Deinem Angesicht zu bitten, daß er dich bewahren vor einer Thorheit, daß er Deine Augen halte, daß sie nicht von dem Gelde geblendet werden. Doch so fürchte Gott vor allen Dingen, und ehre ihn, so wird er Dich wieder annehmen, soviel am 2ten, und Dich begaben mit einer Frau, die er denen gibt, die ihn fürchten … [?]. Was anbetrifft den andern Puncten, so ist meine Meÿnung gar nicht, des Herrn Vaters Heürath wegen zu murren, viel weniger an kindlicher Ehrerbiethung und unterthanigem Gehorsam, was nicht wider Gott etwan abzubrechen, und sollte es nur auch gehen nach altem Sprüchwort, Stiefmutter, Stiefvatter. Aber ein solcher ihm und unsern Hause übel anstehender Heürath in Betrachtung weil der Herr Vater weder die Ehr Gottes noch eheliches Geblüt und Freundschaft, noch Segen der Eltern betrachtet, und um Geld und das Maybommen woher es will, d[aß] große Freundschaft anbricht. Sag es, es seÿ uns so wenig erlaubt gutzuheißen, als mir von Gott befohlen ist, ihn zu ehren und zu loben, so bitte gehe hierin behutsam, daß Du eben so wenig Gott in Einwilligung und Guth … [?], was nicht gutzuheißen, ergerest, als dem

Herrn Vater die schuldige Ehrerbithung und Hochachtung manglen laßest. Was den 3ten Punct betrifft, so sehe ich nicht … *[unleserlich]*[625]

[S. 299] Gewüßen und Ehr Deines Hauses, Geschlecht könnest spanisch werden. Den[n] einmal ist gewiß, wenn du wilt spanisch werden, die Menschen mehr fürchten als Gott, in dem Du alle spanische Pratica vielleicht nicht zu erzürnen für gut gelten laßen must, auch Deine eigen Ehr vergiften must, die Ehr Gottes, in dem Du als ein gut spanischer Herr umb etlicher Philippen willen der Religion halber durch die Finger sehen must, daß nicht von Deinen Philippen etliche Dir abgebrochen werden.[626] Willst Du Ampter [d. h. Ämter] bedienen, dann gehet erst Lügen und Trügen an, es ist bald keiner deßen Worten mann trauwen kann. Die spanische Seite bricht alles Versprechen entzweÿ, alle Gerichts- und Rechtssachen wieder Gott und Vernunft schlagen nach spanischer Gewalt aus. Ach! Hörtest Du von spanische Landtssachen reden, die Haare möchten Dir zu Berg [stehen]. Der Ehrgeitz, Eigennutz, Geldgeiz macht, daß Geschwister, Kinder, Brüder und Vettern und um etwa eine Handvoll Philipp oder ein Ämptli einander biß auf den Tod verfolgen und Gott und die Religion verläugnen, den Nebenmenschen schänden und ihre Seelen in die äußerste Gefahr stürzen. Ach Grausamkeit, alles das anzusehen und den ganzen Tag davon hören reden, und nicht dürfen einen Bruder davor warnen. Nein! Nein! Ich will sagen, bethen, schreÿen so laut ich kann. Mein Bruder, mache Dich nicht theilhafftig ihrer Sünden, damit du nicht gleichen Lohn empfangest. Ach laß Du nicht die Philipp blingen, sondern den Schutz des Herrn in den Lehren, «was hülfe dem Menschen, so er die ganze Welt gewinne, und leidete zuletzt Schaden an seiner Seele», Lucas am 9ten. Betreffend die Ehre Deines Geschlechtes, Hauses, und Deiner Güter, so dieselbe mächtig befleckt würden und Deinen Großherren Vater unter dem Boden schmähen indem Du Dich zu seinen Feinden, die ihn doch nicht übermochten, schlagen würdest. An Deinem Geschlecht und Gütern würdest Du Dich schämen, daß Du Dich von den einen gesondert, die andern nicht mehr würdig zu besizzen. Hast hier in Ansehung vieler Materien meine Meÿnung kurz. Der Geist des Herrn seÿge in allen Sachen Dein Lehrmeister, demselbigen empfehle ich Dich in seinen Schutz und verbleibe

Deine getreüwe Schwester biß in den Tod
Hortensia Gugelberg von Moos, geb. von Salis.

A 5

Brief von Hortensia Gugelberg von Moos an ihren Vetter [Ulysses von Salis-Marschlins],[627] Maienfeld, den 18. [Monat unb.] 1688.

StAGR, D VI, Ma III. III. E2.

Monsieur

Meines Hochgeehrten H[errn] Vetter abgenembes schreiben hab erst empfangen wie ich eben zue pferd steigen wolt nach Meÿenfeld zue reiten, konnte also unmöglich dasselbe mahl dißen man der den brieff gebracht abfertigen. Bitte umb vergäbung, dz ich nicht so schleünig als ich selber gedacht meines hochge[eehrten] herren vetter schreiben beantwortet. Der dochter von deren zustand mein h[err] vetter meldung thut ist eine bleichsucht, daraus gar leicht eine thör od[er] wassersucht entstehen kann.[628] Dißer zuestand kompt von einem verderbten alzue sauren saurtheig deß magen, welcher viel saure cörperli züget [d. h. erzeugt], darvon der cilus od[er] milchsafft deß magen ganz verschleimpt, nicht nur allein die milchaderen, die trüßli [Drüsen?] deß gekröß [d. h. des Darms], die gallen gäng, und treüßli des pancras [sic] verstoplent, [so] dz dem narungssafft die geistreichen theille entzogen, sonderen es werden durch solche sauer theil auch verstopfft die mutteraderen, und deren rörli, d[as] geblütt erdickereret und endtlich die limpha der läbens geisteren beraubt, dz nothwändig allerleÿ unwässen in einem menschlichen leib entstehen muß, in dem wäder [d. h. weder] die wasser ächte noch purperfahrbe[ne] f[e]üchtigkeiden sich in denen gängen, höllenen, aderen und fiberen deß leibs recht bewägen könen wie sie sollen, und dz urwerck eines gesunden menschlichen leibs erforderet. Meine meinung dißer dochter zustand zu eruieren geht dahin, wie man die erste ursach verbesseren köne, und d[as] wär d[er] saurteig deß magen, hernach wie die sauren cörperli von süssen verschlungen und die verstopffung aufgelößt werden köne. Ein erbrechsafft, welcher den sauren schleim aus den faltenreichen theilen des magen hin nämme ist wol d[as] erste und beste mittel die cur anzuefangen, allein man muß dißer erbrechsafft von dem H[errn] Dockter Bawieren nemmen.[629] Hernach wolle man ihro diße krütter [d. h. Kräuter] süden [d. h. sieden] wie darauf geschreiben [sic], vorbehalten wann sie hitzen hat kann man lutter wasser nemmen, den tranck zue süden.[630] Sie soll wenn sie kann darauff schwitzen aber nur am morgen. Wann d[er] tranck gebraucht, soll sie d[as] pulffer brauchen auch wie geschriben. Ein krütterbad jm Meÿen [d. h. Kräuterbad im Mai]

von dannzap[fen], die mitleste [mildeste?] rinden von buchen, und schlechenholtz [d. h. Schlehdorn], auch schlüsselblümli krautt, und virolen krautt und genßblümli krautt, gesotten und darin gebadet, ist vortrefflich. Alle abend soll man jhro von ganßblümli, brunnenkreß, zichoria [d. h. Wegwarte], hufflattich und erdrauch krutt od[er] bruten [d. h. feuchter] wütherich [d. h. Wüterich, Wasserschierling] ein krüttersuben [d. h. Kräutersuppe] anmachen und geben. Hüten soll sie sich vor zorn und traurigkeit, nichts saures gesaltznes noch milch soll sie brauchen, auch nicht viel wein. Gott gebe sein sägen. Ich schleiße [sic] und bite meinen hochge[ehrten] herren vetter, er wele mir doch allezeit befehlen wo ich ihme od[er] seinen guten freund[en] dienen kann, es würt mich in der welt nichts so sehr freüwen als in der tat ihn sähen zue machen, dz ich seÿe mit allem vermögen
meines hochgeehrten H[erren] vetter zue dienen
hert begierig und gehorsame magt

Hortensia Gugelberg v Mos geb. v Saliß

A 6

ZB Zürich, Ms D 171, S. 303–307.

Brief von HvS an Johann Heinrich Heidegger, 29. Heumonat [Juli] 1694.

Ihr Exzellenz,
Hochwürdiger, Hochgelehrter Herr,

Ich hab Eürer Exzellenz höfflich und angnembes schreiben mit demütiger danckregung gantz empfindtlich gerühret sehr wol empfangen. Dz Eüwer Exzellenz mich so freündtlich und liebreich aufgenommen und nach so großen maß der liebe von mir halten, schauw ich als eine genaden gaab mir von Gott geschencket in Gott an und erfreüwe mich in ihm hertzlich darüber als über eine Zeugnus, dz auch mein alles sÿe wie der Apostel Paulus die Corinther versicheret x Cor:3. v22.[631] Ceffas und Paulus und der H[err] Dockter Heidegger ist mein, wir aber seind Christi. Christus aber und wir in ihm seind Gottes. So haben dann nun Eüwer Exzellenz mit ihrem christlichen angedencken an mich mir eine dancksagung zuegerichtet gägen Gott. Gägen ihnen selbsten haben sie mich auf d[as] höchst und eigneste verbunden. Und gägen mich reitzen sie mich je mehr und mehr zue der tugend an, indeme sie mir mit einem ruhm, den sie mir darvon gäben gleichsam wollen ermahnen und sagen, dz ich mich derselben befleißen soll, und zeigen, wann der ruhm, welcher nur ein schatten, einem so angenemm sein köne, wie viel mehr dan müße leiblich und süß sein, die übung der tugend selbsten als welche der leib dißes schattens ist. Mit beiden armen, demuth und liebe und in der einigkeit des Geistes des Herren, in welchem freÿheit ist, umbfasse ich und nemmen an alle, die mir von Eüwer Exzellenz erweißene ehr, liebe und freündtlichkeit und understehe mich mit disen zweÿ zeihlen jhnen demütig zue antworten und zu bezeugen ein große freüd, die ich von ihrer glücklichen ankunft nach Filisur empfunden.[632] Gott wolle ihnen ihre trenck Kur wol sägnen und sie bald nach glücklicher verrichtung derselbigen gesund zu uns führen auf Meÿenfeld, alwo mein hertzgeliebter Herr Vatter und ich Eüwer Exzellenz mit freüden zue bewirten verlangen und nach ihnigester hertzens aufrichtigkeit in voller liebe ihnen aufzuewahrten gedencken. Indeßen thue ich Eüwer Exzellenz mit großer Ehrerbietigkeit verehren und verbleib ihr, so lang ich läb,

gehorsam demütige magt Hortensia Gugelberg
von Mos [geb.] V Salis

A 7

Brief von HvS an Johann Heinrich Heidegger,
Maienfeld, 16. Hornung [Februar] 1695.

ZB Zürich,
Ms D 171,
S. 288–291.

Ihr Exce[llenz], hochgelehrter, hochwürdiger Herr Dockter,
mein gesonders hochgeehrter Herr,

Gesteren ist der arme man Christen Schumacher aus der Wild aus Balfreis[633] hie gewäßen mit seinen bekanten guten freünd, Andreas Saltzgäber, d[as] versprochene gelt von mir abzueforderen. Damit nun der arme man wüße, dz man ihme darumb zue hilff kommen, dz er in seiner heilligen religion bestendig verbleiben solle, hat er sich deßwägen verschreiben müßen. Und damit er sich auch in dem orth Glariß selbsten anmelden und mit einer demütigen bitt an sie kommen möchte, dz ihme diße schuld möchte gesteuert werden, hab ich ihne nichts wüßen laßen von dem, dz ich seinetwägen an beide orth Zürich und Glariß geschreiben, sondern ihme allein gesagt, dz er nach Glariß gehen sollte kummen, willen er selber nicht eines hellers wert vermag und hab darbÿ gnug und erst vor 1½ Jahren sich gehürathet [d. h. sich verheiratet]. Und damit der landtvockt [der Landvogt zu Sargans] auch nicht wüße, dz d[as] gelt von mir kumme, hab ich d[as] gelt nicht dem Christen Schumacher selbsten gegäben, sonderen dem Anderes Saltzgäber, welcher mir in aller form darum ein obligation machen müßen. Dargägen hat auch er Christen Schumacher dem Saltzgäber ein obligation nach meines hochgeachteten Herrn Vatters angäben machen müßen, von welcher ich ihnen eine Copeÿ schicken wollen. Es hat auch der Christen Schumacher in befelch etliche gulden dem landvockt manglen zue laßen, sagende sein freünd Andreas Saltzgäber habe eben nicht mehr gelt gehabt ihme zu gäben, damit Herr Landvock desto ehender glauben köne, d[as] gelt komme nirgend anderswo her als v[on] dem Andreas Saltzgäber. Es soll auch der Herr Landamman von Wahrtau[634] mit dem armen man heimgehen zu dem Hern Landvockt und ihn biten, dz er ihme die manglenden guldi [d. h. Gulden] nochlaßen [d. h. nachlassen] wolle. Widerigen fahls soll er sagen, er wolle witers zue seinen verwahnten [d. h. Verwandten] gehen, dieselbe aufzunemmen, welche er schon hat. [Wie?] ich Eüwer Exzellenz nicht geschreiben und bedeütet, hab mir diße sach gleich anfänglich alles von dem geistlichen Hern selbsten sÿe geschriben und recomendiert worden, ist die ursach, dz ich gefürchtet, die briff möchten verunglückt werden, und der gute Herr Pfahrer verwahrt.[635] Zu dem d[er] H[err] Landvockt, sonst ein guter luß [i. S. v.: Späher, Aufpasser][636] hat zuzogen, möchte in ungelegenheit kommen. Wie ich die sach nach Glariß berichtet, hab ich einem patienten, den ich kurtz davor zue Glariß bekummen ein eigenen bott henunder [sic] geschickt, und ohne dz es d[er] patient noch d[er] bott gewußt, dz es allein von deß H[errn] Pfahrers briff wägen geschehen sÿe, dem H[errn] Decan daselbst einen briff beÿbringen könen. Nach Zürich aber ist unvermöglich gewäßen etwas dergleichen zue erdencken. Was mich anbetrifft, so fürcht ich mir nichts von denen die den leib tödten könen, und ob schon der H[err] Landtvockt mein guter freünd sich alle zeit gägen mich ihm [d. h. im] höchsten grundgütig erwiesen, so bin ich ihme dieselbige heinwid[er] von hertzen [schuldig], aber nicht weiter als bis zum althar. Bÿ dem althar kenn ich niemand nach dem fleisch und mich selbsten nicht, dann ich bin überall verlohren, wo ich mich anderstwo suchen, als in Gott. Ich bin resalviert [d. h. entschlossen] bÿ dem althar zue verleugnen vatter und mutter, schwäher und brüd[er], heüßer und äcker und alle gute freünd. Die welt solls nur nicht dencken, od[er] sie betreügt sich an mir, wie sich die frommen an ihnen betrügen, dz sie an mir bÿ dem althar, wo ich die liebe Gottes und meines nächsten verleügnen müße, eine gute freundin hab. Nein, ich erklär mich ohn i[h]r zwüngen [d. h. Zwänge] und ohngedrungen dz ich sie nit sein will. Ich kanns und maches mit der welt und ihrer freündtschafft, sofern sie mich hinderet die ehr Gottes zue beforderen, nicht anderß als wie sie es mit Gott machen und meinen, nammlich nicht von hertzen. Darumb beträubt mich die welt nicht, wann sie mir al[le] augenblickt ihre freündschaft aufkündt. Gleichwol hab ich alle vorsichtigkeit gebraucht, dz d[as], was ich gethan, d[er] H[err] Landtvock [nicht [fehlt]] wüße. Bite auch E[eure] Ex[zellenz] meinen namen geheim zuehalten, willen die offenbarung deßselbigen zur sach mehr verhenderlich als feüglich wäre und verbleib

Eüwer Exzellenz, meines hochgeehrten H[errn] Dockter
gehorsame demütige Magt
Hortensia V Salis verwittibte Gugelberg V Mos.

Das gelt ist mir nach dem ich es dem armen man zue gäben versprochen allerorthen herzue gefahlen, also dz ich nicht noth gehabt, es zu erhälen [i. S. v. erhalten], sonderen es könen aus dem meinigen gäben, welches ich nun bei den stenden [d. h. Ständen] Zürich und Glariß zu füßen lägen, damit zue schalten und zue walten, wie es ihr Eminentzen und Exelenten [sic] beliebt.

A 8

ZB Zürich, Ms D 171, S. 293–298.

Brief von HvS an Johann Heinrich Heidegger, Maienfeld, 26. Hornung [Februar] 1695.

Hochgelehrter, hochwürdiger, mein gesonderß hochgeehrter H[err],

Eüwer Exzellenz angenembstes, und in meinen augen köstliches schreiben hab ich sampt den begärten widerlegungen d[er] volhständigkeid deß teuffens [d. h. des Taufens] von Chur aus empfangen[637] und wie ich von meinem beündner [d. h. Bündner] einem, der mir selbiges gebracht, verstanden, so ist jhr H[err] Sohn aus Engeland kommen, der treger desselbigen gewäßen.[638] Ich hab alsobald nach Chur geschreiben und den Hern Heidegger gebäten, dz er im ruckkehr nach Meÿenfeld reiße, so ich noch in der hoffnung

erwahrten. Ich will nicht zweifflen, dz die hern, die ich so hoch ehren und hertzlich lieben, mir d[as] unrächt anthun sollten vnd vorbÿ gehen. Was das Wartauwer geschäfft anbelanget,[639] so schreibt man mir von Zürich [darüber eingefügt: Glariß – *Korrektur?*], dz d[er] Christen Schumacher ein schlächter man [d. h. schlechter Mann] sÿe. Wie ihm welle, so hab ich d[as], was ich gethan nicht für den Christen Schumacher gethan, sond[er]en für die gantze angsthaffte gemeind,
[S. 294] aus welcher der H[err] Tschuddi[640] einen ehrlichen man mit einem Schreiben an mich geschickt und gebätten, dz ich die summen gelts veror[d]nen möchte, welches ich gethan, und ehe ich solches gethan nach Glariß berichtet dem H[errn] Decan Wild,[641] welches er gut geheißen. Ich hab es auch H[errn] Scuicer [sic] [d. h. Suicer, Schweizer] beri[chtet].[642] Die ursach warumb ich die Mäßblum wid[er] lägen zu zeigen,[643] hab ich dem H[errn] Gefatter Zäller[644] ein brieff von dem Hern Decan Cloßer überschickt,[645] darinen er von mir rächenschafft der meinung über die acht punckt der religion, die in der Mäßblumen enthalten, forderet, ob solche abgesätzt und dem H[errn] Professeur Scuier [d. h. Schweizer] zue sähen überschickt. Ich schreibe ihme heüt ich bite ihn, dz er dieselbe Eüwer Ex[zellenz] überschicken solle zue läßen, ich melde aber nicht, dz ich die hohe ehr geneiße, mit Eüwer Ex[zellenz] brieff zue wägslen [d. h. zu wechseln] aus, sond[ern] bedeüte allein, Eüwer Ex[zellenz] haben von meinen H[errn] Peter Zöller [d. h. Zeller] vernommen, dz ich etwas wid[er] die papistische
[S. 295] religion schreiben, welches sie mir mundtlich durch ihren Hern Sohn sagen laßen,[646] dz sie die selbige wünsche zu sähen. Eüwer Exzellenz schrifften will ich mit lust läßen, aber kein ander urtheil fählen, als dz sie aus der wahrheit geschriben haben, dann Gott ist die wahrheit, dann aus ihm und durch ihn, und mit ihm haben sie geschriben. Und ich weiß gewüß, dz sie [d. h. die Katholiken] dem heilligen Geist nicht ewig werden widerstehen könen, doch verwundere ich mich ob dem kräfftigen gethun von Gott deren, so die lugenen [d. h. die Lügen] lieben giebt und aus gerächtem gericht Gottes verstockt jhre hertzen, dz sie mit sähenden augen nicht sähen und mit hörenden ohren nicht hören und ein hertz haben, d[as] nichts begrift [d. h. begreift] von der wahrheit. Entgägen wir doch so seelig und große ursach haben wir, Gott zu verherlichen ursach, die wir das Wort Gottes haben und denen doch uns d[as]selbige mit so großer klarheit geprediget würt, nicht
[S. 296] nach dem dienst deß buchstabens, sonderen dem dienst deß Geistes, als denen d[as] Wort Gottes nicht ver-

derbt, sond[ern] offenbar ist ein geruch deß läbens zum läben, jenen aber ein geruch des todes zum todt. Ach der großen vortheilen, die die kinder Gottes, welche sein Worth annemmen, an ihn glauben und d[as]selbige bewahren und zeigen ihr glauben durch die liebe tätig in der erneüerung nach dem bilde Gottes, nach der Gestalt Christi zue lob seiner herlichkeit. Ich hab erstlich d[as] büchli geläßen, so der Prelat v[on] St Gallen geschriben,[647] und mit hemfunden [?][648] wie sie in außerlichen buchstablichen creathür – und natheürlichen sachen und leiblichen übungen den kinderen Gottes könen nachthun, in dem christenthum aber auch nachempfinden könen sie den kinderen Gottes die leidtschafft und was d[as] end deß samens Gottes sÿe verstehen, dann in der
[S. 297] verheißung dem Abrehamm nicht geschähen nach dem fleisch, sonderen nach dem Geist, und nicht die gemeinschafft mit dem pundt Abrehamm haten, wahren der samen der verheißung, sonderen die gemein der wahren deß glaubens Abrehamm, den er noch in d[er] vorhaudt hate, wurden in Christo die verheißene frommen und die erben. Dißes läret [d. h. lehret] in uns alles cratürliche [sic] und nathürliche und den dienst deß buchstabens, und zeiget uns, der pundt [d. h. Bund] im tauff [d. h. in der Taufe] nur bestehe ihm [im] Geist und in der wahrheit, und im blutt und in der frucht deß Todes Jesu Christi. Und also auch werden auch nur die selig, die ihr läben mit Christo in Gott verborgen gehabt, und nicht die, die cerimonia eines Gottesdienst[s] [vollziehen]. Läben und wahrheit laß einhär wandlen, denn sagt je Paulußdarvon, da er sagt, nicht die beschneidung, nicht die Vorhaut ist etwas, sonderen die Haltung der Gebotten Gottes.[649] Und der H[err] Christus thut ir selbst nach dem fleiß seine mutter und brüd[er] verleugnen und sagt, die den willen
[S. 298] thun meines himmlischen vatter[s] seind mein mutter und meine brüd[er]. Die Zeiten der dienstbarkeit der natheurlich und crathürlich [sic] sachen haben in Christo ihren endschafft genommen und seind uns die crathür[–] und natheurliche dienstverrichtungen nur zeichen und sigel der volendeten gerächtigkeit Christi. In der endtschafft deß crathür[–] und natheürlichen dienst[s] durch den Todt Jesu Christi, in welchem und durch welches Geist wir ihm [d. h. im] Geist und in der wahrheit läben sollen, nicht nach dem buchstaben und worten, sonderen nach der krafft der wercken des Geistes Gottes. Mein hertzgeliebter Herr Vatter[650] danckett Eüwer Exzellenz demütig für die sorg und müh, so sie von die Bünd[ner] nemmen, und recomendiert sie Eüwer Exzellenz sampt jhren nachfarnen, und ich ver-

bleib Eüwer Exzellenz zue verehren und zue lieben eÿfferig und gehorsm demütige magt

Hortensia V Salis verwittibte Gugelberg V Mos.

A 9

Brief von HvS an Mathe [auch: Dewes] Tischhuser [auch: Dischusser] von Malans, Kopie, kein Datum, ca. Nov./Dez. 1694.

StA Luzern, A 1 F1, Sch 397, Mappe «Wartauerhandel 1. Teil»[651]

Villgeliebter Freündt,

Mein geringstwillige dienst undt gruoß sÿe eüch guotter freündt anvor. Ich kann eüch nicht gnuogsamb sagen, wie mir eüwer abfall [d. h. Konversion] zuohertzet gehet, absönderlich alß ich vernommen, ihr wüssen die Schrifft [d. h. er kenne die Heilige Schrift], haben sÿe offt gelessen, undt haben offt selbst wider die unwahrheit gestritten, und allso der wahrheit die ihr jetzung verläugnen zeügnuß gegeben. Es ist mein meinung ietz nicht, daß ich eüch mit villen versprächungen wider zuoruckh lockhen wolle. Nein, ich weiß wohl, daß die religion gefrÿet ist in eüweren landen. Undt unser Gott den wir allein, und umb deß Herren Jesu willen anruoffen, hat unnß in dieser welt keine ehr, herrlichkheit noch richthumb versprochen, wie der Römisch Pabst und Cleriseÿ ihrem anhang verspricht, wie villicht auch eüch versprochen worden. Sonderen beÿ unnß Reformierten, die wir die knie den bilderen nicht biegen wollen, undt die Heÿlligste Jungfraw Maria nicht anbetten, noch taussent andere heÿlligen nicht zuo fürbitt und fürsprächen haben wollen, sonder allein beÿ Jesu bliben, wie seine Appostell, welcheß ihr im geschichtsbuoch derselbigen, sönderlichen. 4. lessen können,[652] wir sag ich, die wir von keiner anderen gerechtigkheit, erlössung, heÿlligung noch verdienst wüssen, wollen daß allein die unnß der Herr Jesuß mit seinem tod erworben und durch seinen geist schenckt, seind beÿ jederman verachtet, wie unnß der Herr Christus selbsten geweißsaget im Evangelium Johaniß. Wir sind daß kleine hüffelin und bündtelin Gotteß von dem grossen huffen der Römischen Kirchen mit feür undt schwert verfolget, wie leider an tag ist. Darumb sag ich nochmahlen, wan ihr nicht selbsten auß eigenem gewüssen der wahrheit zeügnuß geben wollen, so begerte ich eüch weder mit versprechungen zuo lockhen, noch mit getreüwungen zuo zwingen, dan ich

vermag kheineß zuo thuen, eß bricht mir nur auß blossem mitleÿden für eüwer seell, die ihr zuo verliehren villicht nie daran gedacht haben, mein hertz, daß ich eüch, dieselbe noch zuo erhalten, auß Christlicher liebe fragen undt mit eüch mit lauther demuth reden möchte, waß doch eüch bewegen können, die wahrheit zuo verlassen, die ihr uß der Schrifft selbsten lessen können, und selbsten erdauren, wan eüch die prediger geprediget, ob seÿe ihre eignen sachen predigen oder das wort Gottes, dan ihr wüssen, daß wir nicht glauben müessen, waß unß die predicanten sagen, wan es daß Golteßwort nicht ist, wie die Römische Leüth [d. h. Katholiken] glauben müessen, waß die Römische Kirchen glaubt, es seÿe in der Bibell geschriben oder nicht, wie disseß ihr erst oder ander fragstückhlin, die sie die kinder lehren, außweist. Ihr haben wahrhafftig gefellet, daß ihr unsere heÿllige religion verlassen haben, und daß sag ich nicht auß bössem eiffer gegen die Römische Catholische, dan sÿe müessen mir selbsten die zeügnuß geben, daß ich ihnen zuohilff kommen mit artzneÿen oder anderen alß den unsrigen.
Ja, ich sagen auch allen geistlichen in der Römischen Religion, wan sie mich etwaß besseres zuo thuen und zuo glauben werden auß der Schrifft erweÿsen können, alß ich biß jetz gewüst und geglaubt, so wolle ich von stund an mein religion verlassen. Aber sÿe können eß nicht. Ich weiß sÿe können der wahrheit, die ich mit dem H[eiligen] Geist auß und mit der Schrifft bezeügen kann, in lauterkheit gegen Gott undt meinem guoten gewüssen gegen den mentschen nicht widerstehn. Ich hab wider die Römischen Catholischen geschriben und wan sÿe noch nicht gnuog daran haben, undt es mir widerlegen können, so bin ich schon wider gerüst noch mehr zu schreÿben. Ich schicken eüch ein büechlin, so ich gemacht,[653] zuo lessen, undt bitt eüch kommen zuo mir, ich will freündtlich mit eüch reden, und sagen mir, was eüch an unserer heÿlligen religion mißfalle. Undt woh ich etwas in meinem schreÿben wider eüwer gewüssen undt die Schrifft, die ihr gelessen, geret hab, so sagen eß mir, ich willß annemmen. Wan ihr aber überzeüget seindt, daß ich wahr geschrÿben, so beharren doch nit auf eüwerem ab- undt ihrrweeg, bekennen eüch doch wider zuo Gott, so wirdt er sich wider zuo eüch kehren, mit gantzem hertzen begehren, daß eüch doch der H[eilige] Geist erlüchten wolle. Ich will von eüch hoffen, ihr seÿen übereilt [d. h. gedrängt] worden, undt haben oder wollen doch ietz nicht muothwillig beharren. Ich schenden noch schmehen die Römische Catholische Religion nicht. Es ist schon einer, der sÿe schenden und schmehen wird, Gott, wan er komen wirdt zum gericht. Und sie selber thuen eß nicht ihn selber, wann ihre pfaffen

jungen auffstellen undt der theüffel gwaldt über ein Nonnen Closter bekhombt, daß er die nonnen besitzen, verzauberen und vergalsteren [i. S.v. verblenden], daß sÿe nit bestehen können, wie erst kürtzlich im Rheinwaldt geschehen, darin ich selber verwante von Catholischer Religion gehabt, die darauß geflochen sindt.[654] Ich bitten eüch nur in aller freündtkheit, ihr wollen die Heÿllige Schrifft und die üebung, gebette undt gantzen Gottesdienst der papisten neben ein anderen beschauwen und gleichwohl dencken, NB [d.h.: Notabene]: ob der Pabst über Gott sÿe, der doch vill gebüttet, was Gott verbotten, und verbüttet, waß Gott gebotten. Kommen zuo mir, es soll eüch nur guotß undt nichten bösseß widerfahren. Ich will eüch zeigen, who ihr gefehlt, und will zuo Gott hertzlich uff meinem angesicht betten, daß er eß eüch verzeihen wolle. Ich will eüch auch dienen, wo ich kann.

Hortensia Gugelberg V Moß
g[eborene] V Salis

PS: Für eüwere frauw dörffen ihr nit sorgen,[655] wan ich nur ein juppen haab, so will ich sie mit ihren theillen.

A 10

ZB Zürich,
Ms D 171,
S. 303–306.

Brief von HvS an Dekan [Closer] des Klosters Pfäfers,[656] Abschrift beigefügt dem Brief an Johann Heinrich Heidegger vom 11. März [1695?], undatiert, nicht unterschrieben, jedoch eindeutig von HvS.

Monsieur,

Ew]er] Hochehrw[ürden] hofflichkeitvolles schreiben u[nd] christlicher wolmeinenheit in überschickhung d[er] zweÿ bildern deß todeß hab ich in einer sonderbahren genehmhaltung u[nd] dankh erkentlich gemüth zu meinem großen vergnüg[en] empfangen. Ich will i[h]m nicht sagen, d[urch] disen tod geraffet gleich werden auch die in closter habit finden. Ich will nun nicht sagen dz die heiligen gelehrten u[nd] frommen mäneren u[nd] weibern nach ihrem tod den leib nach der verwäßlichkeit u[nd] diese dem wesen nach graußame gestalth erhalten werden u[nd] unterworffen sein. Ich will auch nicht zweiflen, E[üwer] Hochw[ürden] werden nicht allen denen, die in christlichem habit nit sterben, gleichwol als under ihren weltkindern ein bußfertiges mit herzensschmerzen d[er] reüw durchstoßenes herz

haben u[nd] mit wahrem glauben u[nd] hoffnung den theuren verdienst, d[as] leiden u[nd] das blut Jesu Christi nach d[er] Gottseligkeit, ja den ganzen gekreuzigten H[errn] Jesum umfaßen und denselben ihnen mit wahrem vertrauwen zueignen, d[as] ewige leben absprech[en]. Ich will aber auch nicht sagen, dz nicht ein großer underschied under denen, die selig werden, sein werde. Wie ein strom den anderen an klarheit übertrifft, also auch werden die Apostel u[nd] marterer deß H[errn] uns gemein u[nd] klein liechtlin ubertreffen.
[S. 304] Zum exempel, ich will glauben, wann Eüwer Hochwürden in d[er] einen u[nd] h[eiligen] lehr deß seligmachenden glaubens leben u[nd] Christum gleichsam angezogen zum heupt haben u[nd] in ihm gewurzlet in d[er] größe waxen [d. h. wachsen] u[nd] zunemmen werden, die ihn Gott darreichen [?] wirt alß zu einem großen liecht der kirch Gottes u[nd] derselben glidern gleich, denn die Wort des Herrn angenommen, seine stimme gehört u[nd] sein wort bewahret, zur Nachfolg Christi in d[er] liebe u[nd] selbstverleügnung leben, wie ich deren auß christlicher liebe zu ihm nicht zweifle, so werden ihn eüßerliche werkh alle von denen sie schreiben um deß H[errn] Jesu willen Gott angenehm sein u[nd] hiermit freilich auf einer weit höheren staffel alß ich, die ich schwach u[nd] ein kleines liechtlein in d[er] kirch Gottes bin, ihm [im] himmel sein, wenn so vil sie ein größeres geschirr[?] von d[er] herrlichkeit Gottes erfült zu werden sein können. Nun so vil werden sie mich u[nd] andere, die nicht so groß sind, übertreffen, so wie ich es ihnen auch ohne vergunst mit demüthigen herzen, mit d[er] geringsten freud im himmel zufriden zu sein herzlich gerne überlaße, nur dz ich nun deß H[erren] Hochwürden nicht um meiner verdiensten willen ein thürhüterin in meines Gottes hauß sein könnte. Dises alleß, sag ich, will ich im geringsten nicht mit E[üwer] Hochw[ürden] streiten, nur alein will ich
[S. 305] Sie demüthig biten, wenn ich in meinem schreiben, so ich nicht nach dem wort Gottes u[nd] dem sinn der Schrift Gottes uns darin geoffenbahret, die sach verstanden u[nd] etwann unrecht von ihnen in d[en] Clöstern sonder heiligkeit u[nd] gestifteten orden wider d[as] wort Gottes u[nd] der Schrifft underricht geurtheilt, erstlich mir d[en] fehler zuegeben, u[nd] dann mich beßer [i. S. v. verbessern] auß d[er] H[eiligen] Schrifft dann ich darin anfangen.
U[nd] außer derselbig[en] oder wider sie weder dem Calvino, Zwinglio noch einigen anderen praedicant[en] glauben, denn ich bin weder auf den nammen deß Calvini noch eines anderen getaufft und vermag mein glauben u[nd] d[en]

nammen, auf den ich getaufft bin, dz ich allein beÿ Christo u[nd] seiner lehr geschriben durch seine diener die Apostel, Evangelisten u[nd] Propheten, welche geredt, getrieben durch den Geist Gottes, verbleiben soll. U[nd] bite doch ganz demüthig E[üwer] Hochw[ürden] laßen sich nicht deren gerusame gedankh[en] von mir zu sein können, alß solt fein einiges gifft von einich praedicanten mir wider die schrifft u[nd] wider d[as] Wort Gottes, nur als ihr wort eingießen u[nd] anstimm[en] laßen. Nein, ich wäre wol die beklagwürdige und elendest w…[?], denn wir die Evangelischen sag[en] nicht, dz die Schrifft nach eines jeden meinung u[nd] urtheil verstanden u[nd] außgelegt werden müßt, gleich alß wann eines jeden meinung u[nd] urtheil die regulas u[nd] richtthung der außlegung wäre, wie es zu lesen in 2 Petr. I, v. 20. Sondern wir sagen, dz mann sie verstehen u[nd] außlegen müsse nach dem willen u[nd] d[er] meinung Gottes, wie er selbige in der Schrifft selbst geoffenbahrt u[nd] wie diese offenbahrung auß dem Wort Gottes selbst nicht mit bloßer außsag, sondern mit gründen gegen eigner u[nd] aller andrer rechten gewüßen [d. h. Gewissen] bewißen [d. h. bewiesen] wirt. U[nd] auf diese weiß will ich nicht verwerffen, sondern annemmen die lehr, die mir E[üwer] Hochw[ürden] od[er] d[er] Papst selber sagen wirt.

A 11

Brief von HvS an Johann Heinrich Heidegger, Maienfeld, 11. März [1695?].

Jhr Exzellenz
Hochgelehrter Hochwürdigiger [sic] Herr
Mein Gesonderß Großer Freund

Es ist mir von meinen Hern Gefatter Zäller bedeutet word[en],[657] Eüwer Exzellenz haben meine schrifften gantz nach d[er] liebe angesähen, sie seind zwahr nicht mein, sonderer deß Heiligen Geistes werck und zwahren nur durch d[as] geringste werkgezeug verfärtiget damit sie sähen könen, dz alles sÿe Gottes und nicht unser. Ich hab in Contraversia [d. h. Kontroverstheologie] noch nichts gelehrnet, als was ich in meiner jugend auf d[en] glaubens tag als ein kindt auswändig gelehrnet. Ich hab auch kein anlaß darzu gehabt, wie mir Gott dato an die hand giebt, zu üben. Wann ich nur Eüwer Exzellenz letster tractat von dem tauff zuevor geläßen gehabt häte,[658] welt od[er] häte ich es vielicht beßer könen

machen, diewill uns Gott durch die mitel lehren will, aber ich habe kein einiges buch geläßen. Ich hab es geschriben, wie ich glauben und läben und die Bibel verstehen, und mich d[er] Geist Gottes geführt, so streng und fleißig, dz ich darüber eßen und
[S. 301] schlaffen vergäßen und geschreiben ohne ein länger consept darvon zuvor zu machen. So bald ich über der Bibel die fäder angesätzt, ist sie vort geloffen in miten meiner stuben, wo augenblicklich ich v[on] patienten abgehalten worden und von dausend anderen sachen, also dz kein wunder, wann sie schon nicht wol zu papier gebracht, und wann ich auch zeit und will [d. h. Weile] gehabt, ohne d[as] nicht verstanden häte, in ornung [sic] alles zu setzen. Ich überlaßen aber alles Eüwer Ex[zellenz], willen sie so gnädig darvon halten, ich häte ehe dieselbige verbäßeret und corigiert, vordem sie under Eüwer Ex[zellenz] augen nit dörffen kommen laßen. Ich hab nun Eüwer E[zellenz] schrifften wider den prelaten v[on] St. Gallen[659] mit unaussprächlichem [sic] lust geläßen und freue mich mit unaussprächlicher freüd über Eüwer Ex[zellenz] großes leicht [d. h. Licht], kräfftigeste Wüssenschafft, einen so sup[t]illen
[S. 302] Kopf zue widerstehen. Aber das macht der Geist Gottes, demselben kann niemand widerstehen. Ich hab in beiden tractaten ein [*über der Zeile ergänzt:* oder 2] blatt vmb das ander geläßen, als wann ich sie beide hörete. War nicht von der b[l]indheit verzauberet, dz er ein strauhalm vor ein christbaum ansieht, der kann mit henden greiffen, wie vergäblich sich der größere theil, so d[as] thir [d. h. Tier] anbättend und von d[er] Babilonischen huerÿ getruncken [*über der Zeile ergänzt:* worden], die Kirchen Christi zue sein sich rühmen kann. Ich schicken Eüwer Exzellenz die antwort, die mir H[err] D[e]can v[on] Pfäfferß[660] über mein weitläuffigen briff, darin er mich zur nonnen machen wollen, geschriben, gegäben, und was ich ihme heinwider dargägen geantwortet. Ich schicken auch Eüwer Excellenz wid[er] ein stück an meiner gespräch,[661] dazue mir die melancolÿ deß frauwenzimmers anlaß gegäben. Verbleibe damit Eüwer Exzellenz

hoch verbunden gehorsam demütige magd H

[Direkt links daneben in kleiner Schrift:]
Eüwer Exzellenz werden an dem einschluß [d. h. in dem Anhang] sähen, wie unmöglich man d[em] Geist Gottes widerstehen kann. Da er mir nichts sagen kann, speüt er mir Gift nach und will, dz ich ihn [in] selben versuffen [d.h.

ertrinke]. Aber ich wehreten seiner in d[er] kraftt Gottes hertzhaftt wie Ester deß Holofern[es].[662]

A 12

Brief von HvS an Dekan [Closer] des Klosters Pfäfers, 9.April 1695, gedruckt: [Zürich], Drucker unbek., 1695.[663]

Monsieur,

So hoch er mich in seinem Schreiben erhoben und so tieff wider hinuntergeworffen, so wenig weiß ich zuersteigen, noch zuergründen, wie mich zuverhalten habe. Da ich mit aller Einfaltigkeit daheim und in der Frömde die Männer gefraget: (keine vorwitzige, denen Weiberen zuwüssen unnöthige Sachen) sonder von dem einigen nothwenigen und ihnen nachgelallet im reden, auch was ich etwann in Theologischen Schrifften gelesen, anderen geschriben, sihe da ware es nicht recht. Und förchtet mein Herr ich möchte eine zu einfaltige Daube mich verführen lassen. Jetz da es mir giltet, daß ich kein Christenthum recht wüsse, in der Schrifft gesucht und mit ihro geredt Rechenschafft zugeben, wie ich es meine und verstehe, so bin ich eine zu kluge Schlange worden, denen die Weiber spotten. Und wann ich schon mit der Schrifft geredet habe, muß dennoch darauf appliciert werden was Paulus geschriben *1.Tim.V.13.* Da doch von dem Wort Gottes reden oder schreiben darunter nicht sollte gezellt werden, daß es eine Arbeit seye deren Weiberen, die der Apostel an demselbigen Ort beschiltet [d. h. schilt]. Sonst bin ich mit meinem Hoch[ehrenden] Herren eins und gäntzlich der Meinung, was die Schuldigkeit der Weiberen gegen ihre Männer und sonst betrifft, absonderlich der Wittfrauen *1.Tim.V.5, Luc.II:37* daß sie nicht lehren sollen in der Gemeind *1.Cor.XIV:34 [II] 1.Tim.II:11.12.* Daß ihre Zierd nicht seyn solle Gold und Perlen anhenken. *1.Pet.III.4 1.Tim II:9 Titum.II:13.* Daß sie den Männeren underthänig seyn sollen. *Col.III.18 Gen.III:16 Eph.V:22 Tit.II:5 1.Pet.III:3.* Daß sie ihnen gehorsam seyen *1.Pet.II.6* nicht über den Mann herrschen, *1.Tim.II:12,* sonder alß der Sara Töchteren sie Herren nennen *1.Pet.III:6.* Daß der Mann das Haubt des Weibs seyn solle *1.Cor.XI:3 Eph.V:23.* Dises, sage ich, will best meines Vermögend zuhertzen nemmen und bin bereit und entschlossen nach der Gnade, die mir Gott darreichen wird in meinem Leben und Wandel ohne Wort zu lehren *1.Pet.III.1.* Jch lise [d. h. lese] gleichwol daß die

Apostel Paulus und Petrus bey einer jeden Pflicht des Weibes den Mann hinwiderum verbinden. Sol das Weib dem Mann pflichtig Gutwilligkeit halten, so ist der Mann zuerst verbunden dem Weib *1.Cor.VII.3.* Sollen die Weiber ihnen gehorsam seyn, so müssen die Männer mit Vernunfft wüssen bey ihnen zuleben *1.Pet.II:7.* Jst das Weib ihres eignen leibs nicht mächtig, so ist es der Mann auch nicht, sonder das Weib *1.Cor.VII.4.* Der ungläubige Mann ist in dem gläubigen Weib geheiliget; also auch das Weib in dem gläubigen Mann *1.Cor.VII.14.* Ist der Mann das Haubt des Weibs, so ist das Weib der Leib des Manns *Eph.V.8.* welchen sie lieben sollen als ihren eignen Leib und wie der Herr seine Gemeind. *Eph.V.25-29.* Sol das Weib den Mann förchten *Eph.V.33.* so muß ohne Zweifel der Mann also mit ihren umgehen, daß sie nicht zuförchten haben vor einigem Schrecken *1.Pet.[III] III.6.* Sind die Weiber das schwächere Geschirr, so gehört ihnen doch ihre Ehr. *1.Pet.III.7.* Gott hat den Leib also gemenget [d. h. aufgeteilt], daß er dem dürfftigen Glid die meiste Ehre gegeben *1.Corinth.XII.23.* Wir sind viel Glider an den Leib Christi aber nur ein Leib *1.Cor.XII.20.* Jst der Mann nicht um des Weibs willen erschaffen, sonder das Weib um des Manns willen *1.Cor.XI.11.*, so sagt der Apostel auch, wie das Weib auß dem Mann, also seye der Mann durch das Weib, aber alles aus Gott. *1.Cor.XI.12.* Sind wir nun mit euch auß Gott, so sind wir auch Miterben der Gnad *1.Pet.II.7.* Sind wir in Christo gleich mit euch *Gal.II.28.* so giltet uns alles in Christo wie euch. NB [d. h. Notabene]. Die ganze H. Schrifft dienet uns und ist zu uns gesagt, was euch und zu euch. Dann wir sind alle durch einen Geist in einen Leib getaufft worden. Wir sind gleich, wiewol wir vil sind, so sind wir doch ein Leib; also auch Christus *1.Cor. XII.12.13 Joh.XVII.21.* Oder sollen wir Weiber nicht wüssen müssen, was uns von Gott geschencket ist und dessen wir theilhaftig sind? *1.Cor.II.12 2.Pet.I.3.4.* Oder sollten wir darum, daß wir nicht Männer sind, keine glider und nicht von dem Leib seyn? *1.Cor.XII.15.* Jch weiß zwar wol, daß wir gute Haußhalterinnen seyn sollen *It.II.5.* daß unsere Arbeit spinnen und näyen seye und wir nicht zuachten haben auf die überflüssiige Gelehrtheit, die mehr Fragen bringet als Erbauung Gottes, welche bestehet im Glauben *1.Tim.I.14.* Wann wir aber auß Gottes Gnaden sind, was wir sind *1.Cor.XV.10.* und mit den [IV] Männeren gleiche Mittel und einen gleichen Weg zu dem Himmel zugehen haben, so dörffen wir uns zueignen was unser sagt *Math.XXIII:23 Luc.XI:42.* Jhr solt das Einte thun und das andere nicht unterlassen. Jn aller Unterthänigkeit mit einem sanfftmütigen und stillen Geist sage ich auß *1.Pet.III:4…*

[...][664]

Ich lise [d. h. lese] *Luc. XXI. 3.* daß unser Herr Christus den kleinen Haller der Witfrauen nicht verachtet. Ich achte alle meine Gaben und Talent gegen den Männeren nur als einen kleinen Haller; jedoch will ich ihn auch zu dem Gottskasten tragen. Ich will in aller Stille, Demuth und Underthänigkeit mein Talent anwenden, als auch ein Glid an dem Haupt Christus, auß welchem der gantze Leib durch gleiche und bande[665] Handreichung empfahet und zu der Grösse wachset, die Gott gibet *Colos. II. 29. Ephes. IV:15. 16.* Ich will Euch bitten, urtheilet von mir nach dem mir die Maß des Glaubens mitgetheilet hat. Wir sind ein Leib in Christo, haben aber nach der Gnad, die uns gegeben ist, unterschidliche Gaben *Rom. XII:5. 6.* Vertraut sich ein mann von sich selbst, daß er Christi seye, so gedenke er wider bey sich selbsten, daß gleich wie er Christi ist, also auch wir Christi seyen. 2. *Cor. X:7.* Es sind mancherley Gaben aber nur ein Geist. *1. Cor. 12:4.* Petrus schreibt *1. Epist. 4:10.* Dienet einanderen mit der Gab wir ihr sie empfangen habet. Ein andere spinnet euch, ein andere näyet euch, ein andere sorget euch um die Ding so die Welt betreffen, wie sie euch gefallen möge. *1. Cor. VII:34.* Erlaubet mir in aller Stille und Unterthänigkeit, mit euch von Gott zureden und zwar wie er selbst redet, damit ich nicht fehle; das ich auch möge sorgen um die Ding, so den Herren betreffen. Oder wollet ihr meine kleine Gaben verachten, euch darüber entrüsten und spottend sagen. Wozu dient der überfluß euerer Worten und gelehrte? Es ist nur eine unnöthige [VIII] Sach den Weiberen. Oder meinet ihr überflüssig seyn in Sammlung der Sprüchen H. Schrifft, davon reden und schreiben, daß Wort Gottes reichlich in allen Gesprächen bey uns lassen wohnen *Col. III:16.* Einanderen reitzen [d. h. anstacheln] zur Liebe und guten Wercken *Hebr. X:23.* solle gezellt werden zu dem Geschwätz und Fürwitz, davon der Apostel abmahnet *1. Tim. V:13.* Und ihr es mir applicieren [d. h. zuschreiben] auf meinen letsten Brief, so könnet Jhr es thun. Es können auch euere Weiber mich zum gespött oder gelächter machen so lang sie wollen; zwingen können sie mich nicht, daß ich es übel aufnemme, daß ich sie richte, das ich von ihnen urtheile wie sie von mir. ich mache mir in solchem Fahl zueigen was Christus sagt *Matth V:11. 12. Luc. VI:2 1. Pet. II:20. 21. 22.* Und übergibe alles dem der da recht richtet *1. Pet. II:23.* verbleibe auch mit aufrichtigem Hertzen

Meines Hochgeehrten Herren
Hoch obligierte Dienerin.

A 13

Brief von HvS an Johann Rudolf Tschudi, Pfarrer zu Wartau, 16. Brachmonat [Juni] 1695.

StA Zürich B VIII 300c, Nr. 101.

Wohlehr[ender], würdiger, hoch und wolgelehrter,
mein gesonderß hochgeehrter H[err] Gefatter,

Es ist deß Christen Schumachers Frau[666] etlich tag beÿ mir gewäßen und laßt sich gar fein an, unsere heillige Religion zue lehrnen, und das mit freüden. Ich hab es Eüwer Hochehr[enden] Gnäd wollen berichten und ihnen d[as] Mensch recome[n]dieren, sie mit aller liebe und sannfftmut aufzuenemmen und sie mit gutes erweißen und lehren zu erbauwen. Darzue fürt wol d[as] böße mitel fein auch, dz Zürich und Glariß ihne und viel mehr mir d[as] gelt so ich ihme gegäben, gäben möchten, mit dem beding, so sie sich beide fromm und in unserer heilliger Religion läbend gottseelig einstehlen werden. Und ich, so bald ich d[as] gelt empfangen würt, werd ich es anwänden, wenn man will, zu Glariß oder Zürich selbsten und den Zeiß [d. h. Zins] an die dürfftigen Religionsverfolgten anwänden und will noch mehr gelt darzue thun. Ich will Eüch treuwlich helffen und an die hand gehen, Eüwer armen Religionsgenoßen, die jetziger zeit verfolget, zue versorgen. Zue dem end ich ein schönes gelt aufgebracht hab zu versorgen deß Hogers[?][667] Frau und Kind, man kan nur sagen wann, wo und wänn ich es übergäben soll. Underdeßen verbleib ich

meines hochgeehrten Herren Gefatter getreüwe
Dienerin
Hortensia v. Salis, werwittibte G v M

[P. S.:] Ich hab keines v[on] mein[en] büchli bÿ henden.[668] D[er] H[err] wolle doch dem Christen Schumacher eines haben und ihnen ein Neüwes Testament geben, dz sie darin läßen, und wann sie in die Kirchen kommen auch etwas wüßen.

A 14

ZB Zürich, Ms D 171, S. 327.

Brief von HvS an Johann Heinrich Heidegger in Zürich, Maienfeld, 18. Brachmonat, 1695.

Ihr Ex[zellenz] hochgelehrter, hochwürdiger, mein hochgeehrtester H[err] Dockter,

Wann Eüwer Ex[zellenz] meine schrifften noch nicht nach Schaffhausen geschickt haben, bite doch aller demütigest, die selbige beÿ kommender post zue schicken. Und wann sie sollten wie vor einem Jahr d[as] waßer zue St Moritz besuchen, bit ich gantz einständig und so hoch ich kann, mir die große Ehr wid[er]fahren zue laßen und etliche tag hier beÿ mir ausruhen. Verbleib indeßen

Eüwer Ex[zellenz] gehorsamm hoch verbundene Magt
Hortensia V Salíß verwittibte G V M.

A 15

Brief von HvS an eine Jungfer Baas, Maienfeld, 20. Brachmonat [Juni] 1695.[669]

StA GR Chur, B 1401.

Mademoiselle,

die Cristliche liebe so wol als die blutverwandtschafft treibet mich meiner herzg[e]li[ebten] Jungfer Baas, welche ich von der warheit seihe [sic] abträten, nachzugehen und so vil als mier ist, meine [mir] verlichne [d. h. verliehene] Gnadt für sie anzuwenden und ihro die handt zu biedten, sie aus der finsternus wider an d[as] liecht zu füören. Ich will glauben, dz sie aus schwachheit seÿ übereilet worden und von ihren gemütsneigungen übermeistert, denselben zu volgen, zum grossen Nachtheil ihrer Selen Seligkeit etwas gethan, in welchem zu verharen sie doch keine Gedancken haben würt. Was hülff es sie, wan sie die ganze weite welt gewünde und müste zulest schaden an ihrer Selen leiden.[670] Sie köne, wärden sie die Nonen bereden, in der Römischen kirchen mit anbetung der Heÿligen Jfr. Maria und dem verdienst der Heÿligen vil gewinen. Dargägen aber bedenke sie an den theüren verdienst deß Herren Jesu, welchen sie ihren als nicht genugsam für ihre Sündt aus dem herzen nehmen, verlürt [d. h. verliert] sie den Mitler zwüschent Gott und uns Menschen, weil sie auch an andere Mitler und fürsprächen glauben mus. Sie verliert den allein seligmachenden Namen Jesu Christi um dessen willen allein und um keines anderen willen uns Gott erhören will, und um dessen willen allein wier Gott könen angenem gemacht werden, Act. 4, [12],[671] Ephes. 1, und nicht um der Heÿligen willen, Johan... *[abgerissen]* damidt sie Christum verleürt [sic] und f... *[Riss im Papier]*, diese der Heÿligen verdienst mus für ihren A... *[beschädigt]* und Hoffnung halten, verliert sie ihre Seligkeit damit, Jer. 17. Dan wer in Christum, dehr allein volkomen machen köne und zueignet wärde, hoffet, nicht glaubt, ist schon verdamt, Joh. 3. Ich bite sie, liebe Jungfer Baas, sie dencke gleichwol disen sachen ein wenig nach. Religion enderen ist keine geringe Sach. Kann sie doch so verblendt sein und glauben, was d[as] verdienst des Herren Jesu für unsere Sünden beÿ Gott seinem himlischen Vatter nicht thun oder ausrichten könen und sein Nam nicht vermag, es wärd es thun könen der verdienst der Heÿligen und ihre Namen, um welcher willen sie zu Gott schreÿt, und mehr vertrawen auf die Heÿlige Jfr. Maria und die Heÿligen sorget, als auff Gott und den Herren Christum. Auf das wenigest würt der Herr Jesus so vil gelten, als seine liebe Muter, und sein Nam als der Heÿligen nam. Ehr wirt auch die anbetungsform, die ihm am gefelligsten ist und wie ihm beliebt, dz man beten solle, so wol verstanden haben als die Römische Kirchen und uns darin zu lehren ebenso vil liebe für uns gehabt, als die Römisch Kirchen hat, den Jesus Christus und nicht die Römische Kirch hatt ihr blut für uns vergossen. Ich sage nun truz der Römischen Kirchen, dz sie nicht erweisen kann aus der Heÿligen Schrifft, dz man die Heÿlige Jfr. Maria anbeten und an die verdienst der Heÿligen glauben sol. Hat der Herr Christus seine [S. 2] Jünger geleret bätten, Vatter unser oder Mutter [sic] unser, geheiliget wördt dein Nam oder i[hr?] Name[?]. Wan am Jüngsten Tag Christus komen wirt die welt zu richten, bin ich versehen, er würt noch wol so vil gelten als seine liebe Mutter, und die allein einfelltig nach dem befelh Christi komet zu mier, Mateii. ii, zu Christo komen sindt und allein um des Herren Jesu willen Gnadt begärt und durch keinen anderen verdienst haben wollen selig werden, als durch sein verdienst durch den Glauben ihnen zugeignet, die wärden auch wol so vil gelten als die um alle Götzen herum gestrichen sindt, der Heÿligen Mutter Göttliche Ehr erweisen und die verdienst der Heÿligen mit Hoffnung und Glauben auffgenomen. Ich weis auch, dz die bott [d. h. Gebote] des Herren Jesu so vil gelten wärden als die Besen und Gebott der kirchen, und sein befehl würt wol so vil geachtet werden als d[er] lange gebruch d[er] Menschen Satzungen, wormit man Gott vergäblich dienet, Mat. 15. Himel und Erden werden vergehen, dz nicht ein Punct von dem Wort Gottes vergehen wirt, Matt. 5, [18]. Ich weis auch, dz sie und ich darnach gerichtet werden und nicht werden gerichtet wärden nach den gesetzen der Kirchen zu Rom, oder vil mehr des Pabsts allein, welcher der … *[Riss]* … darin wol Gottes gesetzt und in Glaubenssachen volmächtigen Befell *[Riss]* … 2.Thes.2. Die Römische Kirchen kann nicht lehren, dz es von anderen Religionen sollten verstanden wärden, dan es rüehmt sich keine Religion der zeichen und wo[rte?] [abgeschnitten] wie die Römische thut. Um dessentwillen ist sie, meine liebste Jungfer Baas, schuldig für ihre Sel zu sorgen und sie nicht der Römischen Clariseÿ auf Gnadt und Ungnadt übergäben, ihnen zu glauben und blindlings, es seÿ was sie lehren, in dem Wort Gottes gebotten oder verbotten, geschriben oder nicht. Wirt sie mier aber die Heÿlige Schrifft vorwerffen, so verwirfft sie Gott, den Gott ist in seinem Wort, der Heÿligen Schrifft, welche von dem Geist Gottes, der die Evangelisten und Apostel getriben, geschriben worden, geofenbaret, 2 Peteri 1, [21]. Und ist schuldig mier oder wer die rächenschafft des Glaubens von ihro forderet, die Frasen und Gebot der Römischen Kirchen, die nit in der Schrifft geschriben mit und durch etwas Hurenrisches zu probieren, als die Schrifft ist. Dan die Wörter sindt nur so weit der Kirchen Glider, so fern sie beÿ dem Wort Gottes bleiben, wahr sein Wort halten tun, seine Stim höret, der und die sindt es die Kirchen Glieder und fründt Gottes sindt, Joha. 10. 15. 14. Oder wer kann uns versicheren, d[ass] die Geister d[er] Alt Wörter aus Gott seÿend als mit der Schrifft, [S. 3] darinnen sich uns der Geist Gottes geofenbaret hat und seinen willen und sinn zu verstehen gegeben hat. Derselbe kann ihm sälbst nicht widersprächen, noch sich leugnen. Und eines in der Schrifft geoffenbaret und ein anders dem ersten zuwid[er] die Kirchen lehren. Schuldig ist sie, sag ich meiner lieben Jungfer Baas, dz sie dem befehl Gottes gehorsam, und dz sie seine und nicht anderer Stim hören sol, und die Geister prüefen, ob sie aus Gott seÿen, 1 J[o]han 4, Johan 18. Sie ist schuldig, dz sie sorg tragen solle damit man ihro nicht auf den Grundt den die Apostel gelegt, welcher ist Jesus Christus, Heüw, Stroh und Stoplen menschlicher Gesezen, und Meriten bawen lasse, dz man sie drauf sezen laße und damit in Gefahr kome, dz hernach, wan die prüfung d[as] Wort, durch die bewahrung des Feürs des Geistes Gottes angeht, sie mitsambt ihrem Heüw und Strohen in die Lufft springen müßte. Ich will iro nicht sagen, ob sie ihr nicht förchte, daß ihren in diesem Closter ergehen möchte, wie den Nonen im Münsterthal, da nicht nur ein Hurensond[ern] gar ein Hexengeist regierte, d[er] ihrer vil verzauberet und vil gar von dem Teüffel besässen worden,[672] oder in gegleichsneter Phariseischer Heÿligkeit. Ich bin mit disem Brief nicht gesinnet, die Römische Religion zu schmechen, d[er] Herr Jesus, wan ehr kome [...?] *[Riss]* ... doch allen gehört und allen zukomen kann, und die ehr ihme mit wirt ver ... [?] *[Zeilenende unlesbar],* wie er selbsten spricht Jer. 62,[673] alsdan wirt der boswicht geoffenbaret wärden, welchen der Herr mit dem Schwert seines Mundes auszumachen, und ihr durch die erscheinung seine zukonfft abthun wirt, 2 Thes. 2. Sonderen ich meine mit disem brief nur meiner hërzgeliebten Jungfer Baas zu biten, ehe sie in d[er] Römischen Religion verharet und die unßerige verlest, beÿde gägen einander aus und nach der Schrifft zu prüeffen und wie ich ihren meine Religion aus der Schrifft brobieren kann und deswägen ich darin läbe, also auch sie mier ihre Römische Religion aus der Schrifft probieren welle, und dz sie abgefallen und in ein Closter gegangen, mier die bewegursach sage. Wan ich ihro aus d[er] Heÿligen Schrifft nicht darwider antworten kann, so ist billig, dz ich sie auch anneme, kann sie mier aber mit der Schrifft ihre Religion nicht probieren, so frage ich sie, ob sie mit Gewalt blind sein wolle und den Herren Christum verleügnen, welchen sie so offt verleügnet, so oft sie die Heÿlige Jfr. Maria für eine Mitlerin, für eine Fürsprecherin und Helfferin anrufft, so offt sie um der Heiligen verdienst willen Gott bittet um Vergäbung der Sünden, so offt sie d[as] Fägfeür und [S. 4] die Ablaskrämereÿ für ein theil ihre[r] Sünd hinweg zu nehmen haltet, so offt thut sie verleügnen und saget um so vil ab them theüren Blut Jesu Christi und seinem allein gältenden genugsamen verdienst. Eintweders mus mein geliebte Jungfer Baas ein geistlich oder fleischlich absechen gehabt haben, da sie die resolution in ein Closter zu gehen genomen. Hat sie es darum gethan, dz sie drinen so lang sicher sein könne, bis sie gelegenheit bekome, sich an ein Römisch Catolischen Herren zu verheüraten, so hat sie gewüs unrächt gethan, einen Man zu nehmen wider ihres Hern Vatters wil[len] und nochmehr um eines Mans willen, deren es doch genug gibt, die warheit ihrer Religion zu verleügnen. D[as] ist warhafft der Müöh nicht wehrt, wan ehr sie schon zu einer Königin machen könnte, so kann ehr sie doch nicht versicheren, dz sie einen tag läben und nicht stärben wärde. Hat sie etwas dises ihrem H[errn] Vatter zu leidt thun wollen, o[b] des grossen Ellendt sich sälbsten zu verderben, um andere zu morreficieren. Ist aber etwan d[as] andere ihr absehen gewesen, dz sie geistlich gebunden worden soliches zu thun, und dz sie die Römisch Religion beßer findt, darin selig zu werden, als die unsere, so frag ich sie, wie sie köne in einer solchen Religion selig werden, der [das] verdienst Christi und sein Mitler-Ambt nicht genug ist, sonder one die Verdienst der Heÿligen, auch noch ein grossen theil der hoffnung stellet. Wie kann sie selig werden auff einer solchen Religion, die d[en] Namen Jesu und sein Blut zu gering achtet, durch denselben zu Gott zu komen, allein, und d[as] sälbe theüre Blut Jesu,

welches für unsere Sünden volkomen genug vergoßen und kräfftig ist, uns beÿ Gott auszusönen, nit volkomen genug glaubt, durch den Glauben an d[as] selbige selig zu werden, freÿ widerspricht und an die Seÿten sezt das Fegfeür und d[as] verdienst der Heÿligen. Wie kann sie in der Römischen Religion selig werden, deren doch d[as] profetische Ambt unßers Herren Jesu Christi nicht genug ist, sie zu lehren, ja desselbigen lehr ganz verwürft und Menschen Gebott darfür annimbt. Wie kann sie selig werden in einer solchen Religion, die wider d[as] Wort Gottes zu gering achtet d[as] Priesterthum des Herrn Jesu, welcher mit dem opfer seines leibs am kreüz für alle unßere Sündt bezahlt und volkomen genug gethan hat mit einem einzigen opfer, welches ein mahl und nicht vil mahl geschehen könen, Heb. 9:10. Hergegen in derselben abgöttischer weis geopfert würt, der Herr Jesu alle Tag
[S.5] mehr als tausent mahl und under ander Gestalt eine[n] Ofleten [d. h. Oblaten] Gott gemacht, angebetet und geessen wirt.[674] Endlich wie kann sie selig wärden in einer Religion, die nicht Christum allein für ihren König und Haubt haltet, seiner Kirchen und deme man gehorsam sein solle, annimbt. Sie beliebe mier hierüber zu antworten, wan sie recht hatt, will ich zu ihren in d[as] Closter komen, wan ich aber rächt hab, so ist billig, dz sie zu mier kome. Ich wollte sie mit freüden annemen, und verbleibe

Einer herzgeliebten Jungfer Baas
Herzgeneigte Dienerin
Hortensia von Salis, verwitebte Gugelbergerin v Moos.

A 16

ZB Zürich, Ms D 171, S.335–336.

Brief von HvS an Johann Heinrich Heidegger in Zürich, Maienfeld, 18. Herbstmonat, [1695?].

Ihr Ex[zellenz],
hochgelehrt und vorttäfflicher Herr,

Ewer Ex[zellenz] sampt ihrem gantzen Haus werden sich verhoffendtlich auff ihre trank Cur wol befeinden [sic],[675] welches mir über alle die maßen angenemme freud sein würde zue vernemmen. An mir hatt Gott seine große barmhertzigkeit, Stärcke und Güte volendet und mich endtlich gesund wid[er] in mein haus gebracht, darfür mein hertz vol danckbarkeit und mein mund vol rühme[n]s und lob billich sein soll. Es hat mein Gott mir viel genaden zue Chur erweißen, darunder ich eüwer Excellenz ansprach für eine nicht der gereinigsten [sic] zähle. Ich habe von bewußter Matherÿ dem Hern Suicer [d. h. Schweizer][676] geschriben und hertzhafft darin gehauwen ohnwüßend, ob es sich also verhaltet. Ich hab den brieff Euwer Ex[cellenz] uffen schicken sollen, dz sie ihn läßen können und vermah[n]en und H[errn] Suicer übergäben. Die antwort darauf will ich auch comunicieren und alle zeit verbleiben Euwer Ex[cellenz] eifferige verehrerin und gehorsame demütige magt.

Hortensia Gugel[berg] V Moos ge[borene] V Salis

A 17

Brief von HvS and Johann Heinrich Heidegger, Maienfeld, 21. Weinmonat [Oktober] 1695.

ZB Zürich, Ms D 171, S. 338.

Ihr Ex[cellenz],
Hochgelehrter, mein insonderß hochgeehrter
H[err] Dockter

Ich überhäbt mich so viel ich kann, dz ich Euwer Ex[zellenz] mit meinem schreiben nicht zue offt, oder ohne noth, bemühe, will ich weiß, dz sie alle zeit hoch und wichtige geschäffte zue verhandlen haben. Dißmahlen geschieht es wägen unserer schull, willen der H[err] Schulmeister Waßer sie auf ein zeit lang verlaßen soll umb sich examinieren zu laßen.[677] Denselben Euwer Exzellenz zue recomendieren und demütig zue biten, dz sein Examen möchte geförderet werden, dann es seind fast 150 kinder, denen in seiner abwäsenheit ein alter ungedultiger zuegegäben würdt. Wie mit mir Gott alles wolgemacht, werden Euer Exzellenz vernommen haben. Gott erhalte Euer Ex[cellenz] überflüßig in allerley gnaden. Ich verbleib indeß Eüwer Ex[cellenz] hochverbunden,

gehorsamm demütige magt, Hortensia V Salïß.

A 18

ZB Zürich, Ms D 171, S. 373–374.

Brief von HvS an Johann Heinrich Heidegger, Maienfeld, 7. Heumonat [Juli] 1696.

Monsieur,

Ich hab vor etwas zeit den [sic] H[errn] Gefater Zeller[678] einige brieff geschickt, E[ure] Ex[zellenz] läßen [lesen] zue laßen, wie ich datho einen schicke, denn ich an eine Frauw von Bern geschrieben euwer Exzellenz zu zeigen.[679] Und ein schlußfragen hab ich an den Hern Thorman abgehen laßen, Euwer Exzellenz ein Copy darvon überschickend, und zuegleich bitend, mir dieselbe auch zue beantworten, damit ich auf allen nothfall gerüstet werde, dem H[errn] Thorman zue antworten.[680] Auch ich darff mich nicht bÿ Euwer Exzellenz anmelden (mit meinen schrifften sonst wolt ich schier alle demütig vorlägen) will ich weiß, dz sie geschäfft haben. Sonst kann ich nicht genugsamm erzeigen wie mich die heütige singulariteten und Vernemungen schmertzen.[681] Über achtag will ich Ihnen in geheim etwas zeigen und so lang ich läb verbleiben

Eüwer Exzellenz gehorsame dienerin Hortensia V Saliß verwitwete G V Moos.

A 19

Brief von HvS an Johann Heinrich Heidegger, Maienfeld, 8. Juli 1696.

ZB Zürich, Ms D 171, S. 375–378.

Monsieur,

Ich muß Euwer Exzellenz, die mich so aufrichtig und offenhertzig über meine gethane fragen zuefreiden gestellt haben alles in geheim sagen, was ich weiß. Ich hab ihnen bÿligend zue läßen überschickt, erstlich die copeÿen aller d[er] brief, die ich nach Bern geschriben under sie d[en] Madam Bucher ihren briff geläßen.[682] Bÿligend schick ich ihnen beide brieffen so Herr Thorman[683] an mich und ich an ihne geschriben beträffend die 4 persohnen aus Saxen, [S. 376] die man mir recomendiret, für andre apostel und heillige lüth aufdrenngen wellen. Und ich hab sollen aus christenliebe alles gutes von ihnen glauben, und hoffen, und das hat mich verwirt und betäubt darum dann nicht alles bewahren müße und das gute behalten. Einer von ihnen ist von ihnen getrennt, d[er] hat viel närische sachen mir selber von ihnen gesagt. Ist nit d[er] schlimmste darvon. Einer hl[?] das dorff, geht jhm land herumb. Und bekomen die lüth ein

[S. 377] unglaübliche menge gelts v[on] Bernn, dz sie mit wolläben verzähren [d. h. verzehren]. Ein anderer d[er] sich ihr brud[er] nennen leßt, ist stets by ihr,[684] und will man sagen, dz sie bÿsammen schlaffen, welches ich nicht glauben und dz sÿe zu Ragatz comuniciert haben wie bÿ uns.[685] D[es] aber werden sie entschuldiget von den pfaffen selbsten.[686] Die predig hören sie wol und haben große gemeinschaft mit den pfaffen, sie dockterieren.
Diese einligende
[S. 378] briff bite mir ordenliche wid[er] zue senden, die andere aber ihm großeren packet nach Schaffausen zu schicken. Indeßen befelhe ich mich in E[euer] E[xzellenz] eifferig gebät und in ihre liebe, und verbleib

Eure gehorsame magt Hortensia V Salis
verwitibte G V M

A 20

ZB Zürich, Ms D 171, S. 379–382.

Brief von HvS an Johann Heinrich Heidegger, Maienfeld, 20. Heumonat 1696.[687]

Monsieur,

Ach ich kan Eüwer Ex[zellenz] nicht mit worthen außsprächen was vor ein g[ünstig]e[?] dancksagung sie mir gägen Gott zuegerichtet mit der sauberen und reinen antworth Gottlicher Schrift über meine fragen. Ich bin ein Zeit in anfechtung darumb gestanden, und hab d[as] angesicht Gottes ängstlich gesucht, nun sehe [ich], dz Gott nicht unmitelbar, sonderen durch sein geoffenbartes worth und die darin veror[d]nete mitel helffen will. Meine verwirrung ist herkommen, dz als ich
[S. 380] einem unserer Geistlichen meine schrifften und den vorher gegangenen anlaß geoffenbart, nämlich und erstlich schriebe mir einer meiner freünden, ich sollte mich absönderen von denen menschen bÿ denen Gott nicht beliebe zue wohnen. Darnach recomendierte mir d[er] H[err] Thorman 3 persohnen aus Saxen, welches wahr ein frau von etlich 30 Jahren mit zweÿen jungen hern reißend nach Jerusalem,[688] vorgäbend von dem Geist Gottes getriben zue sein. Ohne dz sie orientalische sprach verstehet und vielleicht mangel an reißkostet [sic] leidet, will sie sich auf die straß begeben, sagende Gott heiße sie gehen. Sie überlaße es ihme. Er es mit ihro

[S. 381] ausführen werde. Über diße sachen alle hab ich beÿ ein und anderer gelegenheit noch viel geschrieben, das ich alles demselbigen hern gesagt, welcher mir zue antworth geben, Gott köne beÿ wenigen oder gar keinem ansähen d[er] mitlen wund[er]bar würcken, er köne sie nit urthellen, er wolle wahrten auf den ausgang mit gemm ... [?] sagende. Nun hab ich vermeint, dergleichen lehren und geistes müße man probieren und ihr sachen bewähren. Und hat mich sehr zue Erden getruckt, und mit schmertzen mein herz durchstochen, dz ich nit gewußt, woran ich bin, dann ich wollte kein Vorurtheil haben, und auf nichts nach eigenem gutdüncken verharen. Nun hat mich Gott
[S. 382] durch Eüwer Exz[ellenz] antwortet, getröstet und mehr erfreüwet, als wan man mir ein cron geschenckt häte, denn so verstehe und begreiffe und erkenne und glaube ich, wie es mir E[uere] E[xzellenz] bestättet. Ich bin jetz so freüdig und vergnügt, dz ich diße meine wahrnem[un]gen[?] und trost, dz mir d[as] worth Gottes und die ihme gleiche auslägung giebet, nicht täuschen wollte mit den allen den [sic] wolüsten d[er] gantzen welt. Ich dancke Eüwer Exelentz [sic] demütig und verbleib ihre

gehorsame demütige Magt
Hortensia v. Salis verwittibte Gugelberg v. Moos

A 21

Brief von HvS an Johann Heinrich Heidegger, Maienfeld, 2. Herbstmonat 1696.

ZB Zürich, Ms D 171, S. 384–388.

Monsieur,

Diße zeilen haben den Hern Dockter Meÿer begleiten sollen, Eüwre Exzellenz gehorsamm zu bedancken für die müh, die sie mit meinen schrifften genommen.[689] H[err] Dockter Meÿer jammeret bÿ anlaß der neuwen apostolischen reiß d[er] lüthen aus Saxen vieler frommen seelen in Bernn, welche kun[d]schafft od[er] nicht kan [ghan? bzw. gehabt?) und bekanntschafft mit jhnen gehabt, die man jhrethalben nun lästeret und außlöhnet, sonderlich deß frommen Hern Thormann wäg[en],[690]
[S. 385] welchen man sonderlich anklaget, da er doch unschuldig ihnen gutes gethan. Und willen sie sich ihm nicht geoffenbaret, hat er ihnen auch sonderlich wid[er]stehen könen. Es ist ein arme frau von dem H[errn] Thormann aus

unserem land wid[er] zuerück kommen, welche mir gesagt, d[er] H[err] Thormann laße mich freundtlich grüßen und er wolle meine schrifften, die ich ihme zu leßen geschickt trucken laßen, welches ich aber nicht gern gesähen absond[er]lich willen sie von E[uer] E[xzellenz]
[S.386] noch nicht seind corigiret worden. Wann dz geschähen wolt ich nichts dazu sagen, absonderlich wann sie sollte dennen unschuldig angeklagten seelen zue nutz kommen, welches villeicht geschähen könnte, wann sie die nothwändigesten brieff, die ich wie bekannt von d[er] bewußten Matherÿ geschriben, darbÿ trucken ließen, damit man sähe dz sie kein gefahlen noch bÿstimmung wäder den absänder mugen noch den geisttreiber thun gäben. Die 7ben fragen, die E[uer] E[zellenz] mir so kräfftig beantwortet näbenst beantwortung einer 8ten, ob man nammlich bÿ beständiger confession allerleÿ religionen köne seelig werden. Mich dünckt,
[S.387] dz in beantwortung dißer 8 fragen d[as] fundenment aller sectionen umbgestoßen werde, dann gewüß aus der lehr, dz man bÿ allerleÿ cermonie[n] und gottesdienstlichen übungen *[hier fehlt das Verb]*, wann nur dz hertz bÿ Gott sÿe. II, Zum anderen, dz man nur solle auf lästerliche[s] läben ohne prüffung einer lehr sähen, schleißend [sic], es köne kein fauler baum gute frücht bringen ohne dz man die frucht nach d[er] lehr nemmen, noch geist und wahrheit vereine[n/?] und erfahre[n], ob es nur schein wie d[er] pfreißenen[?] ihre frücht gewäßen sye. 3, Dz man die krafft Gottes, noch heut apostel [zu] machen zuedrauen auch also zuevallen nachgiebt und den Geist d[er] unfehlbarkeit gemein zue machen nicht in seinen geoffenbareten willen will beschlißen und in seinen verheißungen zu ruhen. Und mit dem was nun schon gesagt worden zuefreiden sein, seiner verheißung gewüß throwend und gleuben, dz wir auch von dem was uns volkommen genug gesagt, so viel werden verstehen und begreiffen könen, so viel uns zue unserer selig[keit] zue wüßen nöthig aus dißen 3 stücken. Und ist mir, d[as] babstthum und alle secten sÿen gewachsen. H[err] Dockter Meÿer würt von allem mündlich geredt haben. Es müßen aber E[ure] E[xzellenz] alle diße sachen und meine schrifften zum leßen erdauern, dz sie rächt unanstößig währen, dann [388] sollte man es zue Bern trucken laßen ohne dz d[er] [a]usgäber *[linker Rand ist abgeschnitten]* d[er] selbigen, wie in meiner Glaubensrächenschaftt geschehen,[691] seinen Namen bÿfeügte [d. h. beifügte], und müßte in der vorgeschrifft deß ausgäbers [d. h. Herausgebers] stehen, dz er diße meine schrifften vor etlich jahren zue handen bekommen und mir nicht wid[er] gäben wollen, damit ich,

wann nicht alles durch die hand des Herrn Scuier [sic] / [d. h. Suicer bzw. Schweizer] gehet, sagen köne,[692] ich heb die schrifften wäg gäben [d. h. weggegeben] ehe ich die ehr gehabt, ihn zu kennen. Wie es dann auch mit den ersten bögen also gewäßen, dz ich es dem Herrn Hauber seelig gäben,[693] eh ich H[errn] Scuier [d. h. Schweizer] gekant und sitharo nicht mehr bekommen könen. Sonsten wann sie nur jemand erbauwen können ist mir wenig daran gelägen, wie sie auskommen, dann ich will niemand nach dem fleisch keuen. Ich meinen damit nichts als die erbauwung. Wann sie es beßer achten, dz es l[ieber?] nicht geschähe, wollen sie doch verhind[er]en. Indeßen verbleib ich Eüwer Exzellenz gehorsame, demütige Magt
Hortensia V Salis

Einligender spruch, ob er in den schrifften des heiligen Augustin zue finden,
belieben E[eure] E[xzellenz] zue sehen [...]

Und ehr hat nicht gezweifflet, zue sagen, d[as] ist mein laib, alß er gab ein zeichen seines Leibes, in deß Rubärets[?] hildt wahre wäg zu gottseligkeit zu führen

Aldortt er daß obige anzeücht in
dem Augustini und aber nicht sagt, wo
d[as] selbige zu finden seÿe.

A 22

ZB Zürich, Ms D 171, S. 389–390.

Brief von HvS an Johann Heinrich Heidegger, Maienfeld, 14. Herbstmonat, 1696

Monsieur,

Eüwer Exelenz [sic] angenembstes schreiben hab ich sehr wohl empfangen. Ich hab auch ein großes bedauren über die liebloße hertzen, denen die d[as] kind mit dem bad ausschüten und den wahr[en] Eiffer für die ehr und lehr Gottes nicht kennen, noch glauben wollen an vielen treüwen predigeren nicht und[er]scheiden von dem falschen und gleissnerischen Christenthum etlicher falschen brüd[er], die mithein näbend einschleichen. Ich laße mir alles gefahlen, was man mit meinen schrifften thun würt, wann nur Eüwer Ex[zellenz] den rath darzu mittheilen wollen, so würt Gott darmit sein, und ich zufreiden. Ich häte ein mahl [vor,] vor od[er] nach meinem todt od[er] darnach dieselbe für meine gattete[?] [verheiratete?] geschwüsteret und dienst [d. h. Mägde, Knechte; Personal] trucken zu laßen, wann jetz noch darmit erlichen frommen seelen mag gedienet werden. Auch so bin ich wol fro, was ich an den H[errn] Thorman[694] geschrieben schicklich Eüwer Ezellenz offen zu laßen (Ich bit E[euer] W[eisheit] wollen darvon thun [weglassen] od[er] darzu durchstreichend, was sie beßer zu sein erachten werde)[695] und ein Copeÿ deßen, was ich an den H[errn] Proffeseur Scuier [sic] [gemeint ist: Suicer bzw. Schweizer] geschrieben.[696] Sie belieben, so sie es gut feinden [d. h. finden], dem Hern Thorman zue verbitschieren [d. h. den Brief versiegeln] und zu schicken. Es könen die sachen dem meitli [d. h. Mädchen] übergäben werden, so es solche auf die post tragen. Ich verbleib Eüwer Exzellenz mit aller ehrerbeitigkeit, hochachtung und liebe zu gethan, jhre gehorsam demütige magt

Hortensia V Salis verwitibte G V Mos.

A 23

Brief von HvS an Johann Caspar Pfenninger, Maienfeld, 12. Brach[monat] 1701

ZB Zürich, Ms H 263, Bl. 38a–38b.

Wohl ehrwürdiger hoch und wohl gelehrter, mein besonders hochgeehrter h[err] pfahrher,

Es ist mir sein angenemmes schreiben von dem armen Leüchiger[697] wohl zukommen. Ich hab wohl ein hertzschmerzliches thrauern über so vieler Christen so große schwachheit in ihren landen, wägen deß üblen mißdüten deß verbeßerten Calenders.[698] Es sind viel sehr verbiteret, viel eifferen aber mit unverstand, in summen d[er] liebe Gott bringe sie alle zurächt. Was ich kann dem hern als meinem hochgeehrten hern pfahrhern zu best reden, d[as] hab ich gethan, und alles, was ich thue, ist nur auf die erbauwung zu sähen. Meine meinung, d[en] h[errn] und seine liebe persohn ehr und lieb ich, ich möchte wünschen, d[ass] ich dem hern zu einer beßeren pfrund helffen könnte, als er hat. Ich wollte es von hertzen gerne thun, und wann es geschähen könnte, welt ich ihm rathen, dz er ein andere pfrund annemmen sollte, denn es scheint, dz wie gut er es auch machet, und meint, dz die lüth so schwach, dz er wenig od[er] nichts erbauwen werde. D[er] liebe Gott wirt den

hern auch nicht verlaßen, wann er nur auf ihn sicht und die erbauwung sucht vieller seelen. Gott stercke alle schwache, bringe zurächt die fremd seind und tue vorsehung für uns alle. Ich werde ye[z]t verreiße[n],[699] befehle meinen hochge-[ehrten] hern Gott und dem Geist seines Gnadenworts und verbleib
Meines hochg[eehrten] h[errn] pfahrhern hertzgeneigten dienerin

Hortensia V Salißverwitibte Gugelberg V Moos

A 24

ZB Zürich, Ms S 367, S. 219–220.

Brief von HvS an Johann Jakob Scherer, Soglio, 15. Dezember 1706.

Hoch und wohl ehrwürdiger, hochgelehrter, mein insonder hochgeehrter H[err],

Ist mir euwer hochwohl ehrwürd[en] schreiben sampt einschluß von dem Baron Hales sonderbar [ange]nehm gewässen.[700] Es ist wohl dißer h[err] ein [vor]träfflicher man und schine ein exempelahr … *[abgeschnitten]* [ex]empel der gottseeligkeit und christlichem eiffer. Gott stärcke und erhalte ihne in allem guten wort und werck. Ich bin ihme auch hoch obligiert für sein so liebes angedencken meiner wenigen persohn. Ich werde mit erstem ihme ein wercklein übersenden, d[as] ich hie in meiner einsamkeit verfährtiget.[701] Ich werde es meinem hochgeehrten hern uffen schicken, dz sie es lässen und ihme doch überschicken …? *[Einband].* Ich werde zuerst nur die vorred schicken. D[as] ander würt folgen. Es ist mir eüwer Hochehrwürden unpäßlichkeit absonderlich zuwider gewässen. Ich bitte den lieben Gott, dz er die mittel deß gelehrten und erfahrenen H[errn] Dockter Anhorns sägnen wolle.[702] Er [und] der himmelische Arzt wolle sie gesund machen und noch lange Zeit in erwünschtem wohlstand läben lassen und gäben, dz d[as] ankommende neüwe jahr und viel folgende darauf sich in erwünschten stand und in bester gesundheit befinden mögen. D[er] Segen[?] *[Einband]* Gottes und seinem gantzen hauß zum trost. Von deß h[ern] Picinino[703] bücheren schicke ich eüwer hochwohl ehrwürden zu einem freündtlichen gruß und verbleibe mit befehlung in dem schutz deß Allerhöchsten

Eüwer hochwohl ehrwürden gehorsame dienerin
Hortensia v G[ugelberg], g[eb] V Salіß

[P. S.:] Die Copeÿen behalte ich mit Ihrer Erlaubnus und schicke sie auch dem Herrn von Moos.[704]

A 25

Brief von HvS an Battista von Salis (1654–1724), Commissari in Chiavenna, Maienfeld 20. Dezember 1714.[705]

Archiv von Salis in Bondo, Bestand Commissario Battista von Salis [18/22].

Monsieur,

ich komme H[errn] Zeiger dißes, ein H[err] von Lindau Miller, von feinem Haus von gar guten leüthen, meinem hochgeehrteten Hern Vetter Comissari bestens zu recomendieren, dz er under ihren schutz und Erlaubnuß sich etliche zeit darinnen [in Chiavenna] aufhalten köne, die sprach zu lehrnen. In dem Hauß deß H[errn] Pravicenien [d. h. Paravicini] seligen württ er sich aufhalten. Ich befehle mich schließlich d[er] liebe und Gunst meines hochgeehrtesten Hern Vetter aller eifferigest und demütig und verbleib

meines hochgeehrtesten Hern Vetter gehorsamm
demütige Magt
Hortensia G[ugelberg] v[on] M[oos] G[eb.]
v[on] S[alis]

B

Antworten an Hortensia von Salis von Mathe[us] Tischhuser (bzw. Tischhauser) und dem Dekan von Pfäfers (siehe oben, Briefe Nr. 5 und Nr. 9)

Antwortschreiben von Mathe Tischhuser an HvS betr. seine Konversion, undatiert [1695].

Hochedell Gebohrne Frauw,

Ich hab mich lang bedenckht, ob ich über daß, was die Hochedle Frauw mir jüngsthin schrifftlich übermachet, antworten solle, dan es ist daß gemein sprüchwort: der Waldt antwortet wie man ihn ruofft, mir aber, der ich in dissen landen den Landtßfriden zuobeobachten schuldig, ist verbotten, ihrem schenden und schmellen über unsere heÿllige Religion undt dero vorsteher mit gleichem gegenruoff zuo endtsprechen. Und sindt die schmachschrifften, dafür ein theill Eüreß brieffs kann gehalten werden, aller ohrten verbannet und keine[r] andtwuhrt würdig. Endtlich hab ich gedacht, ihr seÿet ein weÿb, und ich ein baur, bede der rechten ohnerfahren, undt wan wir wider die selbege [sic] ohnwüssent verfehlten, wurde man eß unnß auß dieser ursach nit zuo bössen außdeüten. Nimbe allso die frechheit eüch andtwohrtlich zuo verdeüten, daß gentzlich beredt meine bekherung werde eüwer hertz, so ohne daß mit anderen vilen sachen, theillß ohnnöthigen sorgen verstrickht, nicht können unrüewiger machen. Ich hab beÿ annemung deß wahren Catholischen glaubenß die wahrheit nicht verleügnet, sonder durch den, der alle wahrheit lehret undt den ich hertzinniglich anruoffe, wahrhafftig gefunden. Mihr hat man nichts versprochen, alß den himmel, wan ich demselben bestendig, biß in todt, anhange, und darbeÿ vorgesagt, daß ich uff der weldt werde allerleÿ creütz, leÿden undt anfechtungen, verfolgung undt trüebsaall, vom teuffell, fleisch undt der weldt ußstehen müeßen. Wie ich dann solcheß von tag zuo tag verspühre, und mit der Gnad Gottes alleß zuo überwinden gethrauwe. Die allerselligiste Muotter Gottes anbetten undt ihro göttliche ehre bewissen, hat mich kein Catholischer lehrer gelehrt. Wan aber kein fürsprech vonöthen, so bewärhet eüch nicht, zuo Gott auff eüwerem angesicht für mich zuo betten. Wan daß kleine heüffeli undt büntelin so verfolget wirdt, die wahre Religion hat, so habt ihr dißmahl den handell verlohren, weÿllen die widertheüffer im Bernerischen eüch disen vortheÿll ab[r]ingen. Eine von den ursachen meiner bekherung undt nicht die wenigste ware, daß, wie ihr in eüwerem schreÿben auch melden, mann beÿ eüch Ev[angelischen] inßgemein redt, man seÿe nit schuldig den predicaten zuo glauben, waß sÿe lehren, man könne die Schrifft selbsten lessen und erdauren und beÿ derselben bliben. Ich hab aber gefunden, daß in lessung der Schrifft vill ungleithe [d. h. ungeleitete] erdaurungen manchen ihrrglauben verursachet, und ein jeder seine widrige meinung mit der Schrifft zuobestifften suochet. Die Schrifft aber befiehlt uns die kirchen zuohören. Undt wo ist beÿ solcher eüwer meinung die Kirch? Undt wie werden die bestehn, die den predicanten nit glauben können undt ungelehrt seindt die Schrifft zuolessen, wie es beÿ uns gemeinen leüthen gar vill gibt. Eüwren schreÿben wider die Catholischen wirdt aller ohrten außgelachet, und richtet eüch nur nicht nach ervolgter widerlegung ein mehrerß zuoschreiben, eß seÿe dan sach, daß etwan eine eüreß geschlechtß ihre schwachheit in dieser materi auch wollte an tag geben. In eüwerem schreiben hab ich neben anderen diß absönderliche mißfahlen, daß ihr mir die freÿheit zuogeben, ich könne durch lessung undt eignen erdaurung der Schrifft die wahrheit haben, undt wollen, nach dem ich selbige vermittelß deß H[eiligen] Geists auch auß der Schrifft gefunden, mich zuoruckh ziehen. Ich verwundere mich sehr, daß ihr einen lehrsatz machen wollen, weÿllen die pfaffen junge auffstellen, seÿe darumb die Catholische nicht die wahre kirchen, undt daß ihr dannoch beÿ eüweren Religion verbliben, die ihr dergleichen undt wan der hoosplatz? Theüffel etwan einen aussprindgendten mönchen oder abtrünigen pfaffen zuo eüch tragt, für lehrer, prediger undt verthädiger eüwerer Religion auf- und annemmen, eüwere Kinder durch solche underweÿsen lasset. Undt darzuo wan ihr es recht beÿ dem liecht bestethen,[706] wie vill ehebrecherische predicanten werdet ihr finden [?]. Zuo dem hab ich mich beÿ mehr alß einem exempel, da ich noch eüwerer Religion anhinge, hefftig geehrgeret, daß wan ein eheman einer s.h. [d. h. salva honore] huoren anhandet, sein weib verlasset undt die huor heürattet, solcheß ohngestrafft hingehet und zuogelassen wirdt. Hingegen von den Catholischen alle dergleichen und andere laster verhasset, bestraffet und verdammt werden, undt darbeÿ erinneren waß Christuß gesprochen, daß man ihren guothen lehren, nicht bössen werckhen volg leisten solle. Woho [sic] ist die finsternuß so groß, da doch das liecht, so hell hinein scheint, sÿe solcheß nit begriffen solle. Waß den theüffel auch über fromm, gottgefellige leüth von Gott gewaldt gegeben wirdt, gibt die Schrifft gnuosamb zeügnuß, undt gedeucht mich eüwer baassen nonnen dienen eüch für kein grundt. Doch bitte eüch alß ein einfeltiger mann, betrachtet alleß wohl, ich will auch Gott für euch bitten, undt auch sonsten mit meinen gringen […],[707] woho ich tauglich, gewertig sein. Allein zuo eüch kom ich nicht, undt wan ihr mir schon schribt, so antworte ich nit mehr. Die Schrifft: der wein, dessen ihr den allerbesten habt, und die weiber (under denen ihr eine von den listigisten seindt) können die weÿßen, verschwigen dann ein groben einfeltigen bauren, wie ich bin, überthören.

Ihr Hochedelgebohrnen Frauwen bereitwilligster Knecht
Mathe Dischusser.

P.S.
Wan ihr eüwren juppen mit mein weib theÿllen wollen, so bitte eüch ihr wollen die güetigkheit haben, ihren daß hindere theÿll zuo geben, dann mir darmit sehr gedienet, daß sÿe dissen theÿll, den sÿe allein mir ein zeithero gewißen, nun mehr bedeckte.[708]

Brief des Dekans [Closer][709] des Klosters Pfäfers an HvS, Pfäfers, den 18. März 1695.

ZB Zürich, Ms D 171, S. 307–310.

Ich hab niemahlen gewüst, daß praedicanten gifft ein so köstliches mittel für die melancholia ist. Ich war, wie in meinem letsten vermeldt, von sehr hefftigen catarrten mit grossem schmertz und schwermüthigkheit überworfen, alls aber meiner Hochv[erehrten] Fr[auen] Hauptmännin letstes weitleüffiges schreiben entschlossen [d. h. geöffnet], habe wahrhafftig 100-mahl recht hertzlich gelacht, undt allso die schwermüetikheit gantz vergessen. Daß mein Hochg[eehrte] Fr[au] solche concept von meinem reden [?] habe, hab ich lang vor dem schreiben gewüßt, den d[as] ist leider die milch mit welcher die praedicantische stimmen nichts anderes auß d[en] bluemen saug[en] könden, allß in ihrer zarten jugendt sÿe ernehren. Diese gedankhen waxen dan mit inen auf, und ist so unmöglich sÿe ihnen zu entnehmen, alls d[as] markh auß einer pflantzen heraus zu reissen. Wie falsch aber dises seÿe behalte mir vor, so bald die zeit mir es zuegibt, augenscheinlich zue berichten. Ich erachte daß Hochv[erehrte] Fr[au] Hauptmännin mir durch ihr exempel die libertet wollen geben, diese meine meinung in unser allgemeinen teutsch[en] sprach zu exprimiren. Ich hab seither vihlmahl gedenkht, wo ich umb mitternacht in die kirchen bin gewekht worden, wie vihl leichter es wer in d[er] ruhe, als in der früch in kalten kirch[en] die

Vigilie Christi JEW [d. h. Jachwe?] zu betrachten, wan je wach[en] und schlaffen ein ding und Gott dem Herren gleich lieb od[er] unlieb ist. Für die Catharen hette ich freÿlich je für grösten favor gehabt etwas mittel zu verfang[en], hab ab[er] nit darum dörffen pitten, angesehen ich noch verdienst gehabt soliche zu erbetten, noch mittel die gnad zu erwidern. Für der gwürtz? willen, die sÿe mir überschrib[en], pitte um erlaubnus zu geben, mit disem zweÿen bildlin aufwarten zu dörffen. Verlasse sÿe mith der protection deß Allerhöchsten und Nehrern

Meiner Hochg[eehrten] Fr[auen] Hauptmännin
Divot[us] Dcs [d. h. Decanus] S[ancti] Ven[erabilis]
O[rdinis] Benedetti

C

Die nachfolgenden Schreiben von D. Anhorn sind in den Anmerkungen mit C + Nr. verzeichnet.

Ausgewählte Briefe von Daniel Anhorn an Theodor Zwinger III

C 1

UB Basel, Handschr, Frey-Gryn Mscr. III 2, Nr. 14.

Daniel Anhorn an Theodor Zwinger III, Maienfeld, den 6. Dezember 1685.

Hocherachter wol edler und hochgelehrter, insonders hochgeehrter ge[lehrter?] Herr Vetter Doctor.

Weilen von meinem h[ochgeehrten] vetter auf meiner liebst gebietenden Fr[au] H[ochehrenden] Hortensia an ihne vor etlich[en] wochen abgegebenes [Schreiben] biß dato kein antwort zukommen, weißt sie nit, ob sie ohnrichtiger liefferung oder aber lieber wegen vermeÿdenlicher geschäfften hierin glauben zu stellen solle. Sie hadt schon die feder angesetzt gehabt umb dem H[errn] Vetter nochmahlen zu schreiben, willen aber uhnverhoffente schreiben wegen ihr gestor[benen] H[errn] H[ochehrenden] selig angelangt,[710] hat sie auf deßen leichbegegnuß [sic] verreisen müßen und deswegen mir d[en] befehl aufgetragen, dem H[errn] Doctor in ihrem Nammen nebend vermeldung ihres grußes und schönster empfehlung zu schr[eiben] und umb beliebige antwort auf ihr abgegebenes freündlich zu solicitieren und bitten. So ich hiermit demütigst gegen meinem hochg[eerten] herren Vetter will abgelegt haben. Und weilen ich in bedeütem schr[eiben] den H[errn] Vetter in B.S. [d. h. Basel] umb 2 tractet[lein] des v[er]teutschten Seneca mit zu schicken gebeten,[711] ist mein nochmahlen underdienstliches ersuchen undt fleißiges bitten, anstat der 2 mir 3 tractetlein zu allo[cieren], wie die zu haben, sampt dem preis ohnschwer zu schicken. Sollen mit danckh bezahlt werden. Die mühe geruhe der H[err] Doctor mir hochgeneigt zu vergeben und mir hinwieder zu befehlen, worinnen er meine wenigkeit capable erachtet, der ich nechst übergebung Göttlichen schutzes und schönster begrüßung der hochehren liebsten bestendig verharre

Meines hochg[eehrten] H[errn] Vetter D[octor]
gehorsamster diener Daniel Anhorn

P.S.
Beilag beliebe der H[err] Doctor (worumb er fre[undlich] gebeten wird) ohnschwer zu bestellen.

C 2

Brief von Daniel Anhorn an Theodor Zwinger III, Maienfeld, 11. Januar 1686.

UB Basel, Frey-Gryn Mscr. III 2, Nr. 15.

Hochgeachter, wol Edler und Hochgelehrter, insonders Hochgeehrter ge[lehrter?] Herr Vetter Doctor.

Meines Hochge[ehrten] Herren Vetters 2 seiner gel[esenen?] nach glücklicher zurükgkunfft von Costenz und Lindau sowie 2 tract[et]linen von dem Seneca wol empfangen, so in einem bundt gebunden.[712] Solches ist von meiner liebwehrdesten Fr[au] H[auptmännin] Hortensia wol acceptiret und behalten worden. Und weilen eben dieser tractetlinen noch mehrers für das Gugelbergisch und Saliceische haus werden verlangt, als wird mein Hochgeehrter Vetter aller freundlichsten ersucht und gebedten, noch 3 dergleichen dopelten tractetlein in einem bundt gebunden zeschicken. Item so es auch zu bekommen der Mercure Sçavant, nit Galand.[713] Ist nun vor uhngefehr 2 oder 3 tagen und ut credo [lat. wie ich glaube] zu Genf getruckt. Auf gutem empfang sende das gelt für gesamt übermachte tractetlein mit einander nebend schuldigem danck. In deßen geruhe der Herr Vetter aufbürdende mühe hochgeneigt zu vergeben.
Der jüngst bedeut gestorbne Lantsmann[?] Ist der hohe Herr von Schauenstein zu Reichenauw gewesen,[714] und der Frau

Hauptmännin [Hortensia von Salis] so gar nahe nit verwandt gewesen. Ist mehrers aus respect der hohen verwandten geschehen von beeden Adelsheusern. Sonderlich aber von der Hochehrenden Frau Hor[tensia] ein schönen gruß an den Herren Vetter und Frau Baß als lieben Fr[au] Gefattern. Nechst freundlicher empfehlung verbleibe ich

Meines Hochgeehrten Herrn Vetter D[octor]
Dienstwilliger d[iene]r
Daniel Anhorn

P. S. Beilag ist von Junker Carl, der Frau H[auptmännin] bruder, thut sich befehlen und umb bedeute bücher zutra[gen?] freundlich bitten.

C 3

UB Basel,
Frey-Gryn
Mscr III 2. Nr. 21.

Brief von Daniel Anhorn an Theodor Zwinger III, Maienfeld, 5. April 1687. In aller Eÿl.

Monsieur mon tres honore Cousin.

In schuldiger antwort deren 2 ge[thane?] Schr[eiben] vom 16 und 31 Merz, so mir wol zukommen, berichte guten entpfang, erstlich 2 bücher und verlangte laseÿßelein,[715] so dann auch d[as] begehrte arzneibuch.[716] Ist alles nach Belieben. Der Herr Vetter wird noch gebetten, auch die Adagia Erasmi zu schiken. Erstatte alsdann alles mit dankh. Indeßen wegen zufügendte mühe, bitte ich demütigst mich nit zu verdenkhen, sond[ern] groß geneigt zu vergeben, weilen ich zu nichts anders als dem Herren Vetter beschwerlich und überlegen zu sein, erbohren bin, etc.
Das mein Hochgeehrter Vetter gerne sehen thete, dz meiner Seelen Liebsten Frau Mad[ama] ihr Herr[717] ein landtgut umb Basel kauffte, bin ich eben deß Sinnes, habe auch schon offters d[as] schöne gelend und herliche gelegenheit allen beden vorgerühmt. Wünsche dz es geschehen müßte. Zweiffle auch gar nit, dz wan meine hochgeehrte Frau Hauptmännin nur von weitem die schön und lustig situation umb Basel ein mahl erblickte, sie mit Rukhen und Bauch ihrem Herrn obligen thete, das er selbiger enden einen sitz kauffen müßte, und d[as] noch viel mehrers meines Hochgeehrten Vetters lieben gegenwart zu genießen, als dan durch mundtliche underredung könnte verrichtet werden, was jetzt durch die feder geschehen muß. Und ließ sie ihme gewüßlich keine

ruhen, biß er ihro die Zergliederungswüßenschaft communicirt hette, den sie sehr verlangt, einen Cörper anatomiren zu sehen.
Es nimbt mich wunder, wan der Herr dermahl eins im Flescherbad so viel Doctorinnen wird zusammenbringen, was es für ein Comedi werde abgeben. Meine liebe Frau Hauptmännin hat ihro vorgenommen, in ein u[nd] anderen als dan probiren und dörffte sie nebend d[er] großmüdigkeit vielleicht auch die Meisterlosigkeit spiegeln und spühren laßen. Und ich so krumb ich bin, wolt noch die geschwindigkeit und dapferkeit eher agieren als ein solches zusammengeheufft völklein ihren willen und begihrden meistern und abbrechen können. Man würde Wunder sehen und hören, wie es zugehen thete. Auch dz es nun bewerkhstelliget würde, wollte gewüßlich mich auch merken laßen. Breche ab und verbleibe nechst Göttlicher entpfehlung

Meines Hochgeehrten Vetters Doctor
Pflichtigster Diener
Daniel Anhorn

C 4

Brief von Daniel Anhorn an Theodor Zwinger III,
Maienfeld, den 5. Juli 1687.

UB Basel, Frey-Gryn Mscr III 2, Nr. 22.

Monsieur mon tres cher et honore Cousin.

Meines Hochgeehrten Herren Vetters sehr angenehmes [Schreiben] sampt dem Hebammenbuch wol erhalten.[718] Sobald die tractetlein, Reichthumb der Gnaden,[719] deren 4 verlangt, werden ankommen sein, bezahle alsdan alles mit dankh, weßwegen mit selbiger Consen[s] erwerbe.[720] Indeßen aber umb gedult anflehe. Weilen ihr gestr[enger?] Junker Carl innert 14 tagen widerumb von Genf erwartet wird, allwo er seine liebste, Junker g[ross]g[ünstigen?] H[errn] Obristen von Saliß zu Marschlins sel[igen] Fräulein Tochter besucht, beliebe mein Hochgeehrter Herr Vetter mit erkauffung Adagia Erasmi, weilen solche ihro zu theür bedencken, möchte zuzehalten. Wegen ertheilter particularien sage schönen dankh und bitte mit seiner glegenheit bißweilen ferner etwas zu comuniciren. Dieser landen pahsiert dießmahlen nichts schreibwürdiges, als das mein inig liebste und gebietende Frau Madama je lenger und mehreres courioser und meisterloser wird. Thut sich schönstens recomendieren, nit wenig auch ich, und verbleibe nechst übergebung Göttlichem schutz

Meines Hochgeehrten Herren Vetters
Ganz ergebener Diener
Daniel Anhorn

C 5

UB Basel Frey-Gryn Mscr III 2, Nr. 24.

Brief von Daniel Anhorn an Theodor Zwinger III, Maienfeld, 4. August 1687

Monsieur mon tres cher et honore Cousin.

Die eÿlende zeit hat nit zugegeben, dz meines Hochgeehrten Herrn Vetters liebwehrdest schreiben von meiner hochgebiet[enden] und liebsten Frau Madama hat können beantwortet werden. Zum zeichen guten entpfangs und tragenden vertrauwens beÿligend ein brieflein an ihren H[erren] Liebsten[721] mit freundlichem ersuchen, solches uhnschwehr gleich andere vorgegangnen zu bestellen. Ich habe gern ersehen, das[s] begehrte bücher zu hoffen. Indeßen erschrike, das ich uhncapabel bin einige gegendienste zu leisten und erwürklicher erwiderung mich nur einig wörtlich, doch von herz[en] aufrichtig schreiben kann, dz ich seÿ und verbleiben werd

Meines Hochgeehrten Herrn Vetters Doctors
Ganz ergebener D[iene]r
Daniel Anhorn

[Direkt unter dem Datum am Schluss des Schreibens:]
Ein übersüßes grüßlein von
Meiner zuckersüßesten Frau Madama.

C 6

UB Basel, Frey-Gryn Mscr III 2, Nr. 26.

Brief von Daniel Anhorn an Theodor Zwinger III, Maienfeld, den 3. Januar 1688.

Monsieur mon tres honore Cousin.
Alle glückseligkeit und Gottes Segen zur leibs- und seelen-Wolfahrt zu diesem nun mehr angetretnen lieben neüwen

Jahr sambt vielen darauf volgend[en] wünsche ich meinem Hochgeehrten Herren Vetter, Frau Bas und lieben Kindern auß uhnverfelschtem treüwen freünds herz. Und darbeÿ auch anlas für die von mir ihme wol zugefügte mühe in beschikung underschiedenen büchern gegen gefellige dienste zu erweisen, worzu mich bereitest embfehle.
Vor circa 4 wochen habe ihr gestr[enger] Jkr Hauptmann Herculeß von Grüsch[722] ingehendiget fl. [d. h. Gulden] 12.36. scher[...?] w[ährung], solche dem Herren Vetter durch seinen zu Büningen [Binningen bei Basel] habenden schaffner wegen bewußten übermachten büchern zu bezahlen, auch ein à parte schreiben durch den ordinari bothen abgegeben. Hoffe alles wol erhebt worden sei. Per den beÿgefügten übrigen holendischen Thaler oder fl. [d. h. Gulden] 2.15 habe ich den Herrn Vetter gebeten, 1 dozet der guten Dantziger Laseisen,[723] wie vergangenes jahr er mir ½ dozet [d. h. Dutzend] geschickt hat, widerumb zu kauffen, und erstens zu übersenden. Bedanke mich freündlich ... *[abgeschnitten]* und dienstlich groß gehabter mühe und lang getragener verwunderlichen gedult. Hat eines theils an mir nit gemangelt, sonder an denjenigen, für die ich die bücher beschikt habe, so nit allezeit anheimsch [d. h. zu Hause] gewesen.
Einschluß [d. h. Beigabe] ist von meiner lieben Frau Madama, darinnen eines an ihren Liebsten deßen sie verlangend gewertig und nit uhnbillich.[724] Gott erfreüwe sie mit deßen ankunfft.
Befehle mich hiermit in deß Herren Vettern fernere favor und versichere selbigen dz ich lebenslang verharre zu erweisen, dz ich seÿ

Meines Hochgeehrten Herren Vetters Doctors
Ganz ergebenster Vetter und Diener
Daniel Anhorn

C 7

UB Basel, Frey-Gryn Mscr III 2, Nr. 27.

Brief von Daniel Anhorn an Theodor Zwinger III, Maienfeld 18. Januar 1688.

Monsieur mon tres honore Cousin.

Ich will hoffen, mein Hochgeehrter Herr Vetter werde mein jüngstes g[ünstig?] entpfangen und den inhalt vernommen haben, worauf mich nochmahls beziehe und freundlich ersuchen und bitten thue wegen deß beÿ jüngster abstattung meines lang verblibnen schuldigen Cöntleins vorgeschoßenen holl[ändischen] Thaler ii Dozet gute Danziger l aseÿßen, vor diesem ½ Dozet mir schon kaufft worden, wider zu kauffen und zu schiken. Biite auch demütig zufügende mühe großgeneigt zu vergeben. Ich seÿ zu nichts anders erbohren, als dem Herrn Vetter beschwerlich sein, muß er gedencken. Beilag von meiner lieben Frau Madama Hauptmännin Hortensia hat schon vor 8 tagen verschikt werden sollen, weilen ihr aber eine werbung etlicher Soldaten f[ür] ihren Herrn Hauptmann angestanden, ist solches biß zu selbiger verschikung behalten worden. Worbeÿ beÿkommende hochzeit carmina f[ür] ihr Herren Br[uder] aufgesetzt zugleich übermachen wollen. Die arbeit aber ist nit von dem deßen namen dort und hinden hero beÿgetrukt ist, sondern fließt von anderer bekandten hand und feder. Ich laß mich so weit nit auf die Est hinauß. Ich hebe mich am boden, damit ich nit hoch falle. Verbleibe nechst demütigster reccomendier[ung] und freundlicher salut]ation]

Meines Hochgeehrten Vetter Doctor
Diensteifrigster Diener
Daniel Anhorn.

C 8

Brief von Daniel Anhorn an Theodor Zwinger III, Maienfeld, den 27. Februar 1688.

UB Basel, Frey-Gryn Mscr III 2, Nr. 31.

Monsieur mon tres honore Cousin.

Dieß geschicht auß befelh Ihr[es] gestr[engen] Junker Stadthaubtmann Carls von Saliß, welcher meinen hochgeehrten Herrn Vetter nebend dienstlicher begrüßung freundlich ersuchen und bitten laßt, ihme die große favor zu erzeigen und beÿ einem Sattlermeister vom geschlecht Ritter, demme er zu Bern 2 Englische Sättelein sampt gürt abkauffen, jedes ca. per 4 cronen. So er noch mehrers der gleichen habe, 3 oder 4 nach inhalt beÿligendem memorial abzekauffen und gleich alsobalden durch den Meister in ein faß ordenlich inpaken und naher Zürich an Herrn Joh[ann] Rudolff Pestaloz zem Brüeclein addreßsieren zu laßen,[725] damit solche lengsten nach ansicht des brieffes in 14 tagen möchten alhier zu Meÿenfeldt sein. Sollten f[ür] Grafen und Freÿherren dienen, die in Ungarn reisen sollen. Der Herr Vetter

Doctor erweist hierdurch Junker Stadthaubtmann Carl ein höchst beliebiges gefallen, in gleichen den Herren Grafen. So aber die Sättelein noch nit fertig und also auf bedeüte zeit nit hier zu haben weren, werden sie nit verlangt. Mein innigster seelen geliebte Frau Madama ist durch uhnverhoffte ankunfft ihres liebsten Junker Haubtmanns Gugelbergers in uhnvergleichliche freüd gesegnet worden. Die Faßnacht ist ihro noch gerathen, soll an scherz und lustspielen nichts vermindern laßen. Sie muß nur freüd haben, weil sie kann, dan welches beÿ ihro nit lang. So etwas neüwes oder berichtwürdiges, bitte freundlich den Herren Vetter umb comunication. Indeßen nechst schönster reccomendation und entpfehlung Gottes protection verharre bestendig

Meines Hochgeehrten Herren Vetter Doctor
Pflichtergebnester Diener
Daniel Anhorn

PS: Ihr gestr[enger] Junker Stadthaubtmann bittet umb g[eneigte] vergebung der zufügung uhngelegenheit. Offeriert hinwider sein gehorsamm und willigsten dienste.

C 9

UB Basel, Frey-Gryn Mscr III 2, Nr. 35.

Brief von Daniel Anhorn an Theodor Zwinger III, Maienfeld, 29. Oktober 1690. In Eÿl.

Monsieur mon tres honore Cousin.

Ich komme abermahlen meinen Hochgeehrten Herren Vetter zu beschwären. Ich bitte demütigst, mir doch nichts in übel zu vermerken, sonder hoch geneigt zu vergeben. D[as] schreiben von Herren Viliome, Goldarbeiten betrifft, dz von selbigen ein schmukh für freülein Espirance von Salis,[726] Hochgeehrten Haubtmann Carl von Saliß seiner freüwlein geschwister, welche eine Spousen mit Hochgeehrtem Haubtmann Planta von Malanß[727] und erstens als möglich die copulation gehalten werden soll, forderlichst zu verfertigen, begehret wird. Als geruhe der Herr Vetter freundlichst ohnschwer diesen brieff selbigem überbringen zelaßen, auff erhaltende antwort von demme in welchem orth der statt sein auffenthalt, solle hinfüro dem Herren Vetter mit der gleichen Commissionen als dan verschont werden.

Benebend gelangt auch nebend schönem gruß von meiner gebietenden lieben Frau Madama ihr freundliches bitten an den Herren Vetter umb auff beÿligendem Zedelein bedeutem tractat trachten 3 Exemplare zu bekommen, und so möglich von dem anderen theil auch so viel. Wann von letstem theil noch 4 zu haben weren. Ich vor deme von dem ersten so viel von dort beschikt habe, würde es sehr lieb sein. Item vom Paradiesgärtlein mit großem trukh 2 exemplare.[728]
Neüwes passiert dießer lande nichts. Ich hoffe von dem Herrn Vetter mit etwas beehret zu werden, alwo es Matherii und villeicht mehrers als lieb ist. Thue indeßen Göttlichem schutz entpfehlen und verbleibe nebend herzlichem gruß

Meines Hochgeehrten Herren Vetter Doctor
Undergebnester Diener
Daniel Anhorn

C 10

Brief von Daniel Anhorn an Theodor Zwinger III,
Maienfeld, 12. August 1691.

UB Basel, Frey-Gryn Mscr III 2, Nr. 38.

Monsieur mon tres honoré Cousin.

Ich lebe zuversichtlicher Hoffnung, mein Hochgeehrter Herr Vetter werde zu hauß beÿ lieben seinigen glücklich angelangt sein. Wünsche nochmahlen seeleninnigst, dz die gebrauchte Cur dem Herren Vetter zu bestendiger und vollkommner gesundheit wohl gedeÿen möge. Mein lieb und gebietende Frau Ma[da]mma ist von St. Mauritzen Gott Lob vor 3 tagen auch widerumb gesund und meisterloos heimkommen, der hat zuvor nit viel gemanglet und ihr wohlstendiges bletzlin im Saurbronnen nicht verlohren, sondern meines bedunkens nur erfrischet. Sie ist nur 1 nacht 2 tag hier gewesen, darauff naher Marschlins zu ihrer Frau geschwi[ster] geholt worden, welche sich etwas uhnpäßlich befinden thut.[729]
Theilen alhier die red, ob hetten in Basel die leÿdigen unruhen sich von neüwen erhebt und von den und anderen abgsetzten herren der burgern etlich 100 erkaufft worden, ihr parteÿ zu halten, beÿ denen mann ein besonder gattung großer Mäßern gefunden haben soll, sich deren wider ihre mitburger zu gebrauchen. Weßwegen widerumb von verschiednen orthen loblicher Eÿdgnosschaft dahin Media-

tionsherren verschikt worden seÿen.[730] Eigentlichen bericht hiervon zu haben, wirdt mein Hochgeehrter Herr Vetter demütigst gebäten, ohnschwer zu comununicieren, wordurch er unß ihme sehr obligiert. Göttlicher vorsorg hiemit wohl entpfehlend und verbleibe nebend schuldigem respect

Meines Hochgeehrten Herren Vetter Doctors
Pflichtschuldigster Diener
Daniel Anhorn

PS: Herr Prof: Werenfelß laßt den krummen Cupido freundlich salutieren.[731]

C 11

UB Basel, Frey-Gryn Mscr III 2, Nr. 40.

Brief von Daniel Anhorn an Theodor Zwinger III, Maienfeld, den 26. April 1692.

Monsieur mon tres honore Cousin.

Auß befelh ihr[es] gestrengen und wehrten[?] Junker Pundtsland[ammann?] und Statvogts Gubert von Salіß berichte dem Herrn Vetter, das er 2 seiner Söhne in der Frembde, da der einte und elter sich in Genf in die ii Jahr schon auffgehalten und in Jurae studiert, der lehrmeister aber jetzt hinweg und naher Holand verreißt, und dießmahlen noch kein anderer an deßen stelle sich befindt, ihr wehrter[?] und gestreng aber gesinnet, ihme ferner darinnen studieren zu laßen, umb sich perfectionierter zemachen. Als ist sein freundliches ersuchen und bitten an den Herrn Vetter, zu deme er d[as] gute vertrauwen tregt, g[rossherzig?] zu berichten, ob in Basel dieser Zeit sich dergleichen gelehrt und erfahrne subiecta befinden, das er seinen sohn dahin schiken könnte, beÿ selbigen ferner zu studieren und zu provitieren. Der ander und jünger Sohn, so in die 2 Jahr zu Losanne sich auffgehalten, aber so weit als sein bruder in studiis noch nit gekommen, und lust die Mathematic und Geometriam zu ergreiffen hat, ob auch gute glegenheit dießer Künst zu erlernen sich finden thue. Item in anderen adelichen exercitijs sich zu üben, in welchen beÿde junge herren schon gute anfäng haben, wen nun in Genf sie sich nit lenger auffhalten könden oder woltend, ob in Basel beÿ einem herren, der sie zu fleißigem studieren antreiben, und hingegen von dem müßiggang, bösen gesellschafften, und

dem vielen trinken oder sauffen abhalten thät, ein ehrlicher Tisch für etlich monat anzuträffen were. Hierüber von dem Herren Vetter erstens einer g[rossherzigen?] antwort erwartend.
Gottes vorsorg hiemit wohl entpfehlend und nebend freundlicher salutation von ihr gestrenger und wehrt[?] verbleibe ich bestendig

Meines Hochgeehrten Herrn Vetter Doctors
Gehorsamster und ergebnester Diener
Daniel Anhorn

PS: Meine Frau Madama ist abermahlen nit anheimsch. Sie wandert auff dem Doctor Handtwerkh hin und wider.
Herr Dr. Werenfelß bitte freundlichst des kleinen Cupido gerusahm vermelden.

C 12

Brief von Daniel Anhorn an Theodor Zwinger III, Maienfeld, 22. August 1692.

UB Basel, Frey-Gryn Mscr III 2, Nr. 41.

Monsieur mon tres honoré Cousin.

Deß Hochgeehrten Vettern zwahr gel[esen], aber von traurigem inhalt. Erst den 2 oder 3ten corrente von Chur auß erhalten, auß welchem, wie auch auß Zürich und St. Gallen vorhero entpfangnen brieffen, die traurige zeitung, Junker Haubtmann Gugelbergs von Moos, meiner lieben Frau Madama Eheherzens seligen Tod, welcher durch den Kopff erschoßen worden, darvon er alsobaldt den Geist auffgeben, wir leÿder vernommen.[732] Der Höchste verleÿhe ihme ein selige aufferstehung. Unßer aller liebe Frau Hauptmännin ist durch diesen uhnvermuteten Todesfahl in größere betrübnis gesezt, weder sie ihro selbsten vorhero, dz es geschehen möchte, ingebildet hat. Doch als ein Gottselige Dam, die ihren willen ihr Lebenszeit zu underbrechen getrachtet, und allein Gottes willen für ihren willen und richtschnur erwehlet, thut sie sich mit verwunderlicher gedult menigklichen in dieße schmerzliche begegnuß schiken und mit allerhand trostsprüchen sie sich selbsten und andere understützen. Deß Herren Vetters brieff,[733] darinnen er sie einiger zeilen, so vor diesem sie überschrieben, und eben jetzo ihr zu üben und zu practicieren treffen, erinnert, hat sie zu

höchstem dankh als ein zeügnuß seins mitleÿdens auff- und angenommen. Der Höchste wolle sie ferner und unß in seiner gnad bestendig erhalten.
Weÿlen durch reccomendation des Herrn Dr. Heÿdeggers an Herrn Dankhelmann[734] an dem Brandenburgischen [Hof][735] die beÿden jungen Herren von Salіß angenommen worden und ihre S[t]udia und Exercitia aldort auch continuieren können, werden sie naher hauß beruffen umb vor ihrer abreise dahin noch das valete dießer landen zu nemmen.
Göttlicher vorsorg nebend herzlicher salutation hiemit entpfehlend und verbleibe

Meines Hochgeehrten Herren Vetter Doctors
Undergebnester Diener Daniel Anhorn

PS: Herrn Professor Werenfelß bitte meine Dienst und Gruß ohnschwer zu vermelden.

C 13

UB Basel, Frey-Gryn Mscr III 2, Nr. 42.

Brief von Daniel Anhorn an Theodor Zwinger III, Maienfeld, den 7. Juni stylo vetero, 1701.
[Dieses Schreiben ist stark durch Tintenfrass verunstaltet. Daher die unklaren Stellen.]

Monsieur mon tres honore Cousin et Patron,

Auß mangel Matteri habe meinem hochgeehrten Herren Vetter nun etlich Jahr nicht geschrieben, lebe aber getroster hoffnung selbiger durch verleihung Göttlicher gnaden nebend genißung edler gesundheit sampt lieben seinigen in gedeÿlichem wohlstand sich befinden werde. Denn beÿ hochgeehrtem, hochgelehrten Herrn Vetter komme ich mit beÿlag ihrer zu … [?] und freundlichst zu bitten mitt oder par zeihlen der seinigen den begär zu begleichen. Dieser Herr Antes[736] uber demme beÿ unß viel geredt wirdt, wie ein großer reichtumb er besitzen thue, wie cont … [?] und gutthätiger Herr er seÿe, ist mir von Persohn nit, aber durch 4 an mich abgelaßene sehr höfliche schreiben beckandt, wie durch zweÿ seiner Herren Söhnen, die ohnlengst dieser landen umb einige bergwercker zu besichtigen gewesen, die mich zu ihnen in das werckshaus beruffen laßen, um sie zu meinem Junker und Hochgeehrten Frau Haubtmännin zu begleithen, selbigen eine visiten zu geben, die sie kurz gemacht und wider

verreißt sind. Nun hab ich 8 rdlr [d. h. Reichstaler] an deme Hochgeehrten Herren zu fordern, die wegen eines ihres bekandten freunds, der solches in würthsheüsern dieser Ennd verzehrt und ich zu bezahlen versprochen, für welchen von dem Herrn Ginter [?] vor deme [d. h. davor] auch schon 20 fr ... [?] dlr [d. h. Taler] an mich übermacht worden seind. Als hab ich deme Herrn Antes geschrieben und gebäten, die 8 dlr [d. h. Taler] deme Herrn Vetter zu übersenden.
Gebietende Frau Hauptmännin, welche mit ihrem Vatter innert 3 wochen naher Klefe [d. h. Chiavenna] verreisen wird als Commissarius p[er] 2 Jahr, laßt geben schönen herzensgruß dem Herrn Vetter, freundlich bitten von seinem tractat deß sicher und geschwinden Arzts von letster Edition 2 oder 3 Exemplar zu schiken.[737] Was diese costen, kann mein hochgeehrter Herr Vetter von dero 8 dlrn [d. h. Taler] deß Herrn Anthes alsdan nemmen und den Rest mit den büchern mir übersenden. Verharre indeßen übrige Zeit meines Lebens nechst übergebung Gottes heilwertigem Schutz und freundlicher salutation

Meines hochgeehrten Herren Vetter Doctors
Undergebnester Diener Daniel Anhorn

C 14

Brief von Daniel Anhorn an Theodor Zwinger III, Chur, 3. März 1704.

UB Basel, Frey-Gryn Mscr III 3, Nr. 43.

Monsieur mon tres honore Cousin et grand Patron.

Es ist nun ein geraume zeit vorbeÿ, das Euer Excellenz, meinem Hochgeehrten Herren Vetter auß mangel matteri nit geschriben. Lebe annoch der versicherten hoffnung, selbiger sampt allen lieb angehörigen nebend genießung edler gesundheit in aller zufriedenheit und vergnügtem wohlwesen befinden werde, so mir sonder lieb zu vernemmen sein wird. Mit gegenwärtigen Zeihlen sampt inschluß [d. h. Beigabe] von meiner Hochgeehrten Frau Hauptmännin Hortensia an den Herrn Vetter, kommen ich selbigen freundlichst zu bitten, so gütig zu sein und die favor zu erweisen zu Hochgeehrter Frau Obristlieütenantin von Rosa, Herrn Obristlieutenanten Planta selig nachgelaßene wittib, so in Basel oder ohnweit selbiger enden auff ihrem Schloß sich befinden soll, zu gehen. Dero Herren soll unserer Hoch-

geehrten Frau Haubtmännin ihr Herr Junker Haubtmann Gugelberg selig Rthlr [d. h. Reichstaler] 140 schuldig gewesen, von deßen Frau Mutter Frau Lantshauptmännin Gugelberg selig aber Ao. 1683 auff erhaltne ordre dieser Landsleüth Quittung bezahlt worden sind, und von selbiger zu vernemmen ansuchung thun, in welchem Jahr und Monat Herr Gugelberg bemelte dhl [d. h. Taler] 140 von ihrem seligen Obristleutnant selig entpfangen haben möchte, welches auß hinderlaßnen rechenbücheren wird bescheint werden können, ob es Ao. 80ein oder 82 geweßen seÿ.[738] An welchem bericht Hochgeehrter Frau Haubtmännin nicht wenig gelegen ist. Es laßt ihr gestrenger [Bruder] und Vogt Jkr Stadtvogt und Commisarius von Salis bitten,[739] möglichst sich zu informieren, in welchem Jahr und zu welcher zeit von Herrn Haubtmann Gugelberg selig mehr berichtete 140 möchten eingenommen worden sein und in g[rossherziger?] antwort ohnschwer zu überschreiben belieben wolle. Hochgeehrter Herr Vetter, per inligenden Z[ettel] wird er dienstlichen gebeten, 2 von seinen letstens gefertigten tractetlein der sicher und geschwinde Arzt genandt etc.[740] Hochgeehrter Frau Haubtmännin und ihrem Herrn Bruder Gubert zu schiken. Indeßen nechst übergebung Gottes heÿlwertigem schutz und freundlicher Salutation verbleibe ich uhngeendert mich zu nennen und sche[tzen?]
Euer Exzellenz, meines Hochgeehrten Herren Vetter Doctors

Undergebnester Diener, Daniel Anhorn

C 15

UB Basel, Frey-Gryn Mscr III 2, Nr. 44.

Brief von Daniel Anhorn an Theodor Zwinger III, Maienfeld, den 10. August 1704.

Monsieur mon tres cher et honore Cousin.

Just auff ge[geben]en[?] befelch ihr[er] wehrt[?] und gestreng Junker Stattvogt und Commissarii Gubert von Salis und Hochgeehrte Frau Haubtmännin Hortensia Gugelberg von Moos, noch zu Cläfen [d. h. Chiavenna] sich auffhaltend, komme nochmahlen in ihrer beÿden nammen, neben schönster reccomendation und gruß, den Herrn Vetter freundlichst zu ersuchen und bitten, die favor zu erweisen, bei Hochgeehrter Frau Oberstin-Lieüt[nantin] Planta zu erk-

hundigen, ob nicht die ihrem Herren selig Ao. 1683 bezahlten Rthl. 140 [d. h. Reichstaler] von Herrn Haubtmann Gugelberg anno 1681 möchten auffgenommen worden sein, der dießerseiths sehr daran gelegen. Man hoffet immer under seinen schrifften etwas hier vorgefunden werden sollte, wenn Hochgeehrte Frau Obristlieüt[nantin] so gnädig sein wollte, selbige zu undersuchen, welche demütigst von Hochgeehrter Frau Haubtmännin hierumb ihro die gnad zu erweisen gebätten wird.
Umb beÿligenden rdlr [d. h. Reichstaler] ersuche den Herren Vettern widerumb 2 Exemplare seiner letsten Edition geschwinden Arzts[741] wie verwichen freundlich verlangt worden, zu schiken. Und so etwas mehrers vor diesmahlen beÿderseiths gegen einander stehenden Armeen inkommen, auch uhnschwer zu communicieren.
Salutation und entpfehlung himmlischen Schutzes verharre

Meines Hochgeehrten Herren Veters Doctors
Undergebnester Diener
Daniel Anhorn

PS: Herr Zaffeo,[742] Herr Dr. Bavier[743] und Herr Davaz[744] habe von des Herrn Vetters Disputat[ion] jedem eine zugestelt.[745] Laßen sich schönstens bedanken und ihnen sehr beliebt.
[P]PS: Beÿ beschluß langt eben Jkr Stadtvogt und Commissarius G.V.S. an, welcher auch sein gehorsambsten respect und gruß der Hochgeehrten Frau Obrist-Lieütenantin Planta und meinem Hochgeehrten Herrn Vetter vermelden laßt, mit allerfreundlichstem Ersuchen, man seiner Tochter und ihme die gnad zu erweisen belieben laßen wolle. Und vor bedeüter maßen, Herrn Obristlieütenants Feldbücher oder schrifften zu durchgehen, ob etwas doch gefunden werden möchte. Ao 81 oder 82 Herr Haubtmann Gugelberg sollten die Rthr 149 geliehen worden seÿ[n], welches mann für eine besondere gnad erkennen und bestendig Hochgeehrter Frau Obristlieütnantin vorab … [?] und obligiert sein wird. Die antwort muß auch nit eben beÿ übersendung begehrter Büchern volgen, wan nur solches mit nutz g … [?] Leit gestelt wird. Vale.

D

ZB Zürich, Ms J 548 (Acta der Zürcherischen Gesellschaft der Wohlgesinnten, 1693), fol. 75v–84v.

Verhandlungen der Zürcher Gesellschaft der Wohlgesinnten am 1. August 1693.[746]

Im Wesentlichen gleichlautende Protokolle – abgesehen von wenigen kleineren Abweichungen – sind Ms B 58 sowie Ms S 384. Zwar ist die Autorschaft von B 58 bekannt (Johann Conrad Escher),[747] aus technischen Gründen (die Lektüre begünstigende Bindung des Konvoluts) haben wir uns jedoch für die Transkription von Ms J 548 entschieden, einer – von einer Ausnahme abgesehen – vorlagengetreuen Kopie von B 58.[748]

Die vielen abgekürzten Wortendungen werden dem Lesefluss zuliebe nicht alle transkribiert, sondern stillschweigend aufgelöst.

«An dieserem [sic] ist die Gesellschafft von H[errn] Escher-Quaestor mit der fortsetzung der weltberühmt[en] helden und muthigen verrichtungen unserer Eÿdtgnössischen altfordern in französischer spraach mit höchster vergnügung erbawt word[en].[749] Welcher verrichtungen sonderlich [fol. 76r] zihlen auf die widererlangung ihrer erstlichen freÿheit, undt derselben v[er]mehrung durch Bäbstl[iche] und Kaiserl[iche] freÿheitsbriefe. Kurtzer begriff darvon ist dieser, soll ein schiff auff dem meehr fortkommen, muß das bewegt werden, soll der bootsknecht feine wüßenschafft erscheinen, muß kein meerstille das schiff auffhalten. So wäre jederzeith der Eÿdtgnossen artdt, immer in einer arbeitsammen bewegung zu sein, und ihre hertzhafftigkeit gegen die auffstoßende feinde sehen zu laßen, sie nicht nur von beraubung ihrer freÿheit abzutreiben, sondern ihnen, die da ein schrëckhen der wëlt waren, ein schrëckhen einzujagen.»

[Weiter: Zu den Helvetiern und ihrer Besiegung durch die Römer.]
[fol. 76v] «Die beßerung dieser schlëchten zeiten habe angefangen mit der ankunfft des H[eiligen] Evangelii in diese länder, alß der lu[…?] St. Galli, Collumbani, Felicis und Rëgulae, worvon Murerus und Guillimannus, und nach der schlacht, in welcher die Teütschen von Constantio Chloro geschlagen,[750] habe man die Helvetischen Städte widerumb zu bauwen angefangen, und daselbst hin Röm[ische] Reichsvögte geschickt worden.» […]
[Zu Zürich als Reichsstadt im Heiligen Römischen Reich deutscher Nation.]
[fol. 77r] *[Dann aber nochmals zurück zur Römerzeit.]*

«[Im] II. Theil zeigt[751] an die Heroischen Thaten der alten Helvetiern, daß alß Kaiser Flavius Vespasianius willen mit Jerusalem, das gantze jüdische land zu bekriegen, seÿe gewesen, und zu dem ende seinen Sohn Titum in diese länder geschickt, volckh auffzubringen, haben sÿ solches abgeschlagen, weil sÿ nicht gesinnet, sich so weith von ihren gräntzen zu begeben und nur um sold zu dienen.» [...]

[fol. 78r]
«Neben Verhandlungen

Neben vilen nützlichen Gesprächen, da unter anderem von des jetzigen Fr[anzösischen] Königs verfahrn,[752] augenscheinlicher schwächung seiner macht, annäherung seiner kriegs-armée an die Eÿdtgn[össischen] grentze[n], angefangen treüwungen [d. h. Drohungen] mit gar subtilen terminis seines bottschaffters in der Eÿdtn[ossschaft] wegen jüngst wol befugter dem fr[anzösischen] bundt undt der neutralität unnachtheilliger und unserem allgemeinen wahren Relligions undt Stadts Interesse auch vätterlicher versorgung der lobl[ichen] St[adt] Zürich angehörigen unentberligen concedirung der offentl[ich] geworbnen 800 männern – vor die Ver[...] Generalstadt[en][753] auch wie solche, die ob jedem rauschenden laub erschrekhen, und den K[önig] in Fran[kreich] theils wie die Indianer den Teüffel anbeten, theils auß verfluchtem danahen haben dem eignen interesse nicht nur desselben partheÿ beÿ allen anläßen unverschämpter weiße nëmmen, sonder sich über dessen geführte graußamkeiten noch freüwen und sich ihm gleichsam zu sklaven ergëben wollen, rächte Hanßen und nicht würdig, daß sÿ Eÿdtgnossen, besonders Refformierte Züricher sollen genent werden.» [...]
[fol. 78v]
[Dagegen wird das Bild beschworen, der Eidgenossen, die ...]
«... in die fußstapfen ihrer altfordern trädten, und mit beÿstand Göttlicher Hülffe vermitlest resolvierter Eÿdtg[nössischer] tapferkeit keinen feindt nicht beförchten, sonder denselben hertzhafft erwardten sollen. Etc. Geredt haben die herren auch sonderbar von jederzeitigen hochgelehrten weibßpersohnen geredt! [sic]
Beÿ diesem anlaaß zuvorderst ein angenehm corollarium von der dißmahlen weitbekhanten hochgelehrten Frauw Hortensia von Salis, Wittib von Herren Capitain Gugelbërgern, wohnhafftig zu Meÿenfeld, ihrer vortreffenlichen wüssenschafft, großer gelerhete [sic], herrlicher und ungläublicher gedechtnuß, extra ordinari leibsschönheit und andern leibs- und gemüths-gaaben erhalten, da dan von ihr berichtet

worden. Auß selbst bewußter Zeügnuß,[754] das sie zwahren keine andere alß ihre angebohrne Mutterspraach, Teütsch und Romanisch,[755] aber die erstere gar sauber rede, und in derselben die Theologiam, Philosophiam, Philologiam, Medicinam, und waß mit diesen hohen Faculteten verwandt, auff daß allervollkommnest erlehrnet, so daß sie von denselben [fol. 79r] mit den allergelehrtesten männeren raisonniert, disputiert, opponiert, correspondiert, alß mit Herre[n] Professor Schweitzer und Herrn Helfer Zeller zum Frauen-Münster allhier,[756] Her[ren] Dr. Zwingger zu Basel,[757] etc., sogar, daß sie auch den alleren subtilsten köpfen darinnen nicht wenig zu schaffen gibt, etc., und beÿ ihnen große verwunderung über ihren sehr tieffsinnigen geist erweckt, und sie verpflichtet, von ihro nichts anderß zu urtheilen, alß daß sie ein wunder der Wëlt, undt mit niemandem alß mit ihr selbs könne verglichen werden. Wiewohl sie keiner alß ihrer Mutter-Spraach, wie gesagt, berichtet ist, so ist dieses nicht das minste an ihro zu verwundern, daß sie alle philosophischen [und der] artzneÿ künstwörter, die sonst nitmahlen in anderen alß Griechischer oder Lateinischer Spraach außgesprochen worden, in unser recht Teütsche Spraach auff das allerverständlichste gibt. Diese Wunderpersohn ist neben disen vorgemeldten schönen Qualiteten auch sonderbar in geist-und weltlichen geschichten so geübt, daß sÿ auch darin vill professores historiarum übertrifft, neben der vollkommnen wüssenschafft der H[eiligen] Geschichten undt des gantzen Geschlecht-Registers unsers Selligmachers, welches sie mir selbsten[758] vor 2 Jahren zu Pfäffers ohne anstoß außwenig von Adam biß auff Christus nicht nur alle Nammen [fol. 79v] auff daß verwunderlichste erzehlet, sonder noch auff alle äste dieses Genealogiebaums so geschritten, und alle nebengeschlechter mit solcher fertigkeit angebracht, daß bekhënnen müßen, daß nicht tüchtig wäre, solche unbekante und schwere nahmen lesend außzusprechen. Es hat diese Frauw ihrer vortreffenlichen Gedächtnuß zu diesem noch eingegraben nicht nur alle nahmen der IV allgemeinen monarcheÿen, alle alte Römische Könige und Consules, die Könige von Egipten, Ahten [Athen], etc. Auch die Geschlecht-Register aller von uralten Zeiten her, und auch dießmahlen in der gantzen welt der Königs[reichen], Fürstenthümmern und Herzogtümmern, etc., vorgestelte Könige und Fürsten, sonder eines jeden, wie nicht weniger aller Rec [...]wesen und waß unter eines jeden herrschafft merckhwürdiges verloffen, so daß sie mit fug eine lebendige Chronik alleß deßen, was auff der offentl[ichen] welt schaubühne seith derselben auffrichtung gespielt und der Nachwëlt zur ver-

wundernden beobachtung vorgestellt worden, genent werden kann.
Nebst diesen großen wüßenschafften ist diese Frauw noch mit anderen angebohrnen, wol adelichen leibs- und gemüthstugenden begabet, hat ein liebreich angesicht, anmüthige, lächlende minen, scharffsichtige augen, holdseligen mund. Die farb dieses angesichts ist gleich dem allerveinsten weisesten Marmol mit sehr lieblicher spanisch-rother farb untermenget. Hatt schöne blonde haare, ist mittelmäßiger natur, tragt [fol. 80r] Frantzösische Kleidung und hat mit einem wortt eine solche lieblich-majestätische Pra[...] daß auch auß selbiger gleich etwaß sonderliches zu vermerkhen. Sie erzeigt sich gegen jederman sehr höfflich und freündtlich, so gar, daß diese schöne tugendt jhro von ihren bößwilligen öffters vor ein laster außgedeütet wird, alß ob sie sich mit dem männlichen geschlecht, mit welchem sie ohne schüchen gantz freÿ umgeht, von allerhand materi discuriert, und zuweilen allein, eß seÿe tag oder nacht, ohne bedenkhen auffhaltet, ungebührlich vergehe. Da ich aber ihro im wenigsten dergleichen nicht trauwe, sonder solches alles eines ihro von nataur [sic] eingepflantzten freÿmüthigkeit zugibt, diese höchste anständige gemüths-gaab, die freündtlichkeit wird von vielen anderen unbeschreiblichen gemüths-tugenden begleitet, so daß sie füglich ein himmel, darinn unzehlich viel tugenden gleich hell-gläntzend[en] stern[en] herfür leüchten, angeführet werden möchte. Sie ist barmhertzig, gudtmüthig, freÿgebig, deemüthig, sanfftmüthig, vorsichtig, klug, weiß, verständig, arbeithsam. Insonderheit liebt sie die tugendt aller tugend[en] und der Anfang des wüßens, die wahre Gottesforcht, da dan ihre meisten discursen in Sittenlehren undt treühertzigen vermahnungen zu erkhäntnuß Gottes und seiner selbst, undt [fol. 80v] des menschlichen elendts, auch wahrer bekehrung[en] bestehen. Achtet alles für eitel, mitt theilt über ihr vermögen den armen, tröstet die bekümberten und richtet die kleinmüthigen gantz großmüthig auff, und stellet ihnen also bald das Leiden des Sohns Gottes, unsers hochgelobten Erlösers [dar] und vermahnet die stolzen von ihrem eignen wëg ab, und sich an der demuth Cristi zu spieglen. Diese Fraw habe neben anderen hochgelerheten gesprächen heürigen jahrs zu Pfäffers [Bad Pfäfers] auch discurirt, wie man sich zu verhalten,wenn man eine Chur [Kur] mit krafft brauchen wolle, und hat geschloßen, daß vor allen dingen man sich vor 4 passionen mit allem fleiß zu hütten, n[ämlich] vor allzu großer freüd, all zu ergener traurigkheit, vor zorn, und vor übermäßiger liebe. Mit hier erzeltem würde noch vil von dieser gelehrten frawen, von ihrer beredsammkeit und immerzu anhaltenden gesprächen, die manchmal

zur vertrießlichkeit den anhörenden werden, wie außbündig sie auch sind, [hier fehlt: zu berichten sein].
Der dieses schreibe, kann nicht umhin beÿzusetzen eine herrliche zeugkhnuß, welche mir von Meÿenfeldt durch brieffe h[errn] V[edrosis?] mitgetheilt worden:[759]
Quomodo sat memorem praeconia virtutum famosissima illae atque nobilissimae foeminae D[ominae] Heroidis Hortensiae a Salis [fol. 81r] splendida virtutum et scientiarum, quibus edecorata et imbuta ornamenta per universam orbem satis sunt celebrate et decantata. […]
[Das lateinische Schreiben wiederholt im Wesentlichen die bereits bekannten Lobpreisungen].
[fol. 81v] […] Man hat in diesem congressu, da auch von der gelehrten Anna Maria Schurmännin[760] und Elisabetha Pfaltzgräfin,[761] Printzessin Eleonora und witib Pfaltzgräffin beÿ Rhein[762] und anderen hochgelehreten weibspersohnen mehr geredt, auch berichtet, daß dießmahlen zu St. Gallen eine auch dergleichen gestudierte weibspersohn (verheirathe Schl[umpf], gebohrne Sch[obinger]),[763] die sich Camillam nenne und ein büchlin von dem Lob der Freÿheit geschriben, selbiges der Fraw Hortensia v. Salis zugeeignet habe, sich befinde, die zwar in frömbden spraachen und verscheidnen facultaten eine zimmliche wüssenschafft habe, aber an tieffsinnigkeit und unvergleichlicher gedächtnuß angeregter frawen von Salis mitnichten zukomme. Worauff fehrner verdeütet wurde, daß sich noch dießmahlen sehr vil dergleichen hoch verständige Matronen in Teütschland befinden, die theils der hochlöblichen Fruchtbringenden Gesellschaft,[764] theils anderen auffgerichten Ruhmes- Pflantzgärten schöner tugenden und wüssenschaftten von hochgelehrten Leüthen einverleibet seÿn, besonders aber [fol. 82r] gestalte die Frauw von Greiffenberg,[765] die in gedachter Fruchtbaren Gesellschaft den Nahmen der Uranien trägt, auch beÿ den hochgelehrten männern große verwunderung über ihre allzu tieffsinnige, gehorsamme und höchst kluges Judicium, welches sie in verschidnen, im trukh außgegëbnen schönen schriften zu ihrem unaußlöschlichem Ruhm herfürblickhen laßen. Diese fraw habe sehr vil geschriben undt unter anderem hab sie der nebentwält auch mitgetheilt einen tractat, den sie der Frawen von Greiffenberg passion betitelt. Diese auch [müsste «Buch» heissen – Fehler bei der Abschrift?] enthalte nicht nur eine eifferige anleitung zu einem gottseligen leben, sonder seÿe mit so treffenlich[en] emblematibus angefüllet, daß wegen derselben tieffen und hohen verstand beÿ mäniglich grosse verwunderung darüber gebähre. Auch habe sie mehrere andere bücher in trukh verfertiget, unter denen eines von der Menschheit,

ein anderß von der Kindtheit des Heil[ands] Christi, welche letztere sie einen Begriff des Unbegreifflichen benambset, und wegen der darin enthalten hohen sachen ein unsterbliches lob beÿ mäniglich verursachet. Diese mit außbündiger Gelehrte außgeschmückte Frauw habe neben anderen geistreichen Sinnenbildern, die sie im vorerwehntem ihrem passion beÿgefügt, auch folgendes [fol. 82v] zum trost betrübten und kreutztragenden menschen selbigem einverleibt: Ein hoher berg auff demm sehr viele kleine steinlin, schifferlein und sand zerstrëwt, und der berg durch höle unten an diesem felsen einem schlaafenden jungen knaben werde obige stein und sand ins gesicht gewehet mit diesen worten, «nicht zum schaden, sodern zur warnung».
Diese mit so herrlichen außgezierte dame ist unangesehen ihrer unvergleichlich-gehabten qualiteten gleich anderen menschen den natürlichen leibsschwachheiten und verführerischen leibspassionen unterworfen gewesen und hat durch ihre nebenconduite die menschliche unvollkhomenheit undt angebohrne thorheit bestädtiget, gestalten sie wieder Göttl[iches] und menschl[iches] recht ihres herr[en] vatters bruder geheürathet und obgleich vom Kaißer keine dispensation deßen, wiewol gar heÿferrig [sic] darumb ist angehalten worden, hat können außgewërckt werden. Auch alle ihre hoochadelichen anverwandten wider ihr so unbesinntes und hoochstraaffbares beginnen, alle ernsthafftesten protestantiones gethan, hat doch deren verliebtes gemüth nicht mögen geändert, noch sÿe zu besseren gedanckhen verleitet werden, sonder haben ihre ehetrauung mit würkhlicher copulation vollzogen, welches dem himmel selbst sonder zweiffel höchst mißfallen […].
[fol. 83r] […] Diese dame lebe noch jetziger stund in unverändertem stand, und seÿe eines der würdigsten mitgliederen hochged[achter] Fruchtbringender Gesellschafft.

Anmerkungen

1 Koloch, Salis, 2011, S. 171f.
2 Allerdings sahen sich die Eidgenossen im Zweiten Kappeler Landfrieden von 1531 gezwungen, die Realität der Bi-Konfessionalität der Eidgenossenschaft anzuerkennen, weil sonst die Eidgenossenschaft auseinandergebrochen wäre. Aber dieser Schritt erfolgte keineswegs aus innerer Überzeugung, sondern war eher eine Art pragmatische Kapitulation vor den durch die Reformation geschaffenen Fakten.
3 Vgl. dazu S. 80.
4 Zur Provenienz dieser französischen Version des Familiennamens siehe S. 80.
5 Boscani Leoni, «Lettres des Grisons», 2019.
6 Seidel, J. Jürgen, Exkurs 1: Hortensia Gugelberg von Moos geb. von Salis-Maienfeld, in: ders., Die Anfänge des Pietismus, 2001, S. 73–88.
7 Anosi, Unerschöpfliche, zit. nach Widmer 2003, S. 17.
8 Waser, Johann Rudolf, Leidgedicht III, in: Anosi, Unerschöpfliche, zit. nach Widmer 2003, S. 213.
9 Siehe «Der St. Galler Kreis», S. 80–89.
10 Fäsi, Johann Heinrich, Leidgedicht II, in: Anosi, Unerschöpfliche, zit. nach Widmer 2003, S. 210.
11 Tschudi, Heinrich, Leidgedicht XVI, in: Anosi, ebd., zit. nach Widmer 2003, S. 246.
12 Zwecks einwandfreier Identifikation der betreffenden Mitglieder der Familie von Salis fügen wir im Folgenden in eckigen Klammern die Nummer der jeweiligen Person in Stammbaum der Familie ein: Sprecher, Stammbaum Salis, 1941.
13 Siehe «Die Familie», S. 55
14 Färber, Herrenstand, 1983, S. 66f.; Liniger, Gesellschaft, 2017, S. 154.
15 Siehe Färber, Herrenhäuser, 1994, S. 202.
16 Ebd., S. 203.
17 Das Original des Porträts von HvS befindet sich im Schloss Salenegg, Maienfeld. Siehe auch «Die Familie», S. 54–79, mit den Fotos der Geschwister (Alben mit Fotografien der Gemälde von Mitgliedern der Familie von Salis).
18 Das Schloss Sulzberg wurde 1666 (Färber, Herrenhäuser, 1994, S. 230) vom Gardehauptmann Rudolf von Salis-Zizers (?–1690) [17/5] erworben. Von der Bevölkerung wird es auch heute noch «Möttelischloss» (nach früheren Besitzern) genannt. Es liegt in der Gemeinde Untereggen (SG). Rudolf von Salis vermachte dann das Schloss seinem jüngsten Sohn Johannes (1670–1726) [17/23]. Vgl. auch Anm. 284.
19 FAG, C Nr. 1, S. 194. Die Einladung durch die «Obrigkeit» verweist auf den hohen gesellschaftlichen Stand der Gesellschaft.
20 Brief von HvS an ihren Vetter [Ulysses von Salis-Marschlins], 1688. Anhang A5.
21 FAG, C Nr. 1, S. 170: «Frau Hortensia fordert nach Standsgebühr einen Weibersattel.»
22 Siehe die Briefe im Anhang, A 1–A 3.
23 Menhard, Herz-Schwäger, 1685.
24 Brief von HvS an Ursina Menhardt, 1680. Anhang A 1.
25 FAG, Chronik der Familie, 1893, S. 38.
26 Ebd.; Schukan, Gedultige Annemmung, 1699.
27 Siehe Färber, Herrenhäuser, 1994, S. 232.
28 FAG, Chronik der Familie, S. 40.
29 Ebd.
30 FAG, B II a, Ehevertrag.
31 Siehe «Die Familie», S. 70f.
32 FAG, B II a, Ehevertrag, Punkt 2 (unsere Transkription).
33 Ebd., Punkt 4.
34 Ebd., Punkt 9 (unsere Transkription).
35 Rudolf Gugelberg von Moos war Hauptmann in französischen Diensten.
36 FAG, C Nr. 1, S. 3.
37 FAG, B II a: Zusatz von HvS im Ehevertrag, S. 6: «1682, den 6. Hornung, als mein Liebster verreist, […].»
38 Brief von Daniel Anhorn an Theodor Zwinger, 5.4.1687. Anhang C 3.
39 Z. B. Briefe von Daniel Anhorn an Theodor Zwinger, 3.1. und 18.1.1688. Anhang C 6 und C 7.
40 Brief von Daniel Anhorn an Theodor Zwinger, 27.2.1688. Anhang C 8.
41 Ebd.
42 FAG, C Nr. 1, S. 170.
43 Ebd.
44 Die Schlacht bei Steenkerke (Steinkirchen in Flandern) fand am 3.8.1692 im Zuge des Pfälzischen Erbfolgekriegs statt. Rudolf Gugelberg von Moos kämpfte auf der Seite des Maréchal de France Montmorency, der neben der königlichen Garde einige Schweizer Regimente zur Unterstützung einsetzte. Zu dieser Schlacht vgl. Vallière, Treue und Ehre, S. 373–375 (jedoch ohne genauere Nachweise).
45 Brief von Daniel Anhorn an Theodor Zwinger, 22.8.1692. Anhang C 12.
46 Verhandlungen der Zürcher Gesellschaft der Wohlgesinnten am 1.8.1693. Anhang D.
47 Siehe dazu S. 108.
48 Siehe dazu «Die Society for Promoting Christian Knowledge», S. 134f.

49 Brief von HvS an Bruder Carl Gubert von Salis [vermutlich 1684]. Anhang A 4.
50 Brief von HvS an Joh. Heinrich Heidegger, 29. Heumonat [Juli] 1694. Anhang A 6.
51 Brief von Daniel Anhorn an Theodor Zwinger, 7.6.1701. Anhang C 13.
52 Brief von HvS an Joh. Jakob Scherer, 15.12.1706. Anhang A 24.
53 Wie vorhandene Rechnungsbücher von Frauen aus dieser Zeit zeigen, bestand diese Tätigkeit darin, die Buchhaltung für die Geschäfte zu führen, d.h. vor allem Darlehen und Zinsen zu notieren.
54 Leonhardi, An Account, 1711, S.41f.
55 Brief von Daniel Anhorn an Theodor Zwinger, 6.12.1685. Anhang C 1.
56 Brief von Daniel Anhorn an Theodor Zwinger, 5.4.1687. Anhang C 3.
57 Brief von Daniel Anhorn an Theodor Zwinger, 5.7.1687. Anhang C 4.
58 Brief von Daniel Anhorn an Theodor Zwinger, 29.10.1690. Anhang C 9.
59 Brief von Daniel Anhorn an Theodor Zwinger III, 10.1.1687. UB Basel, Frey-Gryn Mscr III 2, Nr. 18.
60 Battista von Salis (1654–1724) amtete 1713–1715 als Commissari in Chiavenna. Siehe auch Collenberg, Amtsleute, 1999, S.72.
61 Brief von HvS an Battista von Salis-Soglio. Anhang A 25. Diesen Brief, zusammen mit ausführlichen Informationen zu Archivbeständen im Palazzo von Salis in Bondo (GR), verdanken wir Urs Schocher (ehemals StAGR).
62 FAG, C Nr. 1, S.8.
63 Widmer, Hortensia von Salis, 2003, S.210–251.
64 Camilla, Rose der Freyheit, 1693, Widmungsschreiben, Neudruck (2011), S.85–173, hier S.142. Vgl. dazu «Der St. Galler Kreis», S.80–89.
65 Acta der Zürcherischen Gesellschaft der Wohlgesinnten, 1693, fol. 75v–84v, hier fol. 80r. Siehe Anhang D.
66 Manatschal, Hortensia Gugelberg von Moos, 1893.
67 Ebd., Teil 6. Zu unserer Kritik an diesem Mythos siehe S.139f. In Beiträgen zur Biografie der Maienfelderin scheint er bis in die jüngere Zeit unverwüstlich fortzubestehen.
68 Ebd., Teil 4.
69 Klimek; Aumüller, Medizin und Meditation, 2022.
70 Frey, Hortensia von Salis., 1920.
71 Graf, Hortensia Gugelberg von Moos, 1918, S.83.
72 Ebd., S.92.
73 Bener-Lorenz, Hortensia Gugelberg von Moos, 1938, S.14–16.
74 Löffler-Herzog, Die Ahnen, 1936.
75 Ebd., 41 (9.10.1936).
76 Morf, Hortensia Gugelberg von Moos, 1959, S.10–14, hier S.12.
77 Nöthiger-Strahm, Hortensia Gugelberg von Moos, 1991, S.9–13.
78 Wehrli-Knobel, Hortensia Gugelberg von Moos-von Salis, 1970.
79 Seidel, Hortensia Gugelberg von Moos, in: HLS; ders., Gugelberg von Moos, 1994, Sp. 1230–1231.
80 Seidel, J. Jürgen, Exkurs 1: Hortensia Gugelberg von Moos […], in: ders., Die Anfänge des Pietismus, S.73–88.
81 Ebd., S.87.
82 Valèr, Die evangelischen Geistlichen, 1919, S.85.
83 Vgl. dazu «Der Pietismus», S.125–132.
84 Koloch, Salis, 2011, S.171f.
85 Dies., Kommunikation, 2011, S.172–184.
86 Zeller, Konversation, 1998, S.341f.
87 Stump, Doris; Widmer, Maya; Wyss, Regula: Deutschsprachige Schriftstellerinnen in der Schweiz, 1700–1945, Wettingen 1994.
88 Wyss, Heilkundige, 1994.
89 Ebd., S.16.
90 Salis, Hortensia von, Geist- und lehrreiche Conversations-Gespräche, welche in ansehnlicher Gesellschafft / bey unterschidlichem Anlaaß / von Göttlichen / Sittlichen und Natürlichen Sachen geführten […], Zürich 1696, Neudruck in: Widmer, Hortensia von Salis, 2003, S.125–176. (Im Folgenden zitiert Salis, Conversations-Gespräche, Seitenzahlen nach Widmer 2003.)
91 Ebd, S.9–39.
92 Ebd, S.15.
93 Ebd., S.9. Zur «Rose der Freyheit» siehe S.80–82.
94 Widmer, Schreibmöglichkeiten, 2003.
95 Widmer, «Wider die papistische Religion», 2006, bes. S.281f.
96 Wenger, Hortensia von Salis, 2019, S.95–104, hier S.103.
97 Ebd.
98 Danuser-Leitinger, Hortensia Gugelberg von Moos, 2019, S.83–94, bes. S.86f.
99 Widmer, Hortensia von Salis, 2003, Einleitung, S.37. Vgl. dazu auch «Konfessionelles Engagement», S.126–132.
100 Klimek; Aumüller, Medizin und Meditation, 2022.
101 Ebd., S.77.
102 Ebd., S.86–89. Zur angesprochenen Zürcher Debatte, vgl. Anhang D.

103 Frey, Hortensia von Salis, 1920.
104 Ebd., S. 20.
105 Zeller, Konversation, 1998, S. 332.
106 Wir meinen Klimek/Aumüllers Begriff des «Netzwerks», vgl. Anm. 69. Zu Koloch, vgl. dies., Salis, 2011, S. 171f.
107 Auf die Leidgedichte von HvS gehen wir am Ende dieses Teils ein.
108 Die Korrespondenz der Autorin mit Johann Heinrich Heidegger in Zürich und Dekan Benedikt Closer in Pfäfers legt den Schluss nahe, dass die beiden Drucke kurz nacheinander im Frühjahr 1695 erschienen. Zu den beiden Drucken vgl. Widmer, Hortensia von Salis, 2003, Einleitung, S. 44–46. Zu den entsprechenden Briefen, vgl. Anhang.
109 Vgl. Anhang A 24.
110 Widmer, Hortensia von Salis, 2003, S. 177.
111 Ebd., S. 189. Zu Robert Hales vgl. S. 126–132.
112 Siehe Moser, Johann Heinrich Schweizer, in: HLS.
113 Salis, Hortensia von, Glaubens-Rechenschafft, Vorwort J.H. Schweizers, in: Widmer, Hortensia von Salis, 2003, S. 65. (Im Folgenden zitiert Salis, Glaubens-Rechenschafft, Seitenzahlen nach Widmer 2003.) Hierzu und zum Folgenden vgl. auch Widmer, «Wider die papistische Religion», 2006.
114 Zu Closer, siehe Anm. 656.
115 Gartner, Wohlriechende, 1694.
116 Ebd., S. 322–324.
117 Vgl. Greyerz, Das Reformiertentum, 2012, S. 309–410.
118 Salis, Glaubens-Rechenschafft, S. 115.
119 Copia Antwort-Schreibens deren Hochadenlichen / Reformiert-Evangelischen Dame, in: ebd., S. 119.
120 Salis, Glaubens-Rechenschafft, S. 116.
121 Ebd., S. 75.
122 Ebd., S. 76.
123 Ebd., S. 85f.
124 Vgl. u. a. Gäbler, Ulrich: Huldrych Zwingli. Leben und Werk, Zürich 1983, S. 118–125.
125 Salis, Glaubens-Rechenschafft, S. 95. Mit «Blumenbuch» ist Gartners «Meßblum» gemeint.
126 Ebd., S. 102–104. Nachstehendes Zitat: S. 103. Vgl. auch Zwingli, Schriften, 1995, Auslegung und Begründung der Thesen oder Artikel 1523, u. a. S. 227f. und 255f.; Campi; Reich (Hg.), Consensus Tigurinus, 2009.
127 Salis, Glaubens-Rechenschafft, S. 103.
128 Vgl. u. a. Kaufmann, Geschichte der Reformation, 2009, S. 203–215.
129 Salis, Glaubens-Rechenschafft, S. 110f.
130 So urteilen auch Wenger, Hortensia von Salis, 2019, S. 95–104, hier S. 103f, und Seidel, Die Anfänge des Pietismus, 2001, S. 87: «Hortensia führte in reformiert-orthodoxer Tradition ihr Leben in strikter Bindung an Geist und Buchstaben der Bibel und des Bekenntnisses.»
131 Bezug u. a. auf 1. Petrus 3, 1–9. Geschirr im Sinne von «Gefäss». Gemeint ist die Vorstellung vom «schwächeren Geschlecht».
132 Salis, Glaubens-Rechenschafft, S. 102. Bezug auf den Judas-Brief, 9.
133 Zum Folgenden vgl. auch Widmer, «Wider die papistische Religion», S. 278f. und 282f.
134 Schweizer, Johann Heinrich, Vorwort zu Salis, Glaubens-Rechenschafft, in: Widmer, Hortensia von Salis, 2003, S. 64f.
135 Copia Antwort-Schreibens Deren Hochadenlichen / Reformiert-Evangelischen Dame an einen Fürnemmen Herren N. N. […], in: ebd., S. 117–124, hier S. 123.
136 Vgl. Widmer, «Wider die papistische Religion», S. 282f.
137 Copia Antwort-Schreibens, in: Widmer, Hortensia von Salis, 2003, S. 120.
138 Ebd., S. 122 (mit der Korrektur von «Runkel» zu «Kunkel», d. h. Spindel).
139 Salis, Hortensia von, Recht Christliches nach dem Gebät des Herren, […] / den 8. Martii dieses lauffenden 1715. Jahres / dem zu Ende dieses Bogens benamseten Dieneren des Worts Gottes / zu registriren anvertrauet hat, Chur: Andreas Pfeffer, 1715, in: Widmer, Hortensia von Salis, 2003, S. 177–189. (Im Folgenden zitiert Salis, Gebät, Seitenzahlen nach Widmer 2003.) Der «Diener des Wortes» ist Johannes Leonhardi. Das Vorwort (S. 179) und das ausführliche Nachwort (S. 186–189) stammen von ihm.
140 Siehe Anhang A 24.
141 Salis, Gebät, S. 189.
142 Heidegger, Mythoscopia, 1698, Vorbericht, zweitletzte Seite (keine Seitenzahlen).
143 Harsdörffer, Frauenzimmer-Gesprächsspiele, 1641–49, ab 3. Bd.: Gesprächsspiele.
144 Scudéry, Les Conversations, 1682/84.
145 Koloch, Kommunikation, 2011, S. 172–184.
146 Ebd., S. 183.
147 Galen, auch Galenus, lebte im 2. Jh. n. Chr. Er war einer der bedeutendsten Ärzte des Altertums.
148 Zenobia, Fürstin von Palmyra (3. Jh. v. Chr), berühmt für ihre Gelehrtheit.
149 Mausolus und Artemisia, ein Herrscherpaar im 4. Jh. v. Chr.
150 Salis, Conversations-Gespräche, in: Widmer, Hortensia von Salis, 2003, S. 125–176, hier S. 131.
151 Ebd., S. 148.

152 Conversations-Gespräche, S. 152.
153 Ebd., S. 152f.
154 Ebd., S. 154f.
155 Ebd.
156 Dietrich-Daum; Taiani, Editorial, 2005, S. 1–18, hier: S. 5. Vgl. ausserdem u. a. Loetz, Histoire des mentalités, 1992, S. 272–291.
157 Salis, Conversations-Gespräche, S. 168–170.
158 Siehe «Naturkunde», S. 147–155.
159 Salis, Conversations-Gespräche, S. 127f.
160 Brief von HvS an Joh. Heinrich Heidegger, 1696. Anhang A 21.
161 Frey, Hortensia von Salis, 1920, S. 39f.
162 SRG-Beitrag, Verzuckerte Pillulen.
163 Vgl. Schukan, Gedultige Annemmung, 1699.
164 Standes-Documente der Familie von Salis. Zusammengestellt im Auftrage des Geschlechts-Verbandes der von Salis. Chur 1914, S. 9.
165 Capretz, Pancratz, Seelen-Triumph aller wahren Gläubigen […], Basel: Jacob Bertsche [1676]. An anderen Stellen im vorliegenden Buch ist auch von «Caprez» die Rede.
166 Ebd., S. 40.
167 Ebd., S. 41.
168 Sprecher, Stammbaum Salis, 1941. Tafel 14 [14/68].
169 Capretz, Seelen-Triumph, 1676, S. 42.
170 Ebd.
171 Ebd., S. 43f.
172 Stadtarchiv Maienfeld, Urkunden, Nr. 365, 1667, Nov. 9 (StAGR A I 21 b 1 / 276).
173 Stadtarchiv Maienfeld, Urkunden, Nr. 373, 1674 Mai 11 (StAGR A I 21 b 1 / 276).
174 Collenberg, Bundeshäupter, 1994, S. 338.
175 Collenberg, Amtsleute, 1999, S. 68.
176 Piccinin, Des Christ-gläubigen Menschen, 1710, 1711, Titelblatt.
177 Siehe dazu die Ausführungen zu den Geschwistern auf den folgenden Seiten.
178 Zeller, Der lieblichsten Schönheit [Hochzeitspredigt], 1684, S. 25 (StAGR, Familienarchiv v. Tscharner aus Ortenstein, D V /37 B 13.05.13).
179 Sprecher, Stammbaum Buol, 1940, [4/45]. Jakobea Buols Lebensdaten sind nicht gesichert, insbesondere ist das Geburtsdatum unbekannt. Das Historische Familienlexikon der Schweiz nennt 1638, Wiki Tree 1652, https://www.wikitree.com/wiki/Buol-Strassberg-2 (30.7.2025), Stromnesinfo 1642, https://stromsnes.info/tng/getperson.php?personID=I33338&tree=tree1 (30.7.2025).
180 Siehe Sprecher, Stammbaum Salis, Tafel 16. Dort wird das Geburtsjahr von Baptista mit 1685 angegeben, mit grosser Wahrscheinlichkeit ist es 1675. Dafür gibt es folgende Belege: In der Leichenpredigt für Ursula von Salis wird sie als Mutter von drei Töchtern und fünf Söhnen bezeichnet (Capretz, Seelen-Triumph, S. 7), und im Testament Gubert von Salis' ist ebenfalls von drei Söhnen, die er mit Jakobea hatte, die Rede (Gubert von Salis, Testament, 1697, FAG, C Nr. VIII (Abschriften von Urkunden und anderer Schriften etc. sowie auch allerley Notizen die Gugelbergische Facultät [sic] betreffend, von Heinrich Gugelberg von Moos). (Im Folgenden zitiert Gubert von Salis, Testament, 1697.)
181 Sprecher, Stammbaum Buol, 1940, [4/32].
182 Müller, Christliche Hochzeitpredig, 1671.
183 Siehe Einträge im Online- Archivkatalog des Stiftsarchivs St. Gallen. StiASG, Urk. BBB3 Lehen in Balgach, http://scope.stiftsarchiv.sg.ch/detail.aspx?ID=56393.
184 Piccinin, Jacob, Des Christ-gläubigen Menschen Einiges und Alles […], 1710, 1711, S. 20 (StAGR D V/3.141.010).
185 Ebd., Leidgedichte IV [unpag.], in der Reihenfolge ihrer Geburt: Hortensia, Karl Gubert, Dorothea, Gubert, Hercules, Margaretha, Hans Lucius, Baptista, Rudolf Anton, Dietegen, Johannes.
186 Piccinin, Jacob, Des Christ-gläubigen Menschen, 1710, 1711, S. 21.
187 Ebd., S. 21f.
188 Brief von HvS an Carl Gubert v. Salis, spätere Abschrift, ohne Datum, ca. 1684. Anhang A 4.
189 Siehe dazu auch die Ausführungen zu HvS, S. 24.
190 Liniger, Gesellschaft in der Zerstreuung, 2017, S. 150.
191 Briefentwurf vom 9.11.1698 (StAGR: Familienarchiv v. Tscharner-St. Margrethen, D V3.039.022).
192 Anhorn, Parnaßische Hochzeit-Gabe, 1687.
193 Collenberg, Bundeshäupter, 1999, S. 338.
194 Gilardon, Andreas, Das Verlangen einer gläubigen Seele […] In Einer Christlichen Leich-Predigt, Chur: Andreas Pfeffers seel. Wittib, 1740, Titelseite.
195 Ebd., S. 13. Alle Angaben zu seinem Leben sind den dortigen «Personalia» entnommen, S. 11–14.
196 Brief von Daniel Anhorn an Theodor Zwinger, 26.4.1692. Anhang C 11.
197 Brief von Daniel Anhorn an Theodor Zwinger, 22.8.1692. Anhang C 12.
198 Wahrscheinlich fand die Heirat 1689 statt. Siehe: Moos, Christlichen Leich-Predigt, 1702, S. 30 (StAGR A SP III/12 Nr. G 7).
199 Ebd.
200 Ebd., S. 31.
201 Maissen, Auf den Spuren, 1999, S. 68.

202 Collenberg, Bundeshäupter, 1994, S. 338.
203 Gilardon, Andreas: Das Bild eines Gott u. Menschen gefällige [sic] Officiers, 1738, Titelblatt.
204 Ebd., S. 10–14.
205 Furnius, Höchst-Betrübt, 1722, S. 24. Zu Peter Zeller vgl. auch S. 96
206 Ebd., Titelblatt.
207 Ebd., S. 26ff.
208 Bundi, Bündner Kriegsdienste, 1972, S. 156, und Sprecher, Stammbaum Salis, Tafel 14/61. Dort ist auch das falsche Geburtsjahr von Baptista vermerkt. Sprecher verortet alle vier Brüder in belgischen Diensten, Belgien gab es aber zu dieser Zeit noch nicht. Das Geburtsdatum 1685 hat Sprecher vermutlich aus der Zusammenstellung von Fotografien, Familie von Salis, 1884, entnommen. Dort wird ein Baptista von Salis (1685–1724) in der Bilderreihe der Kinder von Gubert von Salis [14/56] eingereiht. Es könnte sich hier aber auch um Baptista von Salis-Soglio (1654–1724) [18/22] handeln. Sprecher hat offensichtlich hier auch die Angaben zu den «belg. Diensten» übernommen.
209 Siehe https://www.geni.com/people/Rodolph-Anthony-des-H-R-Rijksridder-de-Salis/6000000008633760827 (30.7.2025).
210 Gubert von Salis, Testament, 1697.
211 Vgl. dazu u. a. Matthieu, Jon, Vermögensarrangement und Verwandtschaft im frühneuzeitlichen Graubünden: Grundmuster, Wandel, Einordnung, in: Geschichte und Region / Storia e regione 27/2 (2018), S. 149–168, bes. S. 160f.
212 Ebd. Es handelt sich um den Oberen Spaniöl (siehe Anm. 235). Diese Stelle ist ein weiterer Nachweis, dass Baptista der Sohn von Ursula und Gubert von Salis war und nicht ein Sohn von Jakobea, der zweiten Frau.
213 Gubert von Salis, Testament, 1697.
214 Gilardon, Andreas: Das Bild Eines Gott u. Menschen gefällige [sic] Offiziers [...] Johannes von Salis, Chur: Andreas Pfeffers seelig Wittib, 1738, S. 9f.
215 Färber, Carl Salis (Grüsch), in: HLS.
216 Stadtarchiv Maienfeld, Urkunden, Nr. 357, 1656 (StAGR A I 21 b 1 / 276/357) sowie Collenberg, Bundeshäupter, S. 337.
217 Siehe Färber, Carl Salis (Grüsch), in: HLS.
218 Capretz, Christliche Leich-Predigt, o. J. [1699], S. 37–41.
219 Ebd., S. 38.
220 Clavadetscher, Ritter Hans, 1940, S. 337–351.
221 Capretz, Christliche Leich-Predigt, o. J. [1699], S. 38.
222 Siehe Poeschel, Das Bürgerhaus, 1984, S. 43, sowie Salis-Grüsch, Baudenkmäler, 1992, S. 127.
223 Capretz, Christliche Leich-Predigt, o. J. [1699], S. 39.
224 Ebd., S. 40.
225 Ebd.
226 Ebd., S. 41.
227 Ebd., S. 3.
228 Siehe auch die diesbezügliche Erwähnung der «Großfrau» im Abschnitt zu den Conversations-Gesprächen S. 48.
229 FAG C Nr. VII, Historische Notizen, S. 285.
230 Hortensia von Salis, Testament (FAG, C Nr. VIII).
231 Siehe dazu auch Matthieu, Eine Region, 1983, S. 359.
232 Es handelt sich um das Marschallhaus. Hortensia von Salis, Testament (FAG, C Nr.VIII), S. 3.
233 Siehe «Das Marschallhaus» bei Poeschel, Das Bürgerhaus, 1984, S. 30.
234 Hortensia von Salis, Testament (FAG, C Nr. III), S. 4.
235 Dieses stattliche Haus war von den Eheleuten (Hortensia von Salis, geb. Gugelberg von Moos, und Karl von Salis) neu erbaut worden. Siehe Poeschel, Das Bürgerhaus, 1984, S. 43.
236 Ebd.
237 Hortensia von Salis, Testament (FAG, C Nr. VIII), S. 7f.
238 Gubert von Salis, Testament, 1697, S. 6.
239 Brief von Daniel Anhorn an Theodor Zwinger, 17.2.1686. UB Basel Frey Gryn Mscr III 2, Nr. 17; Brief von Daniel Anhorn an Theodor Zwinger, 9.3.1691. UB Basel, Frey-Gryn Mscr III 2, Nr. 36.
240 Brief von Daniel Anhorn an Theodor Zwinger, 6.4.1686, UB Basel, Frey-Gryn Mscr III, Nr. 16.
241 Brief von Jacques Chansales an seinen Vater, Schuhmachermeister in Brignoles, vom 4.7.1690, in: Solnon (Hg.), Sources d'histoire, 1994, S. 342f.
242 Vgl. Brief von Daniel Anhorn an Theodor Zwinger, 22.8.1692. Anhang C 12.
243 Würgler, Symbiose ungleicher Partner, 2011, S. 55.
244 Windler, «Ohne Geld keine Schweizer», 2005, S. 107.
245 Dazu und zum Folgenden vgl. die Abschnitte Nr. 34 Politik und Verwaltung (Redaktion: Adrian Collenberg) und Nr. 37 Militär (Redaktion: David Accola, Philippe Rogger) in: Atlas zur Geschichte Graubündens, 1524–2024.

246 Vgl. u. a. Büsser, Die «Frau Hauptmannin», 2010; dies., Klare Linien, 2018.

247 Siehe Anhang C 7.

248 Mit «Practica» ist im zeitgenössischen Verständnis Korruption gemeint.

249 Gemeint sind die nach den Königen Philipp II. und Philipp III. benannten Reales, d.h. Silbermünzen.

250 Brief von Hortensia Gugelberg von Moos an ihren Bruder Karl Gubert von Salis, undatiert, wahrscheinlich 1684, spätere Abschrift. Anhang A 4.

251 Vgl. u. a. Greyerz, Das Reformiertentum, 2012, S. 324f.

252 Protokoll der Sitzung der Gesellschaft der Wohlgesinnten vom 1.8.1693, Anhang D, fol. 78r.

253 Handbuch der Bündner Geschichte, Bd. 2, 2000, S. 194. Vgl. auch Bundi, Bündner Kriegsdienste, 1972.

254 Vgl. Maissen, Petrus Valkeniers, 1998; ders., Die Geburt der Republic, 2006, S. 356–365.

255 Schreiben eines Bündners (keine Unterschrift, da eine Abschrift) in französischer Sprache, laut Überschrift «Betrachtungen über die Verhältnisse mit den Österreich-Spanischen Höfen und Vorschlag mit Holland und England […] von 1699». StAGR B 2001, Nr. 2 (1682–1699), S. 505–508, hier S. 508.

256 Die zu diesem Kontext überlieferten Briefe von Paul Schlumpf (bzw. Paul Selon) und Georg Sigismund Schobinger in der Frey-Grynaeischen Sammlung der UB Basel stammen aus diesen beiden Jahrzehnten.

257 Vgl. Lüthy, La banque protestante, 1961, Bd. 2, u. a. S. 437f. und 450f. Wohl in Anlehnung an diese Praxis nannte sich Paul Schlumpf in seinen mehrheitlich überlieferten, französischen Briefen «Paul Selon le jeune»: UB Basel Frey Gryn Mscr III 1, Nr. 73–100.

258 Zu den Handelsverbindungen der Familie Schlumpf vgl. auch Hartmann, J. D. W., Zur Geschichte der stadt-sankt-gallischen Bürgergeschlechter, Ms., o. J., KB Vadiana St. Gallen, Vad Slg S 350, Bd. 1; ausserdem Zeller, Olivier, Les marques de marchands suisses enregistrées à Lyon (XVIIe–XVIIIe siècle, bes. S. 255 und 267.

259 Scherer, Stemmatologia Sangallensis, Bd. 19 und 20 (VadSlg Ms S 491), S. 119. Siehe auch Schäfer, Deutsche Literatur, Bd. 1, S. 329–370, hier S. 357.

260 Vgl. u. a. den Brief Georg Sigismund Schobingers an Theodor Zwinger in Basel vom 9.7.1694, UB Basel, Frey Gryn Mscr III, 1, Nr. 6.

261 Siehe dazu «Widmungen», S. 160.

262 Camilla, Die Rose der Freyheit, hg. von Silvio Färber.

263 Solomon Hottinger: Akten […], Collegium Insulanum, 28.8.1679, S. 14–16. ZB Zürich, Ms B 57, online: https://doi.org/10.7891/e-manuscripta-134903 (30.7.2025).

264 Salis, Conversations-Gespräche, S. 148–151.

265 Brief von Georg Sigismund Schobinger an Theodor Zwinger, St. Gallen, 2.4.1694. UB Basel, Frey Gryn Mscr. III, 1, Nr. 5.

266 Ebd.

267 Brief von Ruprecht Friedrich Schobinger an Mademoiselle Sellonf – Schobinguer à St Gall, Marseille, 25.11.1693, UB Basel Frey-Gryn Mscr III 1, Nr. 3.

268 Brunner; Muralt, Aus den Briefen, 1919, S. 61, 103f., 181, 186f.

269 Hitzig, Gotthard Heidegger, 1954, S. 10f. Das Gedicht ist abgedruckt in: Baechtold, Zwei Hochzeitsgedichte 1892, S. 184–190.

270 Cleophea Barbara Schobinger, verh. Schlumpf (1664–1709), Tochter des Arztes Bartholome Schobinger und der Cleophea Schobinger, geb. Zollikofer. Das von diesem Text an dieser Stelle leicht abweichende Protokoll Ms B 58, fol. 512 verso, lässt erkennen, dass hier wohl eher die Mutter, Cleophea Schobinger (1638–1692), gemeint war, denn sie wird explizit als «Zollikoferin» bezeichnet. Die St. Gallerin war weitherum für ihre hervorragenden medizinischen Kenntnisse bekannt.

271 Siehe Anhang D, fol. 81v.

272 Brief von Paul Selon bzw. Schlumpf an Ehefrau in Fläsch, Bolzan [Bozen], 4.4.1687, UB Basel, Frey Gryn Mscr III 1, Nr. 94.

273 Heidegger, Mythoscopia, 1698, Zuschrift (unpaginiert). Zu diesem Werk Heideggers und namentlich zum literarischen Streit, den es auslöste vgl. Böhler, Gotthard Heideggers, 1997. Vgl. ausserdem Sdzuj, Heidegger, 2019, Bd. 3, Sp. 912–929, hier Sp. 916: Die angebliche, lang anhaltende Literaturfehde, die das Werk auslöste, «hat es indes nie gegeben; bemerkenswert ist gerade die Nichterwähnung dieser Schrift in den einschlägigen Werken der Zeit».

274 Zur Herkunft Rosina Heideggers, siehe Hitzig, Gotthard Heidegger, 1954, S. 3.

275 Ebd., S. 15.

276 Heidegger, Paralogistes, 1711, S. 4, verweist auf einen seit vielen Jahren bestehenden brieflichen Austausch.

277 Die katholische Kritik bestand aus einem in der Scholastik damals üblichen logischen Dreischritt, d.h. in einem sog. Syllogismus. Daher der Titel der Schrift Heideggers. Im vorliegenden Fall ging es – wie oben erwähnt –

um das reformatorische Schriftprinzip, wobei der (katholische) Schluss aus den beiden vorangehenden Propositiones in der These bestand, das Mysterium der Trinität sowie die damit zusammenhängende reformatorische Abendmahlslehre lasse sich aufgrund der Bibel allein nicht erklären. Dazu brauche es auch die Autorität der römischen Kirche. Vgl. ebd., S. 7f.

278 Vgl. Hitzig, Gotthard Heidegger, 1954, S. 15f.

279 Daniel Casper von Lohenstein, Großmüthiger Feldherr Arminius.

280 Heidegger, Mythoscopia, 1698, Zuschrift (unpaginiert).

281 Camilla, Die Rose der Freyheit, 1693, Widmungsschreiben (unpaginiert).

282 Schäfer, Deutsche Literatur, 1999, S. 352.

283 Brief von Ruprecht Friedrich Schobinger an Theodor Zwinger, St. Gallen, 28.9.1696: «Madama Hortenzia [sic] hatt mir entbotten, das sie uns diesen Herbst besuchen wolle, weil [sic / d.h. will] gerne sehen, ob es geschehen [mag?].»

284 Sammlung von mehrern Vorfällen hießiger Gegenden: Historische und Genealogische Notizen von Heinrich [Lorenz] Gugelberg von Moos, S. 194 (FAG C Nr. I). Das Schloss Sulzberg auf dem Rorschacherberg, genannt Mötteli-Schloss, gelangte 1666 in den Besitz von Marschall Rudolf von Salis-Zizers. Siehe Wellauer, Schloß Sulzberg, 1953; Salis-Soglio, Das Untere Schloss, 1902, S. 123–131, hier S. 128f.

285 Zu Pfäfers siehe «Die Bäder Pfäfers und Fläsch als Begegnungszentren», S. 107–109.

286 Schäfer, Deutsche Literatur, 1999, S. 354.

287 Ebd., S. 357.

288 Heidegger, Mythoscopia, 1698, Zuschrift (unpaginiert).

289 Zu Grob vgl. Schäfer, Deutsche Literatur, 1999, S. 345–349, sowie Michel, Der Toggenburger, 1999.

290 Brief von Ruprecht Friedrich Schobinger an Mademoiselle Sellonf – Schobinguer à St Gall, Marseille, 25.11.1693, UB Basel Frey-Gryn Mscr III 1, Nr. 3; Brief von Paul Schlumpf [Paul Selon] an Theodor Zwinger, St. Gallen, 20.1.1683, UB Basel Frey-Gryn Mscr III 1, Nr. 74.

291 Brief von Georg Sigismund Schobinger an Theodor Zwinger, St. Gallen, 9.7.1694. UB Basel Frey Gryn Mscr III 1, Nr. 6.

292 Die Leichenpredigt ist samt Anhang abgedruckt in: Widmer, Hortensia von Salis, 2003, S. 205–251; zu Anhorns Leidgedicht, siehe ebd., S. 249.

293 Wenneker, Anhorn, Bartholomäus, in: BBKL, Bd. 15, 1999, Sp. 28–30.

294 Buess et al., Theodor Zwinger III, 1962, S. 69, Anm. 189 sowie ebd., S. 74, wird Daniel Anhorn fälschlicherweise als Sohn von HvS aus erster Ehe bezeichnet. Hortensia war nicht zweimal verheiratet, sondern ausschliesslich mit Rudolf Gugelberg von Moos von 1682 bis zu dessen Tod 1692.

295 Scherer, Stemmatologia Sangallensis, Bd. 19 und 20 (VadSlg Ms S 491/1), Teil 9.

296 UB Basel Frey-Gryn Mscr III 2, Nr. 12–44.

297 Ebd., Nr. 12 (Brief vom 12.6.1684).

298 Vgl. u.a. Brief von Daniel Anhorn an Theodor Zwinger III, 5.4.1687, Anhang C 3; Brief von Daniel Anhorn an Theodor Zwinger III, 12.8.1691, Anhang C 10.

299 Anhang zu Anosi, Unerschöpfliche, zit. nach Widmer 2003, S. 249.

300 Maissen, Wappen und Siegel, 2018, S. 34; Bott, Die ehemalige Herrschaft, 1864, S. 32–38.

301 Brief von Daniel Anhorn an Theodor Zwinger III, 10.8.1704, Anhang C 15.

302 Gubert von Salis, Testament, 1697.

303 Steinke, Theodor Zwinger, in: HLS; Buess et al., Theodor Zwinger III, 1962.

304 Vgl. dazu «Widmungen», S. 161f., und «Naturkunde», S. 147–149.

305 Brief von J.J. Scheuchzer an Hortensia Gugelberg von Moos vom 17.6.1701, in: Boscani Leoni 2019, https://hallernet.org/edition/letter/18221 (31.7.2025).

306 Anhang A, Briefe 7 und 8.

307 Anhang A, Briefe 18–21.

308 Anhang A, Briefe 8, 21 und 22.

309 Anhang A 8. Sfondratis Taufnahme war Luigi. Sein Ordensname war Celestino / Cölestin. In seiner Autobiografie spricht Heidegger irrtümlicherweise von «Carolus»: [Heidegger, J.H.], Historia vitae, 1698, S. CLXXI.

310 Greyerz, Das Reformiertentum, 2012, S. 326.

311 Rindlisbacher Thomi, Botschafter des Protestantismus, 2022, S. 115.

312 Kempe; Maissen, Die Collegia, 2002, S. 48. Vgl. dazu [Heidegger, J.H.], Historia vitae, 1698, CLXXXIX–CXCI.

313 Henny, Vom Leib geschrieben, 2016, S. 223. Für diese Einschätzung spricht nicht zuletzt auch die inhaltliche Ausrichtung von Heideggers Autobiografie (1698). Die bis heute vollständigste Bibliografie der Schriften Heideggers bietet Hutter, Der Gottesbund, 1955, S. IX–XXIII.

314 Furnius, Höchst-Betrübt, 1722, S. 24.

315 [Heidegger, J.H.]: Historia vitae, 1698, CXCI: «Ex Rhaetia Curia Jacobus Vedrosius: Maiavilla Nobilissima gente & mente Hortensia a

Salis, sexus & nobilitatis suae inclutum decus.» Zu Vedrosi vgl. Valèr, Die evangelischen Geistlichen, 1919, S. 80f.

316 Zuber, Peter Zeller, in: HLS; vgl. ausserdem Bütikofer, Zürcher Pietismus, 2009, S. 32f. Zu Peter Zeller (1655–1718) vgl. Dejung; Wuhrmann (Hg.), Zürcher Pfarrerbuch, 1953, S. 648f.

317 Brief von HvS an Johann Heinrich Heidegger, 7. Heumonat [Juli] 1696; Anhang A 18. Vgl. auch HvS an Johann Heinrich Heidegger, 26. Hornung [Februar] 1696; Anhang A 8.

318 Nach seiner Ordination in Zürich war Peter Zeller während kurzer Zeit Hauslehrer in Maienfeld, bevor er 1677–1684 als Diakon im glarnerischen Schwanden amtete. Möglicherweise hängt die Bezeichnung als Gevatter mit seiner Tätigkeit in Maienfeld zusammen. Zu den Quellen siehe Anm. 316.

319 Schweizerisches Idiotikon, Bd. 1, Sp. 1128, online (18.8.2023).

320 Brief von HvS an Johann Heinrich Heidegger, 21. Weinmonat [Oktober] 1695. Anhang A 17.

321 Vgl. Sulzberger, Biographisches Verzeichnis, 1863, S. 160.

322 Trauergedicht Wasers in: Widmer, Hortensia von Salis, 2003, S. 13–216, hier S. 214.

323 Vgl. Anosi, Unerschöpfliche, zit. nach Widmer 2003, S. 216.

324 Fassbind, Vom Geschlecht der Meyer, 1925/26, S. 175–183, mit Stammbaum der Familie, S. 176f.; Kroha; Scherb [1736–1811], Pionier der Pockenimpfung, 1980, S. 19–28, hier S. 19–22.

325 Zu Diethelm vgl. Salathé, Diethelm, in: HLS.

326 Salis, Glaubens-Rechenschafft, S. 63–116. Die Korrespondenz von HvS weist den «Fürnemen Geistlichen Herren / Römisch-Catholischer Religion» als Benedikt Closer von Hardt bei Bregenz (?–1722), 1692–1699 Dekan des Klosters Pfäfers aus; vgl. Anhang A 10 und A 12 sowie Anhang B.

327 Salis, Glaubens-Rechenschafft, S. 65.

328 Vgl. ihren Brief an Johann Heinrich Heidegger vom 2. Herbstmonat, 1696, Anhang A 21.

329 ZB Zürich, Ms Z VII 296 (an Wepfer); UB Basel KiAr Mscr 133a (an Werenfels und Wettstein). Dagegen sind deutlich mehr Briefe, die an Schweizer gerichtet waren, erhalten geblieben.

330 Moser, Johann Heinrich Schweizer, in: HLS. Vgl. auch Dejung; Wuhrmann (Hg.), Zürcher Pfarrerbuch, 1519–1952, S. 523.

331 Kempe; Maissen, Die Collegia, 2002, S. 220. Zu Valkenier siehe Maissen, Petrus Valkenier, in: HLS; ders., Petrus Valkeniers, 1998.

332 Kempe; Maissen, Collegia, 2002, S. 57 und 199. Zur Rolle Schweizers als Gegner der frühen Zürcher Pietisten vgl. Bütikofer, Zürcher Pietismus, 2009, passim.

333 Bering, Trost der Frommen, 1705.

334 Wolf, Historia vitae, 1745, S. 97: «Ex Rhaetia: Majavilla [d. h. Maienfeld], Hortensia a Salis, quae genere atque forma satis fortunata, Nobilis mente, Litteris sacris docta, Sexus et Nobilitatis suae inclytum decus fuit.» Der Autor übernimmt dabei teilweise die Formulierungen, die Johann Heinrich Heidegger 1698 in seiner Autobiografie verwendet; vgl. Anm. 312.

335 Die Briefe Scheuchzers hat Simona Boscani Leoni online auf der Forschungsplattform der Berner Haller-Edition zugänglich gemacht: https://hallernet.org/edition/letter/[+ Nummer des betr. Briefes] (31.7.2025).

336 Vgl. Greyerz, European Physico-Theology, 2022, bes. S. 1–48.

337 Die Neue Wissenschaft, New Science, wurde zuerst in England im Anschluss an die Gründung der Royal Society (1660) so genannt. Vgl. Sprat, The History, 1667.

338 Vgl. Boscani Leoni «Unglaubliche Bergwunder», S. 9–12.

339 Brief Scheuchzers an HvS vom 5.3.1700, https://hallernet.org/edition/letter/18218 (31.7.2025). Mit den im Zitat angesprochenen Philosophen sind Naturphilosophen gemeint. Der Begriff «Naturwissenschaftler» kam erst im Laufe des 18. Jahrhunderts auf.

340 Scheuchzer, Beschreibung der Natur-Geschichten, 1706–1708.

341 (Anna) Margaretha von Salis-Soglio (1678–1749), gemäss Scheuchzer, Natur-Geschichte des Schweitzerlandes, 1746, S. 270, die Schwester des Rudolf von Salis-Soglio, Gubernator des Veltlins i. d. Jahren 1699–1701 sowie des Friedrich Anton von Salis, Hauptmann in französischen Diensten.

342 Vgl. «Widmungen», S. 161f.

343 Brief Scheuchzers an HvS vom 15.10.1705, https://hallernet.org/edition/letter/18226 (31.7.2025).

344 Reformierte Geistliche, die in der Korrespondenz von HvS nur am Rande angesprochen werden, können im Folgenden nicht alle aufgeführt werden.

345 Dütsch, Johann Heinrich Tschudi, 1943, S. 18f.

346 So der Titel eines Abschnitts bei Hubschmid, Gott, 1950, S. 68–75.

347 Ebd., S. 74.

348 Vgl. Dütsch, Johann Heinrich Tschudi, 1943, S. 61f.

349 Inhaltlich bietet Hubschmid, Gott, 1950, S. 48–104, eine vertiefte Diskussion verschie-

dener Aspekte der Monatlichen Gespräche, allerdings aus der Perspektive einer damals (1950) noch kaum hinterfragten, einseitigen Orientierung am aufklärerischen, geistig-kulturellen Fortschritt.

350 Vgl. Zeller, Rudolf Gasser, 2019, Bd. 3, Sp. 274–279.

351 Gartner, Wohlriechende, 1694. An dieser kontroverstheologischen Auseinandersetzung waren ausserdem der Hauptmann Anton Tschudi, Schlossherr zu Uster, sowie Gotthard Heidegger unter dem Pseudonym Hilarius Stauppizius beteiligt.

352 Boscani Leoni (Hg.), «Unglaubliche Bergwunder», 2019, S. 116. Das mit «R. R.» unterzeichnete Leidgedicht im Anhang zu Martin Anosis Leichenpredigt von 1715 stammt mit ziemlicher Sicherheit von Rudolf von Rosenroll. Vgl. Anhang zu Anosi, Unerschöpfliche, zit. nach Widmer 2003, S. 242–244.

353 Vgl. Collenberg, Andreas Pfeffer, in: HLS; Pieth, Überblick 1940, S. 1–64, bes. S. 9f.

354 Zu den folgenden Angaben siehe insb. Truog, Die Pfarrer, 1936.

355 Leonhardi, Christliches Nachtmahlbüchlein, 1699, Dedicatio.

356 Vgl. S. 103.

357 Leonhardi, An Account, 1711, S. 41f.

358 Salis, Gebät, S. 177 und 189.

359 Vgl. Boscani Leoni (Hg.), «Unglaubliche Bergwunder», 2019, S. 24f. und 84f.

360 Truog, Die Pfarrer, 1936, S. 124. Martin Anosi ist nicht identisch mit Martin Nikolaus Anosi von Zuoz, 1678–1743, Pfarrer in Tamins; vgl. ebd., S. 222.

361 Caprez, Anti-Georgius, 1671. Vgl. dazu Maissen, Der Konvertit, 1958, bes. S. 299f.

362 Dazu und zum Folgenden Kiefner, Die französisch-reformierte Gemeinde, 1990, S. 153–198.

363 Ebd., S. 198. Kiefner verweist darauf, dass die Gemeinde nur bis 1704 eigene Pfarrer hatte. Ein Leidgedicht des Nicolaus Zaff von 1724 zeigt jedoch, dass die Gemeinde mindestens bis zu diesem Datum weiterbestand: Truog, Zaff, 1979, S. 157–177, hier S. 166f.

364 Kiefner, Die französisch-reformierte Gemeinde, 1990, S. 175f.

365 Ebd., S. 177.

366 Truog, Zaff, 1979, S. 166f. Vgl. auch Gillardon, Das Collegium, 1942, S. 1–44; ausserdem Valèr, Die evangelischen Geistlichen, 1919, S. 83.

367 Truog, Zaff, 1979, S. 167–169.

368 Eine von Hortensia dem Theologen und Pfarrer Gotthard Heidegger mitgeteilte bündnerische Glaubenskontroverse gab Heidegger den Anlass zum Verfassen seines Paralogistes von 1711. Vgl. oben S. 162f.

369 Brief von Johann Jakob Scherer an den Dekan Joseph Schaffhauser in St. Gallen, Zürich 20.8.1701, KB Vadiana St. Gallen, VadSlg Ms 928, Nr. 33.

370 Georg Leonhard Hartmann, Beiträge zu den Lebensgeschichten aller Geistlichen, die Bürger der Stadt St. Gallen waren oder daselbst in Diensten standen [...], Ms., KB Vadiana St. Gallen, VadSlg Ms 117a, S. 80f.

371 Dazu und zum Folgenden Seidel, Die Anfänge des Pietismus, 2001, S. 92–97. Vgl. auch Pfister, Konfessionskirchen, 2012, S. 439–441.

372 Scheuchzer, Hydrographia Helvetica, 1717.

373 Zit. nach Kaiser, Die Heilquelle zu Pfäfers, 1833, S. 66.

374 Anderes, Bad Pfäfers, 1978, S. 484–488, hier S. 484.

375 Stumpf, Gemeiner loblicher Eydnoschafft, 1548, Buch 10, S. 322.

376 Vgl. die bibliografische Übersicht in Kaiser, Die Heilquelle zu Pfäfers, 1833, S. 93–98.

377 Senn, Forscher vor Ort, 2013, bes. S. 270–289.

378 Vgl. dazu auch Fuchs, Das ehemalige Bad Fläsch, 2001, bes. S. 282–288, sowie dies., Baden und Trinken, 2019, S. 136–138.

379 Salis, Conversations-Gespräche, S. 125–176, hier S. 129.

380 Scheuchzer, Beschreibung der Natur-Geschichten, Dritter Theil, Zürich: Michael Schaufelds Erben und Christoff Hardmeier, 1708, S. 19.

381 Brief von Daniel Anhorn an Theodor Zwinger III, 5.4.1687. Vgl. Anhang C 3.

382 Brief von Daniel Anhorn an Theodor Zwinger III, 26.4.1692. Vgl. Anhang C 11.

383 Bad Pfäfers.

384 Brief von HvS an Theodor Zwinger III, Maienfeld, 27.10.1685. UB Basel, Frey Gryn Mscr III 2, Nr. 13.

385 Brief von Daniel Anhorn an Theodor Zwinger III, Maienfeld, 31.5.1686, UB Basel, Frey Gryn Mscr III 2, Nr. 16b. Der Weg von Pfäfers nach Maienfeld war (und ist) kurz. In seinem Leidgedicht im Anhang zur Leichenpredigt auf HvS von 1715 bedauert Johann Rudolf Waser Pfarrer in Bischofszell, im Rückblick auf das verflossene Jahr: «Ach hät ich Pfäfers doch an Deinachs statt erwehlet / und die nun Selige in Mayenfeld besucht», in: Widmer, Hortensia von Salis, 2003, S. 214. Mit «Deinach» ist Bad Teinach im nördlichen Schwarzwald gemeint.

386 Brief von Daniel Anhorn an Theodor Zwinger III, Maienfeld, 5.6.1688, UB Basel, Frey Gryn Mscr III 2, Nr. 28.

387 Zu den Verbindungen von HvS mit dem Sauerbrunnen von St. Moritz, siehe den Brief von Daniel Anhorn an Theodor Zwinger III, 12.8.1691, Anhang C 10.

388 Siehe Hofer, «Nun leben wir …»,1995, S. 57 (in Bezug auf das Verhalten der Oberschicht): «Die Bäder dienen als interkonfessionelle Begegnungszentren, die zum Gedankenaustausch zwischen den sonst feindlich gesinnten Kräften einladen.»

389 Jung, Der Stadtarzt, 1948, bes. S. 63f.

390 Kaiser, Die Heilquelle zu Pfäfers, 1833, S. 294f.

391 Treichler, Wonnige Badenfahrt, 1980, S. 33.

392 Vgl. den Brief von HvS an Johann Heinrich Heidegger, 16. Hornung [Februar] 1695, Anhang A 7, der den Versuch von HvS, eine offene Konfrontation mit dem Sarganser Landvogt zu vermeiden, dokumentiert.

393 Gemeint ist hier, dass Cleophea Schobinger, geb. Zollikofer, (1638–1692) gemeinsam mit ihrem Ehemann Bartholomäus Schobinger und mit der «Tochter», der seit 1681 mit dem St. Galler Kaufmann Paul Schlumpf verheirateten Barbara Cleophea Schlumpf (1664–1709), das Bad Pfäfers aufsuchte.

394 Brief von Daniel Anhorn an Theodor Zwinger III, Maienfeld, 31.5.1686. UB Basel, Frey Gryn Mscr III 2, Nr. 16b.

395 Brief von Paul Schlumpf an Theodor Zwinger, St. Gallen, 31.5.1686, UB Basel Frey Gryn Mscr III 1, Nr. 90.

396 Brief von Daniel Anhorn an Theodor Zwinger III, Maienfeld, 31.5.1686, UB Basel, Frey Gryn Mscr III 2, Nr. 16b.

397 Brief von Paul Schlumpf an Theodor Zwinger, St. Gallen, 7.6.1686: «… nous ayant scavoir hier par un expres leur retour [d. h. der Badegesellschaft] a Ragaz pour y attendre de les Messrs les medecins ce qu'il doivent faire, puis qu'ils ont trouvé bon de quitter a boire l'eau du dit lieu a l'example de tous ceux qu'estant la haut de crainte de la boire mélange.» UB Basel Frey Gryn Mscr III 1, Nr. 92.

398 Ebd.

399 Brief von Paul Schlumpf an seine Ehefrau, Cleophea Barbara, St. Gallen, 5. [oder 9.]-6.1686, UB Basel Frey Gryn Mscr III, 1, Nr. 93.

400 Ebd.

401 Brief von Paul Schlumpf an Theodor Zwinger, St. Gallen, 26.7.1686. UB Basel, Frey Gryn Mscr III 1, Nr. 91.

402 Vgl. dazu Mader, Fürstenkonversionen, 2007, S. 403. Vgl. auch Siebenhüner, Glaubenswechsel, 2007, S. 243–272; dies., Conversion, 2008.

403 Zur Erinnerung: Gemeine Herrschaften waren Territorien, die in der alten Eidgenossenschaft von mehr als einem Ort (Kanton) regiert und verwaltet wurden. Der Thurgau war eine vergleichsweise grosse Gemeine Herrschaft, ebenso die sog. Ennetbirgischen Herrschaften im Tessin. Im Folgenden wird vor allem von der Gemeinen Herrschaft Sargans die Rede sein.

404 So der Wortlaut im «Vertrag unnd verynigung zwischen den Fünff Orthen der löbl[i]en alten Eydgnosschaft und[d] denen vo[n] Bern», online: https://purl.ulb.tu-darmstadt.de/vp/a000008–0414 (4.8.2025). Der Zweite Kappeler Landfrieden von 1531 regelte bis 1712 das Verhältnis der beiden Konfessionen in der Eidgenossenschaft.

405 Der Begriff «Simultaneum» beschreibt die simultane Nutzung ein- und derselben Kirche durch Anhänger sowohl der alten Kirche wie einer protestantischen Konfession (Reformierte oder – in Süddeutschland – Lutheraner).

406 Zum Thurgau, vgl. u. a. Volkland, Konfessionelle Grenzen, 1997, S. 370–387; dies., Konfessionelle Abgrenzung, 2006.

407 Brief von Ulysses von Salis-Marschlins an Landammann Johann Christoph Elmer in Glarus, 9.4.1695, StA Zürich, B VIII 300c (Acta zum Wartauerhandel), Nr. 61. Der Adressat dieses Briefes geht aus dem vorliegenden Schreiben nicht restlos sicher hervor. Wir schliessen uns Kuratli, Geschichte der Kirche, 1984, S. 189, an, der den glarnerischen Landammann für den Empfänger hält.

408 Winteler, Die Grafschaft Werdenberg, 1923, S. 121.

409 Ebd., S. 122.

410 Zum entsprechenden Mandat der Tagsatzung siehe Amtliche Sammlung der ältern Eidgenössischen Abschiede, Bd. 6, Abt. 2, Einsiedeln 1882, S. 567f.

411 Memorial zum Wartauerhandel, verfasst von Landammann [Johann Christoph] Elmer (Glarus) und Seckelmeister Johann Heinrich Waser (Zürich) z. H. der Konferenz zwischen Zürich und Glarus in Richterswil am 4. und 5.5.1695, StA Zürich, B VIII 300c (Acta zum Wartauerhandel), Nr. 58. Vgl. auch Kuratli, Geschichte der Kirche, 1984, S. 187. Gretschins ist ein Ortsteil der Gemeinde Wartau.

412 StA Luzern A 1 F 1, Sch 397, undatierte dreiseitige Notiz beginnend «Mit denen Cathol[ischen] leüthen […] hat es volgende wahrhafte bewandnis».

413 Kuratli, Geschichte der Kirche, 1984, S. 204f.

414 Brief von Johann Wilhelm Wolf, Zürcher Landvogt zu Sax-Forsteck, an den Zürcher

Rat, 4. Wintermonat [November] 1694, StA Zürich B VIII 300c (Acta zum Wartauerhandel), Nr. 11. Dewes [Matheus] Tischhauser und seine Frau, deren Namen nicht aus den von uns konsultierten Quellen hervorgeht, hatten noch eine zweite, viel jüngere Tochter, vgl. ebd., sowie einen dritten, jüngeren Sohn, vgl. StA Luzern A 1 F 1, Sch 397, undatierte dreiseitige Notiz.

415 Zu Josef Anton Reding (1658–1747), vgl. Wiget, Von Haudegen, 2007, S. 54–60.

416 Brief von Ulysses von Salis-Marschlins an Landammann Elmer, 9.4.1695, StA Zürich, B VIII 300c (Acta zum Wartauerhandel), Nr. 61.

417 Brief von Johann Wilhelm Wolf, Zürcher Landvogt zu Sax-Forsteck, an «Gevatter Ratsherr» in Zürich, 15.11.1694, StA Zürich B VIII 300c (Acta zum Wartauerhandel), Nr. 12.

418 Ebd.

419 Vgl. die beiden in Anm. 414 und 417 zitierten Schreiben des Landvogts Johann Wilhelm Wolf, sowie Kuratli, Geschichte der Kirche, 1984, S. 264f.

420 StA Luzern A 1 F 1, Sch 397, undatierte dreiseitige Notiz.

421 Im Sommer 1695 bat Tschudi zum Beispiel den Zürcher Ratsherrn Johann Rudolf Lavater, er möge ihm weitere Korrespondenz via «Frau Hauptm[annin] Hortensia v[on] Salis zu Meienfeld» zugehen lassen, damit sie ihn in Wartau sicher erreiche: StA Zürich, B VIII 300c, Nr. 54 (Brief von J. R. Tschudi an J. R. Lavater vom 2.7.1695).

422 HvS an Mathe[us] Tischhuser [auch: Dischusser] von Malans, Kopie, kein Datum, ca. Nov./Dez. 1694, StA Luzern, A 1 F1, Sch 397, Mappe «Wartauerhandel», 1. Teil, Anhang A 9. Vgl. auch Kuratli, Geschichte der Kirche, 1984, S. 206–209 (sprachlich modernisierte Wiedergabe).

423 HvS an Mathe[us] Tischhauser, ebd.

424 Ebd.

425 Antwortschreiben von Matheus [Dewes] Tischhauser an HvS, Kopie, undatiert (ca. Nov./Dez. 1694), StA Luzern, A 1 F 1, Sch 397. Transkription des Briefes unten, Anhang B. Vgl. auch Kuratli, Geschichte der Kirche, 1984, S. 206–211, (sprachlich modernisierte Wiedergabe – unter Weglassung des Postscriptums).

426 Ebd.

427 Ebd.

428 D.h., Tischhausers Ehefrau habe ihrem Mann schon seit einiger Zeit nur noch ihren Hintern gezeigt («gewißen» bzw. gewiesen), d.h. sie habe ihm auf diese Art ihre Ablehnung und Verachtung zu verstehen gegeben.

429 Brief von Johann Wilhelm Wolf, Zürcher Landvogt zu Sax-Forsteck, an «Gevatter Ratsherr» in Zürich, 15.11.1694, StA Zürich B VIII 300c (Acta zum Wartauerhandel), Nr. 12.

430 Ebd.

431 Ebd. Wolf erzählt, die Frau Tischhausers wisse nicht genau, «woruff der H[err] Pf[arrer] zu fordern und sein Spruch den Werdenbergischen soll gegëben haben».

432 Vgl. dazu und zum unmittelbar Folgenden Kuratli, Geschichte der Kirche, 1984, S. 188–190. Siehe auch: Brief von Ulysses von Salis-Marschlins an Landammann Elmer, 9.4.1695, StA Zürich, B VIII 300c (Acta zum Wartauerhandel), Nr. 61.

433 Vgl. StA Luzern A 1 F 1, Sch 397, undatierte dreiseitige Notiz.

434 Dazu Kuratli, Geschichte der Kirche, 1984, S. 171f.

435 Brief von HvS an Johann Heinrich Heidegger, Maienfeld, 16. Hornung [Februar] 1695, Anhang A 7.

436 Ebd. Auch Seidel, Die Anfänge des Pietismus, 2001, S. 86, kennt diesen Brief. In Unkenntnis des Kontexts (Wartauerhandel) interpretiert er die Unterstützung Schumachers als Hinweis auf die christliche Wohltätigkeit der Maienfelderin. Wie der folgende Abschnitt zeigt, ist das zwar nicht völlig falsch, aber doch auch nicht ganz richtig, da der konfessionspolitische Aspekt unberücksichtigt bleibt. Seidel spricht im vorliegenden Zusammenhang irrtümlicherweise von einem Brief von HvS an Johann Jakob Scheuchzer anstatt an Johann Heinrich Heidegger. Von den Schreiben der Bündnerin an Scheuchzer ist jedoch kein einziges erhalten geblieben.

437 Brief von HvS an Johann Heinrich Heidegger, Maienfeld, 16. Hornung [Februar] 1695, Anhang A 7.

438 Brief von HvS an Johann Heinrich Heidegger, Maienfeld, 26. Hornung [Februar] 1695, Anhang A 8. «Herr Tschudi» ist Johann Rudolf Tschudi, der Pfarrer von Wartau; Decan Wild ist Niklaus Wild, seit 1686 Pfarrer von Glarus; Herr Suicer bzw. Schweizer ist Johann Heinrich Schweizer, Theologe und Professor für Griechisch in Zürich.

439 Memorial zum Wartauerhandel, verfasst von Landammann [Johann Christoph] Elmer (Glarus) und Seckelmeister Johann Heinrich Waser (Zürich) z. H. der Konferenz zwischen Zürich und Glarus in Richterswil am 4. und 5.5.1695, StA Zürich, B VIII 300c (Acta zum Wartauerhandel), Nr. 58.

440 Relation Pundtnerische Verrichtung vom 31.8.1695 von Gerichtsherr Hirzel an die Geheimen und Kriegsräte Zürichs, StA Zürich, A 340 (Wartauerhandel, 1695).

441 Amtliche Sammlung der ältern Eidgenössischen Abschiede, Bd. 6, Abt. 2, Einsiedeln 1882, Nr. 308, S. 562f und 566.

442 Siehe S. 117.

443 Ältere Eidgenössische Abschiede, Bd. 6, Abt. 2, S. 577.

444 StA Zürich, B VIII 300c, Bericht des Pfarrers Hans Rudolf Tschudi an Bürgermeister und Rat in Zürich, 25.6.1695, Nr. 101: Zu Punkt 6 des Schreibens: «NB: Ein Seümer auß der Herrschafft Sax im Haag (Mochli) war von H[errn] L[and]v[ogt] R. bestelt mit Saumpferden nach Schweitz zureisen. Diser gebe us, daß beÿ abreisung H[errn] R[edings] der abgefallene Tischhuser von H[errn] R-[eding] geforderet die 300 versprochene Gulden, aber abschlag empfangen, will man nit wüsse, w[as] er, Tischhuser, noch sige», d.h. die Nachhaltigkeit von Tischhausers Konversion zum Katholizismus wurde von Reding infrage gestellt.

445 Bericht von Johannes Roduner, Landammann, Salletz, 3.7.1695, z. H. des zürcherischen Landvogts von Sax-Forsteck, StA Zürich, A 340 (Wartauerhandel, 1695), Nr. 3, sowie das Begleitschreiben von Landvogt Hans Wilhelm Wolf an «Herr Bruder [wohl Hans Jakob Wolf] und Gevatter Rahtsherr», Forstegg, 5.7.1695, ebd. Nr. 4.

446 Greyerz, Das Reformiertentum, 2012, S. 317–320.

447 Dellsperger, Die Anfänge des Pietismus, 1984; Bütikofer, Zürcher Pietismus, 2009.

448 Seidel, Die Anfänge des Pietismus, 2001.

449 Wenger, Hortensia von Salis, 2019, S. 103. Vgl. auch Seidel, Die Anfänge des Pietismus, 2001, S. 87.

450 Siehe Anhang A 20.

451 BBB, Miss. Hist. Helv. X 62 (Acta Pietistica), S. 409–455: Haubt-Relation meiner Hochgeehrten Herren der Religions Commission über das gegenwärtige Pietisten Wesen, hier S. 412–415; BBB Mss. Hist.Helv. X 62 (Acta Pietistica), S. 216–243: Herren Christoffel Lutz, Predicanten von Stettlen, Verantwortung vor M[einen] G[nädigen] H[erren] der Religions-Commission.

452 Herbst, Gottfried Kirch, 2022, S. 311 und 344.

453 Im Unterschied zu Hadorn, Geschichte des Pietismus, 1901, S. 74 («Rasdorf») sowie Dellsperger, Die Anfänge des Pietismus, 1984, passim (ebenfalls «Rasdorf»), lesen wir in den Quellen der BBB (s. oben) «Daßdorf» bzw. «Daßdorff». Herbst, ebd., S. 300, 304, 309–312 und 686, identifiziert ihn als Abraham Daßdorff (1669–nach 1697).

454 Zu ihrem Nachnamen vgl. Dellsperger, Die Anfänge des Pietismus, 1984, S. 71, Anm. 1.

455 BBB, Haupt-Relation (wie Anm. 451), S. 412.

456 Ebd. Gemeint ist die Zisterzienserabtei St. Urban bei Pfaffnau im Kanton Luzern bzw. ihr Abt in den Jahren 1687–1701, Ulrich Glutz-Ruchti. Vgl. Hörsch, St. Urban, in: HLS.

457 Brief von HvS an Johann Heinrich Heidegger vom 8.7.1696. Anhang A 19.

458 Brief von HvS an Johann Heinrich Heidegger, 2. Herbstmonat [d. h. September] 1696. Anhang A 21.

459 Haubt-Relation (wie Anm. 451), S. 415.

460 Brief von HvS an Johann Heinrich Heidegger vom 8.7.1696. Anhang A 19.

461 Brief von HvS an Johann Heinrich Heidegger, 2. Herbstmonat [d. h. September] 1696). Anhang A 21.

462 BBB, Mss. Hist.Helv. III 272 (Acta Pietistica), S. 218f.

463 Ebd.: «[…] quasi vero esset contradictio in adjecto, Lutheraner esse filii Dei!»

464 Vgl. https://gottfried-kirch-edition.de (1.8.2023).

465 Dies entgegen der Meinung von Hitzig, Gotthard Heidegger, 1954, S. 60: «Wieweit sich Hortensia von Salis zum Pietismus zählen lässt, ist schwer festzustellen, dass sie aber dazu neigte, ist ausser Zweifel.»

466 Vgl. Bütikofer, Zürcher Pietismus, 2009, u. a. S. 110f., 411f., 436.

467 BBB, Mss. Hist.Helv. X 62, S. 113–115: Herren Johan Heinrich Suicers Canonici Tigurini et Linguae Graecae Professoris Gründ und Ursachen, warum die sogenante Philadelphische Societet oder Pietistische Bruderschafft, wie sie in Engelland, Teütschland und Holland dißmalen ist, beÿ der Kirchen Gottes und dem Gemeinen Wesen sonderlich in der Reformierten Eÿdgnoßschafft gfährlich und hiemit unleidenlich seÿe.

468 Hardmeyer, Johann Kaspar, Diarium, 1694–1719, vier Bände, hier Bd. 2: ZB Zürich, Ms E 137, S. 118. Hardmeyer, Pfarrer in Bonstetten und ein Gesinnungsgenosse Johann Heinrich Lochers, dokumentierte damit eines der vielen Gespräche, die er mit Locher führte. Zu beiden und ihren Gesprächen vgl. Bütikofer, Zürcher Pietismus, 2009, passim.

469 Ebd. Der letzte Nebensatz bedeutet, von der Reise nach Italien sei den Hallensern klar abgeraten worden.

470 Seidel, Die Anfänge des Pietismus, 2001, S. 94, 99, 101–105.

471 Brief von Johann Jakob Scherer an den Dekan Joseph Schaffhauser in St. Gallen, Zürich 20.8.1701, KB Vadiana St. Gallen, VadSlg Ms 928: Nr. 33.

472 Ebd.

473 Zu den Zielen der SPCK vgl. den Brief derselben an die reformierten Kirchen der Schweiz von 1701, in: KB Vadiana St. Gallen, VadSlg Ms 928: Nr. 30; Lowther Clarke, A Short History, 1919, S. 29–35.

474 Nishikawa, The SPCK, 2005, S. 738.

475 Es muss sich dabei handeln um: Scherer, Ende deß Jahrs, 1700. Der Druck enthält keine Widmung. Sie muss also handschriftlich erfolgt sein. Vgl. A. H. Franckes Dankesschreiben an Scherer, Halle 17.9.1701, ZB Zürich Ms S 367, S. 208f. bzw. 210–212.

476 Pieth, Bündner Geschichte, 1945, S. 243. In: Seidel, Die Anfänge des Pietismus, 2001, S. 83–88, der jegliche Verbindung der Maienfelderin zum Pietismus bestritt, spielen Johann Jakob Scherer und die SPCK keine Rolle.

477 Lowther Clarke, A Short History, 1919.

478 Woodward, Bericht von denen Gesellschafften, 1701.

479 McClure (Hg.), A Chapter, 1888.

480 Passend dazu der Kommentar eines englischen Historikers der 1950er-Jahre: Ogg, England, reprint: 1984, S. 533: «The discovery, in this scientific age, that the poor man and the black man have souls is comparable in its importance with the discovery of the theory of gravitation.»

481 Zu den Zielen der SPCK vgl. den Brief derselben an die reformierten Kirchen der Schweiz von 1701, in: KB Vadiana St. Gallen, VadSlg Ms 928: Nr. 30; ausserdem Lowther Clarke, A Short History, 1919, bes. S. 11–22.

482 Einladungsschreiben an Scherer vom 12.11.1700: »Reverend Sir, The Society for Propagating Christian Knowledge having receivd your Character from their good Friend, Mr. Hales, thought themselves bound […], to desire your Correspondence. They have unanimously voted you one of their Members.» McClure (Hg.), A Chapter, 1888, S. 89f.

483 Art. Hales, Stephen, in: Oxford Dictionary of National Biography, Bd. 29, Oxford 2004, S. 553–556.

484 Vgl. u. a. Pregizer (Hg.), Epistolae selectiores, 1717. ZB Zürich, Ms S 367, S. 111–129, hier S. 11.

485 Leonhardi, An Account, 1711, S. 41f.

486 McClure (Hg.), A Chapter, 1888, S. 183. Vgl. auch ebd., S. 182 und 196.

487 Das Archiv der SPCK ist heute Teil der Bestände der University Library, University of Cambridge: https://archivesearch.lib.cam.ac.uk/repositories/2/archival_objects/627416 (4.8.2025). Alphabetische Liste der Brieforiginale, 1699–1986. Zu Ostervald vgl. Léchot, Ostervald, Jean-Frédéric, in: BBKL, 24 (2005), Sp. 1144–1150. Auch in den übrigen Akten der SPCK fehlt eine Spur der Korrespondenz von HvS: Freundliche Mitteilung von Kevin Roberts, Department of Archives and Modern Manuscripts, Cambridge University Library, E-Mail vom 6.8.2024.

488 Brief von Johannes Leonhardi an Robert Hales in St. Gallen, Nufenen (Novenæ), 25.9.1701 [alter Kalender], ZB Zürich, Ms S 367, S. 68f.

489 Leonhardi, An Account, 1711, S. 41: «… her Letters written to the most august Queen of Great Britain, which are full of devout wishes for the Preservation of her Majesty's most Sacred Person, and which Her Majesty is graciously pleas'd to read and keep.» Vgl. auch Widmer, Hortensia von Salis, 2003, Einleitung, S. 35f. Bestätigung des Fehlens von Autografen der Maienfelderin in den Blenheim Papers der British Library durch Zoe Stansell, Manuscripts Reference Service, E-Mail vom 8.8.2024.

490 Brief von Johannes Leonhardi an Johann Jakob Scheuchzer vom 10.3.1711, online: http://www.hallernet.org/edition/scheuchzer-korrespondenz/letter/18142 (4.8.2025).

491 Vgl. u. a. Szechi, The Jacobites, 1994; Colley, Britons, 1992, S. 25f.

492 Brief der Orte Zürich, Bern, Glarus, Basel, Schaffhausen, Appenzell-Ausserrhoden, St. Gallen, Mülhausen und Biel, Zürich 18.12.1702, in: British Library, London, Add. Ms. 61491, Blenheim Papers, fol. 55f. Nominell war das elsässische Mülhausen nach wie vor ein Zugewandter Ort der Eidgenossenschaft, de facto jedoch Teil des unter Ludwig XIV. annektierten Elsass.

493 Rückschreiben der SPCK vom 24.9.1704, in: Pregizer (Hg.), Epistolae selectiores, 1717, S. 33f.

494 Homepage der SPCK: https://spckpublishing.co.uk/spck-history (4.8.2025).

495 British Library, Add. Ms. 61491, Blenheim Papers, fol. 76–93. Im Schreiben der Drei Bünde vom 22.4.1709 (ebd., fol. 90f.) wird Oberst Peter von Salis (1675–1749) als «Envoyé» der Drei Bünde bei den anstehenden Friedensverhandlungen bezeichnet. Vgl. Simonett, Peter von Salis (Soglio), in: HLS.

496 Rankin, Panaceia's Daughters, 2013.
497 Vgl. dazu u. a. Stolberg, Homo patiens, 2003, S. 87f.
498 Platter, Tagebuch, 1976, S. 337.
499 Ebd., S. 337f.
500 Obernai südlich von Strassburg.
501 Güntzer, Kleines Biechlin, 2002, S. 96.
502 Ebd., S. 108f.
503 Scharfrichter waren besonders bekannt für ihre Kenntnisse und Heilerfolge bei Gelenkproblemen. Vgl. u. a. Stuart, Defiled Trades, 1999, S. 149–185.
504 Vgl. Briefe von HvS an Johann Heinrich Heidegger vom 16. Hornung [Februar] 1695 und 11. März [1695?], ZB Zürich, Ms D 171, S. 288–291, 300–302. Vgl Anhang A 7 und A 11.
505 Zuletzt in Seidel, Die Anfänge des Pietismus, 2001, S. 86.
506 FAG C 1, Sammlung von mehrern Vorfällen hießiger Gegenden: Historische und Genealogische Notizen, von Heinrich [Lorenz] Gugelberg von Moos, S. 170.
507 Ebd., S. 169.
508 Gugelberg von Moos, Chronik, Typoscript 1893, S. IV–V (Namensverzeichnis der Männlichen Familienmitglieder).
509 Brunner; von Muralt, Aus den Briefen, 1919, S. 103f. (Brief von J. J. Wepfer und Chr. Harder an Johann von Muralt, 11.10.1678).
510 Wegelin, Briefe, 1951, S. 216–235, hier S. 217.
511 Brief von Daniel Anhorn an Theodor Zwinger, Maienfeld, 5.4.1687, UB Basel, Frey-Gryn Mscr III 2. Nr. 21.
512 Fischer, Johann Jakob Wepfer, 1929, S. 93–201; Portmann, Die Schaffhauser Ärztefamilie, 1960, S. 53–65. Zum grösseren Kontext vgl. Mani, Naturwissenschaftlich-biologische Grundlagenforschung, 1976, S. 181–205.
513 Fischer, Briefe, 1943.
514 Fischer, Johann Jakob Wepfer, S. 96.
515 Ebd. Zur Basler Situation vgl. die treffende Schilderung von Fischer, Briefe, 1943. Die Dinge änderten sich erst unter Johann Jakob Harder, ab 1687 Professor für Anatomie und Botanik, und Theodor Zwinger III, ab 1703 Inhaber derselben Professur.
516 Aesculap ist der griechische Gott der Heilkunst.
517 Nicht identifizierbar. Vermutlich aber meint Beeli nicht einen Dr. Mayer, sondern vielmehr einen Dr. Peyer. Hans Conrad Peyer (1653–1712) war der führende Anatom unter den Schülern Johann Jakob Wepfers. Vgl. Früh, Hans, in: Schaffhauser Beiträge zur Geschichte. Biographien Band III, Jg. 46 (1969), S. 238–243.
518 Brief von Gabriel Beeli a Belfort an Theodor Zwinger III, Chur, 14.7.1704, UB Basel Gryn Mscr III 2, Nr. 112. Hortensia «als beschirmerin meines schwachen leibs» klingt fast so, als ob Beeli ein Patient der Maienfelderin war. Gabriel Beeli wurde im Mai 1698 an der Universität Basel in Medizin promoviert. Vgl. Be[e]li à Bellfort, Dissertatio inauguralis, 1698.
519 Brief von Daniel Anhorn an Theodor Zwinger III, den 26.4.1692, Anhang C 11.
520 Briefe Daniel Anhorns an Theodor Zwinger III vom 19. und 24.1. auf einem Blatt, UB Basel, Frey Gryn Mscr III 2, Nr. 19; 5. April (vgl. Anhang C 3), 25. Oktober 1687, UB Basel Frey-Gryn Mscr III, 2, Nr. 25, sowie vom 3. und 18.1.1688, Anhang C 6 und C 7.
521 HvS an Ulysses von Salis-Marschlins, 18. [Monat unb.] 1688. Anhang A 5.
522 Zu diesen Zusammenhängen vgl. Porter, Die Kunst des Heilens, 2000, S. 74–82.
523 Brief von HvS an Mathe Tischhuser, 1694, Anhang A 9.
524 Brief von Daniel Anhorn an Theodor Zwinger III, den 5.7.1687, Anhang C 4.
525 Bourgeois, Hebammen Buch, 1628.
526 D. h. eine alkalische bzw. basische Lösung soll gegen Übersäuerung eingesetzt werden. Offensichtlich bezieht sich diese Passage auf das positive Bild des Fläscher Bades, das HvS in den Beginn der «Conversations-Gespräche» einfliessen lässt. Dort lesen wir u. a.: «[…] dann dieses Wasser fliesset von einer alcalischen Erden / und führet Terram sigillatam bey sich [d. h. ist tonhaltig] / und ist seine Krafft zu trökenen / säuberen / heilen / und zusamen zuzeuhen [d. h. zusammenzuziehen]; fürnemlich aber die Verstopfungen zueröffnen / und das scharffsaure zuverschlingen.» Salis, Conversations-Gespräche, S. 129f.
527 Ebd., S. 155.
528 Vgl. S. 99.
529 Vgl. Anhang D, fol. 80v.
530 Johann von Bavier (1662–1721), Arzt, Churer Stadtphysicus.
531 Brief von HvS an ihren Vetter [Ulysses von Salis-Marschlins], Maienfeld, 18. [Monat unb.] 1688. Anhang A 5.
532 Ebd.
533 http://tea-exclusive.de (1.11.2024).
534 Brief von Ursina Menhartin an HvS, Chur, den 12.5.1680. FAG, B X. Familienkorrespondenz, M-U, in Mappe «Div. Briefe an die Familie Gugelberg von Moos, 17. Jahrhundert».
535 Art. Schnupftabak, in: Handwörterbuch des deutschen Aberglaubens, Bd. 7 (1936), ND: Berlin und New York 1987, Sp. 1283f.

Vgl. auch Brunet, Le bon usage, 1700, S. 32–36 (Eloge du Tabac).

536 Vgl. dazu u.a. Ackerknecht, Erwin H., Kurze Geschichte der Medizin, Stuttgart 1959, S. 96f.

537 [J. J. Harder und J. C. Peyer], Paeonis et Pythagorae, 1682, S. 40–42. Paeon und Pythagoras waren die Namen, die ihnen bei der Aufnahme in die medizinische Akademie der Leopoldina zugeteilt wurden.

538 Fischer, Johann Jakob Wepfer, S. 107.

539 Brief von Daniel Anhorn an Theodor Zwinger III, den 26.4.1692, Postscriptum. Anhang C 11.

540 Erwähnt in: Brief von HvS an Johann Heinrich Heidegger, 16. Hornung [Februar], 1695. Anhang A 7.

541 Boscani Leoni (Hg.), «Unglaubliche Bergwunder», 2019. Dort: Briefe von J.J. Scheuchzer an HvS, S. 70–83. Für weitere Briefe siehe Boscani Leoni, «Lettres des Grisons». Briefe von HvS an Scheuchzer sind keine erhalten. Den Fragebogen schickte Scheuchzer seiner Maienfelder Korrespondentin im Juni 1699; vgl. Boscani Leoni (Hg.), «Unglaubliche Bergwunder», S. 79f. Vgl. auch Boscani Leoni, Helvetische Netze, 2009.

542 https://hallernet.org/edition/letter/18225 (5.8.2025).

543 Boscani Leoni (Hg.), «Unglaubliche Bergwunder», S. 79f.

544 Vgl. u.a. Boscani Leoni, Men of Exchange, 2013, S. 516; Greyerz, European Physico-theology, 2022, S. 107 und 151.

545 Boscani Leoni, Men of Exchange, 2013, S. 520f.

546 Johann Jakob Scheuchzer an Hortensia Gugelberg von Moos, 20.3.1700, https://hallernet.org/edition/letter/18219 (5.8.2025).

547 Ebd.

548 Ebd.

549 Diluvium bedeutet Sintflut.

550 Scheuchzer, Bildnissen, 1708, S. 2f., zit. nach Leu, Johann Jakob Scheuchzer, 2022, S. 153. Scheuchzer liefert hier eine knappe Zusammenfassung der Vorstellungen Lhwyds. Siehe dazu u.a. Oxford Natural History Museum, Edward Lhwyd, S. 1, online: http://emlo-portal.bodleian.ox.ac.uk/collections/?catalogue=edward-lhwyd (12.12.2023). Vgl. auch Rappaport, When Geologists, 1997, S. 106f.; Bulinsky, Johann Jakob Scheuchzer, 2012, S. 175–177. Zum breiteren Kontext siehe von Greyerz, European Physico-Theology, 2022, Kap. 7, S. 163–196.

551 Scheuchzer, Bildnissen, ebd.

552 Hitzig, Gotthard Heideggger, 1954, S. 14f.

553 Ebd.

554 Ray, The Wisdom, 1691, S. 34f.

555 Salis, Conversations-Gespräche, S. 171–175.

556 Ebd., S. 172.

557 Ebd., S. 174. Dass Korallen tatsächlich Tiere sind, war noch nicht bekannt.

558 Ebd., S. 175.

559 Greyerz, European Physico-Theology, 2022, S. 136, 173 und 176.

560 Descartes unterschied scharf zwischen der Endlosigkeit der materiellen Welt und der Unendlichkeit Gottes.

561 Vgl. Crowe (Hg.), The Extraterrestrial, 2008; Rossi, Die Geburt, 1997, S. 169–188.

562 Jakob Hermann übernahm in Padua den Lehrstuhl für Mathematik.

563 Brief von Johannes Scheuchzer an Johann I Bernoulli vom 21.8.1707, online: https://ub-mediawiki.ub.unibas.ch/bernoulli/index.php?title=1707-08-21_Scheuchzer_Johannes-Bernoulli_Johann_I&oldid=6122 (5.8.2025). Der entsprechende Briefwechsel zwischen HvS und Theodor Zwinger ist heute nicht mehr auffindbar.

564 Brief von Johannes Scheuchzer an Johann I Bernoulli vom 18.9.1707, online: https://ub-mediawiki.ub.unibas.ch/bernoulli/index.php?title=1707-08-21_Scheuchzer_Johannes-Bernoulli_Johann_I&oldid=6046 (5.8.2025).

565 Brief von Johann I Bernoulli an Johannes Scheuchzer vom 5.10.1707, online: https://ub-mediawiki.ub.unibas.ch/bernoulli/index.php?title=1707-10-05_Bernoulli_Johann_I-Scheuchzer_Johannes&oldid=4868 (5.8.2025).

566 Huygens, Cosmotheoros, 1698. Vgl. dazu Connes, History, 2020, S. 319–335; Rossi, Die Geburt, 1997, S. 183–186.

567 Fontenelle, Gespräche, 1698, Übersetzer unb. Zu Fontenelle vgl. u.a. Connes, History, 2020, S. 303–316; Grenet, La passion, 1994, S. 241–259.

568 Fontenelle, Gespräche, 1698, S. 61. Cassini, Giovanni Domenico, 1625–1712, italienischer Astronom, seit 1669 Mitglied der neu gegründeten Académie Royale des Sciences, Direktor des Pariser Observatoire.

569 Fontenelle, Gespräche, 1698, S. 61.

570 Crowe (Hg.), The Extraterrestrial, 1999.

571 Löffler-Herzog, Die Ahnen, 1936.

572 Hierzu und zum Folgenden: Kempe / Maissen, Die Collegia, 2002.

573 Einen Überblick über sämtliche Themen der Sitzungen der drei Collegien bietet der Anhang ebd., S. 321–426.

574 Vgl. ebd., S. 355.

575 Zum Protokoll der entsprechenden Diskussion vgl. Anhang, Abschnitt D.

576 ZB Zürich, Ms J 548 (Acta der Züricherischen Gesellschaft der Wohlgesinnten, 1693), fol. 75v–84v, hier 78v.
577 Ebd., fol. 80r–v.
578 Ebd., fol. 81r.
579 Siehe «Der St. Galler Kreis», S. 81.
580 So Wegelin, Briefe, 1951, S. 216–235, hier 217. Wir halten uns lieber an Portmann, Der Basler Medizinprofessor, 1983, S. 139–147. Dies. ebd., S. 140f, schrieb: Cleophea Schobinger, «eine Frau von vornehmem Stand, ließ sich durch den St. Galler Arzt Tobias Baumgartner in Geburtshilfe unterrichten. Er übersetzte ihr die Schriften Mauriceaus ins Deutsche und auch die Werke Cosme Viardels zog Cleophea Schobinger zu Rate. Sie ließ Frauenleichen sezieren, um sich gynäkologische Kenntnisse zu verschaffen, damit sie für die Gebärenden keinen schädlichen Irrtum begehe.» Siehe auch Anhang C3, bes. S. 216.
581 Siehe Anhang D.
582 [St. Gallen]: Jacob Christoph Anhorn, 1685.
583 UB Münstergasse, Bern, Magazin, Signatur: MUE H X 84.
584 Zu Anna Elisabeth Menhart vgl. Camilla, Die Rose der Freyheit, hg. von Silvio Färber, S. 127f.
585 Ebd., S. 142.
586 Vgl. «Der St. Galler Kreis», S. 80–89.
587 Camilla, Die Rose der Freyheit, hg. von Silvio Färber, S. 140.
588 Fäsi, Johann Heinrich, Sonnen-Blum Göttlicher Warheit, Das ist: Schriftmäßige Beantwortung eines im loblichen Land Glarus von Hrn. Jacob Gartner / Catholisch genanten Pfarrern zu Näfels / ungütlich außgesprengten Büchleins / genennet Meß-Blum, Zürich: Joh. Heinrich Lindinner, 1695. – Zu Zeller vgl. S. 96.
589 Zug: Franz Carl Rooß, 1694.
590 Fäsi, Sonnen-Blum Göttlicher Warheit, Widmungsschreiben («Zuschrift»), S. iii verso.
591 Leonhardi, Christliches Nachtmahlbüchlein, 1699.
592 Ebd., Titelblatt. Im «Bericht an den Christlichen Leser» benennt Leonhardi das «Geistreiche Abendmahlbüchlein» des Charles Drelincourt sowie «La Communion dévote» von Jean La Placette als seine hauptsächlichen Quellen, nebst weiteren reformierten Autoren.
593 Scheuchzer, Beschreibung der Natur-Geschichten, 1706–1708.
594 (Anna) Margaretha von Salis-Soglio (1678–1749), gemäss Scheuchzer, Natur-Geschichte des Schweitzerlandes, 1746, S. 270, die Schwester des Rudolf von Salis, Gubernator des Veltlins i. d. Jahren 1699–1701 sowie des Friedrich Anton von Salis, Hauptmann in französischen Diensten.
595 Zur umfangreichen Korrespondenz zwischen Rosenroll und Scheuchzer vgl. Boscani Leoni (Hg.), «Unglaubliche Bergwunder», 2019, S. 116–134.
596 Ebd., 116.
597 Scheuchzer, Beschreibung der Natur-Geschichten, Teil 2, 1707, Widmung.
598 Boscani Leoni (Hg.), «Unglaubliche Bergwunder», 2019, S. 124. Vgl. Anm. 595. Zu Scheuchzers naturkundlichem Fragebogen vgl. auch Boscani Leoni, Queries and Questionnaires, 2013.
599 Boscani Leoni (Hg.), «Unglaubliche Bergwunder», 2019, Brief von Scheuchzer an Hortensia Gugelberg von Moos vom 13.9.1703, S. 81, online: Boscani Leoni 2019, https://hallernet.org/edition/scheuchzer-korrespondenz/letter/18222 (6.8.2025).
600 Scheuchzer, Kupfer-Bibel, 1731.
601 Johann Jakob Scheuchzer an Hortensia Gugelberg von Moos, geb. von Salis, 12.10.1703, in: Boscani Leoni 2019, https://hallernet.org/edition/scheuchzer-korrespondenz/letter/18223 (6.8.2025).
602 Scheuchzer, Natur-Geschichte des Schweitzerlandes, 1746, S. 270.
603 Vgl. ZB Zürich, Ms J 548 (Acta der Züricherischen Gesellschaft der Wohlgesinnten, 1693), fol. 75v–84v, bes. 78v–80v.
604 Heidegger, Paralogiste, 1711, die letzte der fünf in diesem Band versammelten Schriften Heideggers.
605 Vgl. Villiger, Art. Heidegger, Gotthard (Pseudonym Winckelriedt), 5.8.1666 Stein am Rhein, † 22.5.1711 Zürich, in: NDB 8 (1696), online; www.geneal-forum.com, Stichwort Zollikofer von St. Gallen (5.7.2023).
606 Moratori, Antonio, Il fa' per tutti, cioè, Le auversita d'ogni stato di persone consolate, Zürich: Simler, 1709. Für den hilfreichen Hinweis auf die Identität Moratoris sind wir Jan-Andrea Bernhard zu Dank verpflichtet.
607 Moratori, Il fa' per tutti, Widmung auf den ersten beiden Seiten.
608 Ebd.
609 Diese Angaben basieren auf dem Katalog der Bayerischen Staatsbibliothek sowie auf Gonzaga, Memorie, 1876, S. 217. Die unter dem Namen Moratori erschienene Zürcher Ausgabe weist im Vorwort an den Leser und im Haupttext nur punktuell kleinere Veränderungen (Vorwort) und konfessionell bedingte Auslassungen (Haupttext) auf.
610 Zunica, Des Erlauchten, 1767.

611 Anosi, Unerschöpfliche, zit. nach Widmer 2003, S. 205–251.
612 Ebd., S. 217.
613 Ebd., S. 220.
614 Ebd., S. 241.
615 HvS bedankt sich im nächsten überlieferten Brief an Ursina Menhart dafür, dass deren Vater sie ihr zu einem Besuch in Maienfeld überlassen habe.
616 Unbekannt.
617 Von anderer Hand hinzugefügt. Bezug zum vorliegenden Brief ist unklar.
618 Andreas von Salis-Rietberg, geb. 1671 in Chur, Sohn des Nikolaus, Dr. iur. und der Ludovica Sprecher von Bernegg. Gest. 1756 in Chur. Vgl. Simonett, Andreas von Salis (Rietberg), in: HLS.
619 Soll heissen: Von jedermann zu bezeugenden Tugenden.
620 Bletter bedeutet Blätter. Vermutlich Kuchen bzw. Fladen. Vgl. Schweizerisches Idiotikon, Bd. 5, Sp. 16f.
621 Ursina Menhart betätigte sich hier offensichtlich als Vermittlerin eines Geschenks von Rudolf Gugelberg von Moos (1668–1692) an seine Verlobte HvS. Die Hochzeit fand am 10.1.1682 in Maienfeld statt. Drei Jahre später (im Februar 1685) heiratete auch Ursina Menhart, und zwar den Hauptmann Johann [Hans Rudolf] Guler zu Malans. Vgl. Camilla, Die Rose der Freyheit, hg. von Silvio Färber, S. 85–173, hier S. 116 (Reproduktion des Heiratsgedichts von Andreas Menhart).
622 Statt des nachträglich von anderer Hand eingefügten Entstehungsdatums vermuten wir, dass der Brief 1684 verfasst wurde, da die bevorstehende zweite Ehe ihres Vaters mit einer Katholikin von 1684 (Jakobea geb. Buol) im vorliegenden Brief angesprochen wird: «… daß ich nicht suchen soll, dich auf meine Meynung, seines des Herrn Vatters Heuraths halben zu bringen, den er beghert wir sollen ihn gut heißen und gar wohl zufrieden sein.»
623 Es handelt sich um eine im Sinne der Wortwahl und Syntax zweifelsohne originalgetreue Abschrift.
624 Evtl. ist die entsprechende Kleidung gemeint. Vgl. Schweizerisches Idiotikon, Bd. 11, Sp. 1150, «gestuppet».
625 Kommentar des Kopisten.
626 Gemeint sind nach den Königen Philipp II. und III. benannte spanische Reales, d.h. Silbermünzen.
627 Ulysses von Salis-Marschlins (1663–1739).
628 Evtl. Margaretha Kathar(ina), Sprecher-Stammbaum, Nr. 11/26, geb. 1684.
629 Johann von Bavier (1662–1721), Arzt, Churer Stadtphysicus.
630 Am rechten Rand ist hier «Jher» – d.h. ihr – hinzugefügt. Die Einordnung des Zusatzes im Text ist unklar.
631 1. Korinther 3, 22–23.
632 Vermutlich fand die Trinkkur Heideggers im Schwefelbad Alvaneu (3 km südlich von Filisur) statt. Vgl. Thöni, Alvaneu Bad, in: HLS.
633 Grösste Alp der Herrschaft Wartau, eine Walser-Genossenschaft befreit von auf der Leibeigenschaft gründenden Abgaben, die in den Talgemeinden üblich waren.
634 Johann (Hans) Schneider von Azmoos (ein Ortsteil der Gemeinde Wartau). Vgl. Kuratli, Geschichte der Kirche, 1984, S. 202.
635 Hinweis auf Johann Rudolf Tschudi (1641–1716), Pfarrer in Wartau ab 1672.
636 Vgl. Schweizerisches Idiotikon, Bd. 3, Sp. 1455f.
637 Heidegger, Johann Heinrich, Schriftmässige Verthädigung der hiebevor aussgefertigten grundlichen Underweisung von der Nothwendigkeit des h. christlichen Tauffs […], [Zürich]: Drucker unbek., 1693.
638 Entweder Philipp Konrad Heidegger, 1684–1698 Stadtarzt in Stein am Rhein (vgl. Brunner; Muralt, Aus den Briefen, 1919, S. 222), oder Johann Jacob Heidegger (1666–1749), zweiter Sohn von J. H. Heidegger.
639 Vgl. «Der Wartauerhandel 1694/95», S. 114–125.
640 Hans Rudolf Tschudi, Pfarrer von Wartau.
641 Niklaus Wild, seit 1686 Pfarrer von Glarus.
642 Johann Heinrich Schweizer (1646–1705), Professor für Griechisch am Zürcher Carolinum. Vgl. Dejung« Wuhrmann, Zürcher Pfarrerbuch, 1953, S. 523.
643 Bezug auf die «Mess-Blum» von Gartner: Ders., Wohlriechende, 1694. Gartner war katholischer Pfarrer in Näfels.
644 Gefatter Zäller: Peter Zeller (1655–1718), siehe S. 69.
645 Dekan Closer des Benediktinerklosters Pfäfers, siehe Anm. 656.
646 Vgl. Anm. 638.
647 Gemeint ist der Fürstabt von St. Gallen, Cölestin (Celestino) Sfondrati (1644–1696). Er hat sich in einem längeren Werk eingehend mit Heideggers reformierter Sicht auf die Taufe auseinandergesetzt: Coelestino Sfondrati, Baptismi Necessitas […] contra nuperam Reformati cuiusdam Doctoris Apologiam defensa, [St. Gallen]: Klosterdruckerei, 1694. Anlass dazu bot Johann Heinrich Heidegger, Schrifftmässige Verthädigung der hiebevor

aussgefertigten gründlichen Underweisung von der Nothwendigkeit des H. Christlichen Taufs [...], Zürich: Drucker unbek., 1693. Sfondratis Buch umfasst 84 Seiten. Da HvS jedoch von einem «Büchli» spricht, wird sie die nur 8 Druckseiten lange «Instructio parachorum, de sacramento baptismatis, in nessessitate conferendo» meinen (Deutsch: Instruktion der Pfarrherren zu den Taufsacramenten und ihrer Verabreichung in Notsituationen), [St. Gallen]: Drucker unbek., 1694. Die letzte Seite enthält Anweisungen in deutscher Sprache zur Befragung von Hebammen hinsichtlich der Nottaufe. Ob Hortensia selbstständig in der Lage war, den ansonsten lateinischen Text zu lesen, oder ob ihr dabei geholfen wurde, braucht hier nicht ergründet zu werden. Die reformierte Theologie lehnte die Nottaufe eines sterbenden Neugeborenen durch die Hebamme ab.

648 Aus dem unmittelbar Folgenden ergibt sich, dass es sich dabei um Heidegger, Von der Nothwendigkeit, 1693, sowie um die oben zitierte «Schrifftmässige Verthädigung» Heideggers handelt.

649 1. Korinther 7:18f.

650 Gubert von Salis-Maienfeld (1638–1710).

651 Eine identische Abschrift dieses Schreibens befindet sich im StA GR Chur, Signatur: B 1401. Sie ist dort irrtümlicherweise als Brief «an Oberst Paul Buol wegen seiner Konversion zum Katholizismus; o. D. (um 1690)» klassifiziert.

652 Verweis auf Apostelgeschichte 5.

653 Die «Glaubens-Rechenschafft» von HvS erschien 1695. Da nicht anzunehmen ist, dass Tischhuser eine Manuskriptversion des «büechlin» erhielt, muss der vorliegende Brief auf 1695 datiert werden.

654 Es geht um Fälle von Besessenheit. Der Anlass bleibt jedoch unklar. Bd. 14 der Kunstdenkmäler der Schweiz, Basel 1943, verzeichnet für das aus den Dörfern Hinterrhein, Nufenen, Medels und Splügen bestehende Rheinwald keine Überreste eines Nonnenklosters, abgesehen von einem als «Kloster» bezeichneten Profanbau in Splügen (S. 269f.), der wohl ursprünglich dem Benediktinerkloster Pfäfers gehörte.

655 D. h.: Tischhuser soll sich keine Sorgen um seine (evangelisch gebliebene) Frau machen.

656 Benedikt Closer von Hardt bei Bregenz (?–1722), Profess 1673. 1692–1699 Dekan, danach bis 1706 (?) Pfarrer in Quarten. Von 1702 bis 1722 Kanzler des Churer Bischofs Ulrich VII. Federspiel. War 1696 und 1697 zwei Mal als Gesandter des Benediktinerordens und des Bischofs von Chur am kaiserlichen Hof in Wien, das zweite Mal ausdrücklich wegen der konfessionellen Spannungen in den Drei Bünden. Vgl. Henggeler, Professbuch, Bd. 2, Zug 1932, S. 125f.

657 Peter Zeller (1655–1718), vgl. S. 96.

658 Heidegger, Kraft göttlicher Warheit, 1694.

659 Siehe Anm. 647.

660 Benedikt Closer, vgl. Anm. 656.

661 Gemeint sind die «Conversations-Gespräche».

662 HvS meint hier nicht Esther, sondern Judith und Holofernes. Das Buch Judith ist in der protestantischen Bibel nicht enthalten, vgl. Schmitz, Barbara, Judit/Juditbuch [2006], online: www.bibelwissenschaft.de/stichwort/10395/ (6.8.2025). Allein schon aufgrund der zahlreichen bildlichen Darstellungen der Enthauptung des assyrischen Feldherrn Holofernes durch Judith in der Kunst der Frühen Neuzeit war die Figur der Judith jedoch auch im damaligen protestantischen Bibelverständnis präsent.

663 Widmer, Hortensia von Salis, 2003, S. 117–124. Der Brief wird aufgrund der Druckvorlage wiedergegeben – mit zwei Ausnahmen. Auf die im Druck ziemlich willkürlichen Satzzeichen (Schrägstriche) wird verzichtet und, wo für das Verständnis unentbehrlich, werden Kommas hinzugefügt. Verzichtet wird ausserdem auf die Wiedergabe der im Druck fett gedruckten Passagen, zumal sie höchstwahrscheinlich in der ursprünglichen Briefvorlage fehlten.

664 Die hier weggelassenen Passagen finden sich ebd., S. 121–123.

665 Bedeutung unklar.

666 Vgl. Brief von HvS an Johann Heinrich Heidegger, 26. Hornung [Februar] 1695, Anhang A 8.

667 Bezug unklar.

668 Gemeint ist wohl die «Glaubens-Rechenschafft».

669 Diese Transkription beruht auf einer Abschrift. Für Letzteres spricht die Orthografie, die deutlich von derjenigen von HvS abweicht. Die Adressatin ist nicht bekannt.

670 Matthäus 16: 26a.

671 Apostelgeschichte 4, 12.

672 Betrifft zweifelsohne das Kloster St. Johann in Müstair. Dieses Ereignis ist uns unbekannt, es liegen auch keine Forschungen dazu vor.

673 Ein Irrtum. Jeremia enthält nur 52 Kapitel.

674 Kritik an der katholischen Messe.

675 Gemeint ist vermutlich die oben im Brief vom 18. Brachmonat 1695 erwähnte geplante Trinkkur Heideggers in St. Moritz.

676 Johann Heinrich Schweizer (1646–1705), vgl. S. 97f.

677 Vermutlich Johann Rudolf Waser, geb. 1673, ordiniert 1698, danach Pfarrer in Bischofszell. Älterer Bruder der Malerin Anna Waser (1678–1714). Vgl. Sulzberger, Biographisches Verzeichnis, 1863, S. 160.

678 Peter Zeller (1655–1718).

679 Der Name Madame Bucher ergibt sich aus dem nächsten Brief an Heidegger vom 8.7.1696 (Anhang A 19).

680 Gemeint ist Georg Thormann (1655–1708), früher Berner Pietist, ab 1686 Pfarrer in Lützelflüh, später Dekan der Klasse Burgdorf. Vgl. Dellsperger, Die Anfänge des Pietismus, 1984, u.a. S. 30–34.

681 Vermutlich sind hier die im nächsten Brief an Heidegger vom 8.7.1696 (Anhang A 19) näher beschriebenen Vorgänge gemeint.

682 Anna Maria Bucher, geb. Fischer. Das Ehepaar Bucher, das zu den frühen Berner Pietisten gehörte, lebte in Holligen (Gemeinde am westlichen Rand von Bern). Vgl. Hadorn, Geschichte des Pietismus, 1901, S. 57 und 109.

683 Zu Georg Thormann (1655–1708), vgl. Anm. 680.

684 Vermutlich die «frau von etlich 30 Jahren mit zweÿen jungen hern reißend nach Jerusalem», die HvS in ihrem Brief an J. J. Heidegger vom 20. Heumonat [Juli] 1696 (nachstehender Brief Nr. A 20) erwähnt. Die beiden Briefe liegen zeitlich so nahe beieinander, dass es sich bei den divergierenden Hinweisen auf vier bzw. drei Personen aus Sachsen bzw. Halle im einen oder anderen Fall um einen kleinen Irrtum handeln dürfte.

685 D.h. gerüchteweise wurde behauptet, die «4 persohnen aus Saxen» hätten sowohl in Maienfeld (reformiert), wie in Ragaz (katholisch) das Abendmahl besucht. In allen anderen verfügbaren Quellen ist von drei Personen die Rede. Zum Verwandtschaftsgrad zwischen Gottlieb Kirch und N. Lang vgl. Anm. 688.

686 Mit «Pfaffen» sind katholische Geistliche des Nachbardorfs Ragaz gemeint.

687 Stark verblichene Tintenfarbe, daher schwer lesbar.

688 Gottlieb Kirch, Abraham Daßdorff und eine Frau namens Lang. Vgl. «Der Pietismus», S. 125–132. Maria Lang war die erste der beiden Ehefrauen des Vaters von Gottlieb Kirch, Gottfried Kirch. Sie starb 1690. Es liegt nahe, in der Frau namens Lang eine enge Verwandte des Gottlieb Kirch zu sehen. Vgl. https://gottfried-kirch-edition.de, Rubrik «Familie».

689 Wahrscheinlich Johann Martin Meyer (1662–1742), Schaffhauser Pietist. Vgl. Dellsperger, Die Anfänge des Pietismus, 1984, S. 199.

690 Zu Georg Thormann (1655–1708), siehe Anm. 680.

691 Hinweis auf die «Glaubens-Rechenschafft» von HvS, in: Widmer, Hortensia von Salis, 2003, S. 61–116.

692 Johann Heinrich Schweizer (1646–1705).

693 Vermutlich Leonhard Huber, Diakon zu S. Johann in Schaffhausen, 1659 bis 5.1.1693.

694 Zu Georg Thormann (1655–1708), siehe Anm. 680.

695 Nachträglicher Zusatz.

696 Johann Heinrich Schweizer (1646–1705).

697 Armer Mann aus Leuchingen-Altstätten. Unbekannt.

698 Die Einführung des sog. «verbesserten Kalenders» in protestantischen Gebieten des Alten Reiches und der Schweiz, wo bis dahin noch der alte Julianische Kalender galt (im Gegensatz zu dem in katholischen Gebieten 1582 eingeführten Gregorianischen Kalender), sorgte beim protestantischen Kirchenvolk vielerorts für konfessionalistisch aufgeladene Unruhen, weil darin eine Kapitulation vor dem «katholischen» Kalender gesehen wurde. Vgl. Maissen, Der Kalenderstreit, 1960; Gutzwiller, Die Einführung, 1978, S. 54–73.

699 Hinweis auf die Reise nach Chiavenna gemeinsam mit dem Vater Gubert von Salis, wo HvS die folgenden Jahre (neben Chiavenna auch in Soglio) verbrachte.

700 Der vorliegende Korrespondenz-Sammelband enthält zahlreiche Briefe von Hales an Johann Jakob Scherer. Robert Hales war in der Schweiz und danach in Deutschland als Gesandter der englischen SPCK tätig. Er war ein Angehöriger der englischen Gentry und Bruder des bekannten Stephen Hales (1677–1761), Theologe, Naturwissenschaftler und Erfinder. Nach 1714 wurde Robert Hales zu einem der vier Sekretäre des englischen Kronrats (Privy Council) ernannt. Vgl. Dictionary of National Biography, Bd. 24, Oxford 2004, Art. Stephen Hales, S. 553–556, sowie Nishikawa, The SPCK, 2005, bes. S. 739f. zur Mission Hales' in der Schweiz und Deutschland.

701 Ein Hinweis auf weitere, nicht publizierte Schriften unserer Protagonistin.

702 Sylvester Samuel Anhorn (1659–1736), Arzt in St. Gallen, dort Hausarzt der Familien Schobinger und Schlumpf und offenbar auch von Johann Jakob Scherer. Siehe S. 88.

703 Giacomo Picenino (1654–1714), reformierter Pfarrer von Soglio. Mit Johann Jakob

Scheuchzer und wohl auch mit HvS teilte er seine naturkundlichen Interessen. Gleichzeitig publizierte er kontroverstheologische Schriften. Vgl. u.a. Boscani Leoni (Hg.), «Unglaubliche Bergwunder», 2019, S. 72.

704 Jakob von Moos, Vorsteher der Rhätischen Synode.

705 Brieflich mitgeteilt von Urs Schocher, ehemals StAGR, samt Kopie des Briefes, am 19.11.2004.

706 Müsste eigentlich «besehen» heissen. Vermutlich ein Fehler des Kopierers.

707 Hier fehlt ein Wort, z.B. «Mitteln».

708 Anspielung auf die andere Konfession der protestantischen Ehefrau.

709 Zu Benedikt Closer, siehe Anm. 656.

710 Wie der nächste Brief ergibt, handelte es sich um den Tod des Herrn von Schauenstein zu Reichenau bzw. Georg Phillip, Herr von Ehrenfels-Schauenstein. Vgl. Geigy, Hauenstein, 1889, S. 127.

711 B.S. meint Basel, denn der vorangegangene Brief vom 27.10.1685 war an Theodor Zwinger III in Bad Pfäfers gerichtet.

712 Nicht sicher, um welche Schriften es sich handelt. Von der Kürze her («Traktätlein») könnte Senecas «Vom glücklichen Leben» gemeint sein sowie eine andere damit zusammengebundene Trostschrift des römischen Stoikers.

713 Der Mercure de France, gegründet 1672, wurde anfänglich Mercure galant genannt. Vgl. https://gallica.bnf.fr/ark:/12148/cb40216887k/1672. Anhorn irrt sich hier. Ein Mercure sçavant erschien 1684 in Amsterdam.

714 Der Todesfall wird im Brief von D. Anhorn an Th. Zwinger vom 6.12.1685 erwähnt (siehe oben C 1).

715 «Laßeiselein» bzw. «Laßeisen»: vgl. Adelung, Johann Christoph, Grammatisch-kritisches Wörterbuch der hochdeutschen Mundart, Bd. F–L, Wien 1811, S. 211f.: «Die Fliete [...] ein Werkzeug der Wundärzte, die Adern damit zu öffnen; eine Lanzette, ein Laßeisen [...]».

716 Zwinger, Der sichere, 1684.

717 Rudolf Gugelberg von Moos (1668–1692).

718 Vermutlich das Hebammenbuch von Louyse Bourgeois in deutscher Übersetzung, verschiedene deutsche Auflagen des 17. Jahrhunderts, z.B. Bourgeois, Hebammen Buch, 1628. Das weitverbreitete Werk von Justine Siegemund, Die Chur-Brandenburgische Hoff-Wehe-Mutter, erschien in erster Auflage erst 1690.

719 Wallenberger, Divitiae Christianorum verae, 1637.

720 Bezug auf den Auftrag und das Einverständnis der Frau «Hauptmännin».

721 Rudolf Gugelberg von Moos (1668–1692).

722 Hercules von Salis-Grüsch (1668–1733) oder aber (1650–1727) von Grüsch und Chur. www.swisscastles.ch hält fest, 1662 habe Herkules von Salis-Marschlins das Schloss erworben und dieses und das Schlossgut seien bis 1738 im Besitz der Familie von Salis verblieben.

723 Zu «Laßeisen» vgl. Anm. 715.

724 Gemeint ist ein beigefügter Brief für Ehemann Rudolf von Gugelberg in französischen Diensten.

725 Wohl Hans Rudolf Pestalozzi (1661–1737).

726 Esperance Claudia von Salis-Marschlins (1673–1729), Tochter von Herkules von Salis-Marschlins und Barbara Nicola de Blonay. Der Goldschmied Viliome ist unbekannt.

727 Johannes von Planta-Wildenberg, Ehemann der Esperance Claudia von Salis.

728 Arndt, Das Paradiesgärtlein, 1612. Populäre, weitverbreitete und vielfach neu aufgelegte Erbauungsschrift des lutherischen Geistlichen Johann Arndt (1555–1621).

729 Wohl besonders wegen der medizinischen Kenntnisse der Maienfelderin.

730 Betrifft die städtischen Unruhen in Basel von 1691.

731 Bezug zum Brief Anhorns an Zwinger vom 4.2.1692, UB Basel, Frey-Gryn Mscr III 2. Nr. 39, in welchem Anhorn sich bei seinem Basler Cousin und dem Theologen Samuel Werenfels bedankt «für dem klein und krummen Cupido angewünschten Neüwen Jahrswünsch». Mit «Cupido» ist er, Anhorn, gemeint. Beim vorliegenden Postscriptum handelt es sich daher um eine Mitteilung, dass Anhorn als «Cupido» von Werenfels freundliche Grüsse erhalten habe.

732 Tod des Rudolf Gugelberg von Moos in der Schlacht bei Steenkerke in Flandern am 3.8.1692.

733 Gemeint ist Theodor Zwinger III.

734 Eberhard von Danckelmann (1643–1722), hohes brandenburgisches Regierungsmitglied, oder einer seiner Brüder.

735 Vermutlich ist der brandenburgische Hof gemeint.

736 Unbekannt.

737 Für eine frühere Bestellung dieses Werks von Theodor Zwinger III, siehe Brief von Anhorn an Zwinger vom 5.4.1687, C 3.

738 Bzw. ob die Angelegenheit in die Zeit vor oder nach der Heirat mit Rudolf von Gugelberg falle.

739 Karl Gubert von Salis (1660–1740), Bruder von HvS.
740 Vgl. Brief von Daniel Anhorn an Theodor Zwinger III, Maienfeld, den 7. Juni, C 13.
741 Gemeint ist: Zwinger, Der sichere, 1684.
742 Nikolaus Zaffio (Zaff) (1665–1726), Französischer Prediger und Prof. der Philosophie in Chur. Vgl. u. a. Truog, Zaff, 1979, S. 157–177, hier S. 166f.
743 Johann von Bavier (1662–1721), Arzt, Churer Stadtphysicus.
744 Eventuell Dekan Johannes Davatz (1630–1711).
745 Nicht klar, um welchen Text Zwingers es sich handelte. Zeitnah, d. h. im Vorjahr, erschien: Zwinger (Praeses), Eglinger (Respondent): Dissertatio medica de acquirenda vitae longaevitate, 1703, d. h. eine Dissertation über die medizinischen Voraussetzungen für ein langes Leben.
746 Die Diskussionen vom 1.8.1693 erfahren eine ausführliche Darstellung in Lau, «Stiefbrüder», 2008, S. 375–379. Seither sind sie ausserdem angesprochen worden in: Klimek; Aumüller, Medizin und Meditation. Grundlegend für unsere Kenntnisse der Aktivitäten der frühaufklärerischen Sozietäten Zürichs bleibt: Kempe/Maissen, Die Collegia, 2002.
747 Kempe/Maissen, Die Collegia, 2002, S. 76.
748 Zur Ausnahme vgl. Anm. 763.
749 Johann Conrad Escher (1669–1753), ab 1690 verh. mit Ursula Hess (1675–1746), vgl. Keller-Escher, Fünfhundert, 1885, Stammtafel IV, Nr. 68. 1698 Assessor Synodi, 1706 Ratsherr, 1724 Mitglied des Geheimen Rats.
750 Constantius Chlorus, römischer Kaiser S. 305f.
751 Bezug auf Johann Conrad Escher.
752 Ludwig XIV. (1638–1715).
753 Hintergrund dieser Aussage ist die Kapitulation vom 15.5.1693 zwischen Zürich und den Generalstaaten der Niederlande. Dazu Maissen, Die Geburt der Republic, 2006, S. 361. Zur Rolle des französischen Botschafters Michèle Amelot als Gegner des Gesandten der niederländischen Generalstaaten, Petrus Valkenier, vgl. Maissen, Petrus Valkeniers, 1998, bes. S. 168–173.
754 U. E. als Bezug nicht auf HvS, sondern auf die persönlichen Erfahrungen des Protokollanten zu verstehen, der dann fol. 61r (unten) in der Ich-Form von einer Unterhaltung mit HvS in Bad Pfäfers («vor 2 Jahren zu Pfäffers») berichtet.
755 Wir gehen dagegen davon aus, dass HvS auch über Kenntnisse der französischen und der italienischen Sprache verfügte.
756 Johann Heinrich Schweizer (1646–1705), siehe S. 97f. Zu Peter Zeller (1655–1718), siehe S. 96.
757 Theodor Zwinger III (1658–1724), berühmter Basler Medizinprofessor. Vgl. oben die Korrespondenz des Daniel Anhorn, Anhang C.
758 Mit ziemlicher Sicherheit Johann Conrad Escher, vgl. Anm. 749, sowie Kempe; Maissen, Die Collegia, 2002, S. 76 (zur Protokollführung).
759 Abgekürzt, es wird nur die Initiale «V» genannt. Gemeint ist möglicherweise Johann Jacob Vedrosi (1662–1706), Pfarrer zu St. Martin, Chur, 1662–1706. Zu ihm vgl. Valèr, Die evangelischen Geistlichen, 1919, S. 80f.
760 Anna Maria van Schurman (1607–1678), deutsch-niederländische Dichterin, Linguistin, Philosophin, (Laien-)Theologin und Porträtistin.
761 Elisabeth, Pfalzgräfin bei Rhein, Fürstäbtissin von Herford, 1618–1680.
762 Marie Eleonore von Brandenburg, brandenburgische Prinzessin und Pfalzgräfin, 1607–1675.
763 Cleophea Barbara Schobinger, verh. Schlumpf (1664–1709), Tochter des Arztes Bartholome Schobinger und der Cleophea Schobinger, geb. Zollikofer. Das von diesem Text an dieser Stelle leicht abweichende Protokoll Ms B 58, fol. 512 verso lässt erkennen, dass hier wohl eher die Mutter, Cleophea Schobinger (1638–1692), gemeint war, denn sie wird explizit als «Zollikoferin» bezeichnet. Die St. Gallerin war weitherum für ihre hervorragenden medizinischen Kenntnisse bekannt und wurde bei schwierigen Geburten auch ausserhalb St. Gallens als Hebamme beigezogen. Vgl. «Der St. Galler Kreis», S. 80–89.
764 Die Fruchtbringende Gesellschaft, 1617–1680, die erste und grösste deutsche Sprachgesellschaft. Frauen wurden nur als Gefährtinnen ihrer Ehemänner aufgenommen und erhielten die weibliche Form des Gesellschaftsnamens ihres Mannes. Dazu u. a. Bircher, Im Garten der Palme, 1992.
765 Catharina Regina von Greiffenberg (1633–1694), bedeutende Dichterin des deutschen Barock.

Abkürzungen

BBB
Burgerbibliothek Bern

FAG
Familienarchiv von Gugelberg, Schloss Salenegg, Maienfeld

HLS
Historisches Lexikon der Schweiz

HvS
Hortensia von Salis

JBHGR
Jahrbuch der Historischen Gesellschaft Graubünden

KB
Kantonsbibliothek

MDZ
Münchner Digitalisierungszentrum

NDB
Neue Deutsche Biographie

StAGR
Staatsarchiv Kanton Graubünden, Chur

StALU
Staatsarchiv Kanton Luzern, Luzern

StASG
Staatsarchiv Kanton St. Gallen, St. Gallen

StAZH
Staatsarchiv Kanton Zürich, Zürich

SZG
Schweizerische Zeitschrift für Geschichte

ZB
Zentralbibliothek Zürich

Bibliografie

Archivalien

British Library, London
Blenheim Papers, Add. Ms. 61491.

Burgerbibliothek Bern (BBB)
Mss. Hist.Helv. X 62 (Acta Pietistica)
Mss. Hist.Helv. III 272 (Acta Pietistica)

Familienarchiv von Gugelberg, Schloss Salenegg, Maienfeld (FAG)
Chronik der Familie Gugelberg von Moos, 1239-, verfasst von Maria Gugelberg von Moos auf Weihnachten 1893, Typoscript.
C Nr. I (Sammlung von mehrern Vorfällen hießiger Gegenden: Historische und Genealogische Notizen, von Heinrich Lorenz Gugelberg von Moos).
C Nr. III (Buch der historischen Notizen u. Aktenkopien betreffend die Herrschaft Mayenfeld, gesammelt von Heinrich Lorenz Gugelberg von Moos).
C Nr. IV (Buch der historischen Notizen, Aktenkopien etc., von Heinrich Lorenz Gugelberg von Moos).
C Nr. VII (Historische Notizen, Bündner Familien-Geschichte von Heinrich Lorenz Gugelberg von Moos und Maria F.B. Gugelberg von Moos).
C Nr. VIII (Abschriften von Urkunden und anderer Schriften etc. sowie auch allerley Notizen die Gugelbergische Facultät [sic] betreffend, von Heinrich Gugelberg von Moos).

Kantonsbibliothek Vadiana St. Gallen
VadSlg Ms 928: Nr. 30 und 33.
VadSlg Ms 117a (G.L. Hartmann, Beiträge zu den Lebensgeschichten aller Geistlichen, die Bürger der Stadt St. Gallen waren oder daselbst in Diensten standen [...]).
VadSlg Ms S 491 (Johann Jacob Scherer et al., Stemmatologia Sangallensis, Bde. 1 und 2, 19 und 20).
Vad Slg S 350, 4 Bde. + Addendum (Vad Slg S 350 da), (J.D.W. Hartmann, Zur Geschichte der stadt-sankt-gallischen Bürgergeschlechter, Ms., o. J.).

Staatsarchiv Graubünden, Chur (StAGR)
A I 21 b 1 / 276 / (aus: Stadtarchiv Maienfeld, Urkunden, Nr. 357, 1656, Nr. 365, 1667)
B 1401 (Brief von HvS, 1695)
B 2001, Bundesakten, Nr. 2 (1682–1699)
D II, Ma III.III. E2 (Brief von HvS, 1688)
D V3.039.022, Familienarchiv v. Tscharner, St. Margrethen, Briefentwurf 1698

Staatsarchiv Luzern (StALU)
A 1 F 1, Sch 397 (Wartauerhandel)

Staatsarchiv St. Gallen (StASG)
Karten und Pläne

Staatsarchiv Zürich (StAZH)
A 340 (Wartauerhandel)
B VIII 300c (Acta zum Wartauerhandel)

Stadtarchiv Maienfeld, siehe oben Staatsarchiv Graubünden

Universitätsbibliothek Basel, Handschriften (UB Basel)
Frey-Gryn Mscr III 1 (Briefkonvolut)
Frey-Gryn Mscr III 2 (Briefkonvolut)

Zentralbibliothek Zürich (ZB), Handschriften
Ms. D 171 (Briefkonvolut)
Ms. E 137 (Bd. 2 des Diarium von Johann Kaspar Hardmeyer (1694–1719)
Ms. J 548 (Acta der Zürcherischen Gesellschaft der Wohlgesinnten, 1693)
Ms. S 367 (Briefkonvolut, Korrespondenz von J.J. Scherer, St. Gallen)

Gedruckte Quellen

Amtliche Sammlung der ältern Eidgenössischen Abschiede, Bd. 6, Abt. 2, Einsiedeln 1882.

Anhorn, Daniel und Anhorn, Samuel: Parnaßische Hochzeit-Gabe […], [Chur?]: Drucker unbekannt, 1687 (StAGR, Familienarchiv v. Tscharner aus Ortenstein / Bücher, Bd. 7, D V/37 B, 13.08.01).

Anosi, Martin: Unerschöpfliche zeitlich und ewigerfreuende Trost-Quelle aller armen bußwürckenden Christgäubigen Sünderen. Vorgestellt in einer Christlichen Leich- und Traur-Predigt […] Bey Hochansehnlicher und sehr Volckreicher Leich-Bestattung der Hoch-Edelgebohrnen / Hoch-Ehr-und Tugendreichen Frauen / Frauen Hauptmännin Hortensia von Salis […], Chur: Andreas Pfeffer, 1715, neu abgedruckt in: Widmer 2003, S. 205–251.

Arndt, Johann: Das Paradiesgärtlein voller christlicher Tugenden, wie solche zur Übung des wahren Christentums durch andächtige, lehrhafte und trostreiche Gebete in die Seele zu pflanzen, Magdeburg: Drucker unbek., 1612.

Baechtold, Jakob: Zwei Hochzeitsgedichte von Johannes Grob 1676 und Gotthard Heidegger 1710, in: Alemania: Zeitschrift für Sprache, Kunst und Altertum, 20 [Bonn] (1892), S. 184–190.

Be[e]li à Bellfort: Dissertatio inauguralis medica de haemorrhoidum fluxu immodico, Basel: Jakob Bertschi, 1698.

Bering, Stephan: Trost der Frommen auff dem Wege dieser Welt / in einer Leicht-Predigt / Uber den […] Abschied / des weyland Hoch-Ehrwürdigen und Hochgelehrten Herrn / Herrn Johann Heinrich Suiceri […], Heidelberg: Johann Mayr, 1705.

Bernhard, Jan-Andrea; Engeler, Judith (Hg.): «Das das Blut der heiligen Wunden mich durchgehet alle Stunden». Frauen und ihre Lektüre im Pietismus, Zürich 2019.

Boscani Leoni, Simona (Hg.): «Unglaubliche Bergwunder». Johann Jakob Scheuchzer und Graubünden. Ausgewählte Briefe, 1699–1707, Chur 2019. Siehe auch Onlinequellen.

Bourgeois, Louyse: Hebammen Buch, darinn von Fruchtbarkeit und Unfruchtbarkeit der Weiber / zeitigen und unzeitigen Geburt / Zustand der Frucht in und ausserhalb des Mutterleibs […] weitläuffig gehandelt wird, Frankfurt a. M.: Matthäus Merian, 1628.

Brunet, Jean: Le bon usage du tabac en poudre, les différentes manières de le préparer et de le parfumer […], Paris: Chez la Veuve de G. Quinet, 1700.

Camilla [Cleophea Barbara Schlumpf, geb. Schobinger]: Die Rose der Freyheit, 1693, Druckort u. Drucker unbek, Neudruck: «Die Rose der Freyheit». Eine radikal-feministische Streitschrift von «Camilla» aus dem Jahre 1693, hg. von Silvio Färber, in: JBHGR 141 (2011), S. 85–173.

Campi, Emidio; Reich, Ruedi (Hg.): Consensus Tigurinus. Die Einigung zwischen Heinrich Bullinger und Johannes Calvin über das Abendmahl […], Zürich 2009.

Capretz, Pancratz: Seelen-Triumph Aller wahren Gläubigen […] bey Christlicher Ehren-Bestattung Der Hoch-Wohl-Edelgebornen / viel Ehren- und Tugendreichen Frauen / Ursula von Salis / gebohrnen von Salis. Des Hochgeachten / hoch-Wohl-Edelgebornen / Gestrengen und Wolweisen Juncker Gubert von Salis / Alten Stattvogts zu Meyenfeld / gewesener Ehelichen Haußfrauen. […] den 11. November 1675 […], Basel: Jacob Bertsche, o.J. [1676].

Capretz, Pancratz: Christliche Leich-Predigt […] Bey Christlicher Ehren-Bestattung Der Hoch-Wohl-Edelgebornen / viel Ehren- und Tugendreichen Frauen / Fr. Hortensia von Salis / gebohrnen Gugelbergerin von Moos, Basel: Jacob Bertsche o.J. [1699].

Caprez, Pancratius: Anti-Georgius seu Vindicae Caprezianae, quibus Johannis Georgii, apostatae Rhaeti, nuper funerati manium irrequietorum, male conditorum, in tenebris heterodoxiae aberratio detegitur [...], Zürich: David Gessner, 1671.

Caprez, Pancratius: Hertzbewegliche[n] Supplication dem lieben Vatterland Hohen Rhaetia, [St. Gallen]: Jacob Christoph Anhorn, 1685.

Crowe, Michael E. (Hg.): The Extraterrestrial Life Debate. Antiquity to 1915: A Source Book, Notre Dame, IN, 2008.

Descartes, René: Principia Philosophiae, Amsterdam: Ludovic Elzevir, 1644.

Dufour, Philippe Sylvestre, Colmenero de Ledesma, Antonio, Spon, Jacob: Drey Neue Curieuse Tractätgen, von dem Tranck Café, Sinesischen The, und der Chocolata [...], aus dem Französischen übersetzt von N. N., Budissin [Bautzen]: Drucker unbek., 1692.

Fäsi, Johann Heinrich: Sonnenblum göttlicher Wahrheit, Das ist: Schriftmäßige Beantwortung eines im loblichen Land Glarus von Hrn. Jacob Gartner / Catholisch genanten Pfarrern zu Näfels / ungütlich außgesprengten Büchleins / genennet Meß-Blum. Samt einem Anhang / darinn die Nichtigkeit der 15 Rahtschlägen P. Rudolffen / eines Capuziners / kürzlich entdekt wird, Zürich: Johann Heinrich Lindinner, 1695.

Fontenelle, Bernard de: Gespräche von mehr als einer Welt zwischen einem Frauen-Zimmer und einem Gelehrten, Leipzig: Thomas Fritsch, 1698, Übersetzer unbekannt.

Furnius, Dominicus: Höchst-Betrübt- und empfindlicher Kronen-Fall oder Christliche Leich-Predigt [...], Chur: Andreas Pfeffer, 1722.

Gartner, Johann Jakob: Wohlriechende / Hertz- und Seel-stärckende Meß-Blum / Das ist: Römisch-Catholische / Alleinseeligmachende Glaubens-Wahrheit, Zug: Franz Carl Rooß, 1694.

Gilardon, Andrea: Das Bild Eines Gott u. Menschen gefällige [sic] Officiers [...] Als der Weyland Hochgeachte / Wohl-Edel-Gebohrne / und Gestrenge Herr / Herr Johannes von Salis Höchst meritierter Hauptmann über eine Compagnye, in Diensten Ihro Hochmögenden Der Hern. General-Staaten der vereinigten Niederlanden / Seinem entfesselten Leibe nach bey Hochadelicher / und sehr Volckreicher Leich-Begängnus. A. MDCCXXXVIII. Den 9. January beygelegt / und beerdiget wurde. Vorgestellt von Andrea Gilardonio, Pfarrer zu Mayenfeld. Chur: Andrea Pfeffers Witwe, [1738].

Güntzer, Augustin: Kleines Biechlin von meinem gantzen Leben. Die Autobiographie eines Elsässer Kannengiessers aus dem 17. Jahrhundert, hg. von Fabian Brändle und Dominik Sieber, (Selbstzeugnisse der Neuzeit, Bd. 8), Köln u. a., 2002.

[Harder, Johann Jakob und Peyer, Johann Conrad]: Paeonis et Pythagorae Exercitationes anatomicae et medicae familiares, Basel: Jakob Bertschi, 1682.

Harsdörffer, Georg Friedrich: Frauenzimmer-Gesprächsspiele, 8 Bde, Nürnberg: Endter, 1641–1649.

Heidegger, Gotthard: Mythoscopia Romantica: oder Discours von den so benanten Romans [...], Zürich: David Gessner, 1698.

Ders.: Paralogistes explosus, seu animadversiones in syllogismum quondam Catholicum, contra Reformatorum fidei Principia [...], Zürich: Hardmeier / Joh. Finsler, 1711, in: ders., Recreationes sacrae, Zürich: Johann Finsler, 1711.

[Heidegger, Johann Heinrich]: Historia vitae Johannis Henrici Heideggeri, Theologi Helvetio-Tigurini [...], Zürich: David Gessner, 1698.

Ders.: Kraft göttlicher Warheit, entgegen gesetzt dem kräftigen Irrtum der Römischen Kirchen in der Glaubens-Lehr von der Nothwendigkeit des H. Christlichen Tauffs, wie auch von der rechtmässigen Zudienung desselben, Zürich: unbek., 1694.

Ders.: Von der Nothwendigkeit und rechtmässigen Zudienung des H. Tauffs, Zürich: Drucker unbek., 1693.

Huygens, Christiaan: Cosmotheoros, sive de terris coelestibus, earumque ornatu, conjecturae [...], Den Haag: Adrian Moetjens, 1698.

Leonhardi, Johannes: Christliches Nachtmahl-büchlein / welches auß fürtrefflichen [...] Nachtmahlsbücheren gezogen, alles was von den hochwichtigen Puncten des H. Nachtmahls des Herren zu wüssen / zu halten und zu glauben nothwendig und nutzlich ist [...], Zürich: Johann Rudolf Simler, 1699.

Ders.: An Account of the Grisons: or, a Description of the Free and Independent Common-Wealth of the Three Rhætish Leagues [...], London: Printed for John Downing and the German Bookseller near Somerset-House, 1711.

Lohenstein, Daniel Casper von: Großmüthiger Feldherr Arminius, oder Hermann, als ein tapfferer Beschirmer der deutschen Freyheit [...], 2 Teile, Leipzig: Gleditsch, 1689.

McClure, Edmund, (Hg.): A Chapter in English Church History: Being the Minutes of the Society for Promoting Christian Knowledge for the years 1698–1704, together with Abstracts of Correspondents' Letters during part of the same period, London, 1888.

Menhard, Andreas: Herz-Schwäger- und Brüderliches Glükwünschung. Malans, 1685. (Wieder abgedruckt, in Färber, Silvio: Rose der Freyheit. S. 116).

Merian, Matthäus: Topographia Helvetiae, Rhaetiae, et Valesiae [...], Frankfurt a. M.: Meriansche Erben, 1654.

Moratori, Antonio: Il fa' per tutti, cioè, Le auversita d'ogni stato di persone consolate, Zürich: Simler, 1709.

Moos, Jacob von: […] Christlichen Leich-Predigt: […] Und bei Hochansehenlicher Leich-Bestattung Der Hoch-Edel-gebohrnen / Groß-Ehren- und Tugendreichen Fr. Elisabetha von Salis / gebohrnen Planta von Wildenberg Des Hochgeachten / Hoch-Edelgebornen / Gestrengen / und Wolweisen Herren / Herren Gubert von Salis / Alten Landt-Amman / des Ehrf. Gerichts zu Bergün / u. geweßner Land-Vogts / Lobl. Herrschaft Meyenfeld / dieser Zeit wol meritirten Herren Richters / allhie zu Malans / in Pündten […] Den 11. Jenner Anno 1702. […] St. Gallen: Tobias Hochreutiner, o.J. [1702].

Müller, Georg: Christliche Hochzeitpredig […] für Hr. Paulus Jenatschen […] [und] Jungfr. Jacobe Buolin […], Zürich: David Gessner, 1671 (Familienarchiv Jenatsch, StAGR N9, Einzelstück N9 45).

[Picenino, Giacomo]: Des Christ-gläubigen Menschen Einiges und Alles […], Leichpredigt von Jacob Piccinin, 1710, dargelegt [bzw. übersetzt] von Jacob von Moos, Chur: Andreas Pfeffer, 1711 (StAGR D V/3.141.01).

Platter, Felix: Tagebuch (Lebensbeschreibung), 1536–1567, hg. von Valentin Lötscher, Basel und Stuttgart 1976.

Pregizer, Georg Conrad (Hg.): Epistolae selectiores quas ecclesia reformata Helvetica ad illustrissimam Societatem Anglicanam circa propagationem religionis Christianae et Reformationem morum pie occupatam a[nno] MDCCII scripsit […], Tübingen: Gottfried Stoll, 1717.

Ray, John: The Wisdom of God manifested in the Works of the Creation, London: Printed for Samuel Smith, 1691.

Salis, Hortensia von: Glaubens-Rechenschafft einer Hochadenlichen / Reformiert-Evangelischen Dame / vor einem Fürnemen Geistlichen Herren / Römisch-Catholischer Religion / auf vorgehende freundliche Forderung abgelegt […], Zürich: Drucker unbek., [1695], Neudruck in: Widmer 2003, S. 63–116.

Dies.: Geist- und lehrreiche Conversations-Gespräche, welche in ansehnlicher Gesellschafft / bey unterschidlichem Anlaß / von Göttlichen / Sittlichen und Natürlichen Sachen geführten […], Zürich 1696, Neudruck in: Widmer 2003, S. 125–176.

Dies.: Recht Christliches nach dem Gebät des Herren, welches wir das H[eilige] Vatter Unser nennen / gerichtetes Tägliches Gebät / Der nicht allein von Geburt / Wissenschafft und Tugenden / sondern vornehmlich von der Gottseligkeit und recht Christlichen Liebe Hochedlen und weitberühmten Frauen Fr[au] Hauptmännin Hortensiae von Salis, verwittibtin Gugelberin [sic] von Mooß sel., Chur: Andreas Pfeffer, 1715. Neudruck in: Widmer 2003, S. 177–189.

Scherer, Johann Jakob: Ende deß Jahrs und zugleich des siebenzehenden Jahr-Hunderts […], Predigt vom 31.12. 1700, St. Gallen: Drucker unbek., 1700.

Ders.: Bericht von den Gesellschaften, welche eine allgemeine Verbesserung des Lebens und der Sitten anzustellen in England und Irland aufgerichtet worden, aus dem Englischen übersetzt von Johann Jacob Scherer, St. Gallen: Laurentz Hochreutiner, 1701.

Scheuchzer, Johann Jacob: Beschreibung der Natur-Geschichten des Schweitzerlands, 3 Teile, Zürich: Michael Schaufelds Erben und Christoff Hardmeier, 1706–1708.

Ders.: Bildnissen verschiedener Fische, und dero Theilen, welche in der Sündfluth zu Grund gegangen, Zürich: In Verlegung des Authoris, 1708.

Ders.: Hydrographia Helvetica. Beschreibung der Seen / Flüssen / Brunnen / Warmen und Kalten Bäderen/ und anderen Mineral-Wasseren des Schweitzerlands, der Natur-Histori des Schweitzerlands zweyter Theil, Zürich: Bodmer, 1717.

Ders.: Kupfer-Bibel / in welcher die Physica Sacra, oder Geheiligte Natur-Wissenschafft derer in Heil. Schrift vorkommenden Natürlichen Sachen deutlich erklärt und bewährt, […] verlegt durch Johann Andreas Pfeffel […], Erste Abtheilung von TAB I-CLXXIV […], Augsburg und Ulm: Christian Ulrich Wagner, 1731.

Ders.: Natur-Geschichte des Schweitzerlandes, hg. von Johann Georg Sulzer, Zürich: David Geßner, 1746.

Schlumpf, geb. Schobinger, Cleophea Barbara, siehe «Camilla».

Schukan, Georg: Gedultige Annemmung des von Gott kommenden Kreuzes: Das ist / Eine Christliche Leich- und Trost-Predigt […] Bey hoch-ansehnlicher Leich-Begängnis / der Wol-Edel gebohrnen / Groß-Ehr- und Tugendreichen Frauen / Fr. Hortensia von Salis / Gebohrner Gugelbergerin von Moos […], Zürich: Johann Rudolf Simler, 1699.

Scudéry, Madeleine de: Les Conversations sur Divers Sujets, 2 Bde, Paris: Claude Barbin, 1682/1684.

Solnon Jean-François (Hg.): Sources d'histoire de la France moderne, Paris 1994.

Sprat, Thomas: The History of the Royal Society of London for the Improving of Natural Knowledge, London: Printed by T. R. for J. Martyn, 1667.

Stumpf, Johannes: Gemeiner loblicher Eydgnoschafft Stetten, Landeren und Völckeren Chronick […], Zürich: Christoph Froschauer, 1548.

Wallenberger, Valentin: Divitiae Christianorum verae, Oder: Uberschwenglicher Reichthum der Gnaden / so Gott den Menschen verehret: In zehen Kleinoden / auß der Epistel an die Epheser am 2. Capitel […], Erfurt: Spangenberg, 1637.

Wolf, Johann Rudolf: Historia vitae et obitus Johannis Henrici Sviceri, Joh. Caspari Filii, S.S. Theologiae Doctoris […], Zürich: Heidegger und Co., 1745.

Zeller, Johann Heinrich: Der lieblichsten Schönheit des himmlischen Bräutigams Jesu Christi […]. Bey einer Hochadelichen Ehe-Einsegnung in der Pfarr-Kirchen Balgach im Rheinthal. Den 14. Hornung 1684, St. Gallen: Jacob Hochreutiner, 1684.

Zunica, Don Diego: Des Erlauchten Abts Don Diego Zunica Klagen, in welchen die Bedrängnisse aller Stände vorgetragen […], Luzern: Fischer, 1767.

Zwinger, Theodor: Der sichere und geschwinde Arzt: Oder neues Artzney-buch, worinnen alle und jede Kranckheiten des menschlichen Leibs, nach Ordnung des Alphabets, kurtzlich vorgestellet sind, auch, wie sie am sichersten und geschwindesten zu heylen, angezeigt wird […], Basel: Johann-Philipp Richter, 1684.

Zwinger, Theodor (Praeses), Christoph Eglinger (Respondent): Dissertatio medica de acquirenda vitae longaevitate, Basel: Bertsche, 1703[?].

Zwingli, Huldrych: Schriften, hg. von Thomas Brunnschweiler und Samuel Lutz, Bd. 2, Zürich, 1995, Auslegung und Begründung der Thesen oder Artikel 1523.

Onlinequellen

Basler Edition der Bernoulli Briefwechsel, hg. von Fritz Nagel und Sulamith Gehr: www.unibas.ch/bernoulli

Boscani Leoni, Simona (Hg.): «Lettres des Grisons»: Wissenschaft, Religion und Diplomatie in der Korrespondenz von Johann Jakob Scheuchzer. Eine Edition ausgewählter Schweizer Briefe (1695–1731), Editions- und Forschungsplattform *hallerNet* 2019, https://hallernet.org/edition/scheuchzer-korrespondenz

Collegium Insulanum, Zürich 1679–1681, Akten, Vorträge und Protokolle, ZB Zürich Ms B 57, online: e-manuscripta: https://doi.org/10.7891/e-manuscripta-134903

https://gottfried-kirch-edition.de, hg. von Klaus-Dieter Herbst, Jena

Salathé, André: Diethelm, in: HLS online (Version vom 22.12.2015).

Oxford Natural History Museum, Edward Lhwyd, online: http://emlo-portal.bodleian.ox.ac.uk/collections/?catalogue=edward-lhwyd.

Zweiter Kappeler Landfrieden, 1531: «Vertrag unnd verynigung zwischen den Fünff Orthen der löbl[i]en alten Eydgnosschaft und[d] denen vo[n] Bern», n. p., online: https://purl.ulb.tu-darmstadt.de/vp/a000008-0414

Nachschlagewerke

Adelung, Johann Christoph, Grammatisch-kritisches Wörterbuch der hochdeutschen Mundart, Bd. F-L, Wien 1811.

Atlas zur Geschichte Graubündens, 1524–2024, hg. vom Institut für Kulturforschung Graubünden in Zusammenarbeit mit dem Staatsarchiv Graubünden, Zürich 2024.

Biographisch-Bibliographisches Kirchenlexikon (BBKL), 24 (2005), online: bbkl.de

Dictionary of National Biography, Bde. 24 und 29, Oxford 2004.

Handwörterbuch des deutschen Aberglaubens, hg. von Hanns Bächtold-Stäubli und Edmund Hoffmann-Krayer, Bd. 7 (1936), ND: Berlin und New York 1987.

Historisches Lexikon der Schweiz, online: hls-dhs-dss.ch

Kunstdenkmäler der Schweiz, Bd. 14, Basel 1943.

Neue Deutsche Biographie, online: http://www.deutsche-biographie.de

Oxford Dictionary of National Biography, Bd. 29, Oxford 2004.

Sekundärliteratur

Anderes, Bernhard: Bad Pfäfers – Vom Wildbad zum Kulturdenkmal, in: Unsere Kunstdenkmäler. Mitteilungsblatt für die Mitglieder der Gesellschaft für Schweizerische Kunstgeschichte 29 (1978), S. 484–488.

Bener-Lorenz, Gustav: Hortensia Gugelberg von Moos, geb. von Salis-Maienfeld, in: Ehrentafel bündnerischer Naturforscher, Chur 1938, S. 14–16.

Bircher, Martin: Im Garten der Palme. Kleinodien aus dem unbekannten Barock. Die Fruchtbringende Gesellschaft und ihre Zeit, Wolfenbüttel 1992.

Böhler, Michael: Gotthard Heideggers «Mythoscopia Romantica oder Diskours von so benanten Romanen». Ein vergessener Zürcher Literaturstreit, in: Alte Löcher – neue Blicke. Zürich im 18. Jahrhundert: Aussen- und Innenperspektiven, hg. von Helmut Holzey und Simone Zurbuchen, Zürich 1997, S. 149–165.

Boscani Leoni, Simona: Queries and Questionnaires. Collecting Local and Popular Knowledge in 17th and 18th Century Europe, in: Greyerz/Flubacher/Senn 2013, S. 187–210.

Dies.: Men of Exchange. Creation and Circulation of Knowledge in the Swiss Republics of the Eighteenth Century, in: André Holenstein, Hubert Steinke und Martin Stuber (Hg.), Scholars in Action. The Practice of Knowledge and the Figure of the Savant in the 18th century, vol. 2 (Leiden and Boston 2013), S. 507–533.

Dies.: Helvetische Netze: Die Korrespondenz von Johann Jakob Scheuchzer (1672–1733) mit den Bündner Eliten, in: Bündner Monatsblatt 2009, S. 80–89.

Bott, J.: Die ehemalige Herrschaft Haldenstein. Ein Beitrag zur Geschichte der rhätischen Bünde, Chur 1864.

Brunner, Conrad und Muralt, Wilhelm von: Aus den Briefen hervorragender Schweizer Ärzte des 17. Jahrhunderts, Basel 1919.

Buess, Heinrich; Portmann, Marie-Louise; Molling, Peter: Theodor Zwinger III (1658–1724). Ein Basler Arzt und Kinderarzt der Barockzeit, Basel 1962.

Büsser, Nathalie: Die «Frau Hauptmannin» als Schaltstelle für Rekrutenwerbungen, Geldtransfer und Informationsaustausch, in: Hans-Jörg Gilomen u. a. (Hg.), Dienstleistungen. Expansion und Transformation des «dritten Sektors» (15.–20. Jahrhundert), Zürich 2007, S. 143–153 [wieder abgedruckt in: Rudolf Jaun, Pierre Streit (Hg.), Schweizer Solddienst: Neue Arbeiten, Neue Aspekte / Service étranger en Suisse: Nouvelles Études, Nouveaux Aspects, Birmensdorf 2010, S. 105–114].

Dies.: Klare Linien und komplexe Geflechte. Verwandschaftsorganisation und Soldgeschäfte in der Eidgenossenschaft (17.–18. Jahrhundert), in: Kaspar von Greyerz, André Holenstein und Andreas Würgler (Hg.), Soldgeschäfte, Klientelismus, Korruption in der Frühen Neuzeit […], Göttingen 2018, S. 185–210.

Dies.: Adel in einem Land ohne Adel. Soziale Dominanz, Fürstendienst und Verwandtschaft in der schweizerischen Eidgenossenschaft (15.–18. Jhd.), Diss. Zürich 2020.

Bütikofer, Kaspar: Der frühe Zürcher Pietismus (1689–1721), Göttingen 2009.

Bulinsky, Dunja: Johann Jakob Scheuchzer und seine Korrespondenz mit dem Luzerner Stadtarzt Karl Nikolaus Lang (1670–1741), in: Natura Sacra. Der Frühaufklärer Johann Jakob Scheuchzer (1672–1733), hg. von Urs B. Leu (Zug, 2012), S. 163–180.

Bundi, Martin: Bündner Kriegsdienste in Holland um 1700. Eine Studie zu den Beziehungen zwischen Holland und Graubünden von 1693 bis 1730, in: Historia raetica, Bd. 3, Chur 1972.

Clavadetscher, Erhard: Ritter Hans Luzi Gugelberg von Moos. Ein Bündner Staatsmann (1562–1616), in: Bündnerisches Monatsblatt: Zeitschrift für bündnerische Geschichte, Landes- und Volkskunde, 1940, Heft 11, S. 337–351.

Collenberg, Adolf: Die Bundeshäupter der Republik Gemeiner Drei Bünde 1424/1524–1798, in: Bündner Monatsblatt: Zeitschrift für bündnerische Geschichte, Landes- und Volkskunde, 1994, Heft 5, S. 315–346.

Ders.: Die Bündner Amtsleute in der Herrschaft Maienfeld 1509–1799 und in den Untertanenlanden Veltlin, Bormio und Chiavenna 1512–1797, in: Jahrbuch / Historische Gesellschaft Graubünden, 129 (1999), S. 1–118.

Ders.: Andreas Pfeffer, in: HLS online (Version vom 1.2.2010).

Colley, Linda: Britons. Forging the Nation, 1707–1837, London 1992.

Connes, Pierre: History of the Plurality of Worlds. The Myths of Extraterrestrials Through the Ages, hg. von James Lequeux, Cham 2020.

Danuser-Leitinger, Brigitte: Hortensia Gugelberg von Moos, geb. von Salis (1659–1715). Schriftstellerin und Gelehrte aus Maienfeld, in: Bernhard/ Engeler 2019, S. 83–94.

Dejung, Emanuel und Wuhrmann, Willy (Hg.): Zürcher Pfarrerbuch, 1519–1952, Zürich 1953.

Dellsperger, Rudolf: Die Anfänge des Pietismus in Bern, Göttingen 1984.

Dietrich-Daum, Elisabeth; Taiani, Rodolfo, Editorial, in: Medikalisierung auf dem Lande / Medicalisazzione in area alpina, in: Geschichte und Region 14 (2005), S. 1–18.

Dütsch, Adolf: Johann Heinrich Tschudi und seine «Monatlichen Gespräche». Ein Beitrag zur Geschichte der Aufklärung in der Schweiz, Frauenfeld und Leipzig 1943.

Färber, Silvio: Der bündnerische Herrenstand im 17. Jahrhundert. Politische, soziale und wirtschaftliche Aspekte seiner Vorherrschaft, Diss. Zürich 1983.

Ders.: Die Bündner Herrenhäuser des 17. Jahrhunderts und ihre Bauherren, in: Jahrbuch der Historischen Gesellschaft von Graubünden, 1994, S. 177–248.

Ders.: Gugelberg von Moos, in: HLS online (Version vom 16.12.2009).

Ders.: Carl Salis (Grüsch), in: HLS online (Version vom 7.1.2011).

Fassbind, Bernard: Vom Geschlecht der Meyer [Bischofszell], in: Am häuslichen Herd: Schweizerische illustrierte Monatsschrift 29/6 (1925/26), S. 175–183.

Fischer, Hans: Johann Jakob Wepfer (1620–1695), in: Mitteilungen der Naturforschenden Gesellschaft Schaffhausen 9 (1929), S. 93–201.

Ders., Briefe Johann Jakob Wepfers an seinen Sohn Johann Conrad (1657–1711), Studiosus medicinae zu Basel und Leyden, Aarau 1943.

Frey, Lili: Hortensia von Salis. Diss. phil I, Zürich 1920.

Früh, Hans: Hans Conrad Peyer, in: Schaffhauser Beiträge zur Geschichte. Biographien Band III, Jg. 46 (1969), S. 238–243.

Fuchs, Karin: Das ehemalige Bad Fläsch – die Entwicklung eines Heilbades vom 16. bis zum 18. Jahrhundert, in: Bündner Monatsblatt, Heft 4 (2001), S. 276–296.

Dies.: Baden und Trinken in den Bergen. Heilquellen in Graubünden, 16. bis 19. Jahrhundert, Baden 2019.

Geigy, A.: Hauenstein und Schauenstein-Reichenau und ihre Münzprägungen, in: Bulletin de la Société suisse de Numismatique 8 (1889), S. 125–164.

Gillardon, Paul: Das Collegium Philosophicum in Chur im 18. Jahrhundert, in: Jahresbericht der Historisch-antiquarischen Gesellschaft von Graubünden 72 (1942), S. 1–44.

Gonzaga, Conte Berardo Candida: Memorie delle famiglie nobili delle province meridionali d'Italia, Bd. 2, Napoli 1876.

Graf, Emma: Hortensia Gugelberg von Moos, in: Jahrbuch der Schweizerfrauen 4 (Chur 1918), S. 83–98.

Grenet, Micheline: La passion des astres au XVIIe siècle, Paris 1994.

Greyerz, Kaspar von: European Physico-Theology (1650-c.1760). Celebrating Nature and Creation, Oxford 2022.

Ders.: Das Reformiertentum, in: Ders. und Anne Conrad (Hg.), Handbuch der Religionsgeschichte im deutschsprachigen Raum, Bd. 5: 1650–1750, (Paderborn u. a. 2012), S. 309–410.

Greyerz, Kaspar von; Flubacher, Silvia; Senn, Philipp (Hg.): Wissenschaftsgeschichte und Geschichte des Wissens im Dialog. Schauplätze der Forschung / Connecting Science and Knowledge. Scenes of Research, Göttingen 2013.

Gugelberg von Moos, Marie: Chronik der Familie Gugelberg von Moos, 1893, ergänzt von Andreas U. C. von Gugelberg, (Abschrift und Vervielfältigung in acht Exemplaren, 1974, 1991).

Gutzwiller, Hellmut: Die Einführung des Gregorianischen Kalenders in der Eidgenossenschaft in konfessioneller, volkskundlicher und wirtschaftlicher Schau, in: Zeitschrift für schweizerische Kirchengeschichte 72/1-2 (1978), S. 54–73.

Hadorn, Wilhelm: Geschichte des Pietismus in den schweizerischen reformierten Kirchen, Konstanz und Emmishofen 1901.

Handbuch der Bündner Geschichte, hg. vom Verein für Bündner Kulturforschung, Bd. 2, Chur 2000.

Henggeler, Rudolf: Professbuch der Benediktinerabteien Pfäfers, Rheinau, Fischingen, (Monasticon-Benedictinum Helvetiae, Bd. 2), Zug 1932.

Henny, Sundar: Vom Leib geschrieben. Der Mikrokosmos Zürich und seine Selbstzeugnisse im 17. Jahrhundert, Selbstzeugnisse der Neuzeit 25, Köln, Weimar, Wien 2016.

Herbst, Klaus-Dieter: Gottfried Kirch (1639–1710). Astronom, Kalendermacher, Pietist, Frühaufklärer, in: Acta Calendographica, Forschungsberichte, Bd. 10, Jena 2022.

Hitzig, Ursula: Gotthard Heidegger, 1666–1711, Winterthur 1954.

Hörsch, Waltraud: St. Urban, in: HLS online (Version vom 21.1.2011).

Hofer, Roland E.: «Nun leben wir in der gefahrlichsten Zyth». Prolegomena zu einer Geschichte Schaffhausens im konfessionellen Zeitalter, in: Schaffhauser Beiträge zur Geschichte 72 (1995), S. 23–70.

Hubschmid, Hans: Gott, Mensch und Welt in der schweizerischen Aufklärung. Eine Untersuchung über Optimismus und Fortschrittsgedanken bei Johann Jakob Scheuchzer, Johann Heinrich Tschudi, Johann Jakob Bodmer und Isaak Iselin, Affoltern a. A. 1950.

Hutter, Karl: Der Gottesbund in der Heilslehre des Zürcher Theologen Johann Heinrich Heidegger (1633–1698), Gossau SG und Rom 1955.

Jung, P.: Der Stadtarzt Dr. Sebastian Schobinger in St. Gallen (1579–1652), in: Gesnerus 5 (1948), S. 57–64.

Kaiser, J. R.: Die Heilquelle zu Pfäfers, ein historisch-topographischer und heilkundlicher Versuch, Chur 1833.

Kaufmann, Thomas: Geschichte der Reformation, Frankfurt a. M. und Leipzig 2009.

Keller-Escher, Carl: Fünfhundert und sechzig Jahre aus der Geschichte der Familie Escher vom Glas: 1320–1885 [...], Zürich 1885.

Kempe, Michael; Maissen, Thomas: Die Collegia der Insulaner, Vertraulichen und Wohlgesinnten in Zürich, 1679–1709. Die ersten deutschsprachigen Aufklärungsgesellschaften zwischen Naturwissenschaften, Bibelkritik, Geschichte und Politik, Zürich 2002.

Kiefner, Theo: Die französisch-reformierte Gemeinde in Chur in: JBHGR 120 (1990), S. 153–198.

Klimek, Sonja; Aumüller, Matthias: Medizin und Meditation. Geistliche und gelehrte Netzwerke der Schweizer Verfasserin Hortensia von Salis

(1659–1715), in: Gelehrte Frauen der Frühaufklärung. Einsame «Wunderthiere» oder vernetzte Akteurinnen, hg. von Corinna Dziudzia und Sonja Klimek (Wiesbaden 2022), S. 63–95.

Koloch, Sabine: Salis, Hortensia von, verw. Gugelberg von Moos […], in: Killy Literaturlexikon, 2. Aufl., Bd. 10 (Berlin, Boston 2011), S. 171–172.

Dies.: Kommunikation, Macht, Bildung. Frauen im Kulturprozess der Frühen Neuzeit, Berlin 2011.

Kroha, Peter: Jakob Christoph Scherb. Pionier der Pockenimpfung, in: Thurgauer Jahrbuch 55 (1980), S. 19–28.

Kunstdenkmäler der Schweiz, hg. von der Schweizerischen Gesellschaft für Kunstgeschichte, Bd. 14, Basel 1943.

Kuratli, Jakob: Geschichte der Kirche von Wartau-Gretschins, 2. Aufl., Buchs 1984.

Lau, Thomas: «Stiefbrüder». Nation und Konfession in der Schweiz und in Europa (1656–1712), Köln, Weimar, Wien 2008.

Léchot, Pierre-Olivier; Ostervald, Jean-Frédéric, in: Biographisch-Bibliographisches Kirchenlexikon (BBKL), 24 (2005), Sp. 1144–1150.

Leu, Urs B.: Johann Jakob Scheuchzer (1672–1733). Pionier der Alpen- und Klimaforschung, Zürich 2022.

Liniger, Sandro: Gesellschaft in der Zerstreuung. Soziale Ordnung und Konflikt im frühneuzeitlichen Graubünden, Tübingen 2017.

Löffler-Herzog, Anna: Die Ahnen der Hortensia von Gugelberg, geb. von Salis, in: Schweizerisches Frauenblatt 40–42 (1936).

Loetz, Francisca, Histoire des mentalités und Medizingeschichte: Wege zu einer Sozialgeschichte der Medizin, in: Medizinhistorisches Journal 27 (1992), S. 272–291.

Lowther Clarke, W. K.: A Short History of the S.P.C.K., London und New York 1919.

Lüthy, Herbert: La banque protestante en France de la Révocation de l'Edit de Nantes à la Révolution, Bd. 2, Paris 1961.

Mader, Eric-Oliver: Fürstenkonversionen zum Katholizismus in Mitteleuropa im 17. Jahrhundert […], in: Zeitschrift für Historische Forschung 34/3 (2007), S. 403–440.

Maissen, Aluis: Wappen und Siegel der Dynastie von Schauenstein-Ehrenfels, in: Schweizer Archiv für Heraldik 132 (2018), S. 33–41.

Ders.: Auf den Spuren der Landvögte der Herrschaft Maienfeld 1509–1797/99: Wappenbilder auf Schloss Brandis und Fresken am Rathaus. In: Schweiz Archiv für Heraldik, 134 (2020), S. 17–22.

Maissen, Felix: Der Konvertit Johann Schorsch von Thusis (1600–1665) und seine Kontroverse, in: Zeitschrift für schweizerische Kirchengeschichte 52 (1958), S. 281–302.

Ders.: Der Kalenderstreit in Graubünden (1582–1812), in: Bündner Monatsblätter 1960, S. 253–273.

Maissen, Thomas: Petrus Valkeniers republikanische Sendung. Die niederländische Prägung des neuzeitlichen schweizerischen Staatsverständnisses, in: SZG 48 (1998), S. 19–176.

Ders.: Die Geburt der Republic. Staatsverständnis und Repräsentation in der frühneuzeitlichen Eidgenossenschaft, Göttingen 2006.

Ders.: Petrus Valkenier, in: HLS online (Version vom 21.2.2013).

Manatschal, Friedrich: Hortensia Gugelberg von Moos. Ein Frauenbild aus vergangenen Tagen, in: Der Freie Rhätier, Dezember 1893, Nr. 292–297 [acht Teile], StAGR Bz 119 (1893 II).

Mani, Nikolaus: Naturwissenschaftlich-biologische Grundlagenforschung in der Medizin des 17. Jahrhunderts, in: Medizinhistorisches Journal 11 (1976), S. 181–205.

Matthieu, Jon: Eine Region am Rand: Das Unterengadin 1650–1800. Diss. Bern, Chur 1983.

Ders.: Vermögensarrangement und Verwandtschaft im frühneuzeitlichen Graubünden. Grundmuster, Wandel, Einordnung, in: Geschichte und Religion, SR 27 (2018/2), S. 149–168.

Michel, Paul: Der Toggenburger Dichter Johannes Grob (1643–1697), in: Obrigkeit und Opposition. Drei Beiträge zur Kulturgeschichte des Toggenburgs aus dem 17./18. Jahrhundert, in: Toggenburgerblätter für Heimatkunde 41, 1999, S. 97–115.

Morf, Marta: Hortensia Gugelberg von Moos, geb. von Salis, in: Bündner Jahrbuch 1 (1959), S. 10–14.

Moser, Christian: Johann Heinrich Schweizer, in: HLS online (Version vom 27.11.2012).

Nishikawa, Sugiko: The SPCK in Defense of Protestant Minorities in Early Eighteenth-Century Europe, in: Journal of Ecclesiastical History 56/4 (2005), S. 730–748.

Nöthiger-Strahm, Christine: Hortensia Gugelberg von Moos, 1659–1715. Eine «hochadenliche Dame» als «feministische Theologin», in: Schritte ins Offene 21/4 (1991), S. 9–13.

Ogg, David: England in the Reigns of James II and William III, Oxford 1955, reprint: Oxford 1984.

Pfister, Ulrich: Konfessionskirchen, Glaubenspraxis und Konflkt in Graubünden, 16.–18. Jahrhundert, Würzburg 2012.

Pieth, Friedrich: Überblick über die Geschichte der Buchdruckerkunst in Graubünden, in: Bündnerisches Monatsblatt 1940, S. 1–64.

Ders.: Bündner Geschichte, Chur 1945.

Poeschel, Erwin: Die Kunstdenkmäler der Schweiz, Basel 1943.
Ders.: Das Bürgerhaus im Kanton Graubünden (2. Aufl., Faks.-Nachdr.), Genf 1984.
Porter, Roy: Die Kunst des Heilens. Eine medizinische Geschichte der Menschheit von der Antike bis heute, aus dem Englischen übers. von J.Wissmann, Heidelberg 2000.
Dies.: Die Schaffhauser Ärztefamilie Harder, in: Gesnerus 17 (1960), S. 53–65.
Portmann, Marie-Louise: Der Basler Medizinprofessor Johann Jacob Harder (1656–1711) als Geburtshelfer, in: Gesnerus 40 (1983), S. 139–147.
Rankin, Alisha: Panaceia's Daughters. Noblewomen as Healers in Early Modern Germany, Chicago und London 2013.
Rappaport, Rhoda: When Geologists were Historians, 1665–1750, Ithaca, NY, 1997.
Rindlisbacher Thomi, Sarah: Botschafter des Protestantismus. Außenpolitisches Handeln von Zürcher Stadtgeistlichen im 17. Jahrhundert, Göttingen 2022.
Rossi, Paolo: Die Geburt der modernen Wissenschaft in Europa, München 1997.
Salis-Grüsch, Gubert Dietegen von: Die Baudenkmäler der Familie von Salis in Graubünden. Chur 1992.
Salis-Soglio, Nikolaus von: Die Familie von Salis. Gedenkblätter aus der Geschichte des ehemaligen Freistaates der drei Bünde in Hohenrhätien (Graubünden), Lindau i. B. 1891.
Ders.: Das Untere Schloss zu Zizers, in: Bündnerisches Monatsblatt 7 (1902), S. 123–131.
Schäfer, Walter E.: Deutsche Literatur zur Zeit des Barock, in: St. Gallen. Geschichte einer literarischen Kultur […], 2 Bde., Bd. 1 (St. Gallen 1999), S. 329–370.
Sdzuj, Reimund Bernhard: Heidegger, Gotthard, in: Frühe Neuzeit in Deutschland, 1620–1720: literaturwissenschaftliches Verfasserlexikon, Berlin 2019-, Bd. 3, Sp. 912–929
Seidel, J. Jürgen: Gugelberg von Moos, Hortensia von […], in: Biographisch-Bibliographisches Kirchenlexikon (BBKL), Bd. 8 (1994), Sp. 1230–1231.
Ders.: Die Anfänge des Pietismus in Graubünden, Zürich 2001.
Ders.: Hortensia Gugelberg von Moos/Hortensia von Salis, in: HLS online (Version vom 18.2.2021).
Senn, Philipp: Forscher vor Ort. Johann Jakob Scheuchzer (1672–1733), Bündner Gönner und die Balneologie, in: Greyerz/Flubacher/Senn 2013, S. 255–291.
Siebenhüner, Kim: Glaubenswechsel in der Frühen Neuzeit. Chancen und Tendenzen einer historischen Konversionsforschung, in: Zeitschrift für Historische Forschung 34/2 (2007), S. 243–272.
Dies.: Conversion, Mobility and the Roman Inquisition in Italy around 1600, in: Past and Present 200/1 (2008), S. 5–35.
Simonett, Jürg: Andreas von Salis (Rietberg), in: HLS online (Version vom 6.1.2011).
Ders.: Peter von Salis (Soglio), in: HLS online (Version vom 12.12.2011).
Sprecher, Anton von: Stammbaum der Familie Buol, Chur 1940.
Ders., Stammbaum der Familie von Salis, Chur 1941.
SRG-Beitrag: Verzuckerte Pillule. Porträt von 2 Ärztinnen aus verschiedenen Epochen / Hortensia Gugelberg von Moos-von Salis (1650–1715) und Frauenärztin Judith Marxer. 10.7.1994 (abrufbar im SRG-Archiv).
Steinke, Hubert: Theodor Zwinger, in: HLS online (Version vom 21.1.2014).
Stolberg, Michael: Homo patiens. Krankheits- und Körpererfahrung in der Frühen Neuzeit, Köln, Weimar und Wien 2003.
Stuart, Kathy: Defiled Trades, Social Outcasts. Honor and Ritual Pollution in Early Modern Germany, Cambridge 1999.
Sulzberger, H. Gustav: Biographisches Verzeichnis der Geistlichen aller evangelischen Gemeinden des Kantons Thurgau […], hg. vom Historischen Verein des Kantons Thurgau, Frauenfeld 1863.
Szechi, Daniel: The Jacobites. Britain and Europe, 1688–1788, Manchester 1994.
Thöni, Gion Peder: Alvaneu Bad, in: HLS online (Version vom 1.12.2016).
Treichler, Hans Peter: Wonnige Badenfahrt. Von Jungbrunnen und Mineralbädern in der Alten Schweiz, Zürich 1980.
Truog, Gaudenz: Zaff: ein ausgestorbenes Geschlecht aus dem Engadin […], in: Bündner Monatsblatt 1979, S. 157–177.
Truog, Jakob R.: Die Pfarrer der evangelischen Gemeinden in Graubünden und seinen ehemaligen Untertanenlanden, Chur 1936.
Valèr, Michael: Die evangelischen Geistlichen an der Martinskirche in Chur vom Beginn der Reformation bis zur Gegenwart, Chur 1919.
Vallière, P. de: Treue und Ehre. Geschichte der Schweizer in Fremden Diensten, Lausanne 1940.
Villiger, Ursula: Heidegger, Gotthard (Pseudonym Winckelriedt) […], 5.8.1666 Stein/Rhein, † 22.5.1711 Zürich, in: NDB 8 (1996), online.
Volkland, Frauke: Konfessionelle Grenzen zwischen Auflösung und Verhärtung. Bikonfessionelle Gemeinden in der Gemeinen Vogtei Thurgau (CH) des 17. Jahrhunderts, in: Historische Anthropologie 5/3 (1997), S. 370–387.

Dies.: Konfessionelle Abgrenzung zwischen Gewalt, Stereotypenbildung und Symbolik; gemischt-konfessionelle Gebiete der Ostschweiz und die Kurpfalz im Vergleich, in: Religion und Gewalt. Konflikte, Rituale, Deutungen (1500–1800), hg. von Kaspar von Greyerz und Kim Siebenhüner, Göttingen 2006, S. 343–365.

Wegelin, Carl: Briefe des St. Galler Arztes David Christoph Schobinger an Albrecht von Haller, in: Gesnerus 8 (1951), S. 216–235.

Wehrli-Knobel, Betty: Hortensia Gugelberg von Moos-von Salis, 1659–1715, in: Bedeutende Bündner aus fünf Jahrhunderten, Bd. 1, Chur 1970, S. 218–221.

Wellauer, Jacques: Schloß Sulzberg am Rorschacherberg, in: Appenzeller Kalender 232 (1953), keine Seitenzahlen.

Wenger, Michèle: Hortensia von Salis und ihre Hauptschrift Glaubens-Rechenschafft (1695). Protestantische Manifest einer gebildeten Frau im 17. Jahrhundert, in: Bernhard/ Engeler 2019, S. 95–104.

Wenneker, Erich: Anhorn, Bartholomäus, in: Biographisch-Bibliographisches Kirchenlexikon (BBKL), Bd. XV, online.

Widmer, Maya (Hg.): Hortensia von Salis, verw. Gugelberg von Moos: Glaubens-Rechenschafft, Conversations-Gespräche, Gebät, Bern, Stuttgart, Wien 2003.

Dies.: Schreibmöglichkeiten einer gelehrten adligen Frau um 1700: Hortensia von Salis, verw. Gugelberg von Moos (1659–1715), in: Bündner Monatsblatt 2003, Heft 3, S. 220–232.

Dies.: «Wider die papistische Religion». Die «Glaubens-Rechenschafft» (1695) der Hortensia von Salis, verwitwete Gugelberg von Moos, in: Konfessionalisierung und Konfessionskonflikt in Graubünden, 16.–18. Jahrhundert, hg. von Georg Jäger und Ulrich Pfister, Zürich 2006, S. 275–285.

Wiget, Josef: Von Haudegen und Staatsmännern: Geschichte und Geschichten der Schwyzer Familie Reding von der Schmiedgass, Schwyz 2007.

Windler, Christian: «Ohne Geld keine Schweizer». Pensionen und Söldnerrekrutierung auf den eidgenössischen Patronagemärkten, in: Hillard von Thiessen, Christian Windler (Hg.), Nähe in der Ferne. Personale Verflechtung in den Außenbeziehungen der Frühen Neuzeit, Berlin 2005, S. 105–133.

Winteler, Jakob: Die Grafschaft Werdenberg und Herrschaft Wartau unter Glarus, 1517–1798, Weida (Thüringen) 1923.

Würgler, Andreas: Symbiose ungleicher Partner. Die französisch-eidgenössische Allianz, 1516–1798/1815, in: Jahrbuch für Europäische Geschichte 12 (2011), S. 53–75.

Wyss, Regula: Heilkundige, Gelehrte, Autorin: Hortensia Gugelberg von Moos, in: Und schrieb und schrieb wie ein Tiger aus dem Busch. Über Schriftstellerinnen in der deutschsprachigen Schweiz, hg. von Elisabeth Ryter et al, Zürich 1994, S. 13–28.

Zeller, Rosmarie: Konversation und Freundschaft. Die *Conversations Gespräche* der Hortensia von Salis, in: Ars et Amicitia [...]. Festschrift für Martin Bircher zum 60. Geburtstag [...], hg. von Ferdinand van Ingen und Christian Juranek, Amsterdam 1998, S. 331–342.

Dies.: Rudolf Gasser, in: Frühe Neuzeit in Deutschland, 1620–1720: Literaturwissenschaftliches Verfasserlexikon, Berlin 2019-, Bd. 3, Sp. 274–279.

Zuber, Christine: Peter Zeller, in: HLS online (Version vom 30.1.2013).

Abbildungsverzeichnis

Register

Die Register beziehen sich auf den Textteil. Sie erfassen nicht den Anhang, da die meisten signifikanten Passagen desselben im Textteil angesprochen werden. Bei Angehörigen der Familie von Salis ist in eckigen Klammern [...] der entsprechende Eintrag im Stammbaum, hg. Anton von Sprecher, Chur 1941, angegeben.

Namensregister

Zusatzinformationen sind in geschweiften Klammern {...} hinzugefügt.
Bei Angehörigen der Familie von Salis ist in eckigen Klammern [..]der entsprechende Eintrag im Stammbaum, hg. Anton von Sprecher, Chur 1941, angegeben.

Ortsregister

Autorin und Autor

Maya Widmer ist Germanistin mit Schwerpunkt Literatur von Frauen im 17. und 18. Jahrhundert. Neben ihrer beruflichen Tätigkeit als wissenschaftliche Assistentin, Journalistin, Erwachsenenbildnerin und Gleichstellungsexpertin hat sie zahlreiche Artikel zu Autorinnen in der deutschsprachigen Schweiz verfasst. Sie ist Mitautorin der Bibliografie «Deutschsprachige Schriftstellerinnen in der Schweiz, 1700–1945». Sie besorgte über die Jahre auch einige Neueditionen von Werken, zum Beispiel von Marianne Ehrmann (1755–1795), Silvia Andrea (1840–1935) und Hortensia von Salis.

Kaspar von Greyerz ist Historiker der Frühen Neuzeit und emeritierter Professor der Universität Basel. Er ist durch zahlreiche Publikationen ausgewiesener Kenner der Kultur-, Religions- und Wissenschaftsgeschichte des 16. bis 18. Jahrhunderts im schweizerischen und europäischen Rahmen und Mitherausgeber der Reihen «Selbstzeugnisse der Neuzeit» und «St Andrews Studies in Reformation History». Im Bereich der schweizerischen Geschichte war er massgeblich am Aufbau einer Datenbank zu schweizerischen Selbstzeugnissen beteiligt, die heute von der Universität Lausanne gehostet wird. Sein Interesse an europäischen Zusammenhängen ist unter anderem in «Religion und Kultur. Europa, 1500–1800» (2000) dokumentiert.

Dank

Bei der Vorbereitung und dem Erscheinen unseres Buches haben wir vielseitige Unterstützung erfahren dürfen, für die wir herzlich danken wollen. An erster Stelle danken wir dem Verlag Hier und Jetzt für die angenehme und konstruktive Zusammenarbeit bei der Planung, Ermöglichung und Drucklegung des vorliegenden Werks. Ganz besonders gilt dies für den Verlagsleiter Bruno Meier und die Lektorin Rachel Camina. Des Weiteren haben uns im Zuge unserer Recherchen Marlo Avidon, Jan Andrea Bernhard, Simona Boscani Leoni, Helene von Gugelberg, Lorenz Heiligensetzer, Peter Hersche †, Ulinka Rublack und Urs Schocher unterstützt, ebenso das Personal der verschiedenen Archive und Bibliotheken, die wir aufsuchten, namentlich der Zentralbibliothek Zürich (Handschriftenabteilung), des Staatsarchivs Graubünden und des Stadtarchivs Vadiana St. Gallen.
Neben unserer Hauptsponsorin Katharina von Salis, der wir hier ganz besonders für ihre Grosszügigkeit danken möchten, haben insgesamt zehn Institutionen unser Vorhaben mit Druckkostenzuschüssen unterstützt. An erster Stelle sei die Berta Hess-Cohn Stiftung (Basel) dankend erwähnt. Unser Dank gilt ausserdem der Kulturförderung des Kantons Graubünden sowie der Burgergemeinde Bern. Weitere Unterstützung erhielten wir von der Kantonalbank Graubünden und – ebenfalls in Graubünden – von der Willi Muntwyler-Stiftung, der Stiftung Stavros S. Niarchos sowie von der Evangelisch-reformierten Landeskirche des Kantons Graubünden. Wir sind ihnen allen zu grossem Dank verpflichtet. Dasselbe gilt auch für die Evangelisch-reformierte Landeskirche des Kantons Zürich und für den Kulturfonds der Stadt St. Gallen sowie für die Fondazione Dr. Martin Othmar Winterhalter.

Der Verlag Hier und Jetzt wird vom Bundesamt für Kultur mit einem Strukturbeitrag für die Jahre 2026–2028 unterstützt.

Gedruckt mit Unterstützung der Berta Hess-Cohn Stiftung

Mit weiteren Beiträgen haben das Buchprojekt unterstützt:

Katharina von Salis
Kanton Graubünden, Kulturförderung
Fondazione Dr. M. O. Winterhalter
Willi Muntwyler-Stiftung
Stiftung Stavros S. Niarchos
Graubündner Kantonalbank, Engagement-Fonds
Burgergemeinde Bern
Stadt St. Gallen, Kulturfonds
Evang.-reformierte Landeskirche Graubünden
Evang.-reformierte Landeskirche Zürich

Dieses Buch ist nach den aktuellen Rechtschreibregeln verfasst. Quellenzitate werden jedoch in originaler Schreibweise wiedergegeben. Hinzufügungen sind in [eckigen Klammern] eingeschlossen, Auslassungen mit [...] gekennzeichnet.

Umschlag:
Vorderseite: Unterschrift Hortensia von Salis
Rückseite: Porträt von Hortensia von Salis, Privatbesitz, Foto: Esad Berisha, Maienfeld

Lektorat: Rachel Camina, Hier und Jetzt
Gestaltung: Naima Schalcher, Zürich
Satz: Dominik Lang und Janina Mosimann, Bern
Bildbearbeitung: Benjamin Roffler, Hier und Jetzt
Druck und Bindung: Memminger MedienCentrum Druckerei und Verlags-AG, Memmingen
Auslieferung EU: Brockhaus/Commission, Kreidlerstrasse 9, 70806 Kornwestheim b. Stuttgart, Deutschland, hierundjetzt@brocom.de

ISBN 978-3-03919-648-7